Statistiques de l'OCDE sur les investisseurs institutionnels 2020

OCDE

DES POLITIQUES MEILLEURES POUR UNE VIE MEILLEURE

Ce document, ainsi que les données et cartes qu'il peut comprendre, sont sans préjudice du statut de tout territoire, de la souveraineté s'exerçant sur ce dernier, du tracé des frontières et limites internationales, et du nom de tout territoire, ville ou région.

Les données statistiques concernant Israël sont fournies par et sous la responsabilité des autorités israéliennes compétentes. L'utilisation de ces données par l'OCDE est sans préjudice du statut des hauteurs du Golan, de Jérusalem-Est et des colonies de peuplement israéliennes en Cisjordanie aux termes du droit international.

Merci de citer cet ouvrage comme suit :
OCDE (2020), *Statistiques de l'OCDE sur les investisseurs institutionnels 2020*, Éditions OCDE, Paris, *https://doi.org/10.1787/00a11a2d-fr*.

ISBN 978-92-64-45740-9 (imprimé)
ISBN 978-92-64-92194-8 (pdf)

Statistiques de l'OCDE sur les investisseurs institutionnels
ISSN 2225-2088 (imprimé)
ISSN 2225-2096 (en ligne)

Les corrigenda des publications sont disponibles sur : *www.oecd.org/about/publishing/corrigenda.htm*.

Table des matières

Signes conventionnels et abréviations

Signes et abréviations

..	Non disponible
.	Point décimal
0	Nul ou négligeable

Concepts et definitions

Métadonnées (données) : *http://stats.oecd.org/OECDStat_Metadata/ShowMetadata.ashx?Dataset=QASA_7II&lang=fr.*
Métadonnées (indicateurs) :
http://stats.oecd.org/OECDStat_Metadata/ShowMetadata.ashx?Dataset=QASA_7II_INDIC&lang=fr.

Base de données en ligne

Statistiques de l'OCDE sur les investisseurs institutionnels (*http://dx.doi.org/10.1787/instinv-data-fr*).

Système de comptabilité nationale

Commission des Communautés européennes, Fonds monétaire international, Organisation de coopération et de développement économiques, Nations Unies, Banque mondiale, *Système de comptabilité nationale 1993*, Brussels/ Luxembourg, New York, Paris, Washington, DC., 1993, *http://unstats.un.org/unsd/nationalaccount/docs/1993sna.pdf* (en anglais seulement).
Commission Européenne, Fonds monétaire international, Organisation de coopération et de développement économiques, Organisation des Nations Unies, Banque mondiale, *Système de comptabilité nationale 2008*, *http://unstats.un.org/unsd/nationalaccount/docs/SNA2008FR.pdf*.

Méthodologie

Les données annuelles se réfèrent au 4e trimestre. Les données par trimestre sont disponibles dans la Base de données.

Abréviations monétaires ISO

Abréviation	Pays	Monnaie
AUD	Australie	dollar
EUR	Autriche	euro
EUR	Belgique	euro
CAD	Canada	dollar
CLP	Chili	peso
CZK	République tchèque	couronne
DKK	Danemark	couronne
EUR	Estonie	euro
EUR	Finlande	euro
EUR	France	euro
EUR	Allemagne	euro
EUR	Grèce	euro
HUF	Hongrie	forint
ISK	Islande	couronne
EUR	Irlande	euro
ILS	Israël	nouveau shekel
EUR	Italie	euro
JPY	Japon	yen
KRW	Corée	won
EUR	Lettonie	euro
EUR	Lituanie	euro
EUR	Luxembourg	euro
EUR	Mexique	peso
MXN	Pays-Bas	euro
NOK	Norvège	couronne
PLN	Pologne	zloty
EUR	Portugal	euro
EUR	République slovaque	euro
EUR	Slovénie	euro
EUR	Espagne	euro
SEK	Suède	couronne
CHF	Suisse	franc
TRY	Turquie	livre
GBP	Royaume-Uni	livre sterling
USD	États-Unis	dollar
RUB	Fédération de Russie	ruble

Comparaisons internationales

COMPARAISONS INTERNATIONALES

Tableau 1. Actifs et passifs financiers des fonds d'investissement, en pourcentage du PIB

Pour cent

	2012	2013	2014	2015	2016	2017	2018	2019
Actifs financiers								
Autriche	46.3	46.0	48.6	48.3	48.0	48.6	43.7	47.5
Belgique	22.6	26.7	31.0	35.6	34.9	40.5	36.4	38.9
Canada	63.0	72.5	80.8	90.0	98.7	103.7	100.0	107.2
Chili	..	..	18.1	20.0	22.8	23.3	25.2	29.0
République tchèque	4.1	4.5	5.1	5.6	6.7	8.0	7.7	8.5
Danemark	86.8	97.4	105.5	101.8	104.2	109.3	101.4	113.5
Estonie	2.8	3.3	2.8	3.5	4.0	4.6	4.0	4.6
Finlande	36.2	40.4	45.6	51.5	53.6	57.5	52.1	56.6
France	67.0	66.1	67.6	70.0	74.1	77.4	70.1	72.0
Allemagne	46.0	48.7	53.1	57.4	60.7	62.8	60.8	68.6
Grèce	2.5	2.8	2.7	2.4	2.3	2.4	2.2	2.9
Hongrie	11.4	14.8	16.6	16.3	16.0	15.9	14.1	13.8
Islande	23.2	23.9	24.2	26.1	32.3	30.8	28.7	30.3
Irlande	..	..	..	..	..	..	..	..
Israël	17.2	21.8	23.6	19.6	17.5	19.1	23.1	25.1
Italie	9.7	12.8	14.6	15.4	15.5	16.0	15.0	15.4
Japon	20.6	26.0	29.2	32.4	34.1	38.1	38.9	43.2
Corée	22.0	22.4	24.4	25.7	28.1	29.6	31.0	37.4
Lettonie	1.2	1.3	1.1	..	..	..	..	..
Lituanie	0.5	0.7	0.8	0.9	1.4	1.7	1.8	2.2
Luxembourg	6 009.6	6 283.5	6 773.2	7 274.6	7 380.6	7 871.2	7 417.7	8 121.9
Pays-Bas	..	..	..	..	..	..	..	..
Nouvelle-Zélande	..	..	36.4	40.9	43.8	48.2	49.7	55.8
Norvège	..	..	..	..	..	..	..	..
Pologne	..	..	..	..	..	..	..	..
Portugal	..	..	..	..	..	..	..	..
République slovaque	..	..	..	..	..	..	..	..
Slovénie	5.1	5.1	5.7	6.0	6.1	6.2	5.4	6.3
Espagne	14.9	18.6	23.0	24.4	25.0	26.4	24.8	25.8
Suède	50.7	62.0	75.5	75.1	81.6	86.8	82.2	98.5
Suisse	..	..	..	..	..	..	..	..
Turquie	..	..	2.2	1.7	1.8	1.8	1.3	2.7
Royaume-Uni	..	..	..	..	..	..	..	..
États-Unis	94.2	105.4	107.8	102.3	105.7	118.6	107.5	125.3
Fédération de Russie	1.5	1.6	1.7	1.9	2.1	2.6	2.7	3.8
Passifs financiers								
Autriche	46.8	46.5	49.1	49.1	48.9	49.6	45.0	49.0
Belgique	22.6	26.7	31.0	35.6	34.9	40.5	36.4	38.9
Canada	63.3	72.7	81.0	90.2	99.0	103.9	100.2	107.4
Chili	..	..	0.3	0.5	0.4	0.3	0.4	0.5
République tchèque	5.4	6.0	6.8	7.3	8.3	9.1	9.0	10.3
Danemark	88.5	97.0	104.9	100.2	102.3	107.4	98.1	111.2
Estonie	2.8	3.2	2.9	3.6	4.0	4.6	4.1	4.6
Finlande	36.0	40.3	45.4	51.4	55.6	59.6	54.2	58.4
France	68.9	68.2	70.0	72.8	76.5	80.1	73.3	75.4
Allemagne	49.5	52.1	56.5	62.2	65.4	67.4	65.7	73.8
Grèce	3.3	3.6	3.8	3.5	3.4	3.7	3.6	3.9
Hongrie	12.5	15.9	17.6	17.2	17.1	17.4	16.6	16.8
Islande	23.3	23.9	24.2	26.1	33.9	32.3	29.2	30.6
Irlande	..	..	..	..	..	..	..	..
Israël	..	..	..	..	..	..	..	..
Italie	11.3	12.5	15.6	17.3	17.7	18.9	18.1	19.0
Japon	20.6	26.0	29.2	32.4	34.1	38.1	38.9	43.2
Corée	22.1	22.5	24.6	25.8	28.0	29.6	31.3	38.2
Lettonie	1.6	1.7	1.2	..	..	..	..	..
Lituanie	0.6	0.7	0.9	1.1	2.1	2.5	2.6	2.8
Luxembourg	6 027.2	6 300.9	6 794.4	7 293.0	7 400.0	7 892.0	7 447.0	8 158.0
Pays-Bas	..	..	..	..	..	..	..	..
Nouvelle-Zélande	..	..	..	..	..	..	..	..
Norvège	..	..	..	..	..	..	..	..
Pologne	..	..	..	..	..	..	..	..
Portugal	..	..	..	..	..	..	..	..
République slovaque	..	..	..	..	..	..	..	..
Slovénie	5.1	5.1	5.7	6.0	6.1	6.2	5.4	6.3
Espagne	15.3	19.1	23.0	24.5	25.0	26.6	25.0	25.9
Suède	50.7	62.0	75.5	75.1	81.6	86.8	82.2	98.5
Suisse	..	..	..	..	..	..	..	..
Turquie	..	..	..	..	..	..	..	..
Royaume-Uni	..	..	..	..	..	..	..	..
États-Unis	95.5	106.9	109.5	104.2	107.5	120.3	109.2	127.4
Fédération de Russie	2.4	2.9	3.1	3.2	3.3	3.6	3.5	4.7

Note : Voir les métadonnées détaillées sur :

http://metalinks.oecd.org/instinv/20200916/5904 (actifs financiers et passifs financiers)

Informations sur les données concernant le Luxembourg :

http://metalinks.oecd.org/instinv/20200916/c02b (actifs financiers) et *http://metalinks.oecd.org/instinv/20200916/dd7c* (passifs financiers).

Tableau 2. Actifs et passifs financiers des sociétés d'assurance, en pourcentage du PIB

Pour cent

	2012	2013	2014	2015	2016	2017	2018	2019
Actifs financiers								
Autriche	35.5	35.2	36.1	34.9	33.6	32.0	29.8	29.7
Belgique	73.6	72.5	78.7	76.2	73.0	70.0	67.9	74.7
Canada	39.5	40.1	41.5	42.8	45.2	43.7	41.9	45.0
Chili	..	..	..	18.8	19.6	19.9	20.3	21.4
République tchèque	11.3	11.4	11.6	10.6	10.7	10.5	10.0	9.2
Danemark	98.8	97.7	107.1	104.4	113.0	113.2	108.7	123.8
Estonie	5.5	5.2	5.0	5.2	5.7	5.6	5.7	6.5
Finlande	29.0	29.9	33.0	34.0	33.8	33.5	30.9	32.3
France	99.4	103.1	111.6	112.3	120.3	121.1	117.0	122.9
Allemagne	59.6	61.2	63.2	63.0	63.1	62.2	60.7	64.6
Grèce	7.7	8.5	8.6	8.8	8.8	8.9	8.9	9.7
Hongrie	8.3	8.0	8.0	7.7	7.7	7.5	6.8	6.8
Islande	9.7	9.9	9.7	8.2	8.2	8.4	8.2	8.6
Irlande	125.6	120.4	124.3	98.1	99.8	94.2	84.9	90.1
Israël	33.1	34.4	35.7	36.0	36.4	38.8	39.0	41.6
Italie	32.0	35.3	40.1	45.0	48.0	49.1	47.2	52.1
Japon	82.7	87.9	90.5	89.0	91.8	91.1	90.5	92.9
Corée	53.1	55.6	59.7	61.2	63.8	65.1	65.7	69.6
Lettonie	..	..	..	..	..	..	..	..
Lituanie	2.8	2.5	3.2	3.6	4.5	4.5	4.5	4.8
Luxembourg	303.7	306.8	326.4	350.5	338.5	337.0	337.2	362.9
Pays-Bas	68.6	66.8	74.6	68.6	67.3	62.1	58.3	62.6
Nouvelle-Zélande	..	..	..	..	..	..	..	..
Norvège	40.0	42.2	45.5	48.8	52.0	52.6	50.2	54.9
Pologne	10.3	10.3	10.6	10.4	9.9	..	..	..
Portugal	..	..	..	..	..	..	..	..
République slovaque	9.1	9.3	9.2	8.7	9.6	9.6	8.6	..
Slovénie	17.1	17.8	18.7	18.0	18.4	17.9	16.8	17.5
Espagne	25.6	26.0	28.8	28.5	27.3	26.4	25.8	25.8
Suède	29.5	30.4	33.4	32.3	32.4	33.5	31.5	35.3
Suisse	89.3	85.7	88.4	87.3	93.2	95.6	91.9	..
Turquie	..	..	2.2	2.3	2.4	2.5	2.5	2.7
Royaume-Uni	..	..	..	..	..	..	..	..
États-Unis	51.3	51.3	51.7	49.6	50.5	51.9	48.4	52.1
Fédération de Russie	1.6	1.7	1.8	1.8	2.1	2.4	2.5	2.7
Passifs financiers								
Autriche	36.3	36.0	35.6	34.1	32.5	29.6	27.1	27.6
Belgique	69.0	69.4	70.5	69.4	74.3	71.1	69.5	76.2
Canada	41.1	41.7	43.3	44.1	46.8	45.4	43.3	46.8
Chili	..	..	..	0.6	0.4	0.3	0.4	0.6
République tchèque	12.7	12.9	12.6	11.8	11.5	10.8	10.5	9.6
Danemark	98.6	96.7	109.8	108.2	113.2	114.0	106.7	121.4
Estonie	5.3	4.8	4.9	5.2	5.5	5.2	5.7	6.3
Finlande	27.2	28.8	31.0	32.1	31.3	31.2	29.5	31.6
France	93.6	97.0	100.8	102.4	122.1	123.0	118.9	124.7
Allemagne	59.4	61.5	62.0	64.4	63.6	64.0	63.0	65.5
Grèce	8.1	9.0	9.1	9.4	8.8	9.0	8.9	9.7
Hongrie	8.4	8.2	8.1	7.7	7.7	7.4	6.9	6.8
Islande	10.1	10.2	10.0	8.3	8.3	8.4	8.3	8.7
Irlande	129.5	123.4	129.3	102.0	103.1	97.3	88.0	91.8
Israël	..	..	..	..	..	..	..	..
Italie	35.0	38.2	41.9	45.3	47.9	51.1	49.9	55.0
Japon	76.9	79.1	78.7	77.1	78.5	78.0	78.2	78.4
Corée	52.9	56.0	59.3	61.2	62.7	63.6	63.3	65.4
Lettonie	..	..	..	..	..	..	..	..
Lituanie	2.8	2.7	3.2	3.4	4.6	4.5	4.6	4.9
Luxembourg	301.6	304.9	322.2	350.8	339.0	337.4	337.7	363.5
Pays-Bas	69.4	66.7	74.6	72.2	71.7	67.2	62.8	67.7
Nouvelle-Zélande	..	..	..	..	..	..	..	..
Norvège	40.5	43.2	46.4	50.4	53.2	54.1	51.3	56.5
Pologne	10.4	10.5	10.8	10.5	10.0	..	..	..
Portugal	..	..	..	..	..	..	..	..
République slovaque	8.0	7.9	8.3	7.2	7.8	8.2	7.8	..
Slovénie	16.6	17.2	18.2	17.9	18.0	17.7	16.6	17.2
Espagne	26.3	28.3	30.4	29.0	29.1	27.9	27.4	27.1
Suède	24.3	24.3	26.8	24.4	24.5	25.5	24.0	26.8
Suisse	..	..	..	..	..	..	..	..
Turquie	..	..	2.2	2.3	2.4	2.5	2.4	2.7
Royaume-Uni	..	..	..	..	..	..	..	..
États-Unis	46.7	48.1	48.1	46.9	48.2	49.5	46.5	48.8
Fédération de Russie	1.6	1.9	2.1	2.0	2.3	2.7	2.8	2.9

Note : Voir les métadonnées détaillées sur :

http://metalinks.oecd.org/instinv/20200916/5904 (actifs financiers et passifs financiers)

Informations sur les données concernant le Luxembourg :

http://metalinks.oecd.org/instinv/20200916/c02b (actifs financiers) et *http://metalinks.oecd.org/instinv/20200916/dd7c* (passifs financiers).

COMPARAISONS INTERNATIONALES

Tableau 3. Actifs et passifs financiers des fonds de pension, en pourcentage du PIB

Pour cent

	2012	2013	2014	2015	2016	2017	2018	2019
Actifs financiers								
Autriche	5.2	5.5	5.8	5.8	6.1	6.2	5.9	6.5
Belgique	4.2	5.0	5.5	5.7	6.8	7.6	7.4	8.4
Canada	75.0	78.2	83.8	91.1	91.6	91.4	88.2	94.3
Chili	..	..	67.6	68.6	68.7	72.0	70.2	80.8
République tchèque	7.3	7.4	7.7	7.4	8.0	8.5	8.5	8.9
Danemark	73.9	66.5	74.2	73.5	74.9	75.3	75.5	82.9
Estonie	8.7	9.8	11.5	12.6	14.1	15.2	15.2	16.9
Finlande	1.8	1.4	1.4	1.4	1.7	1.5	1.4	1.3
France	..	..	..	..	..	..	..	..
Allemagne	15.7	14.9	17.2	17.2	18.3	19.1	19.1	21.4
Grèce	..	0.1	0.2	0.2	0.7	0.7	0.7	0.7
Hongrie	4.0	4.1	4.2	4.1	4.3	4.4	4.0	3.9
Islande	132.5	137.7	141.6	143.2	142.2	150.8	152.4	167.6
Irlande	43.9	48.9	51.6	42.1	44.3	40.8	36.9	38.7
Israël	68.9	71.3	74.4	75.7	77.0	82.6	81.6	90.4
Italie	3.8	4.1	4.9	5.3	4.7	5.5	5.4	6.1
Japon	29.8	30.0	31.2	30.6	29.3	28.7	28.7	28.6
Corée	4.9	5.8	7.3	8.3	9.3	10.3	11.2	12.9
Lettonie	7.6	8.4	9.8	11.0	12.4	13.9	13.8	16.2
Lituanie	4.3	4.6	5.2	5.9	6.6	7.1	7.2	8.3
Luxembourg	2.5	2.5	3.5	3.5	3.5	3.5	3.4	3.3
Pays-Bas	153.1	153.9	185.8	180.3	193.0	195.4	186.8	213.4
Nouvelle-Zélande	..	..	21.5	23.1	24.4	26.6	27.2	31.3
Norvège	7.8	8.7	9.8	10.9	11.7	12.1	11.2	12.1
Pologne	16.8	18.3	8.8	7.9	8.4	9.1	7.5	6.9
Portugal	..	..	..	..	..	..	..	..
République slovaque	8.8	9.8	10.5	9.9	10.4	11.0	10.8	..
Slovénie	5.7	5.9	6.2	6.4	6.4	6.2	6.0	6.4
Espagne	10.4	11.1	12.1	11.6	11.8	12.1	11.6	11.9
Suède	73.1	80.5	90.0	89.0	93.4	97.5	92.6	107.8
Suisse	97.1	102.5	108.5	109.8	113.8	121.7	116.3	..
Turquie	..	..	2.8	2.9	3.1	3.3	3.3	3.5
Royaume-Uni	..	..	..	..	..	..	..	..
États-Unis	105.8	115.5	114.7	111.9	113.2	115.6	110.1	113.9
Fédération de Russie	2.3	2.8	2.8	3.5	4.0	4.2	3.9	4.0
Passifs financiers								
Autriche	5.0	5.3	5.6	5.5	5.6	5.6	5.6	5.9
Belgique	4.7	5.1	5.7	5.8	6.8	7.6	7.4	8.5
Canada	75.0	78.2	83.8	91.1	91.6	91.4	88.2	94.3
Chili	..	..	0.7	0.8	0.7	0.8	0.8	0.9
République tchèque	6.7	6.9	7.8	8.1	8.4	8.7	8.7	8.8
Danemark	71.6	64.7	72.0	70.9	74.3	74.5	72.6	82.5
Estonie	8.7	9.9	11.5	12.6	14.1	15.3	15.2	16.9
Finlande	1.8	1.9	1.8	1.7	1.6	1.6	1.5	1.3
France	..	..	..	..	..	..	..	..
Allemagne	14.7	15.2	15.8	16.3	16.5	16.8	17.0	17.3
Grèce	..	0.1	0.2	0.2	0.7	0.7	0.7	0.8
Hongrie	4.1	4.2	4.2	4.2	4.4	4.5	4.1	4.1
Islande	132.7	137.9	141.8	143.4	142.3	150.9	152.4	167.7
Irlande	44.0	48.8	51.5	42.1	44.3	40.7	36.8	38.7
Israël	..	..	..	..	..	..	..	..
Italie	4.3	4.8	5.3	5.4	5.6	5.9	5.8	6.5
Japon	29.9	29.8	30.9	30.2	28.9	28.1	28.2	28.0
Corée	4.9	5.8	7.4	8.2	9.3	10.3	11.2	12.9
Lettonie	7.6	8.4	9.8	10.9	12.6	14.0	13.8	16.3
Lituanie	4.3	4.6	5.2	5.9	6.6	7.1	7.2	8.3
Luxembourg	2.5	2.5	3.5	3.5	3.5	3.5	3.4	3.3
Pays-Bas	154.1	146.9	175.8	178.4	192.2	184.2	184.5	209.7
Nouvelle-Zélande	..	..	..	..	..	..	..	..
Norvège	8.0	8.8	9.8	10.8	11.5	11.9	11.2	11.5
Pologne	16.8	18.3	8.8	7.9	8.4	9.1	7.5	6.9
Portugal	..	..	..	..	..	..	..	..
République slovaque	9.2	9.6	10.3	9.9	10.7	11.3	11.3	..
Slovénie	5.8	5.9	6.2	6.4	6.4	6.3	6.2	6.6
Espagne	10.6	11.4	12.2	12.1	12.0	12.4	11.7	12.3
Suède	71.1	77.4	84.7	83.3	86.2	88.1	85.3	95.9
Suisse	99.6	102.2	104.7	108.3	112.4	116.0	116.3	..
Turquie	..	..	3.1	3.2	3.3	3.5	3.5	3.6
Royaume-Uni	..	..	..	..	..	..	..	..
États-Unis	106.8	116.6	115.8	112.9	114.0	116.3	110.6	114.4
Fédération de Russie	2.2	2.7	2.7	3.4	3.8	4.1	3.8	3.9

Note : Voir les métadonnées détaillées sur :

http://metalinks.oecd.org/instinv/20200916/5904 (actifs financiers et passifs financiers)

Informations sur les données concernant le Luxembourg :

http://metalinks.oecd.org/instinv/20200916/c02b (actifs financiers) et *http://metalinks.oecd.org/instinv/20200916/dd7c* (passifs financiers).

Tableaux par pays

AUTRICHE

Tableau 1. Actifs et passifs financiers des investisseurs institutionnels, 2018

Millions EUR (1999 ATS euro)

	Fonds d'investissement				
	Total	Fonds d'investissement non-monétaire			Fonds d'investissement monétaires
		Total	Fonds d'investissement à capital variable, non monétaire	Fonds d'investissement à capital fixe, non monétaire	Total
Actifs financiers	168 682	168 654	168 654	..	28
Numéraire et dépôts	8 085	8 085	8 085	..	0
Titres de dette	79 272	79 244	79 244	..	28
Titres de dette à court terme	423	423	423	..	0
Titres de dette à long terme	78 849	78 820	78 820	..	28
Titres de dette émis par les résidents	11 313	11 313	11 313	..	0
Titres de dette émis par les non-résidents	67 959	67 931	67 931	..	28
Crédits	191	191	191	..	0
Crédits à court terme	4	4	4	..	0
Crédits à long terme	186	186	186	..	0
Crédits accordés aux résidents	187	187	187	..	0
Crédits accordés aux non-résidents	4	4	4	..	0
Actions et parts de fonds d'investissement	81 130	81 130	81 130	..	0
Actions et parts de fonds d'investissements émises par les résidents	27 894	27 894	27 894	..	0
Actions et part de fonds d'investissements émises par les non-résidents	53 236	53 236	53 236	..	0
Autres comptes à recevoir	0	0	0	..	0

	Fonds d'investissement				
	Total	Fonds d'investissement non-monétaire			Fonds d'investissement monétaires
		Total	Fonds d'investissement à capital variable, non monétaire	Fonds d'investissement à capital fixe, non monétaire	Total
Pasifs financiers	173 491	173 459	173 459	..	32
Numéraire et dépôts	0	0	0	..	0
Titres de dette	0	0	0	..	0
Titres de dette à court terme	0	0	0	..	0
Titres de dette à long terme	0	0	0	..	0
Crédits	265	265	265	..	0
Crédits à court terme	97	97	97	..	0
Crédits à long terme	168	168	168	..	0
Actions et parts de fonds d'investissement	173 226	173 194	173 194	..	32
Systèmes d'assurance, de pensions et garanties standard	0	0	0	..	0
Produits financiers dérivés et options sur titres des salariés	0	0	0	..	0
Autres comptes à payer	0	0	0	..	0

	Sociétés d'assurance et fonds de pension autonomes				
	Total	Sociétés d'assurance			Fonds de pension autonomes
		Total	Sociétés d'assurance vie	Sociétés d'assurance non-vie	Total
Actifs financiers	137 770	114 922	..	..	22 848
Numéraire et dépôts	5 059	3 699	..	..	1 360
Titres de dette	53 470	53 046	..	..	423
Titres de dette à court terme	0	0	..	..	0
Titres de dette à long terme	53 470	53 046	..	..	423
Titres de dette émis par les résidents	15 048	14 890	..	..	158
Titres de dette émis par les non-résidents	38 421	38 156	..	..	265
Crédits	6 329	6 314	..	..	15
Crédits à court terme	1 003	1 003	..	..	0
Crédits à long terme	5 327	5 312	..	..	15
Crédits accordés aux résidents	4 626	4 626	..	..	0
Crédits accordés aux non-résidents	1 704	1 689	..	..	15
Actions et parts de fonds d'investissement	67 532	46 808	..	..	20 724
Actions et parts de fonds d'investissement émises par les résidents	53 889	36 378	..	..	17 512
Actions et parts de fonds d'investissement émises par les non-résidents	13 642	10 431	..	..	3 212
Autrescomptes à recevoir	1 362	1 036	..	..	327

	Sociétés d'assurance et fonds de pension autonomes				
	Total	Sociétés d'assurance			Fonds de pension autonomes
		Total	Sociétés d'assurance vie	Sociétés d'assurance non-vie	Total
Pasifs financiers	125 784	104 375	..	..	21 409
Numéraire et dépôts	0	0	..	..	0
Titres de dette	3 227	3 227	..	..	0
Titres de dette à court terme	0	0	..	..	0
Titres de dette à long terme	3 227	3 227	..	..	0
Crédits	3 089	3 067	..	..	21
Crédits à court terme	2 385	2 383	..	..	1
Crédits à long terme	704	684	..	..	20
Actions et parts de fonds d'investissement	11 006	10 826	..	..	180
Systèmes d'assurance, de pensions et garanties standard	107 581	86 374	..	..	21 207
Produits financiers dérivés et options sur titres des salariés	0	0	..	..	0
Autres comptes à payer	882	882	..	..	0

Note : Voir les métadonnées détaillées sur : *http://metalinks.oecd.org/instinv/20200916/0196*

AUTRICHE

Tableau 2. Actifs et passifs financiers des fonds d'investissement

Millions EUR

	2012	2013	2014	2015	2016	2017	2018	2019
Fonds d'investissement								
Valeur nette financière	-1 703	-1 895	-1 900	-2 567	-3 403	-3 682	-4 809	-5 942
Actifs financiers	147 507	148 852	161 753	166 444	171 384	180 099	168 682	189 290
Numéraire et dépôts	8 083	8 038	8 116	9 302	7 625	6 824	8 085	6 892
Titres de dette	81 185	79 164	85 113	83 937	83 180	82 226	79 272	83 710
Crédits	79	158	143	216	194	201	191	190
Actions et parts de fonds d'investissement	57 950	61 455	68 350	72 941	80 376	90 837	81 130	98 495
Actions	19 207	21 330	22 904	23 576	25 742	29 412	25 835	33 734
Parts de fonds d'investissement	38 744	40 126	45 446	49 365	54 635	61 425	55 295	64 761
Parts de fonds d'investissement monétaires	123	135	313	304	309	333	786	393
Parts de fonds d'investissement non monétaires	38 621	39 991	45 133	49 062	54 325	61 093	54 509	64 368
Systèmes d'assurance, de pensions et garanties standard	0	0	0	0	0	0	0	0
Produits financiers dérivés et options sur titres des salariés	209	38	32	49	8	12	4	4
Autres comptes à recevoir	0	0	0	0	0	0	0	0
Passifs financiers	149 210	150 747	163 654	169 011	174 788	183 782	173 491	195 232
Titres de dette	0	0	8	8	0	0	0	0
Titres de dette à court terme	0	0	0	0	0	0	0	0
Titres de dette à long terme	0	0	8	8	0	0	0	0
Crédits	1 399	1 310	946	706	474	451	265	546
Crédits à court terme	1 210	1 124	786	622	99	219	97	413
Crédits à long terme	190	185	159	85	375	232	168	133
Actions et parts de fonds d'investissement	147 805	149 435	162 677	168 293	174 298	183 331	173 226	194 686
Systèmes d'assurance, de pensions et garanties standard	0	0	0	0	0	0	0	0
Produits financiers dérivés et options sur titres des salariés	6	3	24	4	16	0	0	0
Autres comptes à payer	0	0	0	0	0	0	0	0
Actifs non financiers	3 195	3 377	3 832	4 364	4 969	5 762	6 263	6 987
Fonds d'investissement monétaires								
Valeur nette financière	-50	-28	-11	-5	-3	-6	-3	0
Actifs financiers	400	188	145	80	70	48	28	0
Numéraire et dépôts	0	0	0	8	0	0	0	0
Titres de dette	397	188	145	72	70	48	28	0
Crédits	0	0	0	0	0	0	0	0
Actions et parts de fonds d'investissement	3	0	0	0	0	0	0	0
Actions	0	0	0	0	0	0	0	0
Parts de fonds d'investissement	3	0	0	0	0	0	0	0
Parts de fonds d'investissement monétaires	0	0	0	0	0	0	0	0
Parts de fonds d'investissement non monétaires	3	0	0	0	0	0	0	0
Systèmes d'assurance, de pensions et garanties standard	0	0	0	0	0	0	0	0
Produits financiers dérivés et options sur titres des salariés	0	0	0	0	0	0	0	0
Autres comptes à recevoir	0	0	0	0	0	0	0	0
Passifs financiers	450	216	156	85	73	54	32	0
Titres de dette	0	0	0	0	0	0	0	0
Titres de dette à court terme	0	0	0	0	0	0	0	0
Titres de dette à long terme	0	0	0	0	0	0	0	0
Crédits	0	0	0	0	0	0	0	0
Crédits à court terme	0	0	0	0	0	0	0	0
Crédits à long terme	0	0	0	0	0	0	0	0
Actions et parts de fonds d'investissement	450	216	156	85	73	54	32	0
Systèmes d'assurance, de pensions et garanties standard	0	0	0	0	0	0	0	0
Produits financiers dérivés et options sur titres des salariés	0	0	0	0	0	0	0	0
Autres comptes à payer	0	0	0	0	0	0	0	0
Actifs non financiers	..	..	..	..	..	..	..	..
Fonds d'investissement non monétaires								
Valeur nette financière	-1 653	-1 867	-1 890	-2 562	-3 400	-3 677	-4 805	-5 942
Actifs financiers	147 107	148 664	161 608	166 365	171 314	180 051	168 654	189 290
Numéraire et dépôts	8 083	8 038	8 116	9 294	7 625	6 824	8 085	6 892
Titres de dette	80 788	78 976	84 968	83 865	83 110	82 177	79 244	83 710
Crédits	79	158	143	216	194	201	191	190
Actions et parts de fonds d'investissement	57 948	61 455	68 350	72 941	80 376	90 837	81 130	98 495
Actions	19 207	21 330	22 904	23 576	25 742	29 412	25 835	33 734
Parts de fonds d'investissement	38 741	40 126	45 446	49 365	54 635	61 425	55 295	64 761
Parts de fonds d'investissement monétaires	123	135	313	304	309	333	786	393
Parts de fonds d'investissement non monétaires	38 618	39 991	45 133	49 062	54 325	61 093	54 509	64 368
Systèmes d'assurance, de pensions et garanties standard	0	0	0	0	0	0	0	0
Produits financiers dérivés et options sur titres des salariés	209	38	32	49	8	12	4	4
Autres comptes à recevoir	0	0	0	0	0	0	0	0
Passifs financiers	148 760	150 531	163 498	168 926	174 714	183 728	173 459	195 232
Titres de dette	0	0	8	8	0	0	0	0
Titres de dette à court terme	0	0	0	0	0	0	0	0
Titres de dette à long terme	0	0	8	8	0	0	0	0
Crédits	1 399	1 310	946	706	474	451	265	546
Crédits à court terme	1 210	1 124	786	622	99	219	97	413
Crédits à long terme	190	185	159	85	375	232	168	133
Actions et parts de fonds d'investissement	147 355	149 218	162 520	168 208	174 225	183 277	173 194	194 686
Systèmes d'assurance, de pensions et garanties standard	0	0	0	0	0	0	0	0
Produits financiers dérivés et options sur titres des salariés	6	3	24	4	16	0	0	0
Autres comptes à payer	0	0	0	0	0	0	0	0
Actifs non financiers	..	..	..	..	..	..	..	..
Fonds d'investissement non monétaires à capital variable								
Valeur nette financière	-1 653	-1 867	-1 890	-2 562	-3 400	-3 677	-4 805	-5 942
Actifs financiers	147 107	148 664	161 608	166 365	171 314	180 051	168 654	189 290
Numéraire et dépôts	8 083	8 038	8 116	9 294	7 625	6 824	8 085	6 892

AUTRICHE

Tableau 2. Actifs et passifs financiers des fonds d'investissement *(suite)*

Millions EUR

	2012	2013	2014	2015	2016	2017	2018	2019
Titres de dette	80 788	78 976	84 968	83 865	83 110	82 177	79 244	83 710
Crédits	79	158	143	216	194	201	191	190
Actions et parts de fonds d'investissement	57 948	61 455	68 350	72 941	80 376	90 837	81 130	98 495
Actions	19 207	21 330	22 904	23 576	25 742	29 412	25 835	33 734
Parts de fonds d'investissement	38 741	40 126	45 446	49 365	54 635	61 425	55 295	64 761
Parts de fonds d'investissement monétaires	123	135	313	304	309	333	786	393
Parts de fonds d'investissement non monétaires	38 618	39 991	45 133	49 062	54 325	61 093	54 509	64 368
Systèmes d'assurance, de pensions et garanties standard	0	0	0	0	0	0	0	0
Produits financiers dérivés et options sur titres des salariés	209	38	32	49	8	12	4	4
Autres comptes à recevoir	0	0	0	0	0	0	0	0
Passifs financiers	148 760	150 531	163 498	168 926	174 714	183 728	173 459	195 232
Titres de dette	0	0	8	8	0	0	0	0
Titres de dette à court terme	0	0	0	0	0	0	0	0
Titres de dette à long terme	0	0	8	8	0	0	0	0
Crédits	1 399	1 310	946	706	474	451	265	546
Crédits à court terme	1 210	1 124	786	622	99	219	97	413
Crédits à long terme	190	185	159	85	375	232	168	133
Actions et parts de fonds d'investissement	147 355	149 218	162 520	168 208	174 225	183 277	173 194	194 686
Systèmes d'assurance, de pensions et garanties standard	0	0	0	0	0	0	0	0
Produits financiers dérivés et options sur titres des salariés	6	3	24	4	16	0	0	0
Autres comptes à payer	0	0	0	0	0	0	0	0
Actifs non financiers	3 195	3 377	3 832	4 364	4 969	5 762	6 263	6 987
Fonds d'investissement à capital variable								
Valeur nette financière	-1 703	-1 895	-1 901	-2 567	-3 403	-3 683	-4 808	-5 942
Actifs financiers	147 507	148 852	161 753	166 445	171 384	180 099	168 682	189 290
Numéraire et dépôts	8 083	8 038	8 116	9 302	7 625	6 824	8 085	6 892
Titres de dette	81 185	79 164	85 113	83 937	83 180	82 225	79 272	83 710
Crédits	79	158	143	216	194	201	191	190
Actions et parts de fonds d'investissement	57 951	61 455	68 350	72 941	80 376	90 837	81 130	98 495
Actions	19 207	21 330	22 904	23 576	25 742	29 412	25 835	33 734
Parts de fonds d'investissement	38 744	40 126	45 446	49 365	54 635	61 425	55 295	64 761
Parts de fonds d'investissement monétaires	123	135	313	304	309	333	786	393
Parts de fonds d'investissement non monétaires	38 621	39 991	45 133	49 062	54 325	61 093	54 509	64 368
Systèmes d'assurance, de pensions et garanties standard	0	0	0	0	0	0	0	0
Produits financiers dérivés et options sur titres des salariés	209	38	32	49	8	12	4	4
Autres comptes à recevoir	0	0	0	0	0	0	0	0
Passifs financiers	149 210	150 747	163 654	169 011	174 787	183 782	173 491	195 232
Titres de dette	0	0	8	8	0	0	0	0
Titres de dette à court terme	0	0	0	0	0	0	0	0
Titres de dette à long terme	0	0	8	8	0	0	0	0
Crédits	1 399	1 310	946	706	474	451	265	546
Crédits à court terme	1 210	1 124	786	622	99	219	97	413
Crédits à long terme	190	185	159	85	375	232	168	133
Actions et parts de fonds d'investissement	147 805	149 434	162 676	168 293	174 298	183 331	173 226	194 686
Systèmes d'assurance, de pensions et garanties standard	0	0	0	0	0	0	0	0
Produits financiers dérivés et options sur titres des salariés	6	3	24	4	16	0	0	0
Autres comptes à payer	0	0	0	0	0	0	0	0
Actifs non financiers	..	..	..	..	..	..	..	..

Note : Voir les métadonnées détaillées sur : *http://metalinks.oecd.org/instinv/20200916/0196*

AUTRICHE

Tableau 3. Actifs et passifs financiers des sociétés d'assurance et fonds de pension

Millions EUR

	2012	2013	2014	2015	2016	2017	2018	2019
Sociétés d'assurance et fonds de pension								
Valeur nette financière	-2 044	-1 950	2 209	3 938	5 907	10 848	11 986	10 364
Actifs financiers	129 457	131 705	139 518	140 165	141 828	141 498	137 770	143 974
Numéraire et dépôts	4 264	5 455	4 496	5 420	4 065	3 883	5 059	4 234
Titres de dette	47 163	49 162	55 185	53 952	56 117	56 138	53 470	54 777
Crédits	7 370	6 142	6 643	6 308	6 488	5 975	6 329	6 296
Actions et parts de fonds d'investissement	62 213	63 129	65 682	67 191	68 188	70 118	67 532	73 930
Actions	14 695	14 885	14 527	14 693	13 690	13 187	13 677	13 996
Parts de fonds d'investissement	47 518	48 243	51 155	52 498	54 498	56 931	53 855	59 934
Parts de fonds d'investissement monétaires	76	44	105	240	133	81	82	77
Parts de fonds d'investissement non monétaires	47 443	48 200	51 050	52 258	54 365	56 850	53 773	59 857
Systèmes d'assurance, de pensions et garanties standard	6 997	6 283	5 683	5 535	5 409	4 227	4 018	3 318
Produits financiers dérivés et options sur titres des salariés	48	13	30	24	0	0	1	0
Autres comptes à recevoir	1 402	1 521	1 799	1 736	1 561	1 158	1 362	1 419
Passifs financiers	131 501	133 655	137 309	136 227	135 921	130 650	125 784	133 609
Titres de dette	2 510	3 300	3 239	4 039	3 662	4 161	3 227	3 532
Titres de dette à court terme	0	0	0	0	0	0	0	0
Titres de dette à long terme	2 510	3 300	3 239	4 039	3 662	4 161	3 227	3 532
Crédits	4 701	3 266	2 820	2 918	3 214	2 991	3 089	2 478
Crédits à court terme	3 688	2 374	1 988	1 809	1 962	1 817	2 385	1 411
Crédits à long terme	1 013	892	831	1 109	1 252	1 174	704	1 067
Actions et parts de fonds d'investissement	16 125	17 645	16 426	14 813	13 236	13 266	11 006	11 953
Systèmes d'assurance, de pensions et garanties standard	107 095	108 525	113 167	112 972	114 407	109 359	107 581	114 755
Produits financiers dérivés et options sur titres des salariés	0	0	0	0	0	0	0	0
Autres comptes à payer	1 070	919	1 658	1 484	1 402	873	882	891
Actifs non financiers	..	..	..	..	..	..	..	..
Sociétés d'assurance								
Valeur nette financière	-2 516	-2 625	1 507	2 723	4 097	8 672	10 547	8 034
Actifs financiers	113 045	114 005	120 103	120 137	120 185	118 425	114 922	118 210
Numéraire et dépôts	3 689	4 205	3 886	4 865	3 164	3 069	3 699	3 081
Titres de dette	46 787	48 707	54 735	53 516	55 710	55 746	53 046	54 289
Crédits	7 339	6 098	6 643	6 300	6 488	5 960	6 314	6 276
Actions et parts de fonds d'investissement	46 840	47 222	47 458	48 305	47 959	48 352	46 808	50 151
Actions	14 655	14 825	14 495	14 661	13 634	13 121	13 643	13 746
Parts de fonds d'investissement	32 185	32 397	32 963	33 644	34 325	35 232	33 165	36 405
Parts de fonds d'investissement monétaires	76	44	105	233	115	64	67	57
Parts de fonds d'investissement non monétaires	32 109	32 353	32 858	33 411	34 209	35 167	33 099	36 348
Systèmes d'assurance, de pensions et garanties standard	6 997	6 283	5 683	5 535	5 409	4 227	4 018	3 318
Produits financiers dérivés et options sur titres des salariés	48	13	30	24	0	0	1	0
Autres comptes à recevoir	1 345	1 476	1 668	1 593	1 455	1 070	1 036	1 095
Passifs financiers	115 561	116 630	118 596	117 414	116 088	109 752	104 375	110 176
Titres de dette	2 499	3 289	3 239	4 039	3 662	4 161	3 227	3 532
Titres de dette à court terme	0	0	0	0	0	0	0	0
Titres de dette à long terme	2 499	3 289	3 239	4 039	3 662	4 161	3 227	3 532
Crédits	4 701	3 266	2 811	2 910	3 201	2 969	3 067	2 469
Crédits à court terme	3 688	2 374	1 981	1 808	1 951	1 809	2 383	1 410
Crédits à long terme	1 013	892	830	1 102	1 250	1 159	684	1 060
Actions et parts de fonds d'investissement	15 929	17 463	16 243	14 630	13 064	13 086	10 826	11 773
Systèmes d'assurance, de pensions et garanties standard	91 362	91 693	94 645	94 351	94 759	88 664	86 374	91 511
Produits financiers dérivés et options sur titres des salariés	0	0	0	0	0	0	0	0
Autres comptes à payer	1 070	919	1 658	1 484	1 402	873	882	891
Actifs non financiers	3 792	3 983	4 199	4 260	4 401	8 346	8 715	9 744
Fonds de pension								
Valeur nette financière	472	675	702	1 215	1 810	2 175	1 440	2 330
Actifs financiers	16 412	17 700	19 415	20 028	21 643	23 073	22 848	25 763
Numéraire et dépôts	575	1 250	610	555	901	814	1 360	1 153
Titres de dette	375	455	450	435	407	391	423	488
Crédits	31	44	0	9	0	15	15	19
Actions et parts de fonds d'investissement	15 373	15 907	18 224	18 886	20 229	21 766	20 724	23 779
Actions	40	60	31	32	56	66	34	250
Parts de fonds d'investissement	15 333	15 847	18 192	18 854	20 173	21 700	20 690	23 529
Parts de fonds d'investissement monétaires	0	0	0	7	17	17	15	20
Parts de fonds d'investissement non monétaires	15 333	15 847	18 192	18 847	20 156	21 683	20 674	23 509
Systèmes d'assurance, de pensions et garanties standard	0	0	0	0	0	0	0	0
Produits financiers dérivés et options sur titres des salariés	0	0	0	0	0	0	0	0
Autres comptes à recevoir	58	44	131	143	106	87	327	324
Passifs financiers	15 941	17 025	18 713	18 813	19 833	20 898	21 409	23 433
Titres de dette	11	11	0	0	0	0	0	0
Titres de dette à court terme	0	0	0	0	0	0	0	0
Titres de dette à long terme	11	11	0	0	0	0	0	0
Crédits	0	0	8	9	13	22	21	9
Crédits à court terme	0	0	7	1	11	7	1	1
Crédits à long terme	0	0	1	7	2	15	20	8
Actions et parts de fonds d'investissement	196	182	183	183	172	180	180	180
Systèmes d'assurance, de pensions et garanties standard	15 733	16 831	18 521	18 621	19 648	20 696	21 207	23 245
Produits financiers dérivés et options sur titres des salariés	0	0	0	0	0	0	0	0
Autres comptes à payer	0	0	0	0	0	0	0	0
Actifs non financiers	..	..	..	..	..	..	..	..

Note : Voir les métadonnées détaillées sur : *http://metalinks.oecd.org/instinv/20200916/0196*

AUTRICHE

Tableau 4. Composition du portefeuille par type d'investisseur

En pourcentage des actifs financiers et des passifs financiers

Pour cent

	2012	2013	2014	2015	2016	2017	2018	2019
Fonds d'investissement								
Actifs financiers	100.0	100.0	100.0	100.0	100.0	100.0	100.0	100.0
Numéraire et dépôts	5.5	5.4	5.0	5.6	4.4	3.8	4.8	3.6
Titres de dettes	55.0	53.2	52.6	50.4	48.5	45.7	47.0	44.2
Crédits	0.1	0.1	0.1	0.1	0.1	0.1	0.1	0.1
Actions et parts de fonds d'investissement	39.3	41.3	42.3	43.8	46.9	50.4	48.1	52.0
Systèmes d'assurance de pensions et garanties standard	0.0	0.0	0.0	0.0	0.0	0.0	0.0	0.0
Produits financiers dérivés et options sur titres des salariés	0.1	0.0	0.0	0.0	0.0	0.0	0.0	0.0
Autres comptes à recevoir	0.0	0.0	0.0	0.0	0.0	0.0	0.0	0.0
Passifs financiers	100.0	100.0	100.0	100.0	100.0	100.0	100.0	100.0
Numéraire et dépôts	0.0	0.0	0.0	0.0	0.0	0.0	0.0	0.0
Titres de dettes	0.0	0.0	0.0	0.0	0.0	0.0	0.0	0.0
Crédits	0.9	0.9	0.6	0.4	0.3	0.2	0.2	0.3
Actions et parts de fonds d'investissement	99.1	99.1	99.4	99.6	99.7	99.8	99.8	99.7
Systèmes d'assurance de pensions et garanties standard	0.0	0.0	0.0	0.0	0.0	0.0	0.0	0.0
Produits financiers dérivés et options sur titres des salariés	0.0	0.0	0.0	0.0	0.0	0.0	0.0	0.0
Autres comptes à recevoir	0.0	0.0	0.0	0.0	0.0	0.0	0.0	0.0
Sociétés d'assurance								
Actifs financiers	100.0	100.0	100.0	100.0	100.0	100.0	100.0	100.0
Numéraire et dépôts	3.3	3.7	3.2	4.0	2.6	2.6	3.2	2.6
Titres de dettes	41.4	42.7	45.6	44.5	46.4	47.1	46.2	45.9
Crédits	6.5	5.3	5.5	5.2	5.4	5.0	5.5	5.3
Actions et parts de fonds d'investissement	41.4	41.4	39.5	40.2	39.9	40.8	40.7	42.4
Systèmes d'assurance de pensions et garanties standard	6.2	5.5	4.7	4.6	4.5	3.6	3.5	2.8
Produits financiers dérivés et options sur titres des salariés	0.0	0.0	0.0	0.0	0.0	0.0	0.0	0.0
Autres comptes à recevoir	1.2	1.3	1.4	1.3	1.2	0.9	0.9	0.9
Passifs financiers	100.0	100.0	100.0	100.0	100.0	100.0	100.0	100.0
Numéraire et dépôts	0.0	0.0	0.0	0.0	0.0	0.0	0.0	0.0
Titres de dettes	2.2	2.8	2.7	3.4	3.2	3.8	3.1	3.2
Crédits	4.1	2.8	2.4	2.5	2.8	2.7	2.9	2.2
Actions et parts de fonds d'investissement	13.8	15.0	13.7	12.5	11.3	11.9	10.4	10.7
Systèmes d'assurance de pensions et garanties standard	79.1	78.6	79.8	80.4	81.6	80.8	82.8	83.1
Produits financiers dérivés et options sur titres des salariés	0.0	0.0	0.0	0.0	0.0	0.0	0.0	0.0
Autres comptes à recevoir	0.9	0.8	1.4	1.3	1.2	0.8	0.8	0.8
Fonds de pension								
Actifs financiers	100.0	100.0	100.0	100.0	100.0	100.0	100.0	100.0
Numéraire et dépôts	3.5	7.1	3.1	2.8	4.2	3.5	6.0	4.5
Titres de dettes	2.3	2.6	2.3	2.2	1.9	1.7	1.9	1.9
Crédits	0.2	0.2	0.0	0.0	0.0	0.1	0.1	0.1
Actions et parts de fonds d'investissement	93.7	89.9	93.9	94.3	93.5	94.3	90.7	92.3
Systèmes d'assurance de pensions et garanties standard	0.0	0.0	0.0	0.0	0.0	0.0	0.0	0.0
Produits financiers dérivés et options sur titres des salariés	0.0	0.0	0.0	0.0	0.0	0.0	0.0	0.0
Autres comptes à recevoir	0.4	0.2	0.7	0.7	0.5	0.4	1.4	1.3
Passifs financiers	100.0	100.0	100.0	100.0	100.0	100.0	100.0	100.0
Numéraire et dépôts	0.0	0.0	0.0	0.0	0.0	0.0	0.0	0.0
Titres de dettes	0.1	0.1	0.0	0.0	0.0	0.0	0.0	0.0
Crédits	0.0	0.0	0.0	0.0	0.1	0.1	0.1	0.0
Actions et parts de fonds d'investissement	1.2	1.1	1.0	1.0	0.9	0.9	0.8	0.8
Systèmes d'assurance de pensions et garanties standard	98.7	98.9	99.0	99.0	99.1	99.0	99.1	99.2
Produits financiers dérivés et options sur titres des salariés	0.0	0.0	0.0	0.0	0.0	0.0	0.0	0.0
Autres comptes à recevoir	0.0	0.0	0.0	0.0	0.0	0.0	0.0	0.0

Note : Voir les métadonnées détaillées sur : *http://metalinks.oecd.org/instinv/20200916/649b*

BELGIQUE

Tableau 1. Actifs et passifs financiers des investisseurs institutionnels, 2018

Millions EUR (1999 BEF euro)

	Total	Fonds d'investissement			
		Fonds d'investissement non-monétaire			Fonds d'investissement monétaires
		Total	Fonds d'investissement à capital variable, non monétaire	Fonds d'investissement à capital fixe, non monétaire	Total
Actifs financiers	167 298	155 071	155 071	..	12 226
Numéraire et dépôts	5 209	5 202	5 202	..	8
Titres de dette	39 674	28 191	28 191	..	11 483
Titres de dette à court terme	11 093	1 201	1 201	..	9 891
Titres de dette à long terme	28 581	26 990	26 990	..	1 592
Titres de dette émis par les résidents	5 997	1 929	1 929	..	4 068
Titres de dette émis par les non-résidents	33 677	26 262	26 262	..	7 415
Crédits	0	0	0	..	0
Crédits à court terme	0	0	0	..	0
Crédits à long terme	0	0	0	..	0
Crédits accordés aux résidents	0	0	0	..	0
Crédits accordés aux non-résidents	0	0	0	..	0
Actions et parts de fonds d'investissement	119 035	119 035	119 035	..	0
Actions et parts de fonds d'investissements émises par les résidents	19 581	19 581	19 581	..	0
Actions et part de fonds d'investissements émises par les non-résidents	99 454	99 454	99 454	..	0
Autres comptes à recevoir	3 239	2 503	2 503	..	736

	Total	Fonds d'investissement			
		Fonds d'investissement non-monétaire			Fonds d'investissement monétaires
		Total	Fonds d'investissement à capital variable, non monétaire	Fonds d'investissement à capital fixe, non monétaire	Total
Pasifs financiers	167 299	155 072	155 072	..	12 227
Numéraire et dépôts	0	0	0	..	0
Titres de dette	0	0	0	..	0
Titres de dette à court terme	0	0	0	..	0
Titres de dette à long terme	0	0	0	..	0
Crédits	696	56	56	..	639
Crédits à court terme	0	0	0	..	0
Crédits à long terme	696	56	56	..	639
Actions et parts de fonds d'investissement	163 517	151 930	151 930	..	11 587
Systèmes d'assurance, de pensions et garanties standard	0	0	0	..	0
Produits financiers dérivés et options sur titres des salariés	17	17	17	..	0
Autres comptes à payer	3 069	3 069	3 069	..	0

	Total	Sociétés d'assurance et fonds de pension autonomes			
		Sociétés d'assurance			Fonds de pension autonomes
		Total	Sociétés d'assurance vie	Sociétés d'assurance non-vie	Total
Actifs financiers	346 107	312 244	..	..	33 862
Numéraire et dépôts	10 530	9 581	..	..	949
Titres de dette	197 728	193 831	..	..	3 897
Titres de dette à court terme	835	835	..	..	0
Titres de dette à long terme	196 893	192 996	..	..	3 897
Titres de dette émis par les résidents	78 059	77 007	..	..	1 052
Titres de dette émis par les non-résidents	119 669	116 824	..	..	2 845
Crédits	31 426	30 808	..	..	618
Crédits à court terme	445	445	..	..	0
Crédits à long terme	30 981	30 363	..	..	618
Crédits accordés aux résidents	21 521	20 903	..	..	618
Crédits accordés aux non-résidents	9 906	9 906	..	..	0
Actions et parts de fonds d'investissement	90 495	62 849	..	..	27 646
Actions et parts de fonds d'investissement émises par les résidents	27 301	16 743	..	..	10 558
Actions et parts de fonds d'investissement émises par les non-résidents	63 194	46 106	..	..	17 088
Autrescomptes à recevoir	8 463	8 244	..	..	219

	Total	Sociétés d'assurance et fonds de pension autonomes			
		Sociétés d'assurance			Fonds de pension autonomes
		Total	Sociétés d'assurance vie	Sociétés d'assurance non-vie	Total
Pasifs financiers	353 466	319 522	..	..	33 945
Numéraire et dépôts	0	0	..	..	0
Titres de dette	4 209	4 209	..	..	0
Titres de dette à court terme	0	0	..	..	0
Titres de dette à long terme	4 209	4 209	..	..	0
Crédits	14 983	14 377	..	..	606
Crédits à court terme	4 866	4 260	..	..	606
Crédits à long terme	10 117	10 117	..	..	0
Actions et parts de fonds d'investissement	37 636	37 636	..	..	0
Systèmes d'assurance, de pensions et garanties standard	288 332	254 993	..	..	33 339
Produits financiers dérivés et options sur titres des salariés	809	809	..	..	0
Autres comptes à payer	7 497	7 497	..	..	0

Note : Voir les métadonnées détaillées sur : *http://metalinks.oecd.org/instinv/20200916/0196*

BELGIQUE

Tableau 2. Actifs et passifs financiers des fonds d'investissement

Millions EUR

	2012	2013	2014	2015	2016	2017	2018	2019
Fonds d'investissement								
Valeur nette financière	0	-11	-4	-4	-12	0	-1	0
Actifs financiers	87 177	104 725	124 874	148 182	150 143	180 541	167 298	184 037
Numéraire et dépôts	7 804	6 786	6 665	9 153	6 092	5 608	5 209	4 349
Titres de dette	25 492	25 895	28 318	40 030	31 036	32 443	39 674	30 449
Crédits	0	0	0	0	0	0	0	0
Actions et parts de fonds d'investissement	49 400	67 503	84 440	94 423	108 861	138 618	119 035	146 973
Actions	28 073	34 483	41 536	39 006	49 661	60 937	48 258	67 686
Parts de fonds d'investissement	21 327	33 020	42 905	55 416	59 200	77 681	70 777	79 287
Parts de fonds d'investissement monétaires	312	284	714	10 718	3 213	4 273	10 526	3 899
Parts de fonds d'investissement non monétaires	21 015	32 735	42 191	44 699	55 987	73 408	60 251	75 388
Systèmes d'assurance, de pensions et garanties standard	0	0	0	0	0	0	0	0
Produits financiers dérivés et options sur titres des salariés	2 057	1 678	1 598	1 064	957	903	141	433
Autres comptes à recevoir	2 424	2 863	3 854	3 512	3 198	2 969	3 239	1 833
Passifs financiers	87 177	104 736	124 878	148 186	150 155	180 541	167 299	184 037
Titres de dette	0	0	0	0	0	0	0	0
Titres de dette à court terme	0	0	0	0	0	0	0	0
Titres de dette à long terme	0	0	0	0	0	0	0	0
Crédits	90	89	149	178	131	60	696	216
Crédits à court terme	0	0	0	0	0	0	0	0
Crédits à long terme	90	89	149	178	131	60	696	216
Actions et parts de fonds d'investissement	85 770	102 578	122 276	145 386	146 759	177 375	163 517	182 013
Systèmes d'assurance, de pensions et garanties standard	0	0	0	0	0	0	0	0
Produits financiers dérivés et options sur titres des salariés	0	4	14	12	29	2	17	17
Autres comptes à payer	1 317	2 065	2 440	2 611	3 236	3 104	3 069	1 791
Actifs non financiers	..	..	..	..	..	..	..	..
Fonds d'investissement monéaires								
Valeur nette financière	0	0	0	0	0	0	0	0
Actifs financiers	996	1 016	800	12 273	1 974	2 590	12 226	2 443
Numéraire et dépôts	147	142	147	2 025	229	135	8	394
Titres de dette	829	869	650	10 216	1 745	2 437	11 483	2 041
Crédits	0	0	0	0	0	0	0	0
Actions et parts de fonds d'investissement	5	0	0	0	0	0	0	0
Actions	0	0	0	0	0	0	0	0
Parts de fonds d'investissement	5	0	0	0	0	0	0	0
Parts de fonds d'investissement monétaires	2	0	0	0	0	0	0	0
Parts de fonds d'investissement non monétaires	3	0	0	0	0	0	0	0
Systèmes d'assurance, de pensions et garanties standard	0	0	0	0	0	0	0	0
Produits financiers dérivés et options sur titres des salariés	0	0	0	0	0	0	0	0
Autres comptes à recevoir	14	5	3	33	0	17	736	8
Passifs financiers	996	1 016	800	12 273	1 974	2 590	12 227	2 443
Titres de dette	0	0	0	0	0	0	0	0
Titres de dette à court terme	0	0	0	0	0	0	0	0
Titres de dette à long terme	0	0	0	0	0	0	0	0
Crédits	0	1	19	0	0	0	639	134
Crédits à court terme	0	0	0	0	0	0	0	0
Crédits à long terme	0	1	19	0	0	0	639	134
Actions et parts de fonds d'investissement	991	1 012	781	12 255	1 941	2 517	11 587	2 309
Systèmes d'assurance, de pensions et garanties standard	0	0	0	0	0	0	0	0
Produits financiers dérivés et options sur titres des salariés	0	2	0	0	0	0	0	0
Autres comptes à payer	5	1	0	19	33	73	0	0
Actifs non financiers	..	..	..	..	..	..	..	..
Fonds d'investissement non monéaires								
Valeur nette financière	0	-11	-4	-4	-12	0	-1	0
Actifs financiers	86 181	103 709	124 074	135 909	148 169	177 951	155 071	181 594
Numéraire et dépôts	7 656	6 644	6 517	7 129	5 863	5 473	5 202	3 955
Titres de dette	24 662	25 026	27 668	29 814	29 291	30 006	28 191	28 408
Crédits	0	0	0	0	0	0	0	0
Actions et parts de fonds d'investissement	49 395	67 503	84 440	94 423	108 861	138 618	119 035	146 973
Actions	28 073	34 483	41 536	39 006	49 661	60 937	48 258	67 686
Parts de fonds d'investissement	21 322	33 020	42 905	55 416	59 200	77 681	70 777	79 287
Parts de fonds d'investissement monétaires	310	284	714	10 718	3 213	4 273	10 526	3 899
Parts de fonds d'investissement non monétaires	21 012	32 735	42 191	44 699	55 987	73 408	60 251	75 388
Systèmes d'assurance, de pensions et garanties standard	0	0	0	0	0	0	0	0
Produits financiers dérivés et options sur titres des salariés	2 057	1 678	1 598	1 064	957	903	141	433
Autres comptes à recevoir	2 410	2 858	3 851	3 479	3 198	2 952	2 503	1 825
Passifs financiers	86 181	103 720	124 078	135 913	148 181	177 951	155 072	181 594
Titres de dette	0	0	0	0	0	0	0	0
Titres de dette à court terme	0	0	0	0	0	0	0	0
Titres de dette à long terme	0	0	0	0	0	0	0	0
Crédits	90	89	129	178	131	60	56	83
Crédits à court terme	0	0	0	0	0	0	0	0
Crédits à long terme	90	89	129	178	131	60	56	83
Actions et parts de fonds d'investissement	84 779	101 566	121 495	133 131	144 818	174 858	151 930	179 704
Systèmes d'assurance, de pensions et garanties standard	0	0	0	0	0	0	0	0
Produits financiers dérivés et options sur titres des salariés	0	2	14	12	29	2	17	17
Autres comptes à payer	1 312	2 064	2 440	2 592	3 202	3 031	3 069	1 791
Actifs non financiers	..	..	..	..	..	..	..	..
Fonds d'investissement non monéaires à capital variable								
Valeur nette financière	0	-11	-4	-4	-12	0	-1	0
Actifs financiers	86 181	103 709	124 074	135 909	148 169	177 951	155 071	181 594
Numéraire et dépôts	7 656	6 644	6 517	7 129	5 863	5 473	5 202	3 955

Tableau 2. Actifs et passifs financiers des fonds d'investissement *(suite)*

Millions EUR

	2012	2013	2014	2015	2016	2017	2018	2019
Titres de dette	24 662	25 026	27 668	29 814	29 291	30 006	28 191	28 408
Crédits	0	0	0	0	0	0	0	0
Actions et parts de fonds d'investissement	49 395	67 503	84 440	94 423	108 861	138 618	119 035	146 973
Actions	28 073	34 483	41 536	39 006	49 661	60 937	48 258	67 686
Parts de fonds d'investissement	21 322	33 020	42 905	55 416	59 200	77 681	70 777	79 287
Parts de fonds d'investissement monétaires	310	284	714	10 718	3 213	4 273	10 526	3 899
Parts de fonds d'investissement non monétaires	21 012	32 735	42 191	44 699	55 987	73 408	60 251	75 388
Systèmes d'assurance, de pensions et garanties standard	0	0	0	0	0	0	0	0
Produits financiers dérivés et options sur titres des salariés	2 057	1 678	1 598	1 064	957	903	141	433
Autres comptes à recevoir	2 410	2 858	3 851	3 479	3 198	2 952	2 503	1 825
Passifs financiers	86 181	103 720	124 078	135 913	148 181	177 951	155 072	181 594
Titres de dette	0	0	0	0	0	0	0	0
Titres de dette à court terme	0	0	0	0	0	0	0	0
Titres de dette à long terme	0	0	0	0	0	0	0	0
Crédits	90	89	129	178	131	60	56	83
Crédits à court terme	0	0	0	0	0	0	0	0
Crédits à long terme	90	89	129	178	131	60	56	83
Actions et parts de fonds d'investissement	84 779	101 566	121 495	133 131	144 818	174 858	151 930	179 704
Systèmes d'assurance, de pensions et garanties standard	0	0	0	0	0	0	0	0
Produits financiers dérivés et options sur titres des salariés	0	2	14	12	29	2	17	17
Autres comptes à payer	1 312	2 064	2 440	2 592	3 202	3 031	3 069	1 791
Actifs non financiers	..	..	..	..	..	..	..	..
Fonds d'investissement à capital variable								
Valeur nette financière	0	-11	-4	-4	-12	0	-1	0
Actifs financiers	87 177	104 725	124 874	148 182	150 143	180 541	167 298	184 037
Numéraire et dépôts	7 804	6 786	6 665	9 153	6 092	5 608	5 209	4 349
Titres de dette	25 492	25 895	28 318	40 030	31 036	32 443	39 674	30 449
Crédits	0	0	0	0	0	0	0	0
Actions et parts de fonds d'investissement	49 400	67 503	84 440	94 423	108 861	138 618	119 035	146 973
Actions	28 073	34 483	41 536	39 006	49 661	60 937	48 258	67 686
Parts de fonds d'investissement	21 327	33 020	42 905	55 416	59 200	77 681	70 777	79 287
Parts de fonds d'investissement monétaires	312	284	714	10 718	3 213	4 273	10 526	3 899
Parts de fonds d'investissement non monétaires	21 015	32 735	42 191	44 699	55 987	73 408	60 251	75 388
Systèmes d'assurance, de pensions et garanties standard	0	0	0	0	0	0	0	0
Produits financiers dérivés et options sur titres des salariés	2 057	1 678	1 598	1 064	957	903	141	433
Autres comptes à recevoir	2 424	2 863	3 854	3 512	3 198	2 969	3 239	1 833
Passifs financiers	87 177	104 736	124 878	148 186	150 155	180 541	167 299	184 037
Titres de dette	0	0	0	0	0	0	0	0
Titres de dette à court terme	0	0	0	0	0	0	0	0
Titres de dette à long terme	0	0	0	0	0	0	0	0
Crédits	90	89	149	178	131	60	696	216
Crédits à court terme	0	0	0	0	0	0	0	0
Crédits à long terme	90	89	149	178	131	60	696	216
Actions et parts de fonds d'investissement	85 770	102 578	122 276	145 386	146 759	177 375	163 517	182 013
Systèmes d'assurance, de pensions et garanties standard	0	0	0	0	0	0	0	0
Produits financiers dérivés et options sur titres des salariés	0	4	14	12	29	2	17	17
Autres comptes à payer	1 317	2 065	2 440	2 611	3 236	3 104	3 069	1 791
Actifs non financiers	..	..	..	..	..	..	..	..

Note : Voir les métadonnées détaillées sur : *http://metalinks.oecd.org/instinv/20200916/0196*

BELGIQUE

Tableau 3. Actifs et passifs financiers des sociétés d'assurance et fonds de pension

Millions EUR

	2012	2013	2014	2015	2016	2017	2018	2019
Sociétés d'assurance et fonds de pension								
Valeur nette financière	15 634	11 668	32 516	27 928	-5 462	-5 201	-7 360	-8 018
Actifs financiers	300 207	304 526	339 559	341 212	343 125	345 921	346 107	392 748
Numéraire et dépôts	9 569	8 660	9 899	10 067	10 573	9 710	10 530	10 963
Titres de dette	203 027	196 077	217 785	210 821	208 826	203 480	197 728	210 263
Crédits	18 138	22 207	26 188	28 182	28 551	27 919	31 426	37 289
Actions et parts de fonds d'investissement	57 657	66 223	74 009	77 547	79 504	86 504	90 495	112 332
Actions	22 945	27 403	28 736	29 572	22 167	22 190	27 952	26 993
Parts de fonds d'investissement	34 712	38 820	45 272	47 975	57 337	64 314	62 543	85 339
Parts de fonds d'investissement monétaires	373	482	481	985	3 481	3 683	3 058	1 683
Parts de fonds d'investissement non monétaires	34 339	38 338	44 792	46 989	53 856	60 631	59 486	83 656
Systèmes d'assurance, de pensions et garanties standard	7 368	6 465	7 241	9 911	7 171	8 431	6 058	8 481
Produits financiers dérivés et options sur titres des salariés	242	157	219	190	1 273	1 170	1 406	1 139
Autres comptes à recevoir	4 206	4 738	4 218	4 496	7 226	8 707	8 463	12 281
Passifs financiers	284 574	292 858	307 043	313 284	348 587	351 122	353 466	400 767
Titres de dette	2 290	2 901	2 999	3 997	4 542	4 494	4 209	5 928
Titres de dette à court terme	0	0	0	0	0	0	0	0
Titres de dette à long terme	2 290	2 901	2 999	3 997	4 542	4 494	4 209	5 928
Crédits	15 064	16 466	17 001	19 591	14 630	13 553	14 983	17 820
Crédits à court terme	8 406	10 142	10 718	10 899	7 067	5 433	4 866	6 776
Crédits à long terme	6 658	6 323	6 283	8 692	7 563	8 120	10 117	11 044
Actions et parts de fonds d'investissement	17 345	15 937	17 885	16 369	29 094	31 086	37 636	43 885
Systèmes d'assurance, de pensions et garanties standard	244 687	251 650	263 318	267 140	293 608	294 973	288 332	324 893
Produits financiers dérivés et options sur titres des salariés	0	0	0	0	1 072	877	809	817
Autres comptes à payer	5 188	5 904	5 840	6 188	5 642	6 139	7 497	7 424
Actifs non financiers	3 776	3 522	3 672	3 636	8 832	8 743	8 741	9 288
Sociétés d'assurance								
Valeur nette financière	17 452	12 159	33 333	28 555	-5 430	-5 098	-7 277	-7 469
Actifs financiers	284 053	284 920	317 294	317 562	314 058	312 190	312 244	353 176
Numéraire et dépôts	9 049	8 143	9 274	9 385	9 674	8 819	9 581	9 947
Titres de dette	201 043	193 863	215 202	208 174	205 192	199 671	193 831	205 881
Crédits	18 016	22 046	25 981	27 927	27 904	27 302	30 808	37 056
Actions et parts de fonds d'investissement	44 189	50 397	56 010	58 259	56 267	58 771	62 849	79 200
Actions	21 463	25 567	27 160	27 234	19 460	19 132	25 259	24 039
Parts de fonds d'investissement	22 726	24 829	28 851	31 026	36 807	39 639	37 590	55 162
Parts de fonds d'investissement monétaires	206	233	217	618	2 990	3 119	2 277	1 339
Parts de fonds d'investissement non monétaires	22 521	24 596	28 633	30 408	33 817	36 521	35 313	53 823
Systèmes d'assurance, de pensions et garanties standard	7 368	6 047	6 646	9 365	6 731	7 941	5 525	7 932
Produits financiers dérivés et options sur titres des salariés	242	157	219	190	1 273	1 170	1 406	1 081
Autres comptes à recevoir	4 146	4 269	3 963	4 263	7 018	8 517	8 244	12 079
Passifs financiers	266 601	272 762	283 961	289 007	319 488	317 288	319 522	360 646
Titres de dette	2 290	2 901	2 999	3 997	4 542	4 494	4 209	5 928
Titres de dette à court terme	0	0	0	0	0	0	0	0
Titres de dette à long terme	2 290	2 901	2 999	3 997	4 542	4 494	4 209	5 928
Crédits	15 064	16 466	17 001	19 591	14 315	12 963	14 377	17 333
Crédits à court terme	8 406	10 142	10 718	10 899	6 753	4 844	4 260	6 289
Crédits à long terme	6 658	6 323	6 283	8 692	7 563	8 120	10 117	11 044
Actions et parts de fonds d'investissement	17 345	15 937	17 885	16 369	29 094	31 086	37 636	43 885
Systèmes d'assurance, de pensions et garanties standard	226 714	231 554	240 236	242 863	264 823	261 729	254 993	285 259
Produits financiers dérivés et options sur titres des salariés	0	0	0	0	1 072	877	809	817
Autres comptes à payer	5 188	5 904	5 840	6 188	5 642	6 139	7 497	7 424
Actifs non financiers	3 715	3 461	3 598	3 559	8 761	8 609	8 741	9 288
Fonds de pension								
Valeur nette financière	-1 819	-491	-817	-627	-32	-103	-83	-549
Actifs financiers	16 154	19 606	22 265	23 650	29 067	33 731	33 862	39 572
Numéraire et dépôts	520	517	626	682	899	891	949	1 016
Titres de dette	1 984	2 214	2 583	2 647	3 634	3 809	3 897	4 382
Crédits	122	161	207	255	647	618	618	233
Actions et parts de fonds d'investissement	13 468	15 826	17 998	19 287	23 237	27 733	27 646	33 132
Actions	1 483	1 836	1 577	2 338	2 707	3 058	2 693	2 955
Parts de fonds d'investissement	11 985	13 990	16 422	16 949	20 530	24 675	24 953	30 177
Parts de fonds d'investissement monétaires	167	249	264	368	491	564	780	344
Parts de fonds d'investissement non monétaires	11 818	13 742	16 158	16 581	20 039	24 110	24 173	29 833
Systèmes d'assurance, de pensions et garanties standard	0	419	595	545	441	490	533	549
Produits financiers dérivés et options sur titres des salariés	0	0	0	0	0	0	0	58
Autres comptes à recevoir	60	469	255	233	208	190	219	202
Passifs financiers	17 972	20 096	23 082	24 277	29 099	33 834	33 945	40 121
Titres de dette	0	0	0	0	0	0	0	0
Titres de dette à court terme	0	0	0	0	0	0	0	0
Titres de dette à long terme	0	0	0	0	0	0	0	0
Crédits	0	0	0	0	314	589	606	487
Crédits à court terme	0	0	0	0	314	589	606	487
Crédits à long terme	0	0	0	0	0	0	0	0
Actions et parts de fonds d'investissement	0	0	0	0	0	0	0	0
Systèmes d'assurance, de pensions et garanties standard	17 972	20 096	23 082	24 277	28 785	33 245	33 339	39 634
Produits financiers dérivés et options sur titres des salariés	0	0	0	0	0	0	0	0
Autres comptes à payer	0	0	0	0	0	0	0	0
Actifs non financiers	61	61	74	77	71	134	128	202

Note : Voir les métadonnées détaillées sur : *http://metalinks.oecd.org/instinv/20200916/0196*

BELGIQUE

Tableau 4. Composition du portefeuille par type d'investisseur

En pourcentage des actifs financiers et des passifs financiers

Pour cent

	2012	2013	2014	2015	2016	2017	2018	2019
Fonds d'investissement								
Actifs financiers	100.0	100.0	100.0	100.0	100.0	100.0	100.0	100.0
Numéraire et dépôts	9.0	6.5	5.3	6.2	4.1	3.1	3.1	2.4
Titres de dettes	29.2	24.7	22.7	27.0	20.7	18.0	23.7	16.5
Crédits	0.0	0.0	0.0	0.0	0.0	0.0	0.0	0.0
Actions et parts de fonds d'investissement	56.7	64.5	67.6	63.7	72.5	76.8	71.2	79.9
Systèmes d'assurance de pensions et garanties standard	0.0	0.0	0.0	0.0	0.0	0.0	0.0	0.0
Produits financiers dérivés et options sur titres des salariés	2.4	1.6	1.3	0.7	0.6	0.5	0.1	0.2
Autres comptes à recevoir	2.8	2.7	3.1	2.4	2.1	1.6	1.9	1.0
Passifs financiers	100.0	100.0	100.0	100.0	100.0	100.0	100.0	100.0
Numéraire et dépôts	0.0	0.0	0.0	0.0	0.0	0.0	0.0	0.0
Titres de dettes	0.0	0.0	0.0	0.0	0.0	0.0	0.0	0.0
Crédits	0.1	0.1	0.1	0.1	0.1	0.0	0.4	0.1
Actions et parts de fonds d'investissement	98.4	97.9	97.9	98.1	97.7	98.2	97.7	98.9
Systèmes d'assurance de pensions et garanties standard	0.0	0.0	0.0	0.0	0.0	0.0	0.0	0.0
Produits financiers dérivés et options sur titres des salariés	0.0	0.0	0.0	0.0	0.0	0.0	0.0	0.0
Autres comptes à recevoir	1.5	2.0	2.0	1.8	2.2	1.7	1.8	1.0
Sociétés d'assurance								
Actifs financiers	100.0	100.0	100.0	100.0	100.0	100.0	100.0	100.0
Numéraire et dépôts	3.2	2.9	2.9	3.0	3.1	2.8	3.1	2.8
Titres de dettes	70.8	68.0	67.8	65.6	65.3	64.0	62.1	58.3
Crédits	6.3	7.7	8.2	8.8	8.9	8.7	9.9	10.5
Actions et parts de fonds d'investissement	15.6	17.7	17.7	18.3	17.9	18.8	20.1	22.4
Systèmes d'assurance de pensions et garanties standard	2.6	2.1	2.1	2.9	2.1	2.5	1.8	2.2
Produits financiers dérivés et options sur titres des salariés	0.1	0.1	0.1	0.1	0.4	0.4	0.5	0.3
Autres comptes à recevoir	1.5	1.5	1.2	1.3	2.2	2.7	2.6	3.4
Passifs financiers	100.0	100.0	100.0	100.0	100.0	100.0	100.0	100.0
Numéraire et dépôts	0.0	0.0	0.0	0.0	0.0	0.0	0.0	0.0
Titres de dettes	0.9	1.1	1.1	1.4	1.4	1.4	1.3	1.6
Crédits	5.7	6.0	6.0	6.8	4.5	4.1	4.5	4.8
Actions et parts de fonds d'investissement	6.5	5.8	6.3	5.7	9.1	9.8	11.8	12.2
Systèmes d'assurance de pensions et garanties standard	85.0	84.9	84.6	84.0	82.9	82.5	79.8	79.1
Produits financiers dérivés et options sur titres des salariés	0.0	0.0	0.0	0.0	0.3	0.3	0.3	0.2
Autres comptes à recevoir	1.9	2.2	2.1	2.1	1.8	1.9	2.3	2.1
Fonds de pension								
Actifs financiers	100.0	100.0	100.0	100.0	100.0	100.0	100.0	100.0
Numéraire et dépôts	3.2	2.6	2.8	2.9	3.1	2.6	2.8	2.6
Titres de dettes	12.3	11.3	11.6	11.2	12.5	11.3	11.5	11.1
Crédits	0.8	0.8	0.9	1.1	2.2	1.8	1.8	0.6
Actions et parts de fonds d'investissement	83.4	80.7	80.8	81.6	79.9	82.2	81.6	83.7
Systèmes d'assurance de pensions et garanties standard	0.0	2.1	2.7	2.3	1.5	1.5	1.6	1.4
Produits financiers dérivés et options sur titres des salariés	0.0	0.0	0.0	0.0	0.0	0.0	0.0	0.1
Autres comptes à recevoir	0.4	2.4	1.1	1.0	0.7	0.6	0.6	0.5
Passifs financiers	100.0	100.0	100.0	100.0	100.0	100.0	100.0	100.0
Numéraire et dépôts	0.0	0.0	0.0	0.0	0.0	0.0	0.0	0.0
Titres de dettes	0.0	0.0	0.0	0.0	0.0	0.0	0.0	0.0
Crédits	0.0	0.0	0.0	0.0	1.1	1.7	1.8	1.2
Actions et parts de fonds d'investissement	0.0	0.0	0.0	0.0	0.0	0.0	0.0	0.0
Systèmes d'assurance de pensions et garanties standard	100.0	100.0	100.0	100.0	98.9	98.3	98.2	98.8
Produits financiers dérivés et options sur titres des salariés	0.0	0.0	0.0	0.0	0.0	0.0	0.0	0.0
Autres comptes à recevoir	0.0	0.0	0.0	0.0	0.0	0.0	0.0	0.0

Note : Voir les métadonnées détaillées sur : *http://metalinks.oecd.org/instinv/20200916/649b*

CANADA

Tableau 1. Actifs et passifs financiers des investisseurs institutionnels, 2018

Millions CAD

	Fonds d'investissement				
	Total	Fonds d'investissement non-monétaire			Fonds d'investissement monétaires
		Total	Fonds d'investissement à capital variable, non monétaire	Fonds d'investissement à capital fixe, non monétaire	Total
Actifs financiers	2 223 242	2 191 022	..	..	32 220
Numéraire et dépôts	43 032	37 059	..	..	5 973
Titres de dette	552 886	527 826	..	..	25 060
Titres de dette à court terme	35 681	17 064	..	..	18 617
Titres de dette à long terme	517 205	510 762	..	..	6 443
Titres de dette émis par les résidents	347 604	323 748	..	..	23 856
Titres de dette émis par les non-résidents	205 282	204 078	..	..	1 204
Crédits	5 095	5 095	..	..	0
Crédits à court terme	..	..	..	..	..
Crédits à long terme	..	..	..	..	..
Crédits accordés aux résidents	..	..	..	..	..
Crédits accordés aux non-résidents	..	..	..	..	..
Actions et parts de fonds d'investissement	1 532 667	1 531 576	..	..	1 091
Actions et parts de fonds d'investissements émises par les résidents	965 043	963 964	..	..	1 079
Actions et part de fonds d'investissements émises par les non-résidents	567 624	567 612	..	..	12
Autres comptes à recevoir	89 562	89 466	..	..	96

	Fonds d'investissement				
	Total	Fonds d'investissement non-monétaire			Fonds d'investissement monétaires
		Total	Fonds d'investissement à capital variable, non monétaire	Fonds d'investissement à capital fixe, non monétaire	Total
Pasifs financiers	2 227 925	2 195 705	..	..	32 220
Numéraire et dépôts	..	..	..	..	..
Titres de dette	0	0	..	..	..
Titres de dette à court terme	..	..	..	..	..
Titres de dette à long terme	..	..	..	..	..
Crédits	0	0	..	..	0
Crédits à court terme	..	..	..	..	..
Crédits à long terme	..	..	..	..	..
Actions et parts de fonds d'investissement	2 210 017	2 177 979	..	..	32 038
Systèmes d'assurance, de pensions et garanties standard	..	..	..	..	..
Produits financiers dérivés et options sur titres des salariés	..	..	..	..	..
Autres comptes à payer	17 908	17 726	..	..	182

	Sociétés d'assurance et fonds de pension autonomes				
	Total	Sociétés d'assurance			Fonds de pension autonomes
		Total	Sociétés d'assurance vie	Sociétés d'assurance non-vie	Total
Actifs financiers	2 894 574	932 706	766 864	165 842	1 961 868
Numéraire et dépôts	34 667	10 711	5 795	4 916	23 956
Titres de dette	1 054 741	374 333	284 729	89 604	680 408
Titres de dette à court terme	59 376	17 701	15 414	2 287	41 675
Titres de dette à long terme	995 365	356 632	269 315	87 317	638 733
Titres de dette émis par les résidents	900 284	352 244	265 220	87 024	548 040
Titres de dette émis par les non-résidents	154 457	22 089	19 509	2 580	132 368
Crédits	115 118	69 072	66 983	2 089	46 046
Crédits à court terme	..	..	..	..	..
Crédits à long terme	..	..	..	..	..
Crédits accordés aux résidents	..	..	..	..	..
Crédits accordés aux non-résidents	..	..	..	..	..
Actions et parts de fonds d'investissement	1 396 996	354 713	326 562	28 151	1 042 283
Actions et parts de fonds d'investissement émises par les résidents	884 755	329 341	304 816	24 525	555 414
Actions et parts de fonds d'investissement émises par les non-résidents	512 241	25 372	21 746	3 626	486 869
Autrescomptes à recevoir	203 394	123 877	82 795	41 082	79 517

	Sociétés d'assurance et fonds de pension autonomes				
	Total	Sociétés d'assurance			Fonds de pension autonomes
		Total	Sociétés d'assurance vie	Sociétés d'assurance non-vie	Total
Pasifs financiers	2 924 150	962 282	773 034	189 248	1 961 868
Numéraire et dépôts	..	..	..	..	..
Titres de dette	12 360	12 360	12 360	..	..
Titres de dette à court terme	..	..	..	..	..
Titres de dette à long terme	12 360	12 360	12 360	..	..
Crédits	22 712	19 553	15 686	3 867	3 159
Crédits à court terme	..	..	..	..	..
Crédits à long terme	..	..	..	..	..
Actions et parts de fonds d'investissement	296 086	296 086	219 939	76 147	..
Systèmes d'assurance, de pensions et garanties standard	2 300 600	482 325	482 325	..	1 818 275
Produits financiers dérivés et options sur titres des salariés	..	..	..	..	..
Autres comptes à payer	292 392	151 958	42 724	109 234	140 434

Note : Voir les métadonnées détaillées sur : *http://metalinks.oecd.org/instinv/20200916/8037*

CANADA

Tableau 2. Actifs et passifs financiers des fonds d'investissement

Millions CAD

	2012	2013	2014	2015	2016	2017	2018	2019
Fonds d'investissement								
Valeur nette financière	0	0	0	0	0	0	0	0
Actifs financiers	1 150 848	1 379 299	1 612 696	1 790 477	1 999 171	2 219 750	2 223 242	2 469 208
Numéraire et dépôts	28 957	29 668	37 995	40 986	49 463	44 469	43 032	53 764
Titres de dette	314 319	355 338	418 768	438 990	506 186	549 090	552 886	610 159
Crédits	5 337	5 186	6 034	5 845	5 837	5 799	5 095	5 312
Actions et parts de fonds d'investissement	734 430	925 216	1 091 687	1 214 788	1 352 133	1 550 524	1 532 667	1 733 811
Actions	510 830	624 568	724 628	765 447	851 100	990 057	956 344	1 094 217
Parts de fonds d'investissement	223 600	300 648	367 059	449 341	501 033	560 467	576 323	639 594
Parts de fonds d'investissement monétaires	..	..	..	..	..	..	..	..
Parts de fonds d'investissement non monétaires	..	..	..	..	..	..	..	..
Systèmes d'assurance, de pensions et garanties standard	..	..	..	..	..	..	..	..
Produits financiers dérivés et options sur titres des salariés	..	..	..	..	..	..	..	..
Autres comptes à recevoir	67 805	63 891	58 212	89 868	85 552	69 868	89 562	66 162
Passifs financiers	1 156 332	1 383 590	1 616 805	1 795 649	2 004 792	2 225 577	2 227 925	2 474 864
Titres de dette	0	0	0	0	0	0	0	..
Titres de dette à court terme	..	..	..	..	..	..	..	..
Titres de dette à long terme	..	..	..	..	..	..	..	..
Crédits	0	0	0	0	0	0	0	0
Crédits à court terme	..	..	..	..	..	..	..	..
Crédits à long terme	..	..	..	..	..	..	..	..
Actions et parts de fonds d'investissement	1 148 117	1 374 017	1 605 202	1 782 792	1 989 909	2 209 335	2 210 017	2 456 898
Systèmes d'assurance, de pensions et garanties standard	..	..	..	..	..	..	..	..
Produits financiers dérivés et options sur titres des salariés	..	..	..	..	..	..	..	..
Autres comptes à payer	8 215	9 573	11 603	12 857	14 883	16 242	17 908	17 966
Actifs non financiers	5 484	4 291	4 109	5 172	5 621	5 827	4 683	5 656
Fonds d'investissement monéaires								
Valeur nette financière	0	0	0	0	0	0	0	0
Actifs financiers	33 331	31 746	30 271	32 272	33 542	30 187	32 220	36 570
Numéraire et dépôts	2 661	2 717	2 127	3 292	4 820	5 364	5 973	7 446
Titres de dette	28 485	27 601	26 449	27 401	25 045	23 926	25 060	26 853
Crédits	0	0	0	0	0	0	0	0
Actions et parts de fonds d'investissement	1 225	1 141	973	940	865	735	1 091	1 583
Actions	986	899	627	528	537	579	484	817
Parts de fonds d'investissement	239	242	346	412	328	156	607	766
Parts de fonds d'investissement monétaires	..	..	..	..	..	..	..	..
Parts de fonds d'investissement non monétaires	..	..	..	..	..	..	..	..
Systèmes d'assurance, de pensions et garanties standard	..	..	..	..	..	..	..	..
Produits financiers dérivés et options sur titres des salariés	..	..	..	..	..	..	..	..
Autres comptes à recevoir	960	287	722	639	2 812	162	96	688
Passifs financiers	33 331	31 746	30 271	32 272	33 542	30 187	32 220	36 570
Titres de dette	..	..	..	..	..	..	..	..
Titres de dette à court terme	..	..	..	..	..	..	..	..
Titres de dette à long terme	..	..	..	..	..	..	..	..
Crédits	0	0	0	0	0	0	0	0
Crédits à court terme	..	..	..	..	..	..	..	..
Crédits à long terme	..	..	..	..	..	..	..	..
Actions et parts de fonds d'investissement	33 124	31 545	30 088	32 081	33 354	30 022	32 038	36 363
Systèmes d'assurance, de pensions et garanties standard	..	..	..	..	..	..	..	..
Produits financiers dérivés et options sur titres des salariés	..	..	..	..	..	..	..	..
Autres comptes à payer	207	201	183	191	188	165	182	207
Actifs non financiers	0	0	0	0	0	0	0	0
Fonds d'investissement non monéaires								
Valeur nette financière	0	0	0	0	0	0	0	0
Actifs financiers	1 117 517	1 347 553	1 582 425	1 758 205	1 965 629	2 189 563	2 191 022	2 432 638
Numéraire et dépôts	26 296	26 951	35 868	37 694	44 643	39 105	37 059	46 318
Titres de dette	285 834	327 737	392 319	411 589	481 141	525 164	527 826	583 306
Crédits	5 337	5 186	6 034	5 845	5 837	5 799	5 095	5 312
Actions et parts de fonds d'investissement	733 205	924 075	1 090 714	1 213 848	1 351 268	1 549 789	1 531 576	1 732 228
Actions	509 844	623 669	724 001	764 919	850 563	989 478	955 860	1 093 400
Parts de fonds d'investissement	223 361	300 406	366 713	448 929	500 705	560 311	575 716	638 828
Parts de fonds d'investissement monétaires	..	..	..	..	..	..	..	..
Parts de fonds d'investissement non monétaires	..	..	..	..	..	..	..	..
Systèmes d'assurance, de pensions et garanties standard	..	..	..	..	..	..	..	..
Produits financiers dérivés et options sur titres des salariés	..	..	..	..	..	..	..	..
Autres comptes à recevoir	66 845	63 604	57 490	89 229	82 740	69 706	89 466	65 474
Passifs financiers	1 123 001	1 351 844	1 586 534	1 763 377	1 971 250	2 195 390	2 195 705	2 438 294
Titres de dette	0	0	0	0	0	0	0	..
Titres de dette à court terme	..	..	..	..	..	..	..	..
Titres de dette à long terme	..	..	..	..	..	..	..	..
Crédits	0	0	0	0	0	0	0	0
Crédits à court terme	..	..	..	..	..	..	..	..
Crédits à long terme	..	..	..	..	..	..	..	..
Actions et parts de fonds d'investissement	1 114 993	1 342 472	1 575 114	1 750 711	1 956 555	2 179 313	2 177 979	2 420 535
Systèmes d'assurance, de pensions et garanties standard	..	..	..	..	..	..	..	..
Produits financiers dérivés et options sur titres des salariés	..	..	..	..	..	..	..	..
Autres comptes à payer	8 008	9 372	11 420	12 666	14 695	16 077	17 726	17 759
Actifs non financiers	5 484	4 291	4 109	5 172	5 621	5 827	4 683	5 656
Fonds d'investissement non monéaires à capital variable								
Valeur nette financière	..	..	..	..	..	..	..	..
Actifs financiers	..	..	..	..	..	..	..	..
Numéraire et dépôts	..	..	..	..	..	..	..	..

CANADA

Tableau 2. Actifs et passifs financiers des fonds d'investissement *(suite)*

Millions CAD

	2012	2013	2014	2015	2016	2017	2018	2019
Titres de dette	..	..	..	..	..	..	..	..
Crédits	..	..	..	..	..	..	..	..
Actions et parts de fonds d'investissement	..	..	..	..	..	..	..	..
Actions	..	..	..	..	..	..	..	..
Parts de fonds d'investissement	..	..	..	..	..	..	..	..
Parts de fonds d'investissement monétaires	..	..	..	..	..	..	..	..
Parts de fonds d'investissement non monétaires	..	..	..	..	..	..	..	..
Systèmes d'assurance, de pensions et garanties standard	..	..	..	..	..	..	..	..
Produits financiers dérivés et options sur titres des salariés	..	..	..	..	..	..	..	..
Autres comptes à recevoir	..	..	..	..	..	..	..	..
Passifs financiers	..	..	..	..	..	..	..	..
Titres de dette	..	..	..	..	..	..	..	..
Titres de dette à court terme	..	..	..	..	..	..	..	..
Titres de dette à long terme	..	..	..	..	..	..	..	..
Crédits	..	..	..	..	..	..	..	..
Crédits à court terme	..	..	..	..	..	..	..	..
Crédits à long terme	..	..	..	..	..	..	..	..
Actions et parts de fonds d'investissement	..	..	..	..	..	..	..	..
Systèmes d'assurance, de pensions et garanties standard	..	..	..	..	..	..	..	..
Produits financiers dérivés et options sur titres des salariés	..	..	..	..	..	..	..	..
Autres comptes à payer	..	..	..	..	..	..	..	..
Actifs non financiers	..	..	..	..	..	..	..	..
Fonds d'investissement à capital variable								
Valeur nette financière	..	..	..	..	..	..	..	..
Actifs financiers	..	..	..	..	..	..	..	..
Numéraire et dépôts	..	..	..	..	..	..	..	..
Titres de dette	..	..	..	..	..	..	..	..
Crédits	..	..	..	..	..	..	..	..
Actions et parts de fonds d'investissement	..	..	..	..	..	..	..	..
Actions	..	..	..	..	..	..	..	..
Parts de fonds d'investissement	..	..	..	..	..	..	..	..
Parts de fonds d'investissement monétaires	..	..	..	..	..	..	..	..
Parts de fonds d'investissement non monétaires	..	..	..	..	..	..	..	..
Systèmes d'assurance, de pensions et garanties standard	..	..	..	..	..	..	..	..
Produits financiers dérivés et options sur titres des salariés	..	..	..	..	..	..	..	..
Autres comptes à recevoir	..	..	..	..	..	..	..	..
Passifs financiers	..	..	..	..	..	..	..	..
Titres de dette	..	..	..	..	..	..	..	..
Titres de dette à court terme	..	..	..	..	..	..	..	..
Titres de dette à long terme	..	..	..	..	..	..	..	..
Crédits	..	..	..	..	..	..	..	..
Crédits à court terme	..	..	..	..	..	..	..	..
Crédits à long terme	..	..	..	..	..	..	..	..
Actions et parts de fonds d'investissement	..	..	..	..	..	..	..	..
Systèmes d'assurance, de pensions et garanties standard	..	..	..	..	..	..	..	..
Produits financiers dérivés et options sur titres des salariés	..	..	..	..	..	..	..	..
Autres comptes à payer	..	..	..	..	..	..	..	..
Actifs non financiers	..	..	..	..	..	..	..	..

Note : Voir les métadonnées détaillées sur : *http://metalinks.oecd.org/instinv/20200916/8037*

CANADA

Tableau 3. Actifs et passifs financiers des sociétés d'assurance et fonds de pension

Millions CAD

	2012	2013	2014	2015	2016	2017	2018	2019
Sociétés d'assurance et fonds de pension								
Valeur nette financière	-22 994	-22 824	-27 880	-18 844	-24 369	-27 401	-21 095	-33 584
Actifs financiers	2 091 287	2 249 863	2 497 826	2 663 576	2 771 554	2 894 550	2 894 574	3 209 900
Numéraire et dépôts	26 929	31 983	38 904	39 803	36 834	38 890	34 667	39 350
Titres de dette	837 563	855 101	941 838	970 586	1 020 694	1 006 739	1 054 741	1 102 087
Crédits	91 919	92 084	99 090	102 494	107 044	109 673	115 118	125 706
Actions et parts de fonds d'investissement	835 179	988 950	1 096 253	1 204 221	1 313 251	1 463 122	1 396 996	1 643 625
Actions	694 018	822 885	906 530	1 004 735	1 095 118	1 226 302	1 174 843	1 383 266
Parts de fonds d'investissement	141 161	166 065	189 723	199 486	218 133	236 820	222 153	260 359
Parts de fonds d'investissement monétaires	..	..	..	..	..	..	..	..
Parts de fonds d'investissement non monétaires	..	..	..	..	..	..	..	..
Systèmes d'assurance, de pensions et garanties standard	..	..	..	..	..	..	..	..
Produits financiers dérivés et options sur titres des salariés	..	..	..	..	..	..	..	..
Autres comptes à recevoir	126 542	134 448	173 643	185 893	157 936	166 107	203 394	210 770
Passifs financiers	2 122 205	2 280 713	2 533 649	2 690 537	2 804 094	2 930 197	2 924 150	3 252 128
Titres de dette	8 229	8 570	9 821	13 576	15 296	13 569	12 360	12 161
Titres de dette à court terme	..	..	..	..	..	..	..	..
Titres de dette à long terme	8 229	8 570	9 821	13 576	15 296	13 569	12 360	12 161
Crédits	20 782	16 108	19 500	18 319	21 731	21 530	22 712	23 101
Crédits à court terme	..	..	..	..	..	..	..	..
Crédits à long terme	..	..	..	..	..	..	..	..
Actions et parts de fonds d'investissement	237 287	256 364	278 661	252 749	310 178	326 218	296 086	345 500
Systèmes d'assurance, de pensions et garanties standard	1 654 648	1 792 275	1 988 173	2 130 313	2 181 902	2 297 913	2 300 600	2 540 431
Produits financiers dérivés et options sur titres des salariés	..	..	..	..	..	..	..	..
Autres comptes à payer	201 259	207 396	237 494	275 580	274 987	270 967	292 392	330 935
Actifs non financiers	7 924	8 026	7 943	8 117	8 171	8 246	8 481	8 644
Sociétés d'assurance								
Valeur nette financière	-22 994	-22 824	-27 880	-18 844	-24 369	-27 401	-21 095	-33 584
Actifs financiers	720 842	762 326	826 972	851 267	916 233	936 691	932 706	1 036 443
Numéraire et dépôts	9 478	7 889	10 126	11 388	9 231	10 886	10 711	13 248
Titres de dette	339 569	340 714	369 033	374 822	397 873	381 430	374 333	398 070
Crédits	71 994	68 205	73 990	70 441	69 872	70 628	69 072	71 416
Actions et parts de fonds d'investissement	246 484	282 724	298 654	310 326	346 366	379 528	354 713	415 585
Actions	105 323	116 659	108 931	110 840	128 233	142 708	132 560	155 226
Parts de fonds d'investissement	141 161	166 065	189 723	199 486	218 133	236 820	222 153	260 359
Parts de fonds d'investissement monétaires	..	..	..	..	..	..	..	..
Parts de fonds d'investissement non monétaires	..	..	..	..	..	..	..	..
Systèmes d'assurance, de pensions et garanties standard	..	..	..	..	..	..	..	..
Produits financiers dérivés et options sur titres des salariés	..	..	..	..	..	..	..	..
Autres comptes à recevoir	53 317	62 794	75 169	84 290	92 891	94 219	123 877	138 124
Passifs financiers	751 760	793 176	862 795	878 228	948 773	972 338	962 282	1 078 671
Titres de dette	8 229	8 570	9 821	13 576	15 296	13 569	12 360	12 161
Titres de dette à court terme	..	..	..	..	..	..	..	..
Titres de dette à long terme	8 229	8 570	9 821	13 576	15 296	13 569	12 360	12 161
Crédits	20 695	16 075	18 633	17 364	19 180	19 414	19 553	20 100
Crédits à court terme	..	..	..	..	..	..	..	..
Crédits à long terme	..	..	..	..	..	..	..	..
Actions et parts de fonds d'investissement	237 287	256 364	278 661	252 749	310 178	326 218	296 086	345 500
Systèmes d'assurance, de pensions et garanties standard	377 758	397 348	432 578	464 963	468 106	479 160	482 325	532 580
Produits financiers dérivés et options sur titres des salariés	..	..	..	..	..	..	..	..
Autres comptes à payer	107 791	114 819	123 102	129 576	136 013	133 977	151 958	168 330
Actifs non financiers	7 924	8 026	7 943	8 117	8 171	8 246	8 481	8 644
Fonds de pension								
Valeur nette financière	0	0	0	0	0	0	0	0
Actifs financiers	1 370 445	1 487 537	1 670 854	1 812 309	1 855 321	1 957 859	1 961 868	2 173 457
Numéraire et dépôts	17 451	24 094	28 778	28 415	27 603	28 004	23 956	26 102
Titres de dette	497 994	514 387	572 805	595 764	622 821	625 309	680 408	704 017
Crédits	19 925	23 879	25 100	32 053	37 172	39 045	46 046	54 290
Actions et parts de fonds d'investissement	588 695	706 226	797 599	893 895	966 885	1 083 594	1 042 283	1 228 040
Actions	588 695	706 226	797 599	893 895	966 885	1 083 594	1 042 283	1 228 040
Parts de fonds d'investissement	..	..	..	..	..	..	..	..
Parts de fonds d'investissement monétaires	..	..	..	..	..	..	..	..
Parts de fonds d'investissement non monétaires	..	..	..	..	..	..	..	..
Systèmes d'assurance, de pensions et garanties standard	..	..	..	..	..	..	..	..
Produits financiers dérivés et options sur titres des salariés	..	..	..	..	..	..	..	..
Autres comptes à recevoir	73 225	71 654	98 474	101 603	65 045	71 888	79 517	72 646
Passifs financiers	1 370 445	1 487 537	1 670 854	1 812 309	1 855 321	1 957 859	1 961 868	2 173 457
Titres de dette	..	..	..	..	..	..	..	..
Titres de dette à court terme	..	..	..	..	..	..	..	..
Titres de dette à long terme	..	..	..	..	..	..	..	..
Crédits	87	33	867	955	2 551	2 116	3 159	3 001
Crédits à court terme	..	..	..	..	..	..	..	..
Crédits à long terme	..	..	..	..	..	..	..	..
Actions et parts de fonds d'investissement	0	..	..	..	..	..	..	..
Systèmes d'assurance, de pensions et garanties standard	1 276 890	1 394 927	1 555 595	1 665 350	1 713 796	1 818 753	1 818 275	2 007 851
Produits financiers dérivés et options sur titres des salariés	..	..	..	..	..	..	..	..
Autres comptes à payer	93 468	92 577	114 392	146 004	138 974	136 990	140 434	162 605
Actifs non financiers	0	0	0	0	0	0	0	0

Note : Voir les métadonnées détaillées sur : *http://metalinks.oecd.org/instinv/20200916/8037*

Tableau 4. Composition du portefeuille par type d'investisseur
En pourcentage des actifs financiers et des passifs financiers

Pour cent

	2012	2013	2014	2015	2016	2017	2018	2019
Fonds d'investissement								
Actifs financiers	100.0	100.0	100.0	100.0	100.0	100.0	100.0	100.0
Numéraire et dépôts	2.5	2.2	2.4	2.3	2.5	2.0	1.9	2.2
Titres de dettes	27.3	25.8	26.0	24.5	25.3	24.7	24.9	24.7
Crédits	0.5	0.4	0.4	0.3	0.3	0.3	0.2	0.2
Actions et parts de fonds d'investissement	63.8	67.1	67.7	67.8	67.6	69.9	68.9	70.2
Systèmes d'assurance de pensions et garanties standard	0.0	0.0	0.0	0.0	0.0	0.0	0.0	0.0
Produits financiers dérivés et options sur titres des salariés	0.0	0.0	0.0	0.0	0.0	0.0	0.0	0.0
Autres comptes à recevoir	5.9	4.6	3.6	5.0	4.3	3.1	4.0	2.7
Passifs financiers	100.0	100.0	100.0	100.0	100.0	100.0	100.0	100.0
Numéraire et dépôts	0.0	0.0	0.0	0.0	0.0	0.0	0.0	0.0
Titres de dettes	0.0	0.0	0.0	0.0	0.0	0.0	0.0	0.0
Crédits	0.0	0.0	0.0	0.0	0.0	0.0	0.0	0.0
Actions et parts de fonds d'investissement	99.3	99.3	99.3	99.3	99.3	99.3	99.2	99.3
Systèmes d'assurance de pensions et garanties standard	0.0	0.0	0.0	0.0	0.0	0.0	0.0	0.0
Produits financiers dérivés et options sur titres des salariés	0.0	0.0	0.0	0.0	0.0	0.0	0.0	0.0
Autres comptes à recevoir	0.7	0.7	0.7	0.7	0.7	0.7	0.8	0.7
Sociétés d'assurance								
Actifs financiers	100.0	100.0	100.0	100.0	100.0	100.0	100.0	100.0
Numéraire et dépôts	1.3	1.0	1.2	1.3	1.0	1.2	1.1	1.3
Titres de dettes	47.1	44.7	44.6	44.0	43.4	40.7	40.1	38.4
Crédits	10.0	8.9	8.9	8.3	7.6	7.5	7.4	6.9
Actions et parts de fonds d'investissement	34.2	37.1	36.1	36.5	37.8	40.5	38.0	40.1
Systèmes d'assurance de pensions et garanties standard	0.0	0.0	0.0	0.0	0.0	0.0	0.0	0.0
Produits financiers dérivés et options sur titres des salariés	0.0	0.0	0.0	0.0	0.0	0.0	0.0	0.0
Autres comptes à recevoir	7.4	8.2	9.1	9.9	10.1	10.1	13.3	13.3
Passifs financiers	100.0	100.0	100.0	100.0	100.0	100.0	100.0	100.0
Numéraire et dépôts	0.0	0.0	0.0	0.0	0.0	0.0	0.0	0.0
Titres de dettes	1.1	1.1	1.1	1.5	1.6	1.4	1.3	1.1
Crédits	2.8	2.0	2.2	2.0	2.0	2.0	2.0	1.9
Actions et parts de fonds d'investissement	31.6	32.3	32.3	28.8	32.7	33.5	30.8	32.0
Systèmes d'assurance de pensions et garanties standard	50.2	50.1	50.1	52.9	49.3	49.3	50.1	49.4
Produits financiers dérivés et options sur titres des salariés	0.0	0.0	0.0	0.0	0.0	0.0	0.0	0.0
Autres comptes à recevoir	14.3	14.5	14.3	14.8	14.3	13.8	15.8	15.6
Fonds de pension								
Actifs financiers	100.0	100.0	100.0	100.0	100.0	100.0	100.0	100.0
Numéraire et dépôts	1.3	1.6	1.7	1.6	1.5	1.4	1.2	1.2
Titres de dettes	36.3	34.6	34.3	32.9	33.6	31.9	34.7	32.4
Crédits	1.5	1.6	1.5	1.8	2.0	2.0	2.3	2.5
Actions et parts de fonds d'investissement	43.0	47.5	47.7	49.3	52.1	55.3	53.1	56.5
Systèmes d'assurance de pensions et garanties standard	..	..	..	..	..	..	..	..
Produits financiers dérivés et options sur titres des salariés	..	..	..	..	..	..	..	..
Autres comptes à recevoir	5.3	4.8	5.9	5.6	3.5	3.7	4.1	3.3
Passifs financiers	100.0	100.0	100.0	100.0	100.0	100.0	100.0	100.0
Numéraire et dépôts	0.0	0.0	0.0	0.0	0.0	0.0	0.0	0.0
Titres de dettes	0.0	0.0	0.0	0.0	0.0	0.0	0.0	0.0
Crédits	0.0	0.0	0.1	0.1	0.1	0.1	0.2	0.1
Actions et parts de fonds d'investissement	0.0	0.0	0.0	0.0	0.0	0.0	0.0	0.0
Systèmes d'assurance de pensions et garanties standard	93.2	93.8	93.1	91.9	92.4	92.9	92.7	92.4
Produits financiers dérivés et options sur titres des salariés	0.0	0.0	0.0	0.0	0.0	0.0	0.0	0.0
Autres comptes à recevoir	6.8	6.2	6.8	8.1	7.5	7.0	7.2	7.5

Note : Voir les métadonnées détaillées sur : *http://metalinks.oecd.org/instinv/20200916/649b*

CHILI

Tableau 1. Actifs et passifs financiers des investisseurs institutionnels, 2018

Millions CLP

	Total	Fonds d'investissement – Fonds d'investissement non-monétaire – Total	Fonds d'investissement – Fonds d'investissement non-monétaire – Fonds d'investissement à capital variable, non monétaire	Fonds d'investissement – Fonds d'investissement non-monétaire – Fonds d'investissement à capital fixe, non monétaire	Fonds d'investissement – Fonds d'investissement monétaires – Total
Actifs financiers	48 237 355	33 081 977	14 835 631	18 246 346	15 155 379
Numéraire et dépôts	..	..	122 658	..	69 296
Titres de dette	..	..	14 712 972	..	15 086 083
Titres de dette à court terme	..	..	2 408 728	..	13 936 728
Titres de dette à long terme	..	..	12 304 244	..	1 149 355
Titres de dette émis par les résidents	..	..	14 443 616	..	15 015 794
Titres de dette émis par les non-résidents	..	..	269 356	..	70 289
Crédits	..	..	..	..	..
Crédits à court terme	..	..	..	..	..
Crédits à long terme	..	..	..	..	..
Crédits accordés aux résidents	..	..	..	..	..
Crédits accordés aux non-résidents	..	..	..	..	..
Actions et parts de fonds d'investissement	..	..	6 878 726	..	..
Actions et parts de fonds d'investissements émises par les résidents	..	..	3 829 411	..	..
Actions et part de fonds d'investissements émises par les non-résidents	..	..	3 049 315	..	..
Autres comptes à recevoir	..	..	..	..	..

	Total	Fonds d'investissement – Fonds d'investissement non-monétaire – Total	Fonds d'investissement – Fonds d'investissement non-monétaire – Fonds d'investissement à capital variable, non monétaire	Fonds d'investissement – Fonds d'investissement non-monétaire – Fonds d'investissement à capital fixe, non monétaire	Fonds d'investissement – Fonds d'investissement monétaires – Total
Pasifs financiers	771 110	770 871	36 084	734 787	240
Numéraire et dépôts	..	..	..	..	..
Titres de dette	..	..	..	..	..
Titres de dette à court terme	..	..	..	..	..
Titres de dette à long terme	..	..	..	..	..
Crédits	..	..	..	..	..
Crédits à court terme	..	..	..	..	..
Crédits à long terme	..	..	..	..	..
Actions et parts de fonds d'investissement	..	..	..	..	..
Systèmes d'assurance, de pensions et garanties standard	..	..	..	..	..
Produits financiers dérivés et options sur titres des salariés	..	..	..	..	..
Autres comptes à payer	..	..	..	..	..

	Total	Sociétés d'assurance et fonds de pension autonomes – Sociétés d'assurance – Total	Sociétés d'assurance et fonds de pension autonomes – Sociétés d'assurance – Sociétés d'assurance vie	Sociétés d'assurance et fonds de pension autonomes – Sociétés d'assurance – Sociétés d'assurance non-vie	Sociétés d'assurance et fonds de pension autonomes – Fonds de pension autonomes – Total
Actifs financiers	..	38 911 749	37 402 402	1 509 347	134 344 716
Numéraire et dépôts	..	372 244	222 555	149 690	7 637 217
Titres de dette	..	26 348 372	25 145 857	1 202 515	58 243 771
Titres de dette à court terme	..	..	..	..	962 902
Titres de dette à long terme	..	..	..	..	57 280 869
Titres de dette émis par les résidents	..	21 619 673	20 427 438	1 192 236	56 585 815
Titres de dette émis par les non-résidents	..	4 728 699	4 718 419	10 280	1 657 956
Crédits	..	4 437 215	4 430 541	6 674	338 732
Crédits à court terme	..	534 427	534 427	0	27 107
Crédits à long terme	..	3 902 788	3 896 115	6 674	311 625
Crédits accordés aux résidents	..	..	..	..	338 732
Crédits accordés aux non-résidents	..	..	..	..	..
Actions et parts de fonds d'investissement	..	5 622 213	5 536 844	85 370	68 452 792
Actions et parts de fonds d'investissement émises par les résidents	..	4 859 490	4 774 227	85 263	18 182 937
Actions et parts de fonds d'investissement émises par les non-résidents	..	762 724	762 616	107	50 269 856
Autrescomptes à recevoir	..	2 122 374	2 057 473	64 901	..

	Total	Sociétés d'assurance et fonds de pension autonomes – Sociétés d'assurance – Total	Sociétés d'assurance et fonds de pension autonomes – Sociétés d'assurance – Sociétés d'assurance vie	Sociétés d'assurance et fonds de pension autonomes – Sociétés d'assurance – Sociétés d'assurance non-vie	Sociétés d'assurance et fonds de pension autonomes – Fonds de pension autonomes – Total
Pasifs financiers	..	833 620	830 931	2 690	1 498 939
Numéraire et dépôts	..	..	..	..	..
Titres de dette	..	..	..	..	..
Titres de dette à court terme	..	..	..	..	..
Titres de dette à long terme	..	..	..	..	..
Crédits	..	..	..	..	..
Crédits à court terme	..	..	..	..	..
Crédits à long terme	..	..	..	..	..
Actions et parts de fonds d'investissement	..	..	..	..	..
Systèmes d'assurance, de pensions et garanties standard	..	..	..	..	..
Produits financiers dérivés et options sur titres des salariés	..	..	..	..	..
Autres comptes à payer	..	..	..	..	1 498 939

Note : Voir les métadonnées détaillées sur : *http://metalinks.oecd.org/instinv/20200916/3b92*

CHILI

Tableau 2. Actifs et passifs financiers des fonds d'investissement

Millions CLP

	2012	2013	2014	2015	2016	2017	2018	2019
Fonds d'investissement								
Valeur nette financière	..	..	26 502 807	31 087 279	37 914 347	41 310 125	47 466 245	56 636 364
Actifs financiers	..	..	26 892 918	31 840 019	38 578 968	41 937 414	48 237 355	57 539 633
Numéraire et dépôts	..	..	..	..	..	..	..	..
Titres de dette	..	..	..	..	..	..	..	..
Crédits	..	..	..	..	..	..	..	..
Actions et parts de fonds d'investissement	..	..	..	..	..	..	..	..
Actions	..	..	..	..	..	..	..	..
Parts de fonds d'investissement	..	..	..	..	..	..	..	..
Parts de fonds d'investissement monétaires	..	..	..	..	..	..	..	..
Parts de fonds d'investissement non monétaires	..	..	..	..	..	..	..	..
Systèmes d'assurance, de pensions et garanties standard	..	..	..	..	..	..	..	..
Produits financiers dérivés et options sur titres des salariés	..	..	..	..	..	..	..	..
Autres comptes à recevoir	..	..	..	..	..	..	..	..
Passifs financiers	..	..	390 112	752 741	664 621	627 289	771 110	903 268
Titres de dette	..	..	..	..	..	..	..	..
Titres de dette à court terme	..	..	..	..	..	..	..	..
Titres de dette à long terme	..	..	..	..	..	..	..	..
Crédits	..	..	..	..	..	..	..	..
Crédits à court terme	..	..	..	..	..	..	..	..
Crédits à long terme	..	..	..	..	..	..	..	..
Actions et parts de fonds d'investissement	..	..	..	..	..	..	..	..
Systèmes d'assurance, de pensions et garanties standard	..	..	..	..	..	..	..	..
Produits financiers dérivés et options sur titres des salariés	..	..	..	..	..	..	..	..
Autres comptes à payer	..	..	..	..	..	..	..	..
Actifs non financiers	..	..	724 733	930 965	964 306	926 786	1 035 734	827 609
Fonds d'investissement monéaires								
Valeur nette financière	..	..	11 944 590	12 463 214	13 230 321	13 973 008	15 155 139	21 198 058
Actifs financiers	..	..	11 997 453	12 463 943	13 230 348	13 974 601	15 155 379	21 199 167
Numéraire et dépôts	..	..	44 011	174 466	158 735	119 205	69 296	109 708
Titres de dette	..	..	11 953 443	12 289 477	13 071 613	13 855 397	15 086 083	21 089 459
Crédits	..	..	..	..	..	..	..	..
Actions et parts de fonds d'investissement	..	..	..	..	..	..	..	..
Actions	..	..	..	..	..	..	..	..
Parts de fonds d'investissement	..	..	..	..	..	..	..	..
Parts de fonds d'investissement monétaires	..	..	..	..	..	..	..	..
Parts de fonds d'investissement non monétaires	..	..	..	..	..	..	..	..
Systèmes d'assurance, de pensions et garanties standard	..	..	..	..	..	..	..	..
Produits financiers dérivés et options sur titres des salariés	..	..	..	..	..	..	..	..
Autres comptes à recevoir	..	..	..	..	..	..	..	..
Passifs financiers	..	..	52 863	728	27	1 594	240	1 109
Titres de dette	..	..	..	..	..	..	..	..
Titres de dette à court terme	..	..	..	..	..	..	..	..
Titres de dette à long terme	..	..	..	..	..	..	..	..
Crédits	..	..	..	..	..	..	..	..
Crédits à court terme	..	..	..	..	..	..	..	..
Crédits à long terme	..	..	..	..	..	..	..	..
Actions et parts de fonds d'investissement	..	..	..	..	..	..	..	..
Systèmes d'assurance, de pensions et garanties standard	..	..	..	..	..	..	..	..
Produits financiers dérivés et options sur titres des salariés	..	..	..	..	..	..	..	..
Autres comptes à payer	..	..	..	..	..	..	..	..
Actifs non financiers	..	..	32 443	46 183	66 109	61 497	217 899	34 457
Fonds d'investissement non monéaires								
Valeur nette financière	..	..	14 558 216	18 624 065	24 684 026	27 337 117	32 311 106	35 438 306
Actifs financiers	..	..	14 895 465	19 376 077	25 348 620	27 962 813	33 081 977	36 340 466
Numéraire et dépôts	..	..	..	..	..	..	..	..
Titres de dette	..	..	..	..	..	..	..	..
Crédits	..	..	..	..	..	..	..	..
Actions et parts de fonds d'investissement	..	..	..	..	..	..	..	..
Actions	..	..	..	..	..	..	..	..
Parts de fonds d'investissement	..	..	..	..	..	..	..	..
Parts de fonds d'investissement monétaires	..	..	..	..	..	..	..	..
Parts de fonds d'investissement non monétaires	..	..	..	..	..	..	..	..
Systèmes d'assurance, de pensions et garanties standard	..	..	..	..	..	..	..	..
Produits financiers dérivés et options sur titres des salariés	..	..	..	..	..	..	..	..
Autres comptes à recevoir	..	..	..	..	..	..	..	..
Passifs financiers	..	..	337 249	752 012	664 594	625 695	770 871	902 159
Titres de dette	..	..	..	..	..	..	..	..
Titres de dette à court terme	..	..	..	..	..	..	..	..
Titres de dette à long terme	..	..	..	..	..	..	..	..
Crédits	..	..	..	..	..	..	..	..
Crédits à court terme	..	..	..	..	..	..	..	..
Crédits à long terme	..	..	..	..	..	..	..	..
Actions et parts de fonds d'investissement	..	..	..	..	..	..	..	..
Systèmes d'assurance, de pensions et garanties standard	..	..	..	..	..	..	..	..
Produits financiers dérivés et options sur titres des salariés	..	..	..	..	..	..	..	..
Autres comptes à payer	..	..	..	..	..	..	..	..
Actifs non financiers	..	..	692 290	884 781	898 197	865 289	817 835	793 152
Fonds d'investissement non monéaires à capital variable								
Valeur nette financière	..	..	11 544 018	11 775 448	14 383 393	13 598 284	14 799 547	14 202 657
Actifs financiers	..	..	11 549 981	11 783 386	14 387 250	13 603 859	14 835 631	14 255 826
Numéraire et dépôts	..	..	110 749	141 254	123 332	135 980	122 658	174 051

Tableau 2. Actifs et passifs financiers des fonds d'investissement *(suite)*

Millions CLP

	2012	2013	2014	2015	2016	2017	2018	2019
Titres de dette	..	..	11 439 233	11 642 132	14 263 918	13 467 879	14 712 972	14 081 775
Crédits	..	..	..	..	..	..	..	..
Actions et parts de fonds d'investissement	..	..	3 171 727	4 058 888	3 289 661	6 662 682	6 878 726	9 393 263
Actions	..	..	883 211	821 190	892 043	1 950 460	2 024 371	1 408 450
Parts de fonds d'investissement	..	..	2 288 515	3 237 698	2 397 618	4 712 221	4 854 355	7 984 814
Parts de fonds d'investissement monétaires	..	..	..	..	..	..	..	..
Parts de fonds d'investissement non monétaires	..	..	..	..	..	..	..	..
Systèmes d'assurance, de pensions et garanties standard	..	..	..	..	..	..	..	..
Produits financiers dérivés et options sur titres des salariés	..	..	..	..	..	..	..	..
Autres comptes à recevoir	..	..	..	..	..	..	..	..
Passifs financiers	..	..	5 963	7 938	3 857	5 575	36 084	53 169
Titres de dette	..	..	..	..	..	..	..	..
Titres de dette à court terme	..	..	..	..	..	..	..	..
Titres de dette à long terme	..	..	..	..	..	..	..	..
Crédits	..	..	..	..	..	..	..	..
Crédits à court terme	..	..	..	..	..	..	..	..
Crédits à long terme	..	..	..	..	..	..	..	..
Actions et parts de fonds d'investissement	..	..	..	..	..	..	..	..
Systèmes d'assurance, de pensions et garanties standard	..	..	..	..	..	..	..	..
Produits financiers dérivés et options sur titres des salariés	..	..	..	..	..	..	..	..
Autres comptes à payer	..	..	..	..	..	..	..	..
Actifs non financiers	..	..	20 814	52 619	46 863	103 504	90 509	103 219
Fonds d'investissement à capital variable								
Valeur nette financière	..	..	23 488 608	24 238 662	27 613 714	27 571 292	29 954 685	35 400 715
Actifs financiers	..	..	23 547 434	24 247 328	27 617 598	27 578 461	29 991 009	35 454 993
Numéraire et dépôts	..	..	..	..	..	..	..	..
Titres de dette	..	..	..	..	..	..	..	..
Crédits	..	..	..	..	..	..	..	..
Actions et parts de fonds d'investissement	..	..	..	..	..	..	..	..
Actions	..	..	..	..	..	..	..	..
Parts de fonds d'investissement	..	..	..	..	..	..	..	..
Parts de fonds d'investissement monétaires	..	..	..	..	..	..	..	..
Parts de fonds d'investissement non monétaires	..	..	..	..	..	..	..	..
Systèmes d'assurance, de pensions et garanties standard	..	..	..	..	..	..	..	..
Produits financiers dérivés et options sur titres des salariés	..	..	..	..	..	..	..	..
Autres comptes à recevoir	..	..	..	..	..	..	..	..
Passifs financiers	..	..	58 826	8 666	3 884	7 169	36 324	54 278
Titres de dette	..	..	..	..	..	..	..	..
Titres de dette à court terme	..	..	..	..	..	..	..	..
Titres de dette à long terme	..	..	..	..	..	..	..	..
Crédits	..	..	..	..	..	..	..	..
Crédits à court terme	..	..	..	..	..	..	..	..
Crédits à long terme	..	..	..	..	..	..	..	..
Actions et parts de fonds d'investissement	..	..	..	..	..	..	..	..
Systèmes d'assurance, de pensions et garanties standard	..	..	..	..	..	..	..	..
Produits financiers dérivés et options sur titres des salariés	..	..	..	..	..	..	..	..
Autres comptes à payer	..	..	..	..	..	..	..	..
Actifs non financiers	..	..	53 257	98 802	112 972	165 001	308 408	137 676

Note : Voir les métadonnées détaillées sur : *http://metalinks.oecd.org/instinv/20200916/3b92*

CHILI

Tableau 3. Actifs et passifs financiers des sociétés d'assurance et fonds de pension

Millions CLP

	2012	2013	2014	2015	2016	2017	2018	2019
Sociétés d'assurance et fonds de pension								
Valeur nette financière	..	..	125 953 303	137 263 750	147 852 040	163 376 156	..	..
Actifs financiers	..	..	127 702 283	139 498 064	149 722 473	165 305 809	..	..
Numéraire et dépôts	..	..	7 423 782	8 668 098	7 571 956	8 383 350	..	..
Titres de dette	..	..	58 422 149	66 300 576	78 879 795	76 318 336	..	..
Crédits	..	..	3 622 921	3 718 752	4 064 950	4 361 615	..	..
Actions et parts de fonds d'investissement	..	..	56 235 414	59 196 576	56 770 438	73 197 957	..	..
Actions	..	..	8 954 179	8 399 011	9 694 054	12 910 163	..	..
Parts de fonds d'investissement	..	..	47 281 235	50 797 565	47 076 383	60 287 794	..	..
Parts de fonds d'investissement monétaires	..	..	..	..	..	..	..	..
Parts de fonds d'investissement non monétaires	..	..	..	..	..	..	..	..
Systèmes d'assurance, de pensions et garanties standard	..	..	..	..	..	..	..	..
Produits financiers dérivés et options sur titres des salariés	..	..	-195 142	-407 146	86 163	741 133	..	..
Autres comptes à recevoir	..	..	..	..	..	..	..	..
Passifs financiers	..	..	1 748 980	2 234 314	1 870 432	1 929 654	..	..
Titres de dette	..	..	..	..	..	..	..	..
Titres de dette à court terme	..	..	..	..	..	..	..	..
Titres de dette à long terme	..	..	..	..	..	..	..	..
Crédits	..	..	..	..	..	..	..	..
Crédits à court terme	..	..	..	..	..	..	..	..
Crédits à long terme	..	..	..	..	..	..	..	..
Actions et parts de fonds d'investissement	..	..	..	..	..	..	..	..
Systèmes d'assurance, de pensions et garanties standard	..	..	..	..	..	..	..	..
Produits financiers dérivés et options sur titres des salariés	..	..	..	..	..	..	..	..
Autres comptes à payer	..	..	..	..	..	..	..	..
Actifs non financiers	..	..	..	3 791 125	..	..	..	..
Sociétés d'assurance								
Valeur nette financière	..	..	..	29 060 184	32 675 179	35 267 112	38 078 128	41 387 393
Actifs financiers	..	..	..	30 064 643	33 293 844	35 794 447	38 911 749	42 556 625
Numéraire et dépôts	..	..	..	401 273	354 607	334 225	372 244	434 314
Titres de dette	..	..	..	21 727 444	23 337 925	24 155 623	26 348 372	27 805 571
Crédits	..	..	..	3 139 873	3 574 454	3 953 391	4 437 215	4 859 744
Actions et parts de fonds d'investissement	..	..	..	3 261 873	3 730 615	4 676 310	5 622 213	7 018 833
Actions	..	..	..	367 160	414 182	466 107	494 476	478 058
Parts de fonds d'investissement	..	..	..	2 894 713	3 316 432	4 210 203	5 127 737	6 540 775
Parts de fonds d'investissement monétaires	..	..	..	..	..	..	..	..
Parts de fonds d'investissement non monétaires	..	..	..	..	..	..	..	..
Systèmes d'assurance, de pensions et garanties standard	..	..	..	0	0	..	..	..
Produits financiers dérivés et options sur titres des salariés	..	..	..	-487 028	-52 927	371 480	9 330	21 015
Autres comptes à recevoir	..	..	..	2 021 209	2 349 171	2 303 419	2 122 374	2 417 148
Passifs financiers	..	..	..	1 004 459	618 665	527 336	833 620	1 169 233
Titres de dette	..	..	..	..	..	..	..	..
Titres de dette à court terme	..	..	..	..	..	..	..	..
Titres de dette à long terme	..	..	..	..	..	..	..	..
Crédits	..	..	..	..	..	..	..	..
Crédits à court terme	..	..	..	..	..	..	..	..
Crédits à long terme	..	..	..	..	..	..	..	..
Actions et parts de fonds d'investissement	..	..	..	..	..	..	..	..
Systèmes d'assurance, de pensions et garanties standard	..	..	..	..	..	..	..	..
Produits financiers dérivés et options sur titres des salariés	..	..	..	..	..	..	..	..
Autres comptes à payer	..	..	..	..	..	..	..	..
Actifs non financiers	..	..	..	3 791 125	4 103 190	4 313 131	4 993 681	6 286 765
Fonds de pension								
Valeur nette financière	..	..	99 398 595	108 203 566	115 176 862	128 109 044	132 845 777	158 622 261
Actifs financiers	..	..	100 479 815	109 433 421	116 428 629	129 511 362	134 344 716	160 371 375
Numéraire et dépôts	..	..	6 966 076	8 266 825	7 217 349	8 049 125	7 637 217	7 961 490
Titres de dette	..	..	39 455 648	44 573 132	55 541 871	52 162 713	58 243 771	69 844 006
Crédits	..	..	676 402	578 879	490 496	408 224	338 732	284 128
Actions et parts de fonds d'investissement	..	..	53 385 885	55 934 703	53 039 823	68 521 647	68 452 792	82 125 497
Actions	..	..	8 520 602	8 031 851	9 279 872	12 444 056	11 925 345	11 452 792
Parts de fonds d'investissement	..	..	44 865 284	47 902 852	43 759 951	56 077 591	56 527 448	70 672 705
Parts de fonds d'investissement monétaires	..	..	..	..	..	..	..	..
Parts de fonds d'investissement non monétaires	..	..	..	..	..	..	..	..
Systèmes d'assurance, de pensions et garanties standard	..	..	..	..	..	..	..	..
Produits financiers dérivés et options sur titres des salariés	..	..	-4 196	79 882	139 090	369 653	-327 796	156 255
Autres comptes à recevoir	..	..	..	..	..	..	..	..
Passifs financiers	..	..	1 081 220	1 229 855	1 251 767	1 402 318	1 498 939	1 749 114
Titres de dette	..	..	..	..	..	..	..	..
Titres de dette à court terme	..	..	..	..	..	..	..	..
Titres de dette à long terme	..	..	..	..	..	..	..	..
Crédits	..	..	..	..	..	..	..	..
Crédits à court terme	..	..	..	..	..	..	..	..
Crédits à long terme	..	..	..	..	..	..	..	..
Actions et parts de fonds d'investissement	..	..	..	..	..	..	..	..
Systèmes d'assurance, de pensions et garanties standard	..	..	..	..	..	..	..	..
Produits financiers dérivés et options sur titres des salariés	..	..	..	..	..	..	..	..
Autres comptes à payer	..	..	1 081 220	1 229 855	1 251 767	1 402 318	1 498 939	1 749 114
Actifs non financiers	..	..	..	..	..	..	..	..

Note : Voir les métadonnées détaillées sur : *http://metalinks.oecd.org/instinv/20200916/3b92*

Tableau 4. Composition du portefeuille par type d'investisseur

En pourcentage des actifs financiers et des passifs financiers

Pour cent

	2012	2013	2014	2015	2016	2017	2018	2019
Fonds d'investissement								
Actifs financiers	..	..	100.0	100.0	100.0	100.0	100.0	100.0
Numéraire et dépôts	..	..	..	..	..	..	..	..
Titres de dettes	..	..	..	..	..	..	..	..
Crédits	..	..	..	..	..	..	..	..
Actions et parts de fonds d'investissement	..	..	..	..	..	..	..	..
Systèmes d'assurance de pensions et garanties standard	..	..	..	..	..	..	..	..
Produits financiers dérivés et options sur titres des salariés	..	..	..	..	..	..	..	..
Autres comptes à recevoir	..	..	..	..	..	..	..	..
Passifs financiers	..	..	100.0	100.0	100.0	100.0	100.0	100.0
Numéraire et dépôts	..	..	..	..	..	..	..	..
Titres de dettes	..	..	..	..	..	..	..	..
Crédits	..	..	..	..	..	..	..	..
Actions et parts de fonds d'investissement	..	..	..	..	..	..	..	..
Systèmes d'assurance de pensions et garanties standard	..	..	..	..	..	..	..	..
Produits financiers dérivés et options sur titres des salariés	..	..	..	..	..	..	..	..
Autres comptes à recevoir	..	..	..	..	..	..	..	..
Sociétés d'assurance								
Actifs financiers	..	..	..	100.0	100.0	100.0	100.0	100.0
Numéraire et dépôts	..	..	..	1.3	1.1	0.9	1.0	1.0
Titres de dettes	..	..	..	72.3	70.1	67.5	67.7	65.3
Crédits	..	..	..	10.4	10.7	11.0	11.4	11.4
Actions et parts de fonds d'investissement	..	..	..	10.8	11.2	13.1	14.4	16.5
Systèmes d'assurance de pensions et garanties standard	..	..	..	0.0	0.0	0.0	0.0	0.0
Produits financiers dérivés et options sur titres des salariés	..	..	..	-1.6	-0.2	1.0	0.0	0.0
Autres comptes à recevoir	..	..	..	6.7	7.1	6.4	5.5	5.7
Passifs financiers	..	..	..	100.0	100.0	100.0	100.0	100.0
Numéraire et dépôts	..	..	..	..	..	..	..	..
Titres de dettes	..	..	..	..	..	..	..	..
Crédits	..	..	..	..	..	..	..	..
Actions et parts de fonds d'investissement	..	..	..	..	..	..	..	..
Systèmes d'assurance de pensions et garanties standard	..	..	..	..	..	..	..	..
Produits financiers dérivés et options sur titres des salariés	..	..	..	..	..	..	..	..
Autres comptes à recevoir	..	..	..	..	..	..	..	..
Fonds de pension								
Actifs financiers	..	..	100.0	100.0	100.0	100.0	100.0	100.0
Numéraire et dépôts	..	..	6.9	7.6	6.2	6.2	5.7	5.0
Titres de dettes	..	..	39.3	40.7	47.7	40.3	43.4	43.6
Crédits	..	..	0.7	0.5	0.4	0.3	0.3	0.2
Actions et parts de fonds d'investissement	..	..	53.1	51.1	45.6	52.9	51.0	51.2
Systèmes d'assurance de pensions et garanties standard	..	..	0.0	0.0	0.0	0.0	0.0	0.0
Produits financiers dérivés et options sur titres des salariés	..	..	0.0	0.1	0.1	0.3	-0.2	0.1
Autres comptes à recevoir	..	..	0.0	0.0	0.0	0.0	0.0	0.0
Passifs financiers	..	..	100.0	100.0	100.0	100.0	100.0	100.0
Numéraire et dépôts	..	..	0.0	0.0	0.0	0.0	0.0	0.0
Titres de dettes	..	..	0.0	0.0	0.0	0.0	0.0	0.0
Crédits	..	..	0.0	0.0	0.0	0.0	0.0	0.0
Actions et parts de fonds d'investissement	..	..	0.0	0.0	0.0	0.0	0.0	0.0
Systèmes d'assurance de pensions et garanties standard	..	..	0.0	0.0	0.0	0.0	0.0	0.0
Produits financiers dérivés et options sur titres des salariés	..	..	0.0	0.0	0.0	0.0	0.0	0.0
Autres comptes à recevoir	..	..	100.0	100.0	100.0	100.0	100.0	100.0

Note : Voir les métadonnées détaillées sur : *http://metalinks.oecd.org/instinv/20200916/649b*

RÉPUBLIQUE TCHÈQUE

Tableau 1. Actifs et passifs financiers des investisseurs institutionnels, 2018

Millions CZK

	Fonds d'investissement				
	Total	Fonds d'investissement non-monétaire			Fonds d'investissement monétaires
		Total	Fonds d'investissement à capital variable, non monétaire	Fonds d'investissement à capital fixe, non monétaire	Total
Actifs financiers	415 599	409 998	409 998	..	5 601
Numéraire et dépôts	60 357	56 186	56 186	..	4 171
Titres de dette	109 578	108 227	108 227	..	1 351
Titres de dette à court terme	1 866	1 866	1 866	..	0
Titres de dette à long terme	107 712	106 361	106 361	..	1 351
Titres de dette émis par les résidents	58 514	57 405	57 405	..	1 109
Titres de dette émis par les non-résidents	51 064	50 822	50 822	..	242
Crédits	46 424	46 424	46 424	..	0
Crédits à court terme	5 961	5 961	5 961	..	0
Crédits à long terme	40 463	40 463	40 463	..	0
Crédits accordés aux résidents	35 509	35 509	35 509	..	0
Crédits accordés aux non-résidents	10 915	10 915	10 915	..	0
Actions et parts de fonds d'investissement	185 252	185 181	185 181	..	71
Actions et parts de fonds d'investissements émises par les résidents	31 423	31 418	31 418	..	5
Actions et part de fonds d'investissements émises par les non-résidents	153 829	153 763	153 763	..	66
Autres comptes à recevoir	13 243	13 238	13 238	..	5

	Fonds d'investissement				
	Total	Fonds d'investissement non-monétaire			Fonds d'investissement monétaires
		Total	Fonds d'investissement à capital variable, non monétaire	Fonds d'investissement à capital fixe, non monétaire	Total
Pasifs financiers	488 890	482 052	482 052	..	6 838
Numéraire et dépôts	0	0	0	..	0
Titres de dette	1 188	1 188	1 188	..	0
Titres de dette à court terme	0	0	0	..	0
Titres de dette à long terme	1 188	1 188	1 188	..	0
Crédits	16 750	16 750	16 750	..	0
Crédits à court terme	2 012	2 012	2 012	..	0
Crédits à long terme	14 738	14 738	14 738	..	0
Actions et parts de fonds d'investissement	452 930	446 124	446 124	..	6 806
Systèmes d'assurance, de pensions et garanties standard	0	0	0	..	0
Produits financiers dérivés et options sur titres des salariés	1 245	1 245	1 245	..	0
Autres comptes à payer	16 777	16 745	16 745	..	32

	Sociétés d'assurance et fonds de pension autonomes				
	Total	Sociétés d'assurance			Fonds de pension autonomes
		Total	Sociétés d'assurance vie	Sociétés d'assurance non-vie	Total
Actifs financiers	1 005 112	542 748	..	..	462 364
Numéraire et dépôts	151 076	60 818	..	..	90 258
Titres de dette	635 439	278 423	..	..	357 016
Titres de dette à court terme	2 427	117	..	..	2 310
Titres de dette à long terme	633 012	278 306	..	..	354 706
Titres de dette émis par les résidents	507 653	200 397	..	..	307 256
Titres de dette émis par les non-résidents	127 786	78 026	..	..	49 760
Crédits	4 064	4 002	..	..	62
Crédits à court terme	2 255	2 255	..	..	0
Crédits à long terme	1 809	1 747	..	..	62
Crédits accordés aux résidents	3 718	3 656	..	..	62
Crédits accordés aux non-résidents	346	346	..	..	0
Actions et parts de fonds d'investissement	128 065	114 108	..	..	13 957
Actions et parts de fonds d'investissement émises par les résidents	46 105	44 861	..	..	1 244
Actions et parts de fonds d'investissement émises par les non-résidents	81 960	69 247	..	..	12 713
Autrescomptes à recevoir	43 813	43 318	..	..	495

	Sociétés d'assurance et fonds de pension autonomes				
	Total	Sociétés d'assurance			Fonds de pension autonomes
		Total	Sociétés d'assurance vie	Sociétés d'assurance non-vie	Total
Pasifs financiers	1 037 518	566 521	..	..	470 997
Numéraire et dépôts	0	0	..	..	0
Titres de dette	0	0	..	..	0
Titres de dette à court terme	0	0	..	..	0
Titres de dette à long terme	0	0	..	..	0
Crédits	27 603	26 932	..	..	671
Crédits à court terme	27 603	26 932	..	..	671
Crédits à long terme	0	0	..	..	0
Actions et parts de fonds d'investissement	93 162	87 228	..	..	5 934
Systèmes d'assurance, de pensions et garanties standard	847 621	400 239	..	..	447 382
Produits financiers dérivés et options sur titres des salariés	2 662	1 497	..	..	1 165
Autres comptes à payer	66 470	50 625	..	..	15 845

Note : Voir les métadonnées détaillées sur : *http://metalinks.oecd.org/instinv/20200916/0196*

RÉPUBLIQUE TCHÈQUE

Tableau 2. Actifs et passifs financiers des fonds d'investissement

Millions CZK

	2012	2013	2014	2015	2016	2017	2018	2019
Fonds d'investissement								
Valeur nette financière	-54 283	-60 621	-72 525	-81 239	-74 760	-58 984	-73 291	-101 585
Actifs financiers	168 462	187 239	220 932	257 431	322 981	406 505	415 599	488 440
Numéraire et dépôts	32 135	32 867	25 835	24 122	36 543	67 951	60 357	82 106
Titres de dette	77 389	80 477	90 156	96 493	109 848	112 849	109 578	128 290
Crédits	7 521	11 335	17 097	21 001	30 754	36 060	46 424	51 180
Actions et parts de fonds d'investissement	45 541	57 856	82 265	109 039	141 096	180 236	185 252	214 249
Actions	26 741	28 626	32 333	40 887	53 310	71 284	84 996	101 363
Parts de fonds d'investissement	18 800	29 230	49 932	68 152	87 786	108 952	100 256	112 886
Parts de fonds d'investissement monétaires	362	594	791	246	921	1 267	2 779	474
Parts de fonds d'investissement non monétaires	18 438	28 636	49 141	67 906	86 865	107 685	97 477	112 412
Systèmes d'assurance, de pensions et garanties standard	14	17	20	16	7	12	5	4
Produits financiers dérivés et options sur titres des salariés	513	387	101	496	163	1 330	740	2 836
Autres comptes à recevoir	5 349	4 300	5 458	6 264	4 570	8 067	13 243	9 775
Passifs financiers	222 745	247 860	293 457	338 670	397 741	465 489	488 890	590 025
Titres de dette	0	0	6	173	213	0	1 188	2 738
Titres de dette à court terme	0	0	0	0	0	0	0	708
Titres de dette à long terme	0	0	6	173	213	0	1 188	2 030
Crédits	25 359	13 918	15 594	13 649	17 661	18 571	16 750	21 947
Crédits à court terme	5 448	0	1 137	791	881	2 294	2 012	3 222
Crédits à long terme	19 911	13 918	14 457	12 858	16 780	16 277	14 738	18 725
Actions et parts de fonds d'investissement	182 784	220 210	261 745	307 657	355 487	426 152	452 930	545 135
Systèmes d'assurance, de pensions et garanties standard	0	0	0	0	0	0	0	0
Produits financiers dérivés et options sur titres des salariés	414	1 041	1 275	528	1 268	361	1 245	239
Autres comptes à payer	14 188	12 691	14 837	16 663	23 112	20 405	16 777	19 966
Actifs non financiers	..	..	..	..	..	..	..	..
Fonds d'investissement monéaires								
Valeur nette financière	1 006	-60	-103	35	-219	-89	-1 237	0
Actifs financiers	3 794	1 779	1 226	855	647	1 457	5 601	0
Numéraire et dépôts	1 566	875	495	455	324	965	4 171	0
Titres de dette	2 226	902	730	399	284	491	1 351	0
Crédits	0	0	0	0	0	0	0	0
Actions et parts de fonds d'investissement	0	0	0	0	38	0	71	0
Actions	0	0	0	0	0	0	5	0
Parts de fonds d'investissement	0	0	0	0	38	0	66	0
Parts de fonds d'investissement monétaires	0	0	0	0	38	0	66	0
Parts de fonds d'investissement non monétaires	0	0	0	0	0	0	0	0
Systèmes d'assurance, de pensions et garanties standard	1	1	1	1	1	1	1	0
Produits financiers dérivés et options sur titres des salariés	1	1	0	0	0	0	2	0
Autres comptes à recevoir	0	0	0	0	0	0	5	0
Passifs financiers	2 788	1 839	1 329	820	866	1 546	6 838	0
Titres de dette	0	0	0	0	0	0	0	0
Titres de dette à court terme	0	0	0	0	0	0	0	0
Titres de dette à long terme	0	0	0	0	0	0	0	0
Crédits	0	0	44	121	158	0	0	0
Crédits à court terme	0	0	31	2	6	0	0	0
Crédits à long terme	0	0	13	119	152	0	0	0
Actions et parts de fonds d'investissement	2 786	1 829	1 283	699	708	1 545	6 806	0
Systèmes d'assurance, de pensions et garanties standard	0	0	0	0	0	0	0	0
Produits financiers dérivés et options sur titres des salariés	2	10	1	0	0	0	0	0
Autres comptes à payer	0	0	1	0	0	1	32	0
Actifs non financiers	..	..	..	..	..	..	..	..
Fonds d'investissement non monéaires								
Valeur nette financière	-55 289	-60 561	-72 422	-81 274	-74 541	-58 895	-72 054	-101 585
Actifs financiers	164 668	185 460	219 706	256 576	322 334	405 048	409 998	488 440
Numéraire et dépôts	30 569	31 992	25 340	23 667	36 219	66 986	56 186	82 106
Titres de dette	75 163	79 575	89 426	96 094	109 564	112 358	108 227	128 290
Crédits	7 521	11 335	17 097	21 001	30 754	36 060	46 424	51 180
Actions et parts de fonds d'investissement	45 541	57 856	82 265	109 039	141 058	180 236	185 181	214 249
Actions	26 741	28 626	32 333	40 887	53 310	71 284	84 991	101 363
Parts de fonds d'investissement	18 800	29 230	49 932	68 152	87 748	108 952	100 190	112 886
Parts de fonds d'investissement monétaires	362	594	791	246	883	1 267	2 713	474
Parts de fonds d'investissement non monétaires	18 438	28 636	49 141	67 906	86 865	107 685	97 477	112 412
Systèmes d'assurance, de pensions et garanties standard	13	16	19	15	6	11	4	4
Produits financiers dérivés et options sur titres des salariés	512	386	101	496	163	1 330	738	2 836
Autres comptes à recevoir	5 349	4 300	5 458	6 264	4 570	8 067	13 238	9 775
Passifs financiers	219 957	246 021	292 128	337 850	396 875	463 943	482 052	590 025
Titres de dette	0	0	6	173	213	0	1 188	2 738
Titres de dette à court terme	0	0	0	0	0	0	0	708
Titres de dette à long terme	0	0	6	173	213	0	1 188	2 030
Crédits	25 359	13 918	15 550	13 528	17 503	18 571	16 750	21 947
Crédits à court terme	5 448	0	1 106	789	875	2 294	2 012	3 222
Crédits à long terme	19 911	13 918	14 444	12 739	16 628	16 277	14 738	18 725
Actions et parts de fonds d'investissement	179 998	218 381	260 462	306 958	354 779	424 607	446 124	545 135
Systèmes d'assurance, de pensions et garanties standard	0	0	0	0	0	0	0	0
Produits financiers dérivés et options sur titres des salariés	412	1 031	1 274	528	1 268	361	1 245	239
Autres comptes à payer	14 188	12 691	14 836	16 663	23 112	20 404	16 745	19 966
Actifs non financiers	..	..	..	..	..	..	..	..
Fonds d'investissement non monéaires à capital variable								
Valeur nette financière	-55 289	-60 561	-72 422	-81 274	-74 541	-58 895	-72 054	-101 585
Actifs financiers	164 668	185 460	219 706	256 576	322 334	405 048	409 998	488 440
Numéraire et dépôts	30 569	31 992	25 340	23 667	36 219	66 986	56 186	82 106

RÉPUBLIQUE TCHÈQUE

Tableau 2. Actifs et passifs financiers des fonds d'investissement *(suite)*

Millions CZK

	2012	2013	2014	2015	2016	2017	2018	2019
Titres de dette	75 163	79 575	89 426	96 094	109 564	112 358	108 227	128 290
Crédits	7 521	11 335	17 097	21 001	30 754	36 060	46 424	51 180
Actions et parts de fonds d'investissement	45 541	57 856	82 265	109 039	141 058	180 236	185 181	214 249
Actions	26 741	28 626	32 333	40 887	53 310	71 284	84 991	101 363
Parts de fonds d'investissement	18 800	29 230	49 932	68 152	87 748	108 952	100 190	112 886
Parts de fonds d'investissement monétaires	362	594	791	246	883	1 267	2 713	474
Parts de fonds d'investissement non monétaires	18 438	28 636	49 141	67 906	86 865	107 685	97 477	112 412
Systèmes d'assurance, de pensions et garanties standard	13	16	19	15	6	11	4	4
Produits financiers dérivés et options sur titres des salariés	512	386	101	496	163	1 330	738	2 836
Autres comptes à recevoir	5 349	4 300	5 458	6 264	4 570	8 067	13 238	9 775
Passifs financiers	219 957	246 021	292 128	337 850	396 875	463 943	482 052	590 025
Titres de dette	0	0	6	173	213	0	1 188	2 738
Titres de dette à court terme	0	0	0	0	0	0	0	708
Titres de dette à long terme	0	0	6	173	213	0	1 188	2 030
Crédits	25 359	13 918	15 550	13 528	17 503	18 571	16 750	21 947
Crédits à court terme	5 448	0	1 106	789	875	2 294	2 012	3 222
Crédits à long terme	19 911	13 918	14 444	12 739	16 628	16 277	14 738	18 725
Actions et parts de fonds d'investissement	179 998	218 381	260 462	306 958	354 779	424 607	446 124	545 135
Systèmes d'assurance, de pensions et garanties standard	0	0	0	0	0	0	0	0
Produits financiers dérivés et options sur titres des salariés	412	1 031	1 274	528	1 268	361	1 245	239
Autres comptes à payer	14 188	12 691	14 836	16 663	23 112	20 404	16 745	19 966
Actifs non financiers	..	..	..	..	..	..	..	..
Fonds d'investissement à capital variable								
Valeur nette financière	-54 283	-60 621	-72 525	-81 239	-74 760	-58 984	-73 291	-101 585
Actifs financiers	168 462	187 239	220 932	257 431	322 981	406 505	415 599	488 440
Numéraire et dépôts	32 135	32 867	25 835	24 122	36 543	67 951	60 357	82 106
Titres de dette	77 389	80 477	90 156	96 493	109 848	112 849	109 578	128 290
Crédits	7 521	11 335	17 097	21 001	30 754	36 060	46 424	51 180
Actions et parts de fonds d'investissement	45 541	57 856	82 265	109 039	141 096	180 236	185 252	214 249
Actions	26 741	28 626	32 333	40 887	53 310	71 284	84 996	101 363
Parts de fonds d'investissement	18 800	29 230	49 932	68 152	87 786	108 952	100 256	112 886
Parts de fonds d'investissement monétaires	362	594	791	246	921	1 267	2 779	474
Parts de fonds d'investissement non monétaires	18 438	28 636	49 141	67 906	86 865	107 685	97 477	112 412
Systèmes d'assurance, de pensions et garanties standard	14	17	20	16	7	12	5	4
Produits financiers dérivés et options sur titres des salariés	513	387	101	496	163	1 330	740	2 836
Autres comptes à recevoir	5 349	4 300	5 458	6 264	4 570	8 067	13 243	9 775
Passifs financiers	222 745	247 860	293 457	338 670	397 741	465 489	488 890	590 025
Titres de dette	0	0	6	173	213	0	1 188	2 738
Titres de dette à court terme	0	0	0	0	0	0	0	708
Titres de dette à long terme	0	0	6	173	213	0	1 188	2 030
Crédits	25 359	13 918	15 594	13 649	17 661	18 571	16 750	21 947
Crédits à court terme	5 448	0	1 137	791	881	2 294	2 012	3 222
Crédits à long terme	19 911	13 918	14 457	12 858	16 780	16 277	14 738	18 725
Actions et parts de fonds d'investissement	182 784	220 210	261 745	307 657	355 487	426 152	452 930	545 135
Systèmes d'assurance, de pensions et garanties standard	0	0	0	0	0	0	0	0
Produits financiers dérivés et options sur titres des salariés	414	1 041	1 275	528	1 268	361	1 245	239
Autres comptes à payer	14 188	12 691	14 837	16 663	23 112	20 405	16 777	19 966
Actifs non financiers	..	..	..	..	..	..	..	..

Note : Voir les métadonnées détaillées sur : *http://metalinks.oecd.org/instinv/20200916/0196*

RÉPUBLIQUE TCHÈQUE

Tableau 3. Actifs et passifs financiers des sociétés d'assurance et fonds de pension

Millions CZK

	2012	2013	2014	2015	2016	2017	2018	2019
Sociétés d'assurance et fonds de pension								
Valeur nette financière	-28 714	-42 950	-49 506	-84 617	-59 437	-26 894	-32 406	-23 474
Actifs financiers	762 623	777 883	837 710	832 615	894 284	968 949	1 005 112	1 038 232
Numéraire et dépôts	60 860	67 832	54 507	55 120	65 842	133 301	151 076	158 047
Titres de dette	524 794	531 454	597 189	588 813	624 656	625 881	635 439	642 913
Crédits	763	644	753	1 398	6 233	9 088	4 064	4 199
Actions et parts de fonds d'investissement	107 622	106 436	108 221	110 448	117 280	118 357	128 065	149 519
Actions	31 171	20 172	23 679	19 072	22 855	20 558	31 322	36 970
Parts de fonds d'investissement	76 451	86 264	84 542	91 376	94 425	97 799	96 743	112 549
Parts de fonds d'investissement monétaires	1 545	1 126	645	1 167	452	506	0	0
Parts de fonds d'investissement non monétaires	74 906	85 138	83 897	90 209	93 973	97 293	96 743	112 549
Systèmes d'assurance, de pensions et garanties standard	32 037	36 797	39 137	40 828	41 732	41 881	41 570	42 687
Produits financiers dérivés et options sur titres des salariés	754	636	394	717	492	1 910	1 085	2 296
Autres comptes à recevoir	35 793	34 084	37 509	35 291	38 049	38 531	43 813	38 571
Passifs financiers	791 337	820 833	887 216	917 232	953 721	995 843	1 037 518	1 061 706
Titres de dette	261	368	521	700	653	0	0	0
Titres de dette à court terme	0	0	0	0	0	0	0	0
Titres de dette à long terme	261	368	521	700	653	0	0	0
Crédits	107	1 280	575	576	2 131	9 678	27 603	11 059
Crédits à court terme	78	972	1	1	1 556	9 110	27 603	11 059
Crédits à long terme	29	308	574	575	575	568	0	0
Actions et parts de fonds d'investissement	111 915	86 926	101 058	105 128	101 894	92 463	93 162	105 629
Systèmes d'assurance, de pensions et garanties standard	641 036	689 110	734 870	761 975	796 267	828 512	847 621	889 260
Produits financiers dérivés et options sur titres des salariés	3 086	3 195	8 128	6 488	7 212	1 755	2 662	2 768
Autres comptes à payer	34 932	39 954	42 064	42 365	45 564	63 435	66 470	52 990
Actifs non financiers	..	..	..	..	..	..	..	..
Sociétés d'assurance								
Valeur nette financière	-54 277	-61 904	-44 603	-53 688	-39 998	-15 062	-23 773	-24 199
Actifs financiers	463 740	471 954	504 725	490 476	511 603	534 919	542 748	529 438
Numéraire et dépôts	34 198	33 234	31 098	31 237	36 738	60 327	60 818	41 686
Titres de dette	259 797	267 117	295 227	279 100	281 946	277 975	278 423	270 426
Crédits	763	644	753	1 373	6 207	9 010	4 002	4 199
Actions et parts de fonds d'investissement	104 343	101 526	102 406	103 204	107 096	106 901	114 108	131 697
Actions	30 584	18 703	22 489	17 703	20 833	17 859	28 215	32 030
Parts de fonds d'investissement	73 759	82 823	79 917	85 501	86 263	89 042	85 893	99 667
Parts de fonds d'investissement monétaires	1 545	1 126	640	1 165	452	506	0	0
Parts de fonds d'investissement non monétaires	72 214	81 697	79 277	84 336	85 811	88 536	85 893	99 667
Systèmes d'assurance, de pensions et garanties standard	32 035	36 795	39 134	40 825	41 729	41 878	41 570	42 687
Produits financiers dérivés et options sur titres des salariés	541	358	327	565	315	819	509	924
Autres comptes à recevoir	32 063	32 280	35 780	34 172	37 572	38 009	43 318	37 819
Passifs financiers	518 017	533 858	549 328	544 164	551 601	549 981	566 521	553 637
Titres de dette	261	368	521	700	653	0	0	0
Titres de dette à court terme	0	0	0	0	0	0	0	0
Titres de dette à long terme	261	368	521	700	653	0	0	0
Crédits	107	1 280	575	576	2 131	6 804	26 932	4 751
Crédits à court terme	78	972	1	1	1 556	6 236	26 932	4 751
Crédits à long terme	29	308	574	575	575	568	0	0
Actions et parts de fonds d'investissement	88 942	86 616	85 739	87 251	86 267	81 832	87 228	93 526
Systèmes d'assurance, de pensions et garanties standard	394 298	405 867	416 824	410 877	414 583	414 702	400 239	403 102
Produits financiers dérivés et options sur titres des salariés	1 929	1 546	5 149	3 906	4 009	980	1 497	1 711
Autres comptes à payer	32 480	38 181	40 520	40 854	43 958	45 663	50 625	50 547
Actifs non financiers	..	..	..	..	..	..	..	..
Fonds de pension								
Valeur nette financière	25 563	18 954	-4 903	-30 929	-19 439	-11 832	-8 633	725
Actifs financiers	298 883	305 929	332 985	342 139	382 681	434 030	462 364	508 794
Numéraire et dépôts	26 662	34 598	23 409	23 883	29 104	72 974	90 258	116 361
Titres de dette	264 997	264 337	301 962	309 713	342 710	347 906	357 016	372 487
Crédits	0	0	0	25	26	78	62	0
Actions et parts de fonds d'investissement	3 279	4 910	5 815	7 244	10 184	11 456	13 957	17 822
Actions	587	1 469	1 190	1 369	2 022	2 699	3 107	4 940
Parts de fonds d'investissement	2 692	3 441	4 625	5 875	8 162	8 757	10 850	12 882
Parts de fonds d'investissement monétaires	0	0	5	2	0	0	0	0
Parts de fonds d'investissement non monétaires	2 692	3 441	4 620	5 873	8 162	8 757	10 850	12 882
Systèmes d'assurance, de pensions et garanties standard	2	2	3	3	3	3	0	0
Produits financiers dérivés et options sur titres des salariés	213	278	67	152	177	1 091	576	1 372
Autres comptes à recevoir	3 730	1 804	1 729	1 119	477	522	495	752
Passifs financiers	273 320	286 975	337 888	373 068	402 120	445 862	470 997	508 069
Titres de dette	0	0	0	0	0	0	0	0
Titres de dette à court terme	0	0	0	0	0	0	0	0
Titres de dette à long terme	0	0	0	0	0	0	0	0
Crédits	0	0	0	0	0	2 874	671	6 308
Crédits à court terme	0	0	0	0	0	2 874	671	6 308
Crédits à long terme	0	0	0	0	0	0	0	0
Actions et parts de fonds d'investissement	22 973	310	15 319	17 877	15 627	10 631	5 934	12 103
Systèmes d'assurance, de pensions et garanties standard	246 738	283 243	318 046	351 098	381 684	413 810	447 382	486 158
Produits financiers dérivés et options sur titres des salariés	1 157	1 649	2 979	2 582	3 203	775	1 165	1 057
Autres comptes à payer	2 452	1 773	1 544	1 511	1 606	17 772	15 845	2 443
Actifs non financiers	..	..	..	..	..	..	..	..

Note : Voir les métadonnées détaillées sur : *http://metalinks.oecd.org/instinv/20200916/0196*

RÉPUBLIQUE TCHÈQUE

Tableau 4. Composition du portefeuille par type d'investisseur

En pourcentage des actifs financiers et des passifs financiers

Pour cent

	2012	2013	2014	2015	2016	2017	2018	2019
Fonds d'investissement								
Actifs financiers	100.0	100.0	100.0	100.0	100.0	100.0	100.0	100.0
Numéraire et dépôts	19.1	17.6	11.7	9.4	11.3	16.7	14.5	16.8
Titres de dettes	45.9	43.0	40.8	37.5	34.0	27.8	26.4	26.3
Crédits	4.5	6.1	7.7	8.2	9.5	8.9	11.2	10.5
Actions et parts de fonds d'investissement	27.0	30.9	37.2	42.4	43.7	44.3	44.6	43.9
Systèmes d'assurance de pensions et garanties standard	0.0	0.0	0.0	0.0	0.0	0.0	0.0	0.0
Produits financiers dérivés et options sur titres des salariés	0.3	0.2	0.0	0.2	0.1	0.3	0.2	0.6
Autres comptes à recevoir	3.2	2.3	2.5	2.4	1.4	2.0	3.2	2.0
Passifs financiers	100.0	100.0	100.0	100.0	100.0	100.0	100.0	100.0
Numéraire et dépôts	0.0	0.0	0.0	0.0	0.0	0.0	0.0	0.0
Titres de dettes	0.0	0.0	0.0	0.1	0.1	0.0	0.2	0.5
Crédits	11.4	5.6	5.3	4.0	4.4	4.0	3.4	3.7
Actions et parts de fonds d'investissement	82.1	88.8	89.2	90.8	89.4	91.5	92.6	92.4
Systèmes d'assurance de pensions et garanties standard	0.0	0.0	0.0	0.0	0.0	0.0	0.0	0.0
Produits financiers dérivés et options sur titres des salariés	0.2	0.4	0.4	0.2	0.3	0.1	0.3	0.0
Autres comptes à recevoir	6.4	5.1	5.1	4.9	5.8	4.4	3.4	3.4
Sociétés d'assurance								
Actifs financiers	100.0	100.0	100.0	100.0	100.0	100.0	100.0	100.0
Numéraire et dépôts	7.4	7.0	6.2	6.4	7.2	11.3	11.2	7.9
Titres de dettes	56.0	56.6	58.5	56.9	55.1	52.0	51.3	51.1
Crédits	0.2	0.1	0.1	0.3	1.2	1.7	0.7	0.8
Actions et parts de fonds d'investissement	22.5	21.5	20.3	21.0	20.9	20.0	21.0	24.9
Systèmes d'assurance de pensions et garanties standard	6.9	7.8	7.8	8.3	8.2	7.8	7.7	8.1
Produits financiers dérivés et options sur titres des salariés	0.1	0.1	0.1	0.1	0.1	0.2	0.1	0.2
Autres comptes à recevoir	6.9	6.8	7.1	7.0	7.3	7.1	8.0	7.1
Passifs financiers	100.0	100.0	100.0	100.0	100.0	100.0	100.0	100.0
Numéraire et dépôts	0.0	0.0	0.0	0.0	0.0	0.0	0.0	0.0
Titres de dettes	0.1	0.1	0.1	0.1	0.1	0.0	0.0	0.0
Crédits	0.0	0.2	0.1	0.1	0.4	1.2	4.8	0.9
Actions et parts de fonds d'investissement	17.2	16.2	15.6	16.0	15.6	14.9	15.4	16.9
Systèmes d'assurance de pensions et garanties standard	76.1	76.0	75.9	75.5	75.2	75.4	70.6	72.8
Produits financiers dérivés et options sur titres des salariés	0.4	0.3	0.9	0.7	0.7	0.2	0.3	0.3
Autres comptes à recevoir	6.3	7.2	7.4	7.5	8.0	8.3	8.9	9.1
Fonds de pension								
Actifs financiers	100.0	100.0	100.0	100.0	100.0	100.0	100.0	100.0
Numéraire et dépôts	8.9	11.3	7.0	7.0	7.6	16.8	19.5	22.9
Titres de dettes	88.7	86.4	90.7	90.5	89.6	80.2	77.2	73.2
Crédits	0.0	0.0	0.0	0.0	0.0	0.0	0.0	0.0
Actions et parts de fonds d'investissement	1.1	1.6	1.7	2.1	2.7	2.6	3.0	3.5
Systèmes d'assurance de pensions et garanties standard	0.0	0.0	0.0	0.0	0.0	0.0	0.0	0.0
Produits financiers dérivés et options sur titres des salariés	0.1	0.1	0.0	0.0	0.0	0.3	0.1	0.3
Autres comptes à recevoir	1.2	0.6	0.5	0.3	0.1	0.1	0.1	0.1
Passifs financiers	100.0	100.0	100.0	100.0	100.0	100.0	100.0	100.0
Numéraire et dépôts	0.0	0.0	0.0	0.0	0.0	0.0	0.0	0.0
Titres de dettes	0.0	0.0	0.0	0.0	0.0	0.0	0.0	0.0
Crédits	0.0	0.0	0.0	0.0	0.0	0.6	0.1	1.2
Actions et parts de fonds d'investissement	8.4	0.1	4.5	4.8	3.9	2.4	1.3	2.4
Systèmes d'assurance de pensions et garanties standard	90.3	98.7	94.1	94.1	94.9	92.8	95.0	95.7
Produits financiers dérivés et options sur titres des salariés	0.4	0.6	0.9	0.7	0.8	0.2	0.2	0.2
Autres comptes à recevoir	0.9	0.6	0.5	0.4	0.4	4.0	3.4	0.5

Note : Voir les métadonnées détaillées sur : *http://metalinks.oecd.org/instinv/20200916/649b*

DANEMARK

Tableau 1. Actifs et passifs financiers des investisseurs institutionnels, 2018

Millions DKK

	Total	Fonds d'investissement			
		Fonds d'investissement non-monétaire			Fonds d'investissement monétaires
		Total	Fonds d'investissement à capital variable, non monétaire	Fonds d'investissement à capital fixe, non monétaire	Total
Actifs financiers	2 276 323	..	2 276 323	..	..
Numéraire et dépôts	48 376	..	48 376	..	..
Titres de dette	1 106 345	..	1 106 345	..	..
Titres de dette à court terme	9 586	..	9 586	..	..
Titres de dette à long terme	1 096 759	..	1 096 759	..	..
Titres de dette émis par les résidents	598 628	598 628	598 628	..	..
Titres de dette émis par les non-résidents	507 717	507 717	507 717	..	..
Crédits	43	..	43	..	..
Crédits à court terme	38	..	38	..	..
Crédits à long terme	5	..	5	..	..
Crédits accordés aux résidents	0	0	0	..	..
Crédits accordés aux non-résidents	43	43	43	..	..
Actions et parts de fonds d'investissement	1 082 497	..	1 082 497	..	..
Actions et parts de fonds d'investissements émises par les résidents	269 148	..	269 148	..	..
Actions et part de fonds d'investissements émises par les non-résidents	813 349	..	813 349	..	..
Autres comptes à recevoir	..	..	..	..	..

	Total	Fonds d'investissement			
		Fonds d'investissement non-monétaire			Fonds d'investissement monétaires
		Total	Fonds d'investissement à capital variable, non monétaire	Fonds d'investissement à capital fixe, non monétaire	Total
Pasifs financiers	2 202 354	..	2 202 354	..	..
Numéraire et dépôts	..	..	..	..	..
Titres de dette	..	..	..	..	..
Titres de dette à court terme	..	..	..	..	..
Titres de dette à long terme	..	..	..	..	..
Crédits	129 974	..	129 974	..	..
Crédits à court terme	125 681	..	125 681	..	..
Crédits à long terme	4 293	..	4 293	..	..
Actions et parts de fonds d'investissement	2 044 455	..	2 044 455	..	..
Systèmes d'assurance, de pensions et garanties standard	..	..	..	..	..
Produits financiers dérivés et options sur titres des salariés	14 712	..	14 712	..	..
Autres comptes à payer	..	..	..	..	..

	Total	Sociétés d'assurance et fonds de pension autonomes			
		Sociétés d'assurance			Fonds de pension autonomes
		Total	Sociétés d'assurance vie	Sociétés d'assurance non-vie	Total
Actifs financiers	4 138 099	2 441 450	..	..	1 696 649
Numéraire et dépôts	98 371	44 644	..	..	53 727
Titres de dette	1 681 551	890 928	..	..	790 623
Titres de dette à court terme	13 956	5 310	..	..	8 646
Titres de dette à long terme	1 667 595	885 618	..	..	781 977
Titres de dette émis par les résidents	1 115 361	636 783	..	..	478 578
Titres de dette émis par les non-résidents	566 190	254 145	..	..	312 045
Crédits	64 771	52 151	..	..	12 620
Crédits à court terme	24 077	11 468	..	..	12 609
Crédits à long terme	40 694	40 683	..	..	11
Crédits accordés aux résidents	44 475	39 950	..	..	4 525
Crédits accordés aux non-résidents	20 296	12 201	..	..	8 095
Actions et parts de fonds d'investissement	2 041 267	1 297 209	..	..	744 058
Actions et parts de fonds d'investissement émises par les résidents	1 295 934	763 669	..	..	532 265
Actions et parts de fonds d'investissement émises par les non-résidents	745 333	533 540	..	..	211 793
Autrescomptes à recevoir	71 139	43 861	..	..	27 278

	Total	Sociétés d'assurance et fonds de pension autonomes			
		Sociétés d'assurance			Fonds de pension autonomes
		Total	Sociétés d'assurance vie	Sociétés d'assurance non-vie	Total
Pasifs financiers	4 027 607	2 397 204	..	..	1 630 403
Numéraire et dépôts	..	..	..	..	..
Titres de dette	9 904	9 904	..	..	0
Titres de dette à court terme	..	..	..	..	..
Titres de dette à long terme	9 904	9 904	..	..	0
Crédits	170 103	104 537	..	..	65 566
Crédits à court terme	160 482	95 707	..	..	64 775
Crédits à long terme	9 621	8 830	..	..	791
Actions et parts de fonds d'investissement	165 246	95 312	..	..	69 934
Systèmes d'assurance, de pensions et garanties standard	3 494 514	2 071 102	..	..	1 423 412
Produits financiers dérivés et options sur titres des salariés	139 604	87 116	..	..	52 488
Autres comptes à payer	48 236	29 233	..	..	19 003

Note : Voir les métadonnées détaillées sur : *http://metalinks.oecd.org/instinv/20200916/0196*

DANEMARK

Tableau 2. Actifs et passifs financiers des fonds d'investissement

Millions DKK

	2012	2013	2014	2015	2016	2017	2018	2019
Fonds d'investissement								
Valeur nette financière	-32 807	7 130	10 399	34 113	39 965	41 021	73 969	53 864
Actifs financiers	1 644 023	1 878 687	2 089 179	2 074 003	2 195 577	2 377 971	2 276 323	2 627 052
Numéraire et dépôts	22 945	34 293	42 277	42 569	50 027	55 535	48 376	41 603
Titres de dette	907 513	1 039 194	1 113 348	1 048 836	1 130 793	1 141 373	1 106 345	1 172 926
Crédits	370	598	43	43	43	43	43	43
Actions et parts de fonds d'investissement	708 505	794 079	916 228	970 624	1 007 418	1 174 187	1 082 497	1 350 449
Actions	566 675	635 187	739 165	779 215	822 763	925 002	818 803	1 026 095
Parts de fonds d'investissement	141 830	158 892	177 063	191 409	184 655	249 185	263 694	324 354
Parts de fonds d'investissement monétaires	..	..	..	..	..	..	..	..
Parts de fonds d'investissement non monétaires	141 830	158 892	177 063	191 409	184 655	249 185	263 694	324 354
Systèmes d'assurance, de pensions et garanties standard	..	..	..	..	..	..	..	..
Produits financiers dérivés et options sur titres des salariés	4 690	10 523	17 283	11 931	7 296	6 833	14 536	8 246
Autres comptes à recevoir	..	..	..	..	..	..	..	..
Passifs financiers	1 676 830	1 871 557	2 078 780	2 039 890	2 155 612	2 336 950	2 202 354	2 573 188
Titres de dette	..	..	..	..	..	..	..	..
Titres de dette à court terme	..	..	..	..	..	..	..	..
Titres de dette à long terme	..	..	..	..	..	..	..	..
Crédits	107 373	127 320	134 208	100 458	94 042	84 852	129 974	151 632
Crédits à court terme	106 921	126 754	132 919	99 389	93 009	81 743	125 681	151 337
Crédits à long terme	452	566	1 289	1 069	1 033	3 109	4 293	295
Actions et parts de fonds d'investissement	1 565 247	1 737 798	1 918 761	1 926 171	2 050 092	2 244 677	2 044 455	2 381 753
Systèmes d'assurance, de pensions et garanties standard	..	..	..	..	..	..	..	..
Produits financiers dérivés et options sur titres des salariés	4 210	6 439	25 811	13 261	11 478	7 421	14 712	8 196
Autres comptes à payer	..	..	..	..	..	..	..	..
Actifs non financiers	0	0	0	0	0	0	0	0
Fonds d'investissement monéaires								
Valeur nette financière	..	..	..	..	..	..	..	..
Actifs financiers	..	..	..	..	..	..	..	..
Numéraire et dépôts	..	..	..	..	..	..	..	..
Titres de dette	..	..	..	..	..	..	..	..
Crédits	..	..	..	..	..	..	..	..
Actions et parts de fonds d'investissement	..	..	..	..	..	..	..	..
Actions	..	..	..	..	..	..	..	..
Parts de fonds d'investissement	..	..	..	..	..	..	..	..
Parts de fonds d'investissement monétaires	..	..	..	..	..	..	..	..
Parts de fonds d'investissement non monétaires	..	..	..	..	..	..	..	..
Systèmes d'assurance, de pensions et garanties standard	..	..	..	..	..	..	..	..
Produits financiers dérivés et options sur titres des salariés	..	..	..	..	..	..	..	..
Autres comptes à recevoir	..	..	..	..	..	..	..	..
Passifs financiers	..	..	..	..	..	..	..	..
Titres de dette	..	..	..	..	..	..	..	..
Titres de dette à court terme	..	..	..	..	..	..	..	..
Titres de dette à long terme	..	..	..	..	..	..	..	..
Crédits	..	..	..	..	..	..	..	..
Crédits à court terme	..	..	..	..	..	..	..	..
Crédits à long terme	..	..	..	..	..	..	..	..
Actions et parts de fonds d'investissement	..	..	..	..	..	..	..	..
Systèmes d'assurance, de pensions et garanties standard	..	..	..	..	..	..	..	..
Produits financiers dérivés et options sur titres des salariés	..	..	..	..	..	..	..	..
Autres comptes à payer	..	..	..	..	..	..	..	..
Actifs non financiers	..	..	..	..	..	..	..	..
Fonds d'investissement non monéaires								
Valeur nette financière	..	..	..	..	..	..	..	..
Actifs financiers	..	..	..	..	..	..	..	..
Numéraire et dépôts	..	..	..	..	..	..	..	..
Titres de dette	..	..	..	..	..	..	..	..
Crédits	..	..	..	..	..	..	..	..
Actions et parts de fonds d'investissement	..	..	..	..	..	..	..	..
Actions	..	..	..	..	..	..	..	..
Parts de fonds d'investissement	..	..	..	..	..	..	..	..
Parts de fonds d'investissement monétaires	..	..	..	..	..	..	..	..
Parts de fonds d'investissement non monétaires	..	..	..	..	..	..	..	..
Systèmes d'assurance, de pensions et garanties standard	..	..	..	..	..	..	..	..
Produits financiers dérivés et options sur titres des salariés	..	..	..	..	..	..	..	..
Autres comptes à recevoir	..	..	..	..	..	..	..	..
Passifs financiers	..	..	..	..	..	..	..	..
Titres de dette	..	..	..	..	..	..	..	..
Titres de dette à court terme	..	..	..	..	..	..	..	..
Titres de dette à long terme	..	..	..	..	..	..	..	..
Crédits	..	..	..	..	..	..	..	..
Crédits à court terme	..	..	..	..	..	..	..	..
Crédits à long terme	..	..	..	..	..	..	..	..
Actions et parts de fonds d'investissement	..	..	..	..	..	..	..	..
Systèmes d'assurance, de pensions et garanties standard	..	..	..	..	..	..	..	..
Produits financiers dérivés et options sur titres des salariés	..	..	..	..	..	..	..	..
Autres comptes à payer	..	..	..	..	..	..	..	..
Actifs non financiers	0	0	0	0	0	0	0	..
Fonds d'investissement non monéaires à capital variable								
Valeur nette financière	-32 807	7 130	10 399	34 113	39 965	41 021	73 969	53 864
Actifs financiers	1 644 023	1 878 687	2 089 179	2 074 003	2 195 577	2 377 971	2 276 323	2 627 052
Numéraire et dépôts	22 945	34 293	42 277	42 569	50 027	55 535	48 376	41 603

DANEMARK

Tableau 2. Actifs et passifs financiers des fonds d'investissement *(suite)*

Millions DKK

	2012	2013	2014	2015	2016	2017	2018	2019
Titres de dette	907 513	1 039 194	1 113 348	1 048 836	1 130 793	1 141 373	1 106 345	1 172 926
Crédits	370	598	43	43	43	43	43	43
Actions et parts de fonds d'investissement	708 505	794 079	916 228	970 624	1 007 418	1 174 187	1 082 497	1 350 449
Actions	566 675	635 187	739 165	779 215	822 763	925 002	818 803	1 026 095
Parts de fonds d'investissement	141 830	158 892	177 063	191 409	184 655	249 185	263 694	324 354
Parts de fonds d'investissement monétaires	..	..	..	..	..	..	..	..
Parts de fonds d'investissement non monétaires	141 830	158 892	177 063	191 409	184 655	249 185	263 694	324 354
Systèmes d'assurance, de pensions et garanties standard	..	..	..	..	..	..	..	..
Produits financiers dérivés et options sur titres des salariés	4 690	10 523	17 283	11 931	7 296	6 833	14 536	8 246
Autres comptes à recevoir	..	..	..	..	..	..	..	..
Passifs financiers	1 676 830	1 871 557	2 078 780	2 039 890	2 155 612	2 336 950	2 202 354	2 573 188
Titres de dette	..	..	..	..	..	..	..	..
Titres de dette à court terme	..	..	..	..	..	..	..	..
Titres de dette à long terme	..	..	..	..	..	..	..	..
Crédits	107 373	127 320	134 208	100 458	94 042	84 852	129 974	151 632
Crédits à court terme	106 921	126 754	132 919	99 389	93 009	81 743	125 681	151 337
Crédits à long terme	452	566	1 289	1 069	1 033	3 109	4 293	295
Actions et parts de fonds d'investissement	1 565 247	1 737 798	1 918 761	1 926 171	2 050 092	2 244 677	2 044 455	2 381 753
Systèmes d'assurance, de pensions et garanties standard	..	..	..	..	..	..	..	..
Produits financiers dérivés et options sur titres des salariés	4 210	6 439	25 811	13 261	11 478	7 421	14 712	8 196
Autres comptes à payer	..	..	..	..	..	..	..	..
Actifs non financiers	0	0	0	0	0	0	0	0
Fonds d'investissement à capital variable								
Valeur nette financière	-32 807	7 130	10 399	34 113	39 965	41 021	73 969	53 864
Actifs financiers	1 644 023	1 878 687	2 089 179	2 074 003	2 195 577	2 377 971	2 276 323	2 627 052
Numéraire et dépôts	22 945	34 293	42 277	42 569	50 027	55 535	48 376	41 603
Titres de dette	907 513	1 039 194	1 113 348	1 048 836	1 130 793	1 141 373	1 106 345	1 172 926
Crédits	370	598	43	43	43	43	43	43
Actions et parts de fonds d'investissement	708 505	794 079	916 228	970 624	1 007 418	1 174 187	1 082 497	1 350 449
Actions	566 675	635 187	739 165	779 215	822 763	925 002	818 803	1 026 095
Parts de fonds d'investissement	141 830	158 892	177 063	191 409	184 655	249 185	263 694	324 354
Parts de fonds d'investissement monétaires	..	..	..	..	..	..	..	..
Parts de fonds d'investissement non monétaires	141 830	158 892	177 063	191 409	184 655	249 185	263 694	324 354
Systèmes d'assurance, de pensions et garanties standard	..	..	..	..	..	..	..	..
Produits financiers dérivés et options sur titres des salariés	4 690	10 523	17 283	11 931	7 296	6 833	14 536	8 246
Autres comptes à recevoir	..	..	..	..	..	..	..	..
Passifs financiers	1 676 830	1 871 557	2 078 780	2 039 890	2 155 612	2 336 950	2 202 354	2 573 188
Titres de dette	..	..	..	..	..	..	..	..
Titres de dette à court terme	..	..	..	..	..	..	..	..
Titres de dette à long terme	..	..	..	..	..	..	..	..
Crédits	107 373	127 320	134 208	100 458	94 042	84 852	129 974	151 632
Crédits à court terme	106 921	126 754	132 919	99 389	93 009	81 743	125 681	151 337
Crédits à long terme	452	566	1 289	1 069	1 033	3 109	4 293	295
Actions et parts de fonds d'investissement	1 565 247	1 737 798	1 918 761	1 926 171	2 050 092	2 244 677	2 044 455	2 381 753
Systèmes d'assurance, de pensions et garanties standard	..	..	..	..	..	..	..	..
Produits financiers dérivés et options sur titres des salariés	4 210	6 439	25 811	13 261	11 478	7 421	14 712	8 196
Autres comptes à payer	..	..	..	..	..	..	..	..
Actifs non financiers	0	0	0	0	0	0	0	0

Note : Voir les métadonnées détaillées sur : *http://metalinks.oecd.org/instinv/20200916/0196*

DANEMARK

Tableau 3. Actifs et passifs financiers des sociétés d'assurance et fonds de pension

Millions DKK

	2012	2013	2014	2015	2016	2017	2018	2019
Sociétés d'assurance et fonds de pension								
Valeur nette financière	46 873	54 576	-11 707	-25 203	8 929	1 127	110 492	63 533
Actifs financiers	3 271 573	3 168 026	3 591 753	3 623 599	3 960 953	4 100 950	4 138 099	4 783 185
Numéraire et dépôts	93 246	82 199	94 078	74 149	97 125	131 527	98 371	106 932
Titres de dette	1 435 969	1 301 076	1 426 906	1 528 641	1 571 119	1 572 091	1 681 551	1 834 399
Crédits	32 861	30 041	49 012	53 191	43 542	47 319	64 771	64 723
Actions et parts de fonds d'investissement	1 591 070	1 635 230	1 746 853	1 750 173	2 007 775	2 137 921	2 041 267	2 358 089
Actions	672 509	604 646	622 292	642 463	811 127	905 103	985 186	1 132 185
Parts de fonds d'investissement	917 986	1 030 584	1 124 561	1 107 710	1 196 648	1 232 818	1 056 081	1 225 904
Parts de fonds d'investissement monétaires	..	..	..	..	..	..	..	..
Parts de fonds d'investissement non monétaires	917 986	1 030 584	1 124 561	1 107 710	1 196 648	1 232 818	1 056 081	1 225 904
Systèmes d'assurance, de pensions et garanties standard	11 536	13 827	7 955	8 759	7 206	7 818	3 394	3 532
Produits financiers dérivés et options sur titres des salariés	51 627	35 379	200 058	149 281	160 219	126 835	177 606	308 712
Autres comptes à recevoir	55 264	70 274	66 891	59 405	73 967	77 439	71 139	106 798
Passifs financiers	3 224 700	3 113 450	3 603 460	3 648 802	3 952 024	4 099 823	4 027 607	4 719 652
Titres de dette	47	38	2 323	7 329	8 054	8 351	9 904	9 829
Titres de dette à court terme	..	..	..	..	..	..	..	..
Titres de dette à long terme	47	38	2 323	7 329	8 054	8 351	9 904	9 829
Crédits	178 809	127 550	160 294	223 345	216 076	192 799	170 103	191 957
Crédits à court terme	161 794	113 782	139 480	192 692	194 358	169 689	160 482	180 230
Crédits à long terme	17 015	13 768	20 814	30 653	21 718	23 110	9 621	11 727
Actions et parts de fonds d'investissement	215 947	214 640	257 894	279 278	271 000	277 594	165 246	221 678
Systèmes d'assurance, de pensions et garanties standard	2 641 379	2 616 151	2 978 934	3 019 432	3 289 798	3 498 350	3 494 514	3 949 592
Produits financiers dérivés et options sur titres des salariés	33 003	24 616	86 861	68 180	92 286	54 893	139 604	224 710
Autres comptes à payer	155 515	130 455	117 154	51 238	74 810	67 836	48 236	121 886
Actifs non financiers	0	0	0	0	0	0	0	0
Sociétés d'assurance								
Valeur nette financière	3 683	19 571	-54 086	-77 794	-2 974	-17 092	44 246	54 947
Actifs financiers	1 871 612	1 884 633	2 121 972	2 126 334	2 382 239	2 462 053	2 441 450	2 865 406
Numéraire et dépôts	38 520	37 419	33 372	29 444	33 853	55 398	44 644	55 724
Titres de dette	647 316	635 349	682 009	790 962	823 366	809 213	890 928	960 310
Crédits	23 560	19 945	22 522	21 450	24 866	33 841	52 151	53 305
Actions et parts de fonds d'investissement	1 069 237	1 111 099	1 199 898	1 157 400	1 352 483	1 435 880	1 297 209	1 518 936
Actions	426 857	370 321	394 456	422 587	576 224	603 706	648 404	760 104
Parts de fonds d'investissement	641 805	740 778	805 442	734 813	776 259	832 174	648 805	758 832
Parts de fonds d'investissement monétaires	..	..	..	..	..	..	..	..
Parts de fonds d'investissement non monétaires	641 805	740 778	805 442	734 813	776 259	832 174	648 805	758 832
Systèmes d'assurance, de pensions et garanties standard	11 248	13 539	7 955	8 759	7 206	7 818	3 392	3 531
Produits financiers dérivés et options sur titres des salariés	47 485	32 541	136 564	82 972	88 974	71 848	109 265	195 767
Autres comptes à recevoir	34 246	34 741	39 652	35 347	51 491	48 055	43 861	77 833
Passifs financiers	1 867 929	1 865 062	2 176 058	2 204 128	2 385 213	2 479 145	2 397 204	2 810 459
Titres de dette	47	38	2 323	7 329	8 054	8 351	9 904	9 829
Titres de dette à court terme	..	..	..	..	..	..	..	..
Titres de dette à long terme	47	38	2 323	7 329	8 054	8 351	9 904	9 829
Crédits	71 940	91 610	124 774	182 640	173 164	125 372	104 537	112 012
Crédits à court terme	57 285	79 608	109 695	164 745	160 994	109 611	95 707	100 275
Crédits à long terme	14 655	12 002	15 079	17 895	12 170	15 761	8 830	11 737
Actions et parts de fonds d'investissement	136 586	132 677	176 897	195 032	164 474	171 139	95 312	118 909
Systèmes d'assurance, de pensions et garanties standard	1 533 703	1 537 489	1 721 878	1 747 265	1 941 788	2 104 988	2 071 102	2 342 414
Produits financiers dérivés et options sur titres des salariés	29 384	21 916	66 698	27 255	42 651	23 887	87 116	153 194
Autres comptes à payer	96 269	81 332	83 488	44 607	55 082	45 408	29 233	74 101
Actifs non financiers	0	0	0	0	0	0	0	0
Fonds de pension								
Valeur nette financière	43 190	35 005	42 379	52 591	11 903	18 219	66 246	8 586
Actifs financiers	1 399 961	1 283 393	1 469 781	1 497 265	1 578 714	1 638 897	1 696 649	1 917 779
Numéraire et dépôts	54 726	44 780	60 706	44 705	63 272	76 129	53 727	51 208
Titres de dette	788 653	665 727	744 897	737 679	747 753	762 878	790 623	874 089
Crédits	9 301	10 096	26 490	31 741	18 676	13 478	12 620	11 418
Actions et parts de fonds d'investissement	521 833	524 131	546 955	592 773	655 292	702 041	744 058	839 153
Actions	245 652	234 325	227 836	219 876	234 903	301 397	336 782	372 081
Parts de fonds d'investissement	276 181	289 806	319 119	372 897	420 389	400 644	407 276	467 072
Parts de fonds d'investissement monétaires	..	..	..	..	..	..	..	..
Parts de fonds d'investissement non monétaires	276 181	289 806	319 119	372 897	420 389	400 644	407 276	467 072
Systèmes d'assurance, de pensions et garanties standard	288	288	0	0	0	0	2	1
Produits financiers dérivés et options sur titres des salariés	4 142	2 838	63 494	66 309	71 245	54 987	68 341	112 945
Autres comptes à recevoir	21 018	35 533	27 239	24 058	22 476	29 384	27 278	28 965
Passifs financiers	1 356 771	1 248 388	1 427 402	1 444 674	1 566 811	1 620 678	1 630 403	1 909 193
Titres de dette	0	0	0	0	0	0	0	0
Titres de dette à court terme	..	..	..	..	..	..	..	..
Titres de dette à long terme	0	0	0	0	0	0	0	0
Crédits	106 869	35 940	35 520	40 705	42 912	67 427	65 566	79 945
Crédits à court terme	104 509	34 174	29 785	27 947	33 364	60 078	64 775	79 955
Crédits à long terme	2 360	1 766	5 735	12 758	9 548	7 349	791	-10
Actions et parts de fonds d'investissement	79 361	81 963	80 997	84 246	106 526	106 455	69 934	102 769
Systèmes d'assurance, de pensions et garanties standard	1 107 676	1 078 662	1 257 056	1 272 167	1 348 010	1 393 362	1 423 412	1 607 178
Produits financiers dérivés et options sur titres des salariés	3 619	2 700	20 163	40 925	49 635	31 006	52 488	71 516
Autres comptes à payer	59 246	49 123	33 666	6 631	19 728	22 428	19 003	47 785
Actifs non financiers	0	0	0	0	0	0	0	0

Note : Voir les métadonnées détaillées sur : *http://metalinks.oecd.org/instinv/20200916/0196*

Tableau 4. Composition du portefeuille par type d'investisseur

En pourcentage des actifs financiers et des passifs financiers

Pour cent

	2012	2013	2014	2015	2016	2017	2018	2019
Fonds d'investissement								
Actifs financiers	100.0	100.0	100.0	100.0	100.0	100.0	100.0	100.0
Numéraire et dépôts	1.4	1.8	2.0	2.1	2.3	2.3	2.1	1.6
Titres de dettes	55.2	55.3	53.3	50.6	51.5	48.0	48.6	44.6
Crédits	0.0	0.0	0.0	0.0	0.0	0.0	0.0	0.0
Actions et parts de fonds d'investissement	43.1	42.3	43.9	46.8	45.9	49.4	47.6	51.4
Systèmes d'assurance de pensions et garanties standard	0.0	0.0	0.0	0.0	0.0	0.0	..	..
Produits financiers dérivés et options sur titres des salariés	0.3	0.6	0.8	0.6	0.3	0.3	0.6	0.3
Autres comptes à recevoir	0.0	0.0	0.0	0.0	0.0	0.0	..	..
Passifs financiers	100.0	100.0	100.0	100.0	100.0	100.0	100.0	100.0
Numéraire et dépôts	0.0	0.0	0.0	0.0	0.0	0.0	..	..
Titres de dettes	0.0	0.0	0.0	0.0	0.0	0.0	..	..
Crédits	6.4	6.8	6.5	4.9	4.4	3.6	5.9	5.9
Actions et parts de fonds d'investissement	93.3	92.9	92.3	94.4	95.1	96.1	92.8	92.6
Systèmes d'assurance de pensions et garanties standard	0.0	0.0	0.0	0.0	0.0	0.0	..	..
Produits financiers dérivés et options sur titres des salariés	0.3	0.3	1.2	0.7	0.5	0.3	0.7	0.3
Autres comptes à recevoir	0.0	0.0	0.0	0.0	0.0	0.0	..	..
Sociétés d'assurance								
Actifs financiers	100.0	100.0	100.0	100.0	100.0	100.0	100.0	100.0
Numéraire et dépôts	2.1	2.0	1.6	1.4	1.4	2.3	1.8	1.9
Titres de dettes	34.6	33.7	32.1	37.2	34.6	32.9	36.5	33.5
Crédits	1.3	1.1	1.1	1.0	1.0	1.4	2.1	1.9
Actions et parts de fonds d'investissement	57.1	59.0	56.5	54.4	56.8	58.3	53.1	53.0
Systèmes d'assurance de pensions et garanties standard	0.6	0.7	0.4	0.4	0.3	0.3	0.1	0.1
Produits financiers dérivés et options sur titres des salariés	2.5	1.7	6.4	3.9	3.7	2.9	4.5	6.8
Autres comptes à recevoir	1.8	1.8	1.9	1.7	2.2	2.0	1.8	2.7
Passifs financiers	100.0	100.0	100.0	100.0	100.0	100.0	100.0	100.0
Numéraire et dépôts	0.0	0.0	0.0	0.0	0.0	0.0	0.0	0.0
Titres de dettes	0.0	0.0	0.1	0.3	0.3	0.3	0.4	0.3
Crédits	3.9	4.9	5.7	8.3	7.3	5.1	4.4	4.0
Actions et parts de fonds d'investissement	7.3	7.1	8.1	8.8	6.9	6.9	4.0	4.2
Systèmes d'assurance de pensions et garanties standard	82.1	82.4	79.1	79.3	81.4	84.9	86.4	83.3
Produits financiers dérivés et options sur titres des salariés	1.6	1.2	3.1	1.2	1.8	1.0	3.6	5.5
Autres comptes à recevoir	5.2	4.4	3.8	2.0	2.3	1.8	1.2	2.6
Fonds de pension								
Actifs financiers	100.0	100.0	100.0	100.0	100.0	100.0	100.0	100.0
Numéraire et dépôts	3.9	3.5	4.1	3.0	4.0	4.6	3.2	2.7
Titres de dettes	56.3	51.9	50.7	49.3	47.4	46.5	46.6	45.6
Crédits	0.7	0.8	1.8	2.1	1.2	0.8	0.7	0.6
Actions et parts de fonds d'investissement	37.3	40.8	37.2	39.6	41.5	42.8	43.9	43.8
Systèmes d'assurance de pensions et garanties standard	0.0	0.0	0.0	0.0	0.0	0.0	0.0	0.0
Produits financiers dérivés et options sur titres des salariés	0.3	0.2	4.3	4.4	4.5	3.4	4.0	5.9
Autres comptes à recevoir	1.5	2.8	1.9	1.6	1.4	1.8	1.6	1.5
Passifs financiers	100.0	100.0	100.0	100.0	100.0	100.0	100.0	100.0
Numéraire et dépôts	0.0	0.0	0.0	0.0	0.0	0.0	0.0	0.0
Titres de dettes	0.0	0.0	0.0	0.0	0.0	0.0	0.0	0.0
Crédits	7.9	2.9	2.5	2.8	2.7	4.2	4.0	4.2
Actions et parts de fonds d'investissement	5.8	6.6	5.7	5.8	6.8	6.6	4.3	5.4
Systèmes d'assurance de pensions et garanties standard	81.6	86.4	88.1	88.1	86.0	86.0	87.3	84.2
Produits financiers dérivés et options sur titres des salariés	0.3	0.2	1.4	2.8	3.2	1.9	3.2	3.7
Autres comptes à recevoir	4.4	3.9	2.4	0.5	1.3	1.4	1.2	2.5

Note : Voir les métadonnées détaillées sur : *http://metalinks.oecd.org/instinv/20200916/649b*

ESTONIE

Tableau 1. Actifs et passifs financiers des investisseurs institutionnels, 2018

Millions EUR (2011 EEK euro)

	Total	Fonds d'investissement			
		Fonds d'investissement non-monétaire			Fonds d'investissement monétaires
		Total	Fonds d'investissement à capital variable, non monétaire	Fonds d'investissement à capital fixe, non monétaire	Total
Actifs financiers	1 048	1 048	199	848	0
Numéraire et dépôts	89	89	15	74	0
Titres de dette	36	36	0	36	0
Titres de dette à court terme	0	0	0	0	0
Titres de dette à long terme	36	36	0	36	0
Titres de dette émis par les résidents	16	16	0	16	0
Titres de dette émis par les non-résidents	20	20	0	20	0
Crédits	148	148	0	148	0
Crédits à court terme	18	18	0	18	0
Crédits à long terme	130	130	0	130	0
Crédits accordés aux résidents	74	74	0	74	0
Crédits accordés aux non-résidents	74	74	0	74	0
Actions et parts de fonds d'investissement	744	744	184	561	0
Actions et parts de fonds d'investissements émises par les résidents	225	225	3	222	0
Actions et part de fonds d'investissements émises par les non-résidents	519	519	181	338	0
Autres comptes à recevoir	31	31	0	30	0

	Total	Fonds d'investissement			
		Fonds d'investissement non-monétaire			Fonds d'investissement monétaires
		Total	Fonds d'investissement à capital variable, non monétaire	Fonds d'investissement à capital fixe, non monétaire	Total
Pasifs financiers	1 051	1 051	199	852	0
Numéraire et dépôts	0	0	0	0	0
Titres de dette	40	40	0	40	0
Titres de dette à court terme	0	0	..	..	0
Titres de dette à long terme	40	40	..	..	0
Crédits	19	19	0	19	0
Crédits à court terme	11	11	..	..	0
Crédits à long terme	8	8	..	..	0
Actions et parts de fonds d'investissement	980	980	199	781	0
Systèmes d'assurance, de pensions et garanties standard	0	0	0	0	0
Produits financiers dérivés et options sur titres des salariés	0	0	0	0	0
Autres comptes à payer	12	12	0	12	0

	Total	Sociétés d'assurance et fonds de pension autonomes			
		Sociétés d'assurance			Fonds de pension autonomes
		Total	Sociétés d'assurance vie	Sociétés d'assurance non-vie	Total
Actifs financiers	5 419	1 480	..	..	3 939
Numéraire et dépôts	362	240	..	..	122
Titres de dette	2 501	559	..	..	1 942
Titres de dette à court terme	10	0	..	..	10
Titres de dette à long terme	2 491	559	..	..	1 932
Titres de dette émis par les résidents	310	14	..	..	296
Titres de dette émis par les non-résidents	2 191	545	..	..	1 646
Crédits	5	5	..	..	0
Crédits à court terme	0	0	..	..	0
Crédits à long terme	5	5	..	..	0
Crédits accordés aux résidents	0	0	..	..	0
Crédits accordés aux non-résidents	5	5	..	..	0
Actions et parts de fonds d'investissement	2 395	528	..	..	1 867
Actions et parts de fonds d'investissement émises par les résidents	277	52	..	..	224
Actions et parts de fonds d'investissement émises par les non-résidents	2 119	476	..	..	1 643
Autrescomptes à recevoir	129	121	..	..	8

	Total	Sociétés d'assurance et fonds de pension autonomes			
		Sociétés d'assurance			Fonds de pension autonomes
		Total	Sociétés d'assurance vie	Sociétés d'assurance non-vie	Total
Pasifs financiers	5 407	1 466	..	..	3 941
Numéraire et dépôts	0	0	..	..	0
Titres de dette	0	0	..	..	0
Titres de dette à court terme	0	0	..	..	0
Titres de dette à long terme	0	0	..	..	0
Crédits	24	24	..	..	0
Crédits à court terme	0	0	..	..	0
Crédits à long terme	24	24	..	..	0
Actions et parts de fonds d'investissement	455	455	..	..	0
Systèmes d'assurance, de pensions et garanties standard	4 737	803	..	..	3 933
Produits financiers dérivés et options sur titres des salariés	0	0	..	..	0
Autres comptes à payer	191	184	..	..	7

Note : Voir les métadonnées détaillées sur : *http://metalinks.oecd.org/instinv/20200916/454f*

ESTONIE

Tableau 2. Actifs et passifs financiers des fonds d'investissement

Millions EUR

	2012	2013	2014	2015	2016	2017	2018	2019
Fonds d'investissement								
Valeur nette financière	-1	19	-8	-13	-16	0	-4	-6
Actifs financiers	514	631	568	734	869	1 103	1 048	1 301
Numéraire et dépôts	48	56	53	66	82	99	89	86
Titres de dette	75	70	70	72	26	27	36	65
Crédits	14	32	20	33	69	80	148	217
Actions et parts de fonds d'investissement	369	460	408	561	689	871	744	933
Actions	224	314	259	328	447	569	475	595
Parts de fonds d'investissement	144	147	148	233	242	302	270	338
Parts de fonds d'investissement monétaires	..	..	..	..	..	..	..	..
Parts de fonds d'investissement non monétaires	..	..	..	..	..	..	..	..
Systèmes d'assurance, de pensions et garanties standard	0	0	0	0	0	0	0	0
Produits financiers dérivés et options sur titres des salariés	1	4	5	0	0	0	0	0
Autres comptes à recevoir	6	10	11	2	3	27	31	1
Passifs financiers	514	612	575	747	885	1 104	1 051	1 307
Titres de dette	0	0	0	0	0	0	40	53
Titres de dette à court terme	0	0	0	0	0	0	0	0
Titres de dette à long terme	0	0	0	0	0	0	40	53
Crédits	26	24	14	35	21	38	19	11
Crédits à court terme	1	0	5	8	8	20	11	3
Crédits à long terme	25	24	9	28	13	19	8	9
Actions et parts de fonds d'investissement	485	583	556	708	857	1 054	980	1 240
Systèmes d'assurance, de pensions et garanties standard	0	0	0	0	0	0	0	0
Produits financiers dérivés et options sur titres des salariés	0	0	1	0	0	0	0	0
Autres comptes à payer	3	5	4	3	7	12	12	2
Actifs non financiers	14	0	0	0	18	0	0	0
Fonds d'investissement monéaires								
Valeur nette financière	0	0	0	0	0	0	0	0
Actifs financiers	0	0	0	0	0	0	0	0
Numéraire et dépôts	0	0	0	0	0	0	0	0
Titres de dette	0	0	0	0	0	0	0	0
Crédits	0	0	0	0	0	0	0	0
Actions et parts de fonds d'investissement	0	0	0	0	0	0	0	0
Actions	0	0	0	0	0	0	0	0
Parts de fonds d'investissement	0	0	0	0	0	0	0	0
Parts de fonds d'investissement monétaires	..	..	..	..	..	..	..	..
Parts de fonds d'investissement non monétaires	..	..	..	..	..	..	..	..
Systèmes d'assurance, de pensions et garanties standard	0	0	0	0	0	0	0	0
Produits financiers dérivés et options sur titres des salariés	0	0	0	0	0	0	0	0
Autres comptes à recevoir	0	0	0	0	0	0	0	0
Passifs financiers	0	0	0	0	0	0	0	0
Titres de dette	0	0	0	0	0	0	0	0
Titres de dette à court terme	0	0	0	0	0	0	0	0
Titres de dette à long terme	0	0	0	0	0	0	0	0
Crédits	0	0	0	0	0	0	0	0
Crédits à court terme	0	0	0	0	0	0	0	0
Crédits à long terme	0	0	0	0	0	0	0	0
Actions et parts de fonds d'investissement	0	0	0	0	0	0	0	0
Systèmes d'assurance, de pensions et garanties standard	0	0	0	0	0	0	0	0
Produits financiers dérivés et options sur titres des salariés	0	0	0	0	0	0	0	0
Autres comptes à payer	0	0	0	0	0	0	0	0
Actifs non financiers	0	0	0	0	0	0	0	0
Fonds d'investissement non monéaires								
Valeur nette financière	-1	19	-8	-13	-16	0	-4	-6
Actifs financiers	514	631	568	734	869	1 103	1 048	1 301
Numéraire et dépôts	48	56	53	66	82	99	89	86
Titres de dette	75	70	70	72	26	27	36	65
Crédits	14	32	20	33	69	80	148	217
Actions et parts de fonds d'investissement	369	460	408	561	689	871	744	933
Actions	224	314	259	328	447	569	475	595
Parts de fonds d'investissement	144	147	148	233	242	302	270	338
Parts de fonds d'investissement monétaires	0	0	0	0	0	0	0	0
Parts de fonds d'investissement non monétaires	144	147	148	233	242	302	270	338
Systèmes d'assurance, de pensions et garanties standard	0	0	0	0	0	0	0	0
Produits financiers dérivés et options sur titres des salariés	1	4	5	0	0	0	0	0
Autres comptes à recevoir	6	10	11	2	3	27	31	1
Passifs financiers	514	612	575	747	885	1 104	1 051	1 307
Titres de dette	0	0	0	0	0	0	40	53
Titres de dette à court terme	0	0	0	0	0	0	0	0
Titres de dette à long terme	0	0	0	0	0	0	40	53
Crédits	26	24	14	35	21	38	19	11
Crédits à court terme	1	0	5	8	8	20	11	3
Crédits à long terme	25	24	9	28	13	19	8	9
Actions et parts de fonds d'investissement	485	583	556	708	857	1 054	980	1 240
Systèmes d'assurance, de pensions et garanties standard	0	0	0	0	0	0	0	0
Produits financiers dérivés et options sur titres des salariés	0	0	1	0	0	0	0	0
Autres comptes à payer	3	5	4	3	7	12	12	2
Actifs non financiers	14	0	0	0	18	0	0	0
Fonds d'investissement non monéaires à capital variable								
Valeur nette financière	-1	-1	2	0	0	0	0	0
Actifs financiers	384	438	389	341	336	402	199	210
Numéraire et dépôts	12	21	32	24	33	31	15	11

ESTONIE

Tableau 2. Actifs et passifs financiers des fonds d'investissement *(suite)*

Millions EUR

	2012	2013	2014	2015	2016	2017	2018	2019
Titres de dette	72	68	64	54	9	0	0	0
Crédits	0	0	0	0	0	0	0	0
Actions et parts de fonds d'investissement	297	344	288	263	292	370	184	199
Actions	159	206	151	131	176	234	67	72
Parts de fonds d'investissement	137	138	138	131	116	137	117	127
Parts de fonds d'investissement monétaires	..	..	..	..	..	..	..	..
Parts de fonds d'investissement non monétaires	..	..	..	..	..	..	..	..
Systèmes d'assurance, de pensions et garanties standard	0	0	0	0	0	0	0	0
Produits financiers dérivés et options sur titres des salariés	1	4	4	0	0	0	0	0
Autres comptes à recevoir	1	1	1	0	2	2	0	0
Passifs financiers	384	439	387	341	336	402	199	210
Titres de dette	0	0	0	0	0	0	0	0
Titres de dette à court terme	..	..	..	..	..	..	..	..
Titres de dette à long terme	..	..	..	..	..	..	..	..
Crédits	0	0	0	0	0	0	0	0
Crédits à court terme	..	..	..	..	..	..	..	..
Crédits à long terme	..	..	..	..	..	..	..	..
Actions et parts de fonds d'investissement	383	435	383	339	331	401	199	209
Systèmes d'assurance, de pensions et garanties standard	0	0	0	0	0	0	0	0
Produits financiers dérivés et options sur titres des salariés	0	0	0	0	0	0	0	0
Autres comptes à payer	1	4	4	2	5	2	0	1
Actifs non financiers	0	0	0	0	0	0	0	0
Fonds d'investissement à capital variable								
Valeur nette financière	-1	-1	2	0	0	0	0	0
Actifs financiers	384	438	389	341	336	402	199	210
Numéraire et dépôts	12	21	32	24	33	31	15	11
Titres de dette	72	68	64	54	9	0	0	0
Crédits	0	0	0	0	0	0	0	0
Actions et parts de fonds d'investissement	297	344	288	263	292	370	184	199
Actions	159	206	151	131	176	234	67	72
Parts de fonds d'investissement	137	138	138	131	116	137	117	127
Parts de fonds d'investissement monétaires	..	..	..	..	..	..	..	..
Parts de fonds d'investissement non monétaires	..	..	..	..	..	..	..	..
Systèmes d'assurance, de pensions et garanties standard	0	0	0	0	0	0	0	0
Produits financiers dérivés et options sur titres des salariés	1	4	4	0	0	0	0	0
Autres comptes à recevoir	1	1	1	0	2	2	0	0
Passifs financiers	384	439	387	341	336	402	199	210
Titres de dette	0	0	0	0	0	0	0	0
Titres de dette à court terme	..	..	..	..	..	..	..	..
Titres de dette à long terme	..	..	..	..	..	..	..	..
Crédits	0	0	0	0	0	0	0	0
Crédits à court terme	..	..	..	..	..	..	..	..
Crédits à long terme	..	..	..	..	..	..	..	..
Actions et parts de fonds d'investissement	383	435	383	339	331	401	199	209
Systèmes d'assurance, de pensions et garanties standard	0	0	0	0	0	0	0	0
Produits financiers dérivés et options sur titres des salariés	0	0	0	0	0	0	0	0
Autres comptes à payer	1	4	4	2	5	2	0	1
Actifs non financiers	0	0	0	0	0	0	0	0

Note : Voir les métadonnées détaillées sur : *http://metalinks.oecd.org/instinv/20200916/454f*

Tableau 3. Actifs et passifs financiers des sociétés d'assurance et fonds de pension

Millions EUR

	2012	2013	2014	2015	2016	2017	2018	2019
Sociétés d'assurance et fonds de pension								
Valeur nette financière	43	63	20	-8	48	97	12	50
Actifs financiers	2 564	2 855	3 337	3 688	4 360	4 978	5 419	6 589
Numéraire et dépôts	420	475	498	631	885	296	362	381
Titres de dette	690	688	890	1 021	1 106	2 304	2 501	2 668
Crédits	1	4	2	3	3	3	5	15
Actions et parts de fonds d'investissement	1 406	1 628	1 894	1 976	2 293	2 238	2 395	3 193
Actions	324	314	300	283	288	843	878	982
Parts de fonds d'investissement	1 082	1 314	1 594	1 693	2 005	1 395	1 518	2 211
Parts de fonds d'investissement monétaires	0	0	0	0	0	0	0	0
Parts de fonds d'investissement non monétaires	1 082	1 314	1 594	1 693	2 005	1 395	1 518	2 211
Systèmes d'assurance, de pensions et garanties standard	16	14	16	20	22	25	27	33
Produits financiers dérivés et options sur titres des salariés	0	1	0	1	1	0	0	0
Autres comptes à recevoir	30	46	35	36	50	113	129	301
Passifs financiers	2 521	2 792	3 316	3 696	4 313	4 881	5 407	6 539
Titres de dette	0	0	0	0	0	0	0	0
Titres de dette à court terme	0	0	0	0	0	0	0	0
Titres de dette à long terme	0	0	0	0	0	0	0	0
Crédits	16	13	4	4	11	29	24	32
Crédits à court terme	0	0	0	0	0	0	0	0
Crédits à long terme	16	13	4	4	11	29	24	32
Actions et parts de fonds d'investissement	364	286	302	360	408	434	455	502
Systèmes d'assurance, de pensions et garanties standard	2 088	2 433	2 941	3 274	3 734	4 311	4 737	5 804
Produits financiers dérivés et options sur titres des salariés	0	0	1	0	0	0	0	0
Autres comptes à payer	54	60	69	58	160	107	191	200
Actifs non financiers	19	19	13	13	0	0	0	0
Sociétés d'assurance								
Valeur nette financière	41	65	17	-8	43	106	14	51
Actifs financiers	998	981	1 013	1 075	1 259	1 347	1 480	1 834
Numéraire et dépôts	178	158	114	102	163	148	240	212
Titres de dette	298	302	392	433	533	558	559	683
Crédits	1	4	2	3	3	3	5	15
Actions et parts de fonds d'investissement	476	458	456	483	493	504	528	595
Actions	245	193	178	192	193	224	241	263
Parts de fonds d'investissement	231	265	278	291	300	280	287	332
Parts de fonds d'investissement monétaires	0	0	0	0	0	0	0	0
Parts de fonds d'investissement non monétaires	231	265	278	291	300	280	287	332
Systèmes d'assurance, de pensions et garanties standard	16	14	16	20	22	25	27	33
Produits financiers dérivés et options sur titres des salariés	0	0	0	0	0	0	0	0
Autres comptes à recevoir	30	45	33	35	46	110	121	297
Passifs financiers	957	916	996	1 083	1 216	1 241	1 466	1 784
Titres de dette	0	0	0	0	0	0	0	0
Titres de dette à court terme	0	0	0	0	0	0	0	0
Titres de dette à long terme	0	0	0	0	0	0	0	0
Crédits	16	13	4	4	11	29	24	32
Crédits à court terme	0	0	0	0	0	0	0	0
Crédits à long terme	16	13	4	4	11	29	24	32
Actions et parts de fonds d'investissement	364	286	302	360	408	434	455	502
Systèmes d'assurance, de pensions et garanties standard	526	560	628	665	641	677	803	1 052
Produits financiers dérivés et options sur titres des salariés	0	0	0	0	0	0	0	0
Autres comptes à payer	51	57	62	55	157	101	184	197
Actifs non financiers	19	19	13	13	0	0	0	0
Fonds de pension								
Valeur nette financière	1	-2	4	0	5	-9	-2	-1
Actifs financiers	1 566	1 875	2 324	2 613	3 101	3 631	3 939	4 755
Numéraire et dépôts	242	317	384	529	722	148	122	169
Titres de dette	393	386	499	589	573	1 746	1 942	1 985
Crédits	0	0	0	0	0	0	0	0
Actions et parts de fonds d'investissement	931	1 170	1 438	1 493	1 800	1 734	1 867	2 597
Actions	79	121	122	91	95	619	636	719
Parts de fonds d'investissement	852	1 049	1 317	1 402	1 705	1 115	1 231	1 879
Parts de fonds d'investissement monétaires	0	0	0	0	0	0	0	0
Parts de fonds d'investissement non monétaires	852	1 049	1 317	1 402	1 705	1 115	1 231	1 879
Systèmes d'assurance, de pensions et garanties standard	0	0	0	0	0	0	0	0
Produits financiers dérivés et options sur titres des salariés	0	1	0	0	1	0	0	0
Autres comptes à recevoir	0	1	3	2	5	2	8	4
Passifs financiers	1 564	1 876	2 321	2 613	3 096	3 640	3 941	4 756
Titres de dette	0	0	0	0	0	0	0	0
Titres de dette à court terme	0	0	0	0	0	0	0	0
Titres de dette à long terme	0	0	0	0	0	0	0	0
Crédits	0	0	0	0	0	0	0	0
Crédits à court terme	0	0	0	0	0	0	0	0
Crédits à long terme	0	0	0	0	0	0	0	0
Actions et parts de fonds d'investissement	0	0	0	0	0	0	0	0
Systèmes d'assurance, de pensions et garanties standard	1 562	1 873	2 314	2 610	3 093	3 633	3 933	4 752
Produits financiers dérivés et options sur titres des salariés	0	0	1	0	0	0	0	0
Autres comptes à payer	2	3	6	3	3	6	7	3
Actifs non financiers	0	0	0	0	0	0	0	0

Note : Voir les métadonnées détaillées sur : *http://metalinks.oecd.org/instinv/20200916/454f*

ESTONIE

Tableau 4. Composition du portefeuille par type d'investisseur
En pourcentage des actifs financiers et des passifs financiers

Pour cent

	2012	2013	2014	2015	2016	2017	2018	2019
Fonds d'investissement								
Actifs financiers	100.0	100.0	100.0	100.0	100.0	100.0	100.0	100.0
Numéraire et dépôts	9.4	8.8	9.4	9.0	9.5	8.9	8.5	6.6
Titres de dettes	14.7	11.1	12.4	9.8	3.0	2.4	3.4	5.0
Crédits	2.7	5.0	3.6	4.5	7.9	7.3	14.1	16.7
Actions et parts de fonds d'investissement	71.8	72.9	71.8	76.4	79.3	79.0	71.0	71.7
Systèmes d'assurance de pensions et garanties standard	0.0	0.0	0.0	0.0	0.0	0.0	0.0	0.0
Produits financiers dérivés et options sur titres des salariés	0.2	0.6	0.9	0.0	0.0	0.0	0.0	0.0
Autres comptes à recevoir	1.2	1.5	2.0	0.3	0.4	2.4	2.9	0.1
Passifs financiers	100.0	100.0	100.0	100.0	100.0	100.0	100.0	100.0
Numéraire et dépôts	0.0	0.0	0.0	0.0	0.0	0.0	0.0	0.0
Titres de dettes	0.0	0.0	0.0	0.0	0.0	0.0	3.8	4.1
Crédits	5.1	3.9	2.4	4.7	2.4	3.5	1.8	0.8
Actions et parts de fonds d'investissement	94.4	95.3	96.6	94.8	96.8	95.5	93.2	94.9
Systèmes d'assurance de pensions et garanties standard	0.0	0.0	0.0	0.0	0.0	0.0	0.0	0.0
Produits financiers dérivés et options sur titres des salariés	0.0	0.0	0.2	0.0	0.0	0.0	0.0	0.0
Autres comptes à recevoir	0.5	0.8	0.7	0.5	0.8	1.0	1.2	0.2
Sociétés d'assurance								
Actifs financiers	100.0	100.0	100.0	100.0	100.0	100.0	100.0	100.0
Numéraire et dépôts	17.8	16.1	11.3	9.5	12.9	11.0	16.2	11.6
Titres de dettes	29.8	30.8	38.7	40.2	42.3	41.4	37.8	37.2
Crédits	0.1	0.4	0.2	0.3	0.2	0.2	0.3	0.8
Actions et parts de fonds d'investissement	47.7	46.7	45.0	44.9	39.1	37.4	35.7	32.5
Systèmes d'assurance de pensions et garanties standard	1.6	1.4	1.6	1.9	1.8	1.8	1.8	1.8
Produits financiers dérivés et options sur titres des salariés	0.0	0.0	0.0	0.0	0.0	0.0	0.0	0.0
Autres comptes à recevoir	3.0	4.6	3.2	3.2	3.6	8.2	8.2	16.2
Passifs financiers	100.0	100.0	100.0	100.0	100.0	100.0	100.0	100.0
Numéraire et dépôts	0.0	0.0	0.0	0.0	0.0	0.0	0.0	0.0
Titres de dettes	0.0	0.0	0.0	0.0	0.0	0.0	0.0	0.0
Crédits	1.7	1.5	0.4	0.3	0.9	2.3	1.6	1.8
Actions et parts de fonds d'investissement	38.0	31.2	30.3	33.2	33.6	35.0	31.0	28.2
Systèmes d'assurance de pensions et garanties standard	54.9	61.1	63.1	61.3	52.7	54.6	54.8	59.0
Produits financiers dérivés et options sur titres des salariés	0.0	0.0	0.0	0.0	0.0	0.0	0.0	0.0
Autres comptes à recevoir	5.4	6.2	6.3	5.1	12.9	8.1	12.5	11.0
Fonds de pension								
Actifs financiers	100.0	100.0	100.0	100.0	100.0	100.0	100.0	100.0
Numéraire et dépôts	15.4	16.9	16.5	20.2	23.3	4.1	3.1	3.5
Titres de dettes	25.1	20.6	21.5	22.5	18.5	48.1	49.3	41.7
Crédits	0.0	0.0	0.0	0.0	0.0	0.0	0.0	0.0
Actions et parts de fonds d'investissement	59.4	62.4	61.9	57.1	58.1	47.8	47.4	54.6
Systèmes d'assurance de pensions et garanties standard	0.0	0.0	0.0	0.0	0.0	0.0	0.0	0.0
Produits financiers dérivés et options sur titres des salariés	0.0	0.0	0.0	0.0	0.0	0.0	0.0	0.0
Autres comptes à recevoir	0.0	0.1	0.1	0.1	0.1	0.1	0.2	0.1
Passifs financiers	100.0	100.0	100.0	100.0	100.0	100.0	100.0	100.0
Numéraire et dépôts	0.0	0.0	0.0	0.0	0.0	0.0	0.0	0.0
Titres de dettes	0.0	0.0	0.0	0.0	0.0	0.0	0.0	0.0
Crédits	0.0	0.0	0.0	0.0	0.0	0.0	0.0	0.0
Actions et parts de fonds d'investissement	0.0	0.0	0.0	0.0	0.0	0.0	0.0	0.0
Systèmes d'assurance de pensions et garanties standard	99.9	99.9	99.7	99.9	99.9	99.8	99.8	99.9
Produits financiers dérivés et options sur titres des salariés	0.0	0.0	0.0	0.0	0.0	0.0	0.0	0.0
Autres comptes à recevoir	0.1	0.1	0.3	0.1	0.1	0.2	0.2	0.1

Note : Voir les métadonnées détaillées sur : *http://metalinks.oecd.org/instinv/20200916/649b*

FINLANDE

Tableau 1. Actifs et passifs financiers des investisseurs institutionnels, 2018

Millions EUR (1999 FIM euro)

	Fonds d'investissement				
	Total	Fonds d'investissement non-monétaire			Fonds d'investissement monétaires
		Total	Fonds d'investissement à capital variable, non monétaire	Fonds d'investissement à capital fixe, non monétaire	Total
Actifs financiers	121 823	118 811	..	..	3 012
Numéraire et dépôts	4 974	4 507	..	..	467
Titres de dette	37 430	34 892	..	..	2 538
Titres de dette à court terme	2 639	2 252	..	..	387
Titres de dette à long terme	34 791	32 640	..	..	2 151
Titres de dette émis par les résidents	5 972	5 563	..	..	409
Titres de dette émis par les non-résidents	31 458	29 329	..	..	2 129
Crédits	2 163	2 163	..	..	0
Crédits à court terme	45	45	..	..	0
Crédits à long terme	2 118	2 118	..	..	0
Crédits accordés aux résidents	1 875	1 875	..	..	0
Crédits accordés aux non-résidents	288	288	..	..	0
Actions et parts de fonds d'investissement	73 358	73 358	..	..	0
Actions et parts de fonds d'investissements émises par les résidents	27 490	27 490	..	..	0
Actions et part de fonds d'investissements émises par les non-résidents	45 868	45 868	..	..	0
Autres comptes à recevoir	1 040	1 033	..	..	7

	Fonds d'investissement				
	Total	Fonds d'investissement non-monétaire			Fonds d'investissement monétaires
		Total	Fonds d'investissement à capital variable, non monétaire	Fonds d'investissement à capital fixe, non monétaire	Total
Pasifs financiers	126 675	123 652	..	..	3 023
Numéraire et dépôts	..	..	..	..	..
Titres de dette	274	274	..	..	0
Titres de dette à court terme	0	0	..	..	..
Titres de dette à long terme	274	274	..	..	0
Crédits	3 223	3 223	..	..	0
Crédits à court terme	180	180	..	..	0
Crédits à long terme	3 043	3 043	..	..	0
Actions et parts de fonds d'investissement	119 217	116 225	..	..	2 992
Systèmes d'assurance, de pensions et garanties standard	..	..	..	..	..
Produits financiers dérivés et options sur titres des salariés	2 788	2 788	..	..	0
Autres comptes à payer	1 173	1 142	..	..	31

	Sociétés d'assurance et fonds de pension autonomes				
	Total	Sociétés d'assurance			Fonds de pension autonomes
		Total	Sociétés d'assurance vie	Sociétés d'assurance non-vie	Total
Actifs financiers	75 523	72 152	..	..	3 371
Numéraire et dépôts	3 264	3 151	..	..	113
Titres de dette	18 062	17 329	..	..	733
Titres de dette à court terme	501	487	..	..	14
Titres de dette à long terme	17 561	16 842	..	..	719
Titres de dette émis par les résidents	4 712	4 232	..	..	480
Titres de dette émis par les non-résidents	13 350	13 097	..	..	253
Crédits	4 879	4 704	..	..	175
Crédits à court terme	12	12	..	..	0
Crédits à long terme	4 867	4 692	..	..	175
Crédits accordés aux résidents	1 473	1 298	..	..	175
Crédits accordés aux non-résidents	3 406	3 406	..	..	0
Actions et parts de fonds d'investissement	46 429	44 167	..	..	2 262
Actions et parts de fonds d'investissement émises par les résidents	33 757	32 408	..	..	1 349
Actions et parts de fonds d'investissement émises par les non-résidents	12 672	11 759	..	..	913
Autrescomptes à recevoir	2 280	2 254	..	..	26

	Sociétés d'assurance et fonds de pension autonomes				
	Total	Sociétés d'assurance			Fonds de pension autonomes
		Total	Sociétés d'assurance vie	Sociétés d'assurance non-vie	Total
Pasifs financiers	72 311	68 904	..	..	3 407
Numéraire et dépôts	0	0	..	..	..
Titres de dette	417	417	..	..	0
Titres de dette à court terme	0	0	..	..	0
Titres de dette à long terme	417	417	..	..	0
Crédits	724	723	..	..	1
Crédits à court terme	2	2	..	..	0
Crédits à long terme	722	721	..	..	1
Actions et parts de fonds d'investissement	6 596	6 596	..	..	..
Systèmes d'assurance, de pensions et garanties standard	63 155	59 851	..	..	3 304
Produits financiers dérivés et options sur titres des salariés	93	64	..	..	29
Autres comptes à payer	1 326	1 253	..	..	73

Note : Voir les métadonnées détaillées sur : *http://metalinks.oecd.org/instinv/20200916/0196*

FINLANDE

Tableau 2. Actifs et passifs financiers des fonds d'investissement

Millions EUR

	2012	2013	2014	2015	2016	2017	2018	2019
Fonds d'investissement								
Valeur nette financière	413	179	555	297	-4 295	-4 817	-4 852	-4 115
Actifs financiers	72 745	82 503	94 435	108 876	116 643	129 801	121 823	136 269
Numéraire et dépôts	2 905	4 544	4 003	4 135	5 049	5 650	4 974	5 542
Titres de dette	28 865	30 822	34 447	35 811	37 759	39 077	37 430	40 534
Crédits	1 403	1 385	1 643	1 045	1 205	1 843	2 163	2 700
Actions et parts de fonds d'investissement	37 988	43 956	51 962	64 623	69 385	79 475	73 358	86 010
Actions	21 864	27 083	32 155	38 499	40 343	46 062	42 781	50 534
Parts de fonds d'investissement	16 124	16 873	19 807	26 124	29 042	33 413	30 577	35 476
Parts de fonds d'investissement monétaires	577	834	772	657	555	708	634	41
Parts de fonds d'investissement non monétaires	15 547	16 039	19 035	25 467	28 487	32 705	29 943	35 435
Systèmes d'assurance, de pensions et garanties standard	..	..	..	..	..	..	..	..
Produits financiers dérivés et options sur titres des salariés	1 048	1 256	1 704	2 353	2 455	2 850	2 858	153
Autres comptes à recevoir	536	540	676	909	790	906	1 040	1 330
Passifs financiers	72 332	82 324	93 880	108 579	120 938	134 618	126 675	140 384
Titres de dette	0	0	0	0	74	323	274	456
Titres de dette à court terme	0	0	0	0	0	0	0	0
Titres de dette à long terme	0	0	0	0	74	323	274	456
Crédits	6	1 921	1 331	2 012	2 452	2 878	3 223	3 319
Crédits à court terme	0	0	16	42	69	63	180	111
Crédits à long terme	6	1 921	1 315	1 970	2 383	2 815	3 043	3 208
Actions et parts de fonds d'investissement	70 502	79 072	90 316	104 205	115 545	127 605	119 217	134 994
Systèmes d'assurance, de pensions et garanties standard	..	..	..	..	..	..	..	..
Produits financiers dérivés et options sur titres des salariés	1 793	1 228	1 968	2 154	2 358	2 682	2 788	136
Autres comptes à payer	31	103	265	208	509	1 130	1 173	1 479
Actifs non financiers	..	..	..	..	..	..	..	..
Fonds d'investissement monéaires								
Valeur nette financière	-250	-564	113	305	220	68	-11	3
Actifs financiers	3 244	3 546	3 450	3 458	3 580	3 455	3 012	244
Numéraire et dépôts	293	335	412	353	454	413	467	195
Titres de dette	2 844	3 105	3 020	3 089	3 120	3 025	2 538	49
Crédits	0	0	0	0	0	0	0	0
Actions et parts de fonds d'investissement	12	2	2	0	0	0	0	0
Actions	0	0	0	0	0	0	0	0
Parts de fonds d'investissement	12	2	2	0	0	0	0	0
Parts de fonds d'investissement monétaires	12	2	2	0	0	0	0	0
Parts de fonds d'investissement non monétaires	0	0	0	0	0	0	0	0
Systèmes d'assurance, de pensions et garanties standard	..	..	..	..	..	..	..	..
Produits financiers dérivés et options sur titres des salariés	25	0	0	0	0	0	0	0
Autres comptes à recevoir	70	104	16	16	6	17	7	0
Passifs financiers	3 494	4 110	3 337	3 153	3 360	3 387	3 023	241
Titres de dette	0	0	0	0	0	0	0	0
Titres de dette à court terme	..	..	..	..	..	..	..	..
Titres de dette à long terme	0	0	0	0	0	0	0	0
Crédits	0	136	0	0	0	0	0	0
Crédits à court terme	0	0	0	0	0	0	0	0
Crédits à long terme	0	136	0	0	0	0	0	0
Actions et parts de fonds d'investissement	3 494	3 974	3 246	3 120	3 309	3 367	2 992	241
Systèmes d'assurance, de pensions et garanties standard	..	..	..	..	..	..	..	..
Produits financiers dérivés et options sur titres des salariés	0	0	0	0	0	0	0	0
Autres comptes à payer	0	0	91	33	51	20	31	0
Actifs non financiers	..	..	..	..	..	..	..	..
Fonds d'investissement non monéaires								
Valeur nette financière	663	743	442	-8	-4 515	-4 885	-4 841	-4 118
Actifs financiers	69 501	78 957	90 985	105 418	113 063	126 346	118 811	136 025
Numéraire et dépôts	2 612	4 209	3 591	3 782	4 595	5 237	4 507	5 347
Titres de dette	26 021	27 717	31 427	32 722	34 639	36 052	34 892	40 485
Crédits	1 403	1 385	1 643	1 045	1 205	1 843	2 163	2 700
Actions et parts de fonds d'investissement	37 976	43 954	51 960	64 623	69 385	79 475	73 358	86 010
Actions	21 864	27 083	32 155	38 499	40 343	46 062	42 781	50 534
Parts de fonds d'investissement	16 112	16 871	19 805	26 124	29 042	33 413	30 577	35 476
Parts de fonds d'investissement monétaires	565	832	770	657	555	708	634	41
Parts de fonds d'investissement non monétaires	15 547	16 039	19 035	25 467	28 487	32 705	29 943	35 435
Systèmes d'assurance, de pensions et garanties standard	..	..	..	..	..	..	..	..
Produits financiers dérivés et options sur titres des salariés	1 023	1 256	1 704	2 353	2 455	2 850	2 858	153
Autres comptes à recevoir	466	436	660	893	784	889	1 033	1 330
Passifs financiers	68 838	78 214	90 543	105 426	117 578	131 231	123 652	140 143
Titres de dette	0	..	0	0	74	323	274	456
Titres de dette à court terme	0	..	0	0	0	0	0	0
Titres de dette à long terme	0	..	..	..	74	323	274	456
Crédits	6	1 785	1 331	2 012	2 452	2 878	3 223	3 319
Crédits à court terme	0	0	16	42	69	63	180	111
Crédits à long terme	6	1 785	1 315	1 970	2 383	2 815	3 043	3 208
Actions et parts de fonds d'investissement	67 008	75 098	87 070	101 085	112 236	124 238	116 225	134 753
Systèmes d'assurance, de pensions et garanties standard	..	..	..	..	..	..	..	..
Produits financiers dérivés et options sur titres des salariés	1 793	1 228	1 968	2 154	2 358	2 682	2 788	136
Autres comptes à payer	31	103	174	175	458	1 110	1 142	1 479
Actifs non financiers	..	..	..	..	..	..	..	..
Fonds d'investissement non monéaires à capital variable								
Valeur nette financière	..	..	..	..	..	..	..	..
Actifs financiers	..	..	..	..	..	..	..	..
Numéraire et dépôts	..	..	..	..	..	..	..	..

FINLANDE

Tableau 2. Actifs et passifs financiers des fonds d'investissement *(suite)*

Millions EUR

	2012	2013	2014	2015	2016	2017	2018	2019
Titres de dette	..	..	..	..	..	..	..	..
Crédits	..	..	..	..	..	..	..	..
Actions et parts de fonds d'investissement	..	..	..	..	..	..	..	..
Actions	..	..	..	..	..	..	..	..
Parts de fonds d'investissement	..	..	..	..	..	..	..	..
Parts de fonds d'investissement monétaires	..	..	..	..	..	..	..	..
Parts de fonds d'investissement non monétaires	..	..	..	..	..	..	..	..
Systèmes d'assurance, de pensions et garanties standard	..	..	..	..	..	..	..	..
Produits financiers dérivés et options sur titres des salariés	..	..	..	..	..	..	..	..
Autres comptes à recevoir	..	..	..	..	..	..	..	..
Passifs financiers	..	..	..	..	..	..	..	..
Titres de dette	..	..	..	..	..	..	..	..
Titres de dette à court terme	..	..	..	..	..	..	..	..
Titres de dette à long terme	..	..	..	..	..	..	..	..
Crédits	..	..	..	..	..	..	..	..
Crédits à court terme	..	..	..	..	..	..	..	..
Crédits à long terme	..	..	..	..	..	..	..	..
Actions et parts de fonds d'investissement	..	..	..	..	..	..	..	..
Systèmes d'assurance, de pensions et garanties standard	..	..	..	..	..	..	..	..
Produits financiers dérivés et options sur titres des salariés	..	..	..	..	..	..	..	..
Autres comptes à payer	..	..	..	..	..	..	..	..
Actifs non financiers	..	..	..	..	..	..	..	..
Fonds d'investissement à capital variable								
Valeur nette financière	..	..	..	..	..	..	..	..
Actifs financiers	..	..	..	..	..	..	..	..
Numéraire et dépôts	..	..	..	..	..	..	..	..
Titres de dette	..	..	..	..	..	..	..	..
Crédits	..	..	..	..	..	..	..	..
Actions et parts de fonds d'investissement	..	..	..	..	..	..	..	..
Actions	..	..	..	..	..	..	..	..
Parts de fonds d'investissement	..	..	..	..	..	..	..	..
Parts de fonds d'investissement monétaires	..	..	..	..	..	..	..	..
Parts de fonds d'investissement non monétaires	..	..	..	..	..	..	..	..
Systèmes d'assurance, de pensions et garanties standard	..	..	..	..	..	..	..	..
Produits financiers dérivés et options sur titres des salariés	..	..	..	..	..	..	..	..
Autres comptes à recevoir	..	..	..	..	..	..	..	..
Passifs financiers	..	..	..	..	..	..	..	..
Titres de dette	..	..	..	..	..	..	..	..
Titres de dette à court terme	..	..	..	..	..	..	..	..
Titres de dette à long terme	..	..	..	..	..	..	..	..
Crédits	..	..	..	..	..	..	..	..
Crédits à court terme	..	..	..	..	..	..	..	..
Crédits à long terme	..	..	..	..	..	..	..	..
Actions et parts de fonds d'investissement	..	..	..	..	..	..	..	..
Systèmes d'assurance, de pensions et garanties standard	..	..	..	..	..	..	..	..
Produits financiers dérivés et options sur titres des salariés	..	..	..	..	..	..	..	..
Autres comptes à payer	..	..	..	..	..	..	..	..
Actifs non financiers	..	..	..	..	..	..	..	..

Note : Voir les métadonnées détaillées sur : *http://metalinks.oecd.org/instinv/20200916/0196*

FINLANDE

Tableau 3. Actifs et passifs financiers des sociétés d'assurance et fonds de pension

Millions EUR

	2012	2013	2014	2015	2016	2017	2018	2019
Sociétés d'assurance et fonds de pension								
Valeur nette financière	3 415	1 553	3 148	3 387	5 611	5 036	3 212	1 838
Actifs financiers	61 770	64 156	71 096	74 792	77 234	79 127	75 523	80 916
Numéraire et dépôts	2 497	2 818	3 498	3 524	3 142	3 921	3 264	4 672
Titres de dette	23 505	24 582	24 852	24 473	23 116	17 834	18 062	16 801
Crédits	1 680	1 667	1 584	1 941	2 289	5 121	4 879	4 480
Actions et parts de fonds d'investissement	31 919	33 479	38 641	42 527	45 700	49 474	46 429	51 427
Actions	4 877	4 870	4 945	5 386	6 882	7 051	6 710	6 874
Parts de fonds d'investissement	27 042	28 609	33 696	37 141	38 818	42 423	39 719	44 553
Parts de fonds d'investissement monétaires	966	1 188	1 511	1 521	926	959	1 029	322
Parts de fonds d'investissement non monétaires	26 076	27 421	32 185	35 620	37 892	41 464	38 690	44 231
Systèmes d'assurance, de pensions et garanties standard	0	0	0	0	338	344	376	473
Produits financiers dérivés et options sur titres des salariés	310	132	145	80	126	181	233	566
Autres comptes à recevoir	1 859	1 478	2 376	2 247	2 523	2 252	2 280	2 497
Passifs financiers	58 355	62 603	67 948	71 405	71 623	74 091	72 311	79 078
Titres de dette	280	210	554	515	510	381	417	468
Titres de dette à court terme	13	5	24	19	17	0	0	25
Titres de dette à long terme	267	205	530	496	493	381	417	443
Crédits	182	106	286	124	114	773	724	1 751
Crédits à court terme	44	23	65	20	19	16	2	0
Crédits à long terme	138	83	221	104	95	757	722	1 751
Actions et parts de fonds d'investissement	5 162	5 447	5 510	5 335	5 866	6 195	6 596	6 620
Systèmes d'assurance, de pensions et garanties standard	51 347	55 448	59 665	64 244	63 851	65 405	63 155	68 607
Produits financiers dérivés et options sur titres des salariés	66	91	290	138	62	10	93	63
Autres comptes à payer	1 318	1 301	1 643	1 049	1 220	1 327	1 326	1 569
Actifs non financiers	..	..	..	..	..	..	..	..
Sociétés d'assurance								
Valeur nette financière	3 525	2 381	3 960	4 068	5 561	5 153	3 248	1 898
Actifs financiers	58 247	61 194	68 175	71 832	73 623	75 730	72 152	77 814
Numéraire et dépôts	2 372	2 604	3 439	3 467	3 066	3 865	3 151	4 585
Titres de dette	22 707	23 720	23 971	23 743	22 354	17 127	17 329	16 074
Crédits	1 428	1 502	1 426	1 769	2 106	4 926	4 704	4 480
Actions et parts de fonds d'investissement	29 688	31 799	36 853	40 558	43 148	47 057	44 167	49 229
Actions	4 332	4 360	4 262	4 798	5 781	6 278	5 975	6 197
Parts de fonds d'investissement	25 356	27 439	32 591	35 760	37 367	40 779	38 192	43 032
Parts de fonds d'investissement monétaires	864	1 066	1 435	1 415	791	824	894	221
Parts de fonds d'investissement non monétaires	24 492	26 373	31 156	34 345	36 576	39 955	37 298	42 811
Systèmes d'assurance, de pensions et garanties standard	0	0	0	0	338	344	376	473
Produits financiers dérivés et options sur titres des salariés	308	130	145	80	126	181	171	499
Autres comptes à recevoir	1 744	1 439	2 341	2 215	2 485	2 230	2 254	2 474
Passifs financiers	54 722	58 813	64 215	67 764	68 062	70 577	68 904	75 916
Titres de dette	280	210	554	515	510	381	417	468
Titres de dette à court terme	13	5	24	19	17	0	0	25
Titres de dette à long terme	267	205	530	496	493	381	417	443
Crédits	182	106	286	124	114	772	723	1 750
Crédits à court terme	44	23	65	20	19	16	2	0
Crédits à long terme	138	83	221	104	95	756	721	1 750
Actions et parts de fonds d'investissement	5 162	5 447	5 510	5 335	5 866	6 195	6 596	6 620
Systèmes d'assurance, de pensions et garanties standard	47 739	51 684	55 980	60 636	60 309	61 979	59 851	65 521
Produits financiers dérivés et options sur titres des salariés	66	91	290	138	62	10	64	27
Autres comptes à payer	1 293	1 275	1 595	1 016	1 201	1 240	1 253	1 530
Actifs non financiers	..	..	..	..	..	..	..	..
Fonds de pension								
Valeur nette financière	-110	-828	-812	-681	50	-117	-36	-60
Actifs financiers	3 523	2 962	2 921	2 960	3 611	3 397	3 371	3 102
Numéraire et dépôts	125	214	59	57	76	56	113	87
Titres de dette	798	862	881	730	762	707	733	727
Crédits	252	165	158	172	183	195	175	0
Actions et parts de fonds d'investissement	2 231	1 680	1 788	1 969	2 552	2 417	2 262	2 198
Actions	545	510	683	588	1 101	773	735	677
Parts de fonds d'investissement	1 686	1 170	1 105	1 381	1 451	1 644	1 527	1 521
Parts de fonds d'investissement monétaires	102	122	76	106	135	135	135	101
Parts de fonds d'investissement non monétaires	1 584	1 048	1 029	1 275	1 316	1 509	1 392	1 420
Systèmes d'assurance, de pensions et garanties standard	..	..	..	..	..	..	..	..
Produits financiers dérivés et options sur titres des salariés	2	2	0	0	0	0	62	67
Autres comptes à recevoir	115	39	35	32	38	22	26	23
Passifs financiers	3 633	3 790	3 733	3 641	3 561	3 514	3 407	3 162
Titres de dette	0	0	0	0	0	0	0	0
Titres de dette à court terme	0	0	0	0	0	0	0	0
Titres de dette à long terme	0	0	0	0	0	0	0	0
Crédits	0	0	0	0	0	1	1	1
Crédits à court terme	0	0	0	0	0	0	0	0
Crédits à long terme	0	0	0	0	0	1	1	1
Actions et parts de fonds d'investissement	..	..	..	..	..	..	..	..
Systèmes d'assurance, de pensions et garanties standard	3 608	3 764	3 685	3 608	3 542	3 426	3 304	3 086
Produits financiers dérivés et options sur titres des salariés	0	0	0	0	0	0	29	36
Autres comptes à payer	25	26	48	33	19	87	73	39
Actifs non financiers	..	..	..	..	..	..	..	..

Note : Voir les métadonnées détaillées sur : *http://metalinks.oecd.org/instinv/20200916/0196*

Tableau 4. Composition du portefeuille par type d'investisseur
En pourcentage des actifs financiers et des passifs financiers

Pour cent

	2012	2013	2014	2015	2016	2017	2018	2019
Fonds d'investissement								
Actifs financiers	100.0	100.0	100.0	100.0	100.0	100.0	100.0	100.0
Numéraire et dépôts	4.0	5.5	4.2	3.8	4.3	4.4	4.1	4.1
Titres de dettes	39.7	37.4	36.5	32.9	32.4	30.1	30.7	29.7
Crédits	1.9	1.7	1.7	1.0	1.0	1.4	1.8	2.0
Actions et parts de fonds d'investissement	52.2	53.3	55.0	59.4	59.5	61.2	60.2	63.1
Systèmes d'assurance de pensions et garanties standard	0.0	0.0	0.0	0.0	0.0	0.0	0.0	0.0
Produits financiers dérivés et options sur titres des salariés	1.4	1.5	1.8	2.2	2.1	2.2	2.3	0.1
Autres comptes à recevoir	0.7	0.7	0.7	0.8	0.7	0.7	0.9	1.0
Passifs financiers	100.0	100.0	100.0	100.0	100.0	100.0	100.0	100.0
Numéraire et dépôts	0.0	0.0	0.0	0.0	0.0	0.0	0.0	0.0
Titres de dettes	0.0	0.0	0.0	0.0	0.1	0.2	0.2	0.3
Crédits	0.0	2.3	1.4	1.9	2.0	2.1	2.5	2.4
Actions et parts de fonds d'investissement	97.5	96.0	96.2	96.0	95.5	94.8	94.1	96.2
Systèmes d'assurance de pensions et garanties standard	0.0	0.0	0.0	0.0	0.0	0.0	0.0	0.0
Produits financiers dérivés et options sur titres des salariés	2.5	1.5	2.1	2.0	1.9	2.0	2.2	0.1
Autres comptes à recevoir	0.0	0.1	0.3	0.2	0.4	0.8	0.9	1.1
Sociétés d'assurance								
Actifs financiers	100.0	100.0	100.0	100.0	100.0	100.0	100.0	100.0
Numéraire et dépôts	4.1	4.3	5.0	4.8	4.2	5.1	4.4	5.9
Titres de dettes	39.0	38.8	35.2	33.1	30.4	22.6	24.0	20.7
Crédits	2.5	2.5	2.1	2.5	2.9	6.5	6.5	5.8
Actions et parts de fonds d'investissement	51.0	52.0	54.1	56.5	58.6	62.1	61.2	63.3
Systèmes d'assurance de pensions et garanties standard	0.0	0.0	0.0	0.0	0.5	0.5	0.5	0.6
Produits financiers dérivés et options sur titres des salariés	0.5	0.2	0.2	0.1	0.2	0.2	0.2	0.6
Autres comptes à recevoir	3.0	2.4	3.4	3.1	3.4	2.9	3.1	3.2
Passifs financiers	100.0	100.0	100.0	100.0	100.0	100.0	100.0	100.0
Numéraire et dépôts	0.0	0.0	0.0	0.0	0.0	0.0	0.0	0.0
Titres de dettes	0.5	0.4	0.9	0.8	0.7	0.5	0.6	0.6
Crédits	0.3	0.2	0.4	0.2	0.2	1.1	1.0	2.3
Actions et parts de fonds d'investissement	9.4	9.3	8.6	7.9	8.6	8.8	9.6	8.7
Systèmes d'assurance de pensions et garanties standard	87.2	87.9	87.2	89.5	88.6	87.8	86.9	86.3
Produits financiers dérivés et options sur titres des salariés	0.1	0.2	0.5	0.2	0.1	0.0	0.1	0.0
Autres comptes à recevoir	2.4	2.2	2.5	1.5	1.8	1.8	1.8	2.0
Fonds de pension								
Actifs financiers	100.0	100.0	100.0	100.0	100.0	100.0	100.0	100.0
Numéraire et dépôts	3.5	7.2	2.0	1.9	2.1	1.6	3.4	2.8
Titres de dettes	22.7	29.1	30.2	24.7	21.1	20.8	21.7	23.4
Crédits	7.2	5.6	5.4	5.8	5.1	5.7	5.2	0.0
Actions et parts de fonds d'investissement	63.3	56.7	61.2	66.5	70.7	71.2	67.1	70.9
Systèmes d'assurance de pensions et garanties standard	0.0	0.0	0.0	0.0	0.0	0.0	0.0	0.0
Produits financiers dérivés et options sur titres des salariés	0.1	0.1	0.0	0.0	0.0	0.0	1.8	2.2
Autres comptes à recevoir	3.3	1.3	1.2	1.1	1.1	0.6	0.8	0.7
Passifs financiers	100.0	100.0	100.0	100.0	100.0	100.0	100.0	100.0
Numéraire et dépôts	0.0	0.0	0.0	0.0	0.0	0.0	0.0	0.0
Titres de dettes	0.0	0.0	0.0	0.0	0.0	0.0	0.0	0.0
Crédits	0.0	0.0	0.0	0.0	0.0	0.0	0.0	0.0
Actions et parts de fonds d'investissement	0.0	0.0	0.0	0.0	0.0	0.0	0.0	0.0
Systèmes d'assurance de pensions et garanties standard	99.3	99.3	98.7	99.1	99.5	97.5	97.0	97.6
Produits financiers dérivés et options sur titres des salariés	0.0	0.0	0.0	0.0	0.0	0.0	0.9	1.1
Autres comptes à recevoir	0.7	0.7	1.3	0.9	0.5	2.5	2.1	1.2

Note : Voir les métadonnées détaillées sur : *http://metalinks.oecd.org/instinv/20200916/649b*

FRANCE

Tableau 1. Actifs et passifs financiers des investisseurs institutionnels, 2018

Millions EUR (1999 FRF euro)

	Fonds d'investissement				
	Total	Fonds d'investissement non-monétaire			Fonds d'investissement monétaires
		Total	Fonds d'investissement à capital variable, non monétaire	Fonds d'investissement à capital fixe, non monétaire	Total
Actifs financiers	1 653 834	1 320 595	1 320 595	0	333 239
Numéraire et dépôts	94 624	46 737	46 737	0	47 887
Titres de dette	634 573	383 468	383 468	0	251 105
Titres de dette à court terme	202 036	32 525	32 525	0	169 511
Titres de dette à long terme	432 537	350 943	350 943	0	81 594
Titres de dette émis par les résidents	224 756	116 681	116 681	0	108 075
Titres de dette émis par les non-résidents	409 818	266 787	266 787	0	143 030
Crédits	4 956	4 035	4 035	0	921
Crédits à court terme	4 624	3 703	3 703	0	920
Crédits à long terme	332	332	332	0	1
Crédits accordés aux résidents	4 742	3 822	3 822	0	920
Crédits accordés aux non-résidents	214	213	213	0	1
Actions et parts de fonds d'investissement	739 895	710 625	710 625	0	29 270
Actions et parts de fonds d'investissements émises par les résidents	447 113	419 588	419 588	0	27 525
Actions et part de fonds d'investissements émises par les non-résidents	292 782	291 037	291 037	0	1 745
Autres comptes à recevoir	152 949	151 425	151 425	0	1 525

	Fonds d'investissement				
	Total	Fonds d'investissement non-monétaire			Fonds d'investissement monétaires
		Total	Fonds d'investissement à capital variable, non monétaire	Fonds d'investissement à capital fixe, non monétaire	Total
Pasifs financiers	1 729 918	1 396 680	1 396 680	0	333 239
Numéraire et dépôts	14 163	13 929	13 929	0	235
Titres de dette	0	0	0	0	0
Titres de dette à court terme	0	0	0	0	0
Titres de dette à long terme	0	0	0	0	0
Crédits	8 480	8 473	8 473	0	8
Crédits à court terme	5 968	5 964	5 964	0	4
Crédits à long terme	2 512	2 509	2 509	0	3
Actions et parts de fonds d'investissement	1 526 756	1 199 321	1 199 321	0	327 435
Systèmes d'assurance, de pensions et garanties standard	0	0	0	0	0
Produits financiers dérivés et options sur titres des salariés	28 860	26 411	26 411	0	2 449
Autres comptes à payer	151 659	148 546	148 546	0	3 113

	Sociétés d'assurance et fonds de pension autonomes				
	Total	Sociétés d'assurance			Fonds de pension autonomes
		Total	Sociétés d'assurance vie	Sociétés d'assurance non-vie	Total
Actifs financiers	2 762 788	2 762 788	2 405 188	357 600	..
Numéraire et dépôts	41 852	41 852	29 091	12 761	..
Titres de dette	1 527 397	1 527 397	1 408 126	119 271	..
Titres de dette à court terme	25 100	25 100	24 650	450	..
Titres de dette à long terme	1 502 297	1 502 297	1 383 476	118 821	..
Titres de dette émis par les résidents	820 828	820 828	758 241	62 587	..
Titres de dette émis par les non-résidents	706 569	706 569	649 885	56 684	..
Crédits	63 311	63 311	42 192	21 119	..
Crédits à court terme	33 217	33 217	20 135	13 082	..
Crédits à long terme	30 094	30 094	22 057	8 037	..
Crédits accordés aux résidents	54 297	54 297	40 156	14 141	..
Crédits accordés aux non-résidents	9 014	9 014	2 036	6 978	..
Actions et parts de fonds d'investissement	927 779	927 779	778 507	149 272	..
Actions et parts de fonds d'investissement émises par les résidents	758 506	758 506	633 031	125 475	..
Actions et parts de fonds d'investissement émises par les non-résidents	169 273	169 273	145 476	23 797	..
Autrescomptes à recevoir	84 188	84 188	56 569	27 619	..

	Sociétés d'assurance et fonds de pension autonomes				
	Total	Sociétés d'assurance			Fonds de pension autonomes
		Total	Sociétés d'assurance vie	Sociétés d'assurance non-vie	Total
Pasifs financiers	2 805 754	2 805 754	2 437 400	368 354	..
Numéraire et dépôts	..	..	..	..	..
Titres de dette	67 084	67 084	56 101	10 983	..
Titres de dette à court terme	..	..	..	..	..
Titres de dette à long terme	..	..	..	..	..
Crédits	93 179	93 179	79 084	14 095	..
Crédits à court terme	..	..	..	..	..
Crédits à long terme	..	..	..	..	..
Actions et parts de fonds d'investissement	319 019	319 019	166 918	152 101	..
Systèmes d'assurance, de pensions et garanties standard	2 195 265	2 195 265	2 041 827	153 438	..
Produits financiers dérivés et options sur titres des salariés	2 574	2 574	2 508	66	..
Autres comptes à payer	128 633	128 633	90 962	37 671	..

Note : Voir les métadonnées détaillées sur : *http://metalinks.oecd.org/instinv/20200916/0196*

FRANCE

Tableau 2. Actifs et passifs financiers des fonds d'investissement

Millions EUR

	2012	2013	2014	2015	2016	2017	2018	2019
Fonds d'investissement								
Valeur nette financière	-38 900	-43 614	-51 435	-60 968	-55 168	-63 222	-76 084	-81 763
Actifs financiers	1 399 454	1 399 994	1 454 248	1 539 889	1 654 798	1 777 124	1 653 834	1 746 247
Numéraire et dépôts	86 872	83 589	85 309	87 221	87 825	80 917	94 624	83 542
Titres de dette	590 121	552 979	575 387	601 667	638 663	676 443	634 573	658 699
Crédits	1 439	2 331	2 362	2 301	4 687	4 343	4 956	5 943
Actions et parts de fonds d'investissement	595 237	640 391	650 694	701 899	760 199	842 015	739 895	825 331
Actions	332 447	375 711	385 051	413 225	441 745	496 129	411 838	487 123
Parts de fonds d'investissement	262 789	264 681	265 643	288 674	318 454	345 886	328 057	338 208
Parts de fonds d'investissement monétaires	98 446	87 471	75 992	84 530	100 541	99 358	95 080	84 157
Parts de fonds d'investissement non monétaires	164 343	177 210	189 651	204 144	217 914	246 528	232 976	254 050
Systèmes d'assurance, de pensions et garanties standard	0	0	0	0	0	0	0	0
Produits financiers dérivés et options sur titres des salariés	25 916	26 096	27 903	26 878	36 761	42 884	26 836	23 068
Autres comptes à recevoir	99 870	94 608	112 593	119 923	126 662	130 522	152 949	149 664
Passifs financiers	1 438 354	1 443 608	1 505 683	1 600 857	1 709 965	1 840 346	1 729 918	1 828 011
Titres de dette	0	0	0	0	0	0	0	0
Titres de dette à court terme	0	0	0	0	0	0	0	0
Titres de dette à long terme	0	0	0	0	0	0	0	0
Crédits	3 912	3 020	4 050	4 190	7 784	7 249	8 480	6 674
Crédits à court terme	2 300	1 466	2 491	1 930	4 844	4 505	5 968	5 027
Crédits à long terme	1 612	1 555	1 559	2 260	2 940	2 744	2 512	1 648
Actions et parts de fonds d'investissement	1 293 864	1 307 054	1 349 244	1 441 675	1 523 164	1 646 404	1 526 756	1 629 845
Systèmes d'assurance, de pensions et garanties standard	0	0	0	0	0	0	0	0
Produits financiers dérivés et options sur titres des salariés	26 667	28 154	31 214	30 534	41 582	43 307	28 860	26 013
Autres comptes à payer	101 346	96 127	113 677	118 049	125 624	131 236	151 659	151 371
Actifs non financiers	38 903	43 614	51 435	60 970	55 168	63 222	76 084	81 763
Fonds d'investissement monéaires								
Valeur nette financière	0	0	0	0	0	0	0	0
Actifs financiers	370 535	324 945	294 317	318 661	351 695	350 898	333 239	319 904
Numéraire et dépôts	40 832	46 812	43 546	43 930	44 319	35 988	47 887	37 575
Titres de dette	277 341	237 529	220 601	239 966	264 669	278 202	251 105	257 761
Crédits	758	795	891	1 041	583	150	921	907
Actions et parts de fonds d'investissement	48 547	35 595	26 317	28 004	38 365	32 862	29 270	19 279
Actions	0	0	0	0	0	0	885	633
Parts de fonds d'investissement	48 547	35 595	26 317	28 004	38 365	32 862	28 385	18 645
Parts de fonds d'investissement monétaires	48 127	35 232	25 949	27 898	38 017	32 622	26 714	18 313
Parts de fonds d'investissement non monétaires	420	363	368	106	347	240	1 670	332
Systèmes d'assurance, de pensions et garanties standard	0	0	0	0	0	0	0	0
Produits financiers dérivés et options sur titres des salariés	729	703	935	2 499	1 923	1 343	2 531	2 203
Autres comptes à recevoir	2 328	3 510	2 027	3 221	1 836	2 353	1 525	2 178
Passifs financiers	370 535	324 945	294 317	318 661	351 695	350 898	333 239	319 904
Titres de dette	0	0	0	0	0	0	0	0
Titres de dette à court terme	0	0	0	0	0	0	0	0
Titres de dette à long terme	0	0	0	0	0	0	0	0
Crédits	140	0	1	0	3	55	8	0
Crédits à court terme	140	0	1	0	0	51	4	0
Crédits à long terme	0	0	0	0	3	3	3	0
Actions et parts de fonds d'investissement	365 755	318 228	288 903	311 674	346 276	345 271	327 435	314 736
Systèmes d'assurance, de pensions et garanties standard	0	0	0	0	0	0	0	0
Produits financiers dérivés et options sur titres des salariés	515	781	992	2 580	2 047	1 358	2 449	1 910
Autres comptes à payer	3 213	4 897	2 704	3 673	2 704	3 543	3 113	2 364
Actifs non financiers	0	0	0	0	0	0	0	0
Fonds d'investissement non monéaires								
Valeur nette financière	-38 900	-43 614	-51 435	-60 968	-55 168	-63 222	-76 084	-81 763
Actifs financiers	1 028 920	1 075 049	1 159 930	1 221 229	1 303 103	1 426 227	1 320 595	1 426 344
Numéraire et dépôts	46 040	36 777	41 764	43 291	43 506	44 929	46 737	45 967
Titres de dette	312 780	315 450	354 785	361 702	373 994	398 241	383 468	400 938
Crédits	681	1 536	1 471	1 261	4 104	4 193	4 035	5 036
Actions et parts de fonds d'investissement	546 690	604 796	624 377	673 894	721 835	809 153	710 625	806 052
Actions	332 447	375 711	385 051	413 225	441 745	496 129	410 953	486 490
Parts de fonds d'investissement	214 243	229 086	239 326	260 670	280 090	313 024	299 672	319 562
Parts de fonds d'investissement monétaires	50 319	52 239	50 043	56 632	62 523	66 736	68 366	65 844
Parts de fonds d'investissement non monétaires	163 923	176 846	189 283	204 037	217 566	246 288	231 306	253 718
Systèmes d'assurance, de pensions et garanties standard	0	0	0	0	0	0	0	0
Produits financiers dérivés et options sur titres des salariés	25 187	25 392	26 968	24 379	34 838	41 541	24 305	20 865
Autres comptes à recevoir	97 542	91 098	110 566	116 702	124 827	128 169	151 425	147 486
Passifs financiers	1 067 819	1 118 664	1 211 365	1 282 196	1 358 270	1 489 448	1 396 680	1 508 107
Titres de dette	0	0	0	0	0	0	0	0
Titres de dette à court terme	0	0	0	0	0	0	0	0
Titres de dette à long terme	0	0	0	0	0	0	0	0
Crédits	3 772	3 020	4 049	4 190	7 781	7 194	8 473	6 674
Crédits à court terme	2 160	1 466	2 490	1 930	4 844	4 454	5 964	5 027
Crédits à long terme	1 612	1 555	1 559	2 260	2 937	2 741	2 509	1 648
Actions et parts de fonds d'investissement	928 109	988 826	1 060 342	1 130 001	1 176 888	1 301 132	1 199 321	1 315 109
Systèmes d'assurance, de pensions et garanties standard	0	0	0	0	0	0	0	0
Produits financiers dérivés et options sur titres des salariés	26 152	27 373	30 222	27 954	39 535	41 950	26 411	24 104
Autres comptes à payer	98 133	91 230	110 973	114 376	122 920	127 692	148 546	149 007
Actifs non financiers	38 903	43 614	51 435	60 970	55 168	63 222	76 084	81 763
Fonds d'investissement non monéaires à capital variable								
Valeur nette financière	-38 900	-43 614	-51 435	-60 968	-55 168	-63 222	-76 084	-81 763
Actifs financiers	1 028 920	1 075 049	1 159 930	1 221 229	1 303 103	1 426 227	1 320 595	1 426 344
Numéraire et dépôts	46 040	36 777	41 764	43 291	43 506	44 929	46 737	45 967

FRANCE

Tableau 2. Actifs et passifs financiers des fonds d'investissement *(suite)*

Millions EUR

	2012	2013	2014	2015	2016	2017	2018	2019
Titres de dette	312 780	315 450	354 785	361 702	373 994	398 241	383 468	400 938
Crédits	681	1 536	1 471	1 261	4 104	4 193	4 035	5 036
Actions et parts de fonds d'investissement	546 690	604 796	624 377	673 894	721 835	809 153	710 625	806 052
Actions	332 447	375 711	385 051	413 225	441 745	496 129	410 953	486 490
Parts de fonds d'investissement	214 243	229 086	239 326	260 670	280 090	313 024	299 672	319 562
Parts de fonds d'investissement monétaires	50 319	52 239	50 043	56 632	62 523	66 736	68 366	65 844
Parts de fonds d'investissement non monétaires	163 923	176 846	189 283	204 037	217 566	246 288	231 306	253 718
Systèmes d'assurance, de pensions et garanties standard	0	0	0	0	0	0	0	0
Produits financiers dérivés et options sur titres des salariés	25 187	25 392	26 968	24 379	34 838	41 541	24 305	20 865
Autres comptes à recevoir	97 542	91 098	110 566	116 702	124 827	128 169	151 425	147 486
Passifs financiers	1 067 819	1 118 664	1 211 365	1 282 196	1 358 270	1 489 448	1 396 680	1 508 107
Titres de dette	0	0	0	0	0	0	0	0
Titres de dette à court terme	0	0	0	0	0	0	0	0
Titres de dette à long terme	0	0	0	0	0	0	0	0
Crédits	3 772	3 020	4 049	4 190	7 781	7 194	8 473	6 674
Crédits à court terme	2 160	1 466	2 490	1 930	4 844	4 454	5 964	5 027
Crédits à long terme	1 612	1 555	1 559	2 260	2 937	2 741	2 509	1 648
Actions et parts de fonds d'investissement	928 109	988 826	1 060 342	1 130 001	1 176 888	1 301 132	1 199 321	1 315 109
Systèmes d'assurance, de pensions et garanties standard	0	0	0	0	0	0	0	0
Produits financiers dérivés et options sur titres des salariés	26 152	27 373	30 222	27 954	39 535	41 950	26 411	24 104
Autres comptes à payer	98 133	91 230	110 973	114 376	122 920	127 692	148 546	149 007
Actifs non financiers	38 903	43 614	51 435	60 970	55 168	63 222	76 084	81 763
Fonds d'investissement à capital variable								
Valeur nette financière	-38 900	-43 614	-51 435	-60 968	-55 168	-63 222	-76 084	-81 763
Actifs financiers	1 399 454	1 399 994	1 454 248	1 539 889	1 654 798	1 777 124	1 653 834	1 746 247
Numéraire et dépôts	86 872	83 589	85 309	87 221	87 825	80 917	94 624	83 542
Titres de dette	590 121	552 979	575 387	601 667	638 663	676 443	634 573	658 699
Crédits	1 439	2 331	2 362	2 301	4 687	4 343	4 956	5 943
Actions et parts de fonds d'investissement	595 237	640 391	650 694	701 899	760 199	842 015	739 895	825 331
Actions	332 447	375 711	385 051	413 225	441 745	496 129	411 838	487 123
Parts de fonds d'investissement	262 789	264 681	265 643	288 674	318 454	345 886	328 057	338 208
Parts de fonds d'investissement monétaires	98 446	87 471	75 992	84 530	100 541	99 358	95 080	84 157
Parts de fonds d'investissement non monétaires	164 343	177 210	189 651	204 144	217 914	246 528	232 976	254 050
Systèmes d'assurance, de pensions et garanties standard	0	0	0	0	0	0	0	0
Produits financiers dérivés et options sur titres des salariés	25 916	26 096	27 903	26 878	36 761	42 884	26 836	23 068
Autres comptes à recevoir	99 870	94 608	112 593	119 923	126 662	130 522	152 949	149 664
Passifs financiers	1 438 354	1 443 608	1 505 683	1 600 857	1 709 965	1 840 346	1 729 918	1 828 011
Titres de dette	0	0	0	0	0	0	0	0
Titres de dette à court terme	0	0	0	0	0	0	0	0
Titres de dette à long terme	0	0	0	0	0	0	0	0
Crédits	3 912	3 020	4 050	4 190	7 784	7 249	8 480	6 674
Crédits à court terme	2 300	1 466	2 491	1 930	4 844	4 505	5 968	5 027
Crédits à long terme	1 612	1 555	1 559	2 260	2 940	2 744	2 512	1 648
Actions et parts de fonds d'investissement	1 293 864	1 307 054	1 349 244	1 441 675	1 523 164	1 646 404	1 526 756	1 629 845
Systèmes d'assurance, de pensions et garanties standard	0	0	0	0	0	0	0	0
Produits financiers dérivés et options sur titres des salariés	26 667	28 154	31 214	30 534	41 582	43 307	28 860	26 013
Autres comptes à payer	101 346	96 127	113 677	118 049	125 624	131 236	151 659	151 371
Actifs non financiers	38 903	43 614	51 435	60 970	55 168	63 222	76 084	81 763

Note : Voir les métadonnées détaillées sur : *http://metalinks.oecd.org/instinv/20200916/0196*

FRANCE

Tableau 3. Actifs et passifs financiers des sociétés d'assurance et fonds de pension

Millions EUR

	2012	2013	2014	2015	2016	2017	2018	2019
Sociétés d'assurance et fonds de pension								
Valeur nette financière	120 316	128 281	231 981	218 294	-41 501	-43 657	-42 966	-44 622
Actifs financiers	2 076 202	2 182 607	2 398 823	2 469 679	2 687 180	2 781 133	2 762 788	2 980 771
Numéraire et dépôts	24 992	29 306	34 040	36 879	37 878	39 323	41 852	47 807
Titres de dette	1 275 546	1 319 433	1 461 006	1 464 553	1 556 526	1 539 056	1 527 397	1 620 337
Crédits	35 278	36 170	37 266	38 632	61 646	58 878	63 311	64 017
Actions et parts de fonds d'investissement	642 192	682 792	746 752	806 263	842 797	942 674	927 779	1 030 202
Actions	208 717	232 519	252 642	281 492	215 350	228 783	240 186	268 726
Parts de fonds d'investissement	433 476	450 273	494 110	524 771	627 447	713 891	687 593	761 476
Parts de fonds d'investissement monétaires	84 812	61 604	66 067	65 965	74 536	91 218	82 921	85 497
Parts de fonds d'investissement non monétaires	348 664	388 669	428 043	458 806	552 911	622 673	604 672	675 979
Systèmes d'assurance, de pensions et garanties standard	92 866	111 346	115 443	119 887	102 353	112 958	113 267	124 451
Produits financiers dérivés et options sur titres des salariés	5 276	3 507	4 263	3 412	4 977	4 367	4 994	5 063
Autres comptes à recevoir	53	54	54	54	81 003	83 877	84 188	88 894
Passifs financiers	1 955 886	2 054 326	2 166 842	2 251 385	2 728 681	2 824 790	2 805 754	3 025 393
Titres de dette	9 335	11 235	15 892	17 338	61 202	63 091	67 084	64 295
Titres de dette à court terme	237	107	107	123	..	..	..	..
Titres de dette à long terme	9 098	11 128	15 785	17 215	..	..	..	..
Crédits	77 126	88 206	99 616	104 029	79 900	88 034	93 179	98 108
Crédits à court terme	43 042	53 029	63 907	66 477	..	..	..	..
Crédits à long terme	34 084	35 177	35 709	37 552	..	..	..	..
Actions et parts de fonds d'investissement	99 615	109 596	117 869	118 884	289 185	315 494	319 019	369 397
Systèmes d'assurance, de pensions et garanties standard	1 735 678	1 811 041	1 897 780	1 976 940	2 170 754	2 225 950	2 195 265	2 350 274
Produits financiers dérivés et options sur titres des salariés	138	426	1 895	386	2 842	2 812	2 574	2 879
Autres comptes à payer	33 995	33 822	33 790	33 809	124 798	129 409	128 633	140 440
Actifs non financiers	26 309	27 356	27 785	28 618	41 504	43 647	42 969	44 607
Sociétés d'assurance								
Valeur nette financière	120 316	128 281	231 981	218 294	-41 501	-43 657	-42 966	-44 622
Actifs financiers	2 076 202	2 182 607	2 398 823	2 469 679	2 687 180	2 781 133	2 762 788	2 980 771
Numéraire et dépôts	24 992	29 306	34 040	36 879	37 878	39 323	41 852	47 807
Titres de dette	1 275 546	1 319 433	1 461 006	1 464 553	1 556 526	1 539 056	1 527 397	1 620 337
Crédits	35 278	36 170	37 266	38 632	61 646	58 878	63 311	64 017
Actions et parts de fonds d'investissement	642 192	682 792	746 752	806 263	842 797	942 674	927 779	1 030 202
Actions	208 717	232 519	252 642	281 492	215 350	228 783	240 186	268 726
Parts de fonds d'investissement	433 476	450 273	494 110	524 771	627 447	713 891	687 593	761 476
Parts de fonds d'investissement monétaires	84 812	61 604	66 067	65 965	74 536	91 218	82 921	85 497
Parts de fonds d'investissement non monétaires	348 664	388 669	428 043	458 806	552 911	622 673	604 672	675 979
Systèmes d'assurance, de pensions et garanties standard	92 866	111 346	115 443	119 887	102 353	112 958	113 267	124 451
Produits financiers dérivés et options sur titres des salariés	5 276	3 507	4 263	3 412	4 977	4 367	4 994	5 063
Autres comptes à recevoir	53	54	54	54	81 003	83 877	84 188	88 894
Passifs financiers	1 955 886	2 054 326	2 166 842	2 251 385	2 728 681	2 824 790	2 805 754	3 025 393
Titres de dette	9 335	11 235	15 892	17 338	61 202	63 091	67 084	64 295
Titres de dette à court terme	237	107	107	123	..	..	..	..
Titres de dette à long terme	9 098	11 128	15 785	17 215	..	..	..	..
Crédits	77 126	88 206	99 616	104 029	79 900	88 034	93 179	98 108
Crédits à court terme	43 042	53 029	63 907	66 477	..	..	..	..
Crédits à long terme	34 084	35 177	35 709	37 552	..	..	..	..
Actions et parts de fonds d'investissement	99 615	109 596	117 869	118 884	289 185	315 494	319 019	369 397
Systèmes d'assurance, de pensions et garanties standard	1 735 678	1 811 041	1 897 780	1 976 940	2 170 754	2 225 950	2 195 265	2 350 274
Produits financiers dérivés et options sur titres des salariés	138	426	1 895	386	2 842	2 812	2 574	2 879
Autres comptes à payer	33 995	33 822	33 790	33 809	124 798	129 409	128 633	140 440
Actifs non financiers	26 309	27 356	27 785	28 618	41 504	43 647	42 969	44 607
Fonds de pension								
Valeur nette financière	..	..	..	..	..	..	..	..
Actifs financiers	..	..	..	..	..	..	..	..
Numéraire et dépôts	..	..	..	..	..	..	..	..
Titres de dette	..	..	..	..	..	..	..	..
Crédits	..	..	..	..	..	..	..	..
Actions et parts de fonds d'investissement	..	..	..	..	..	..	..	..
Actions	..	..	..	..	..	..	..	..
Parts de fonds d'investissement	..	..	..	..	..	..	..	..
Parts de fonds d'investissement monétaires	..	..	..	..	..	..	..	..
Parts de fonds d'investissement non monétaires	..	..	..	..	..	..	..	..
Systèmes d'assurance, de pensions et garanties standard	..	..	..	..	..	..	..	..
Produits financiers dérivés et options sur titres des salariés	..	..	..	..	..	..	..	..
Autres comptes à recevoir	..	..	..	..	..	..	..	..
Passifs financiers	..	..	..	..	..	..	..	..
Titres de dette	..	..	..	..	..	..	..	..
Titres de dette à court terme	..	..	..	..	..	..	..	..
Titres de dette à long terme	..	..	..	..	..	..	..	..
Crédits	..	..	..	..	..	..	..	..
Crédits à court terme	..	..	..	..	..	..	..	..
Crédits à long terme	..	..	..	..	..	..	..	..
Actions et parts de fonds d'investissement	..	..	..	..	..	..	..	..
Systèmes d'assurance, de pensions et garanties standard	..	..	..	..	..	..	..	..
Produits financiers dérivés et options sur titres des salariés	..	..	..	..	..	..	..	..
Autres comptes à payer	..	..	..	..	..	..	..	..
Actifs non financiers	..	..	..	..	..	..	..	..

Note : Voir les métadonnées détaillées sur : *http://metalinks.oecd.org/instinv/20200916/0196*

FRANCE

Tableau 4. Composition du portefeuille par type d'investisseur
En pourcentage des actifs financiers et des passifs financiers

Pour cent

	2012	2013	2014	2015	2016	2017	2018	2019
Fonds d'investissement								
Actifs financiers	100.0	100.0	100.0	100.0	100.0	100.0	100.0	100.0
Numéraire et dépôts	6.2	6.0	5.9	5.7	5.3	4.6	5.7	4.8
Titres de dettes	42.2	39.5	39.6	39.1	38.6	38.1	38.4	37.7
Crédits	0.1	0.2	0.2	0.1	0.3	0.2	0.3	0.3
Actions et parts de fonds d'investissement	42.5	45.7	44.7	45.6	45.9	47.4	44.7	47.3
Systèmes d'assurance de pensions et garanties standard	0.0	0.0	0.0	0.0	0.0	0.0	0.0	0.0
Produits financiers dérivés et options sur titres des salariés	1.9	1.9	1.9	1.7	2.2	2.4	1.6	1.3
Autres comptes à recevoir	7.1	6.8	7.7	7.8	7.7	7.3	9.2	8.6
Passifs financiers	100.0	100.0	100.0	100.0	100.0	100.0	100.0	100.0
Numéraire et dépôts	0.9	0.6	0.5	0.4	0.7	0.7	0.8	0.8
Titres de dettes	0.0	0.0	0.0	0.0	0.0	0.0	0.0	0.0
Crédits	0.3	0.2	0.3	0.3	0.5	0.4	0.5	0.4
Actions et parts de fonds d'investissement	90.0	90.5	89.6	90.1	89.1	89.5	88.3	89.2
Systèmes d'assurance de pensions et garanties standard	0.0	0.0	0.0	0.0	0.0	0.0	0.0	0.0
Produits financiers dérivés et options sur titres des salariés	1.9	2.0	2.1	1.9	2.4	2.4	1.7	1.4
Autres comptes à recevoir	7.0	6.7	7.5	7.4	7.3	7.1	8.8	8.3
Sociétés d'assurance								
Actifs financiers	100.0	100.0	100.0	100.0	100.0	100.0	100.0	100.0
Numéraire et dépôts	1.2	1.3	1.4	1.5	1.4	1.4	1.5	1.6
Titres de dettes	61.4	60.5	60.9	59.3	57.9	55.3	55.3	54.4
Crédits	1.7	1.7	1.6	1.6	2.3	2.1	2.3	2.1
Actions et parts de fonds d'investissement	30.9	31.3	31.1	32.6	31.4	33.9	33.6	34.6
Systèmes d'assurance de pensions et garanties standard	4.5	5.1	4.8	4.9	3.8	4.1	4.1	4.2
Produits financiers dérivés et options sur titres des salariés	0.3	0.2	0.2	0.1	0.2	0.2	0.2	0.2
Autres comptes à recevoir	0.0	0.0	0.0	0.0	3.0	3.0	3.0	3.0
Passifs financiers	100.0	100.0	100.0	100.0	100.0	100.0	100.0	100.0
Numéraire et dépôts	0.0	0.0	0.0	0.0	0.0	0.0	0.0	0.0
Titres de dettes	0.5	0.5	0.7	0.8	2.2	2.2	2.4	2.1
Crédits	3.9	4.3	4.6	4.6	2.9	3.1	3.3	3.2
Actions et parts de fonds d'investissement	5.1	5.3	5.4	5.3	10.6	11.2	11.4	12.2
Systèmes d'assurance de pensions et garanties standard	88.7	88.2	87.6	87.8	79.6	78.8	78.2	77.7
Produits financiers dérivés et options sur titres des salariés	0.0	0.0	0.1	0.0	0.1	0.1	0.1	0.1
Autres comptes à recevoir	1.7	1.6	1.6	1.5	4.6	4.6	4.6	4.6
Fonds de pension								
Actifs financiers	..	..	..	..	..	..	..	..
Numéraire et dépôts	..	..	..	..	..	..	..	..
Titres de dettes	..	..	..	..	..	..	..	..
Crédits	..	..	..	..	..	..	..	..
Actions et parts de fonds d'investissement	..	..	..	..	..	..	..	..
Systèmes d'assurance de pensions et garanties standard	..	..	..	..	..	..	..	..
Produits financiers dérivés et options sur titres des salariés	..	..	..	..	..	..	..	..
Autres comptes à recevoir	..	..	..	..	..	..	..	..
Passifs financiers	..	..	..	..	..	..	..	..
Numéraire et dépôts	..	..	..	..	..	..	..	..
Titres de dettes	..	..	..	..	..	..	..	..
Crédits	..	..	..	..	..	..	..	..
Actions et parts de fonds d'investissement	..	..	..	..	..	..	..	..
Systèmes d'assurance de pensions et garanties standard	..	..	..	..	..	..	..	..
Produits financiers dérivés et options sur titres des salariés	..	..	..	..	..	..	..	..
Autres comptes à recevoir	..	..	..	..	..	..	..	..

Note : Voir les métadonnées détaillées sur : *http://metalinks.oecd.org/instinv/20200916/649b*

ALLEMAGNE

Tableau 1. Actifs et passifs financiers des investisseurs institutionnels, 2018

Millions EUR (1999 DEM euro)

	Fonds d'investissement				
	Total	Fonds d'investissement non-monétaire			Fonds d'investissement monétaires
		Total	Fonds d'investissement à capital variable, non monétaire	Fonds d'investissement à capital fixe, non monétaire	Total
Actifs financiers	2 042 206	2 039 552	..	..	2 654
Numéraire et dépôts	100 681	100 335	..	..	346
Titres de dette	956 378	954 124	..	..	2 254
Titres de dette à court terme	7 241	6 980	..	..	261
Titres de dette à long terme	949 137	947 144	..	..	1 993
Titres de dette émis par les résidents	146 757	146 348	..	..	409
Titres de dette émis par les non-résidents	809 621	807 776	..	..	1 845
Crédits	32 147	32 147	..	..	0
Crédits à court terme	0	0	..	..	0
Crédits à long terme	32 147	32 147	..	..	0
Crédits accordés aux résidents	7 736	7 736	..	..	0
Crédits accordés aux non-résidents	24 411	24 411	..	..	0
Actions et parts de fonds d'investissement	894 219	894 174	..	..	45
Actions et parts de fonds d'investissements émises par les résidents	..	..	..	..	..
Actions et part de fonds d'investissements émises par les non-résidents	..	..	..	..	..
Autres comptes à recevoir	39 941	39 932	..	..	9

	Fonds d'investissement				
	Total	Fonds d'investissement non-monétaire			Fonds d'investissement monétaires
		Total	Fonds d'investissement à capital variable, non monétaire	Fonds d'investissement à capital fixe, non monétaire	Total
Pasifs financiers	2 204 397	2 201 743	..	..	2 654
Numéraire et dépôts	..	..	..	..	..
Titres de dette	..	0	..	..	0
Titres de dette à court terme	..	0	..	..	0
Titres de dette à long terme	..	0	..	..	0
Crédits	60 771	60 771	..	..	..
Crédits à court terme	0	0	..	..	..
Crédits à long terme	60 771	60 771	..	..	..
Actions et parts de fonds d'investissement	2 110 690	2 108 055	..	..	2 635
Systèmes d'assurance, de pensions et garanties standard	..	0	..	..	..
Produits financiers dérivés et options sur titres des salariés	13 288	13 288	..	..	0
Autres comptes à payer	19 648	19 628	..	..	20

	Sociétés d'assurance et fonds de pension autonomes				
	Total	Sociétés d'assurance			Fonds de pension autonomes
		Total	Sociétés d'assurance vie	Sociétés d'assurance non-vie	Total
Actifs financiers	2 678 564	2 036 906	..	..	641 658
Numéraire et dépôts	395 066	299 580	..	..	95 486
Titres de dette	467 931	419 230	..	..	48 701
Titres de dette à court terme	3 172	3 085	..	..	87
Titres de dette à long terme	464 759	416 145	..	..	48 614
Titres de dette émis par les résidents	118 598	110 083	..	..	8 515
Titres de dette émis par les non-résidents	349 334	309 147	..	..	40 187
Crédits	348 625	316 977	..	..	31 648
Crédits à court terme	55 139	54 298	..	..	841
Crédits à long terme	293 486	262 679	..	..	30 807
Crédits accordés aux résidents	292 447	263 003	..	..	29 444
Crédits accordés aux non-résidents	56 178	53 974	..	..	2 204
Actions et parts de fonds d'investissement	1 306 997	867 494	..	..	439 503
Actions et parts de fonds d'investissement émises par les résidents	..	..	..	..	..
Actions et parts de fonds d'investissement émises par les non-résidents	..	..	..	..	..
Autrescomptes à recevoir	72 175	53 979	..	..	18 196

	Sociétés d'assurance et fonds de pension autonomes				
	Total	Sociétés d'assurance			Fonds de pension autonomes
		Total	Sociétés d'assurance vie	Sociétés d'assurance non-vie	Total
Pasifs financiers	2 686 674	2 115 243	..	..	571 431
Numéraire et dépôts	..	..	..	..	..
Titres de dette	20 691	20 669	..	..	22
Titres de dette à court terme	986	986	..	..	0
Titres de dette à long terme	19 705	19 683	..	..	22
Crédits	82 673	75 266	..	..	7 407
Crédits à court terme	45 447	39 406	..	..	6 041
Crédits à long terme	37 226	35 860	..	..	1 366
Actions et parts de fonds d'investissement	267 123	267 123	..	..	0
Systèmes d'assurance, de pensions et garanties standard	2 204 207	1 641 887	..	..	562 320
Produits financiers dérivés et options sur titres des salariés	2 011	2 011	..	..	0
Autres comptes à payer	109 969	108 287	..	..	1 682

Note : Voir les métadonnées détaillées sur : *http://metalinks.oecd.org/instinv/20200916/3f80*

ALLEMAGNE

Tableau 2. Actifs et passifs financiers des fonds d'investissement

Millions EUR

	2012	2013	2014	2015	2016	2017	2018	2019
Fonds d'investissement								
Valeur nette financière	-96 695	-97 653	-98 073	-144 114	-145 160	-150 538	-162 191	-178 958
Actifs financiers	1 261 524	1 368 047	1 555 370	1 737 341	1 903 734	2 046 734	2 042 206	2 367 591
Numéraire et dépôts	68 417	70 050	70 131	87 478	82 148	93 375	100 681	91 929
Titres de dette	693 135	715 174	824 795	845 937	914 715	939 689	956 378	1 068 409
Crédits	11 773	12 082	13 905	19 599	23 361	27 872	32 147	38 321
Actions et parts de fonds d'investissement	458 300	541 704	606 113	731 530	824 122	930 541	894 219	1 103 755
Actions	252 403	307 204	329 351	411 289	445 938	501 481	460 074	582 443
Parts de fonds d'investissement	205 897	234 500	276 762	320 241	378 183	429 060	434 145	521 312
Parts de fonds d'investissement monétaires	2 025	1 671	1 894	3 152	4 837	8 171	9 962	10 852
Parts de fonds d'investissement non monétaires	203 872	232 830	274 867	317 088	373 347	420 889	424 183	510 460
Systèmes d'assurance, de pensions et garanties standard	0	0	0	0	0	0	0	2
Produits financiers dérivés et options sur titres des salariés	10 889	9 256	14 586	15 504	19 228	18 206	18 840	22 374
Autres comptes à recevoir	19 009	19 781	25 840	37 293	40 160	37 051	39 941	42 803
Passifs financiers	1 358 219	1 465 700	1 653 443	1 881 455	2 048 894	2 197 272	2 204 397	2 546 549
Titres de dette	..	..	..	..	..	..	..	..
Titres de dette à court terme	..	..	..	..	..	..	..	..
Titres de dette à long terme	..	..	..	..	..	..	..	..
Crédits	32 143	29 222	30 753	64 062	60 806	60 693	60 771	66 303
Crédits à court terme	0	0	0	0	0	0	0	0
Crédits à long terme	32 143	29 222	30 753	64 062	60 806	60 693	60 771	66 303
Actions et parts de fonds d'investissement	1 309 466	1 421 288	1 597 283	1 787 882	1 954 555	2 109 812	2 110 690	2 445 849
Systèmes d'assurance, de pensions et garanties standard	..	..	..	..	..	..	..	..
Produits financiers dérivés et options sur titres des salariés	4 647	4 175	12 041	12 469	16 445	9 261	13 288	13 789
Autres comptes à payer	11 963	11 017	13 367	17 042	17 088	17 506	19 648	20 608
Actifs non financiers	..	..	..	..	..	..	..	..
Fonds d'investissement monéaires								
Valeur nette financière	0	0	0	0	0	0	0	0
Actifs financiers	7 824	4 515	3 895	3 836	2 648	2 355	2 654	2 159
Numéraire et dépôts	322	315	240	355	152	230	346	238
Titres de dette	5 414	4 129	3 633	3 462	2 410	2 052	2 254	1 890
Crédits	24	10	0	0	13	15	0	0
Actions et parts de fonds d'investissement	2 025	24	9	7	61	49	45	27
Actions	..	..	..	..	..	..	..	..
Parts de fonds d'investissement	2 025	24	9	7	61	49	45	27
Parts de fonds d'investissement monétaires	2 025	5	9	7	61	49	45	27
Parts de fonds d'investissement non monétaires	0	19	0	0	0	0	0	0
Systèmes d'assurance, de pensions et garanties standard	..	..	..	..	..	..	..	..
Produits financiers dérivés et options sur titres des salariés	1	0	0	0	0	0	0	0
Autres comptes à recevoir	37	37	13	12	12	9	9	4
Passifs financiers	7 824	4 515	3 895	3 836	2 648	2 355	2 654	2 159
Titres de dette	0	0	0	0	0	0	0	0
Titres de dette à court terme	0	0	0	0	0	0	0	0
Titres de dette à long terme	0	0	0	0	0	0	0	0
Crédits	..	..	..	..	..	..	..	..
Crédits à court terme	..	..	..	..	..	..	..	..
Crédits à long terme	..	..	..	..	..	..	..	..
Actions et parts de fonds d'investissement	7 703	4 510	3 884	3 834	2 645	2 352	2 635	2 102
Systèmes d'assurance, de pensions et garanties standard	..	..	..	..	..	..	..	..
Produits financiers dérivés et options sur titres des salariés	0	0	0	0	0	0	0	0
Autres comptes à payer	121	6	12	2	3	3	20	57
Actifs non financiers	..	..	..	..	..	..	..	..
Fonds d'investissement non monéaires								
Valeur nette financière	-96 695	-97 653	-98 073	-144 114	-145 160	-150 538	-162 191	-178 958
Actifs financiers	1 253 700	1 363 532	1 551 475	1 733 505	1 901 086	2 044 379	2 039 552	2 365 432
Numéraire et dépôts	68 095	69 735	69 891	87 123	81 996	93 145	100 335	91 691
Titres de dette	687 721	711 045	821 162	842 475	912 305	937 637	954 124	1 066 519
Crédits	11 749	12 072	13 905	19 599	23 348	27 857	32 147	38 321
Actions et parts de fonds d'investissement	456 275	541 680	606 104	731 523	824 061	930 492	894 174	1 103 728
Actions	252 403	307 204	329 351	411 289	445 938	501 481	460 074	582 443
Parts de fonds d'investissement	203 872	234 476	276 753	320 234	378 122	429 011	434 100	521 285
Parts de fonds d'investissement monétaires	0	1 666	1 885	3 145	4 776	8 122	9 917	10 825
Parts de fonds d'investissement non monétaires	203 872	232 811	274 867	317 088	373 347	420 889	424 183	510 460
Systèmes d'assurance, de pensions et garanties standard	0	0	0	0	0	0	0	0
Produits financiers dérivés et options sur titres des salariés	10 888	9 256	14 586	15 504	19 228	18 206	18 840	22 374
Autres comptes à recevoir	18 972	19 744	25 827	37 281	40 148	37 042	39 932	42 799
Passifs financiers	1 350 395	1 461 185	1 649 548	1 877 619	2 046 246	2 194 917	2 201 743	2 544 390
Titres de dette	0	0	0	0	0	0	0	0
Titres de dette à court terme	0	0	0	0	0	0	0	0
Titres de dette à long terme	0	0	0	0	0	0	0	0
Crédits	32 143	29 222	30 753	64 062	60 806	60 693	60 771	66 303
Crédits à court terme	0	0	0	0	0	0	0	0
Crédits à long terme	32 143	29 222	30 753	64 062	60 806	60 693	60 771	66 303
Actions et parts de fonds d'investissement	1 301 763	1 416 778	1 593 399	1 784 048	1 951 910	2 107 460	2 108 055	2 443 747
Systèmes d'assurance, de pensions et garanties standard	0	0	0	0	0	0	0	0
Produits financiers dérivés et options sur titres des salariés	4 647	4 175	12 041	12 469	16 445	9 261	13 288	13 789
Autres comptes à payer	11 842	11 011	13 355	17 040	17 085	17 503	19 628	20 551
Actifs non financiers	..	..	..	..	..	..	..	..
Fonds d'investissement non monéaires à capital variable								
Valeur nette financière	..	..	..	..	..	..	..	..
Actifs financiers	..	..	..	..	..	..	..	..
Numéraire et dépôts	..	..	..	..	..	..	..	..

ALLEMAGNE

Tableau 2. Actifs et passifs financiers des fonds d'investissement *(suite)*

Millions EUR

	2012	2013	2014	2015	2016	2017	2018	2019
Titres de dette	..	..	..	..	..	..	..	..
Crédits	..	..	..	..	..	..	..	..
Actions et parts de fonds d'investissement	..	..	..	..	..	..	..	..
Actions	..	..	..	..	..	..	..	..
Parts de fonds d'investissement	..	..	..	..	..	..	..	..
Parts de fonds d'investissement monétaires	..	..	..	..	..	..	..	..
Parts de fonds d'investissement non monétaires	..	..	..	..	..	..	..	..
Systèmes d'assurance, de pensions et garanties standard	..	..	..	..	..	..	..	..
Produits financiers dérivés et options sur titres des salariés	..	..	..	..	..	..	..	..
Autres comptes à recevoir	..	..	..	..	..	..	..	..
Passifs financiers	..	..	..	..	..	..	..	..
Titres de dette	..	..	..	..	..	..	..	..
Titres de dette à court terme	..	..	..	..	..	..	..	..
Titres de dette à long terme	..	..	..	..	..	..	..	..
Crédits	..	..	..	..	..	..	..	..
Crédits à court terme	..	..	..	..	..	..	..	..
Crédits à long terme	..	..	..	..	..	..	..	..
Actions et parts de fonds d'investissement	..	..	..	..	..	..	..	..
Systèmes d'assurance, de pensions et garanties standard	..	..	..	..	..	..	..	..
Produits financiers dérivés et options sur titres des salariés	..	..	..	..	..	..	..	..
Autres comptes à payer	..	..	..	..	..	..	..	..
Actifs non financiers	..	..	..	..	..	..	..	..
Fonds d'investissement à capital variable								
Valeur nette financière	..	..	..	..	..	..	..	..
Actifs financiers	..	..	..	..	..	..	..	..
Numéraire et dépôts	..	..	..	..	..	..	..	..
Titres de dette	..	..	..	..	..	..	..	..
Crédits	..	..	..	..	..	..	..	..
Actions et parts de fonds d'investissement	..	..	..	..	..	..	..	..
Actions	..	..	..	..	..	..	..	..
Parts de fonds d'investissement	..	..	..	..	..	..	..	..
Parts de fonds d'investissement monétaires	..	..	..	..	..	..	..	..
Parts de fonds d'investissement non monétaires	..	..	..	..	..	..	..	..
Systèmes d'assurance, de pensions et garanties standard	..	..	..	..	..	..	..	..
Produits financiers dérivés et options sur titres des salariés	..	..	..	..	..	..	..	..
Autres comptes à recevoir	..	..	..	..	..	..	..	..
Passifs financiers	..	..	..	..	..	..	..	..
Titres de dette	..	..	..	..	..	..	..	..
Titres de dette à court terme	..	..	..	..	..	..	..	..
Titres de dette à long terme	..	..	..	..	..	..	..	..
Crédits	..	..	..	..	..	..	..	..
Crédits à court terme	..	..	..	..	..	..	..	..
Crédits à long terme	..	..	..	..	..	..	..	..
Actions et parts de fonds d'investissement	..	..	..	..	..	..	..	..
Systèmes d'assurance, de pensions et garanties standard	..	..	..	..	..	..	..	..
Produits financiers dérivés et options sur titres des salariés	..	..	..	..	..	..	..	..
Autres comptes à payer	..	..	..	..	..	..	..	..
Actifs non financiers	..	..	..	..	..	..	..	..

Note : Voir les métadonnées détaillées sur : *http://metalinks.oecd.org/instinv/20200916/3f80*

ALLEMAGNE

Tableau 3. Actifs et passifs financiers des sociétés d'assurance et fonds de pension

Millions EUR

	2012	2013	2014	2015	2016	2017	2018	2019
Sociétés d'assurance et fonds de pension								
Valeur nette financière	32 213	-15 682	75 720	-12 045	40 648	16 339	-8 110	110 701
Actifs financiers	2 066 211	2 138 270	2 352 535	2 428 724	2 553 987	2 649 089	2 678 564	2 967 135
Numéraire et dépôts	560 467	541 268	523 866	488 666	459 566	425 658	395 066	366 920
Titres de dette	281 003	303 382	372 741	382 802	424 006	451 260	467 931	530 780
Crédits	288 668	294 355	310 522	322 684	325 267	328 654	348 625	355 478
Actions et parts de fonds d'investissement	808 639	870 966	1 007 534	1 086 858	1 203 949	1 292 883	1 306 997	1 538 037
Actions	205 401	196 039	201 675	213 146	236 501	243 655	256 330	299 593
Parts de fonds d'investissement	603 238	674 927	805 859	873 712	967 448	1 049 228	1 050 667	1 238 444
Parts de fonds d'investissement monétaires	1 986	614	702	1 443	1 796	3 983	3 099	4 846
Parts de fonds d'investissement non monétaires	601 252	674 313	805 158	872 269	965 652	1 045 245	1 047 568	1 233 598
Systèmes d'assurance, de pensions et garanties standard	63 082	64 175	68 801	77 304	70 113	76 174	84 811	91 257
Produits financiers dérivés et options sur titres des salariés	3 778	4 924	4 252	2 723	2 871	3 526	2 959	3 209
Autres comptes à recevoir	60 574	59 200	64 819	67 687	68 215	70 934	72 175	81 454
Passifs financiers	2 033 998	2 153 952	2 276 815	2 440 769	2 513 339	2 632 750	2 686 674	2 856 434
Titres de dette	24 361	17 635	18 511	20 138	20 409	19 655	20 691	26 607
Titres de dette à court terme	1 404	598	686	1 558	994	897	986	942
Titres de dette à long terme	22 957	17 037	17 825	18 580	19 415	18 758	19 705	25 665
Crédits	67 923	66 031	72 228	81 105	77 382	76 166	82 673	88 198
Crédits à court terme	40 862	36 487	41 117	48 017	40 404	40 286	45 447	49 269
Crédits à long terme	27 061	29 544	31 111	33 088	36 978	35 880	37 226	38 929
Actions et parts de fonds d'investissement	158 942	197 652	202 695	261 916	255 923	286 550	267 123	338 259
Systèmes d'assurance, de pensions et garanties standard	1 688 139	1 772 514	1 878 828	1 969 578	2 040 921	2 137 877	2 204 207	2 278 940
Produits financiers dérivés et options sur titres des salariés	1 475	1 659	2 966	3 578	2 217	1 866	2 011	2 628
Autres comptes à payer	93 158	98 461	101 587	104 454	116 487	110 636	109 969	121 802
Actifs non financiers	..	..	..	..	..	..	..	..
Sociétés d'assurance								
Valeur nette financière	3 812	-7 130	35 256	-40 965	-15 864	-57 636	-78 337	-32 867
Actifs financiers	1 635 504	1 720 730	1 849 840	1 906 876	1 979 157	2 028 035	2 036 906	2 227 415
Numéraire et dépôts	427 202	407 563	388 830	370 842	348 767	325 101	299 580	278 280
Titres de dette	238 228	280 251	340 530	346 906	382 160	407 366	419 230	476 079
Crédits	262 728	266 264	280 663	293 243	294 880	298 304	316 977	322 806
Actions et parts de fonds d'investissement	593 685	652 551	723 016	772 133	837 739	873 387	867 494	1 001 865
Actions	191 386	186 376	189 863	198 704	218 296	218 556	234 413	271 116
Parts de fonds d'investissement	402 299	466 175	533 153	573 429	619 443	654 831	633 081	730 749
Parts de fonds d'investissement monétaires	0	543	601	1 327	1 636	2 758	2 672	3 244
Parts de fonds d'investissement non monétaires	402 299	465 632	532 552	572 102	617 807	652 073	630 409	727 505
Systèmes d'assurance, de pensions et garanties standard	58 984	59 802	63 942	71 897	63 456	69 043	76 688	82 730
Produits financiers dérivés et options sur titres des salariés	3 778	4 922	4 252	2 714	2 869	3 526	2 958	3 209
Autres comptes à recevoir	50 899	49 377	48 607	49 141	49 286	51 308	53 979	62 446
Passifs financiers	1 631 692	1 727 860	1 814 584	1 947 841	1 995 021	2 085 671	2 115 243	2 260 282
Titres de dette	24 361	17 635	18 490	20 116	20 384	19 631	20 669	26 590
Titres de dette à court terme	1 404	598	686	1 558	994	897	986	942
Titres de dette à long terme	22 957	17 037	17 804	18 558	19 390	18 734	19 683	25 648
Crédits	63 682	61 605	67 359	75 877	70 916	69 357	75 266	80 368
Crédits à court terme	37 602	33 029	37 291	43 991	35 247	34 787	39 406	42 867
Crédits à long terme	26 080	28 576	30 068	31 886	35 669	34 570	35 860	37 501
Actions et parts de fonds d'investissement	158 942	197 652	202 695	261 916	255 923	286 550	267 123	338 259
Systèmes d'assurance, de pensions et garanties standard	1 291 220	1 352 028	1 422 855	1 486 078	1 530 508	1 598 968	1 641 887	1 692 376
Produits financiers dérivés et options sur titres des salariés	1 475	1 659	2 953	3 519	2 197	1 865	2 011	2 628
Autres comptes à payer	92 011	97 281	100 232	100 335	115 093	109 300	108 287	120 061
Actifs non financiers	..	..	..	..	..	..	..	..
Fonds de pension								
Valeur nette financière	28 400	-8 553	40 465	28 920	56 512	73 975	70 227	143 567
Actifs financiers	430 707	417 540	502 696	521 848	574 830	621 054	641 658	739 720
Numéraire et dépôts	133 265	133 704	135 036	117 824	110 799	100 557	95 486	88 640
Titres de dette	42 775	23 131	32 211	35 896	41 846	43 894	48 701	54 701
Crédits	25 940	28 091	29 859	29 441	30 387	30 350	31 648	32 672
Actions et parts de fonds d'investissement	214 954	218 415	284 519	314 725	366 210	419 496	439 503	536 172
Actions	14 015	9 663	11 812	14 442	18 205	25 099	21 917	28 477
Parts de fonds d'investissement	200 939	208 752	272 707	300 283	348 005	394 397	417 586	507 695
Parts de fonds d'investissement monétaires	1 986	71	100	115	161	1 225	427	1 601
Parts de fonds d'investissement non monétaires	198 953	208 681	272 606	300 167	347 845	393 172	417 159	506 093
Systèmes d'assurance, de pensions et garanties standard	4 098	4 374	4 859	5 407	6 657	7 131	8 123	8 527
Produits financiers dérivés et options sur titres des salariés	0	2	0	9	2	0	1	0
Autres comptes à recevoir	9 675	9 823	16 212	18 546	18 929	19 626	18 196	19 008
Passifs financiers	402 307	426 093	462 231	492 928	518 318	547 079	571 431	596 153
Titres de dette	0	0	21	22	25	24	22	17
Titres de dette à court terme	0	0	0	0	0	0	0	0
Titres de dette à long terme	0	0	21	22	25	24	22	17
Crédits	4 241	4 427	4 869	5 228	6 466	6 809	7 407	7 830
Crédits à court terme	3 260	3 459	3 827	4 026	5 157	5 498	6 041	6 402
Crédits à long terme	981	968	1 042	1 202	1 309	1 311	1 366	1 428
Actions et parts de fonds d'investissement	0	0	0	0	0	0	0	0
Systèmes d'assurance, de pensions et garanties standard	396 919	420 486	455 973	483 500	510 413	538 909	562 320	586 564
Produits financiers dérivés et options sur titres des salariés	0	0	13	59	20	1	0	0
Autres comptes à payer	1 147	1 180	1 355	4 119	1 394	1 336	1 682	1 742
Actifs non financiers	..	..	..	..	..	..	..	..

Note : Voir les métadonnées détaillées sur : *http://metalinks.oecd.org/instinv/20200916/3f80*

Tableau 4. Composition du portefeuille par type d'investisseur
En pourcentage des actifs financiers et des passifs financiers

Pour cent

	2012	2013	2014	2015	2016	2017	2018	2019
Fonds d'investissement								
Actifs financiers	100.0	100.0	100.0	100.0	100.0	100.0	100.0	100.0
Numéraire et dépôts	5.4	5.1	4.5	5.0	4.3	4.6	4.9	3.9
Titres de dettes	54.9	52.3	53.0	48.7	48.0	45.9	46.8	45.1
Crédits	0.9	0.9	0.9	1.1	1.2	1.4	1.6	1.6
Actions et parts de fonds d'investissement	36.3	39.6	39.0	42.1	43.3	45.5	43.8	46.6
Systèmes d'assurance de pensions et garanties standard	0.0	0.0	0.0	0.0	0.0	0.0	0.0	0.0
Produits financiers dérivés et options sur titres des salariés	0.9	0.7	0.9	0.9	1.0	0.9	0.9	0.9
Autres comptes à recevoir	1.5	1.4	1.7	2.1	2.1	1.8	2.0	1.8
Passifs financiers	100.0	100.0	100.0	100.0	100.0	100.0	100.0	100.0
Numéraire et dépôts	0.0	0.0	0.0	0.0	0.0	0.0	0.0	0.0
Titres de dettes	0.0	0.0	0.0	0.0	0.0	0.0	0.0	0.0
Crédits	2.4	2.0	1.9	3.4	3.0	2.8	2.8	2.6
Actions et parts de fonds d'investissement	96.4	97.0	96.6	95.0	95.4	96.0	95.7	96.0
Systèmes d'assurance de pensions et garanties standard	0.0	0.0	0.0	0.0	0.0	0.0	0.0	0.0
Produits financiers dérivés et options sur titres des salariés	0.3	0.3	0.7	0.7	0.8	0.4	0.6	0.5
Autres comptes à recevoir	0.9	0.8	0.8	0.9	0.8	0.8	0.9	0.8
Sociétés d'assurance								
Actifs financiers	100.0	100.0	100.0	100.0	100.0	100.0	100.0	100.0
Numéraire et dépôts	26.1	23.7	21.0	19.4	17.6	16.0	14.7	12.5
Titres de dettes	14.6	16.3	18.4	18.2	19.3	20.1	20.6	21.4
Crédits	16.1	15.5	15.2	15.4	14.9	14.7	15.6	14.5
Actions et parts de fonds d'investissement	36.3	37.9	39.1	40.5	42.3	43.1	42.6	45.0
Systèmes d'assurance de pensions et garanties standard	3.6	3.5	3.5	3.8	3.2	3.4	3.8	3.7
Produits financiers dérivés et options sur titres des salariés	0.2	0.3	0.2	0.1	0.1	0.2	0.1	0.1
Autres comptes à recevoir	3.1	2.9	2.6	2.6	2.5	2.5	2.7	2.8
Passifs financiers	100.0	100.0	100.0	100.0	100.0	100.0	100.0	100.0
Numéraire et dépôts	0.0	0.0	0.0	0.0	0.0	0.0	0.0	0.0
Titres de dettes	1.5	1.0	1.0	1.0	1.0	0.9	1.0	1.2
Crédits	3.9	3.6	3.7	3.9	3.6	3.3	3.6	3.6
Actions et parts de fonds d'investissement	9.7	11.4	11.2	13.4	12.8	13.7	12.6	15.0
Systèmes d'assurance de pensions et garanties standard	79.1	78.2	78.4	76.3	76.7	76.7	77.6	74.9
Produits financiers dérivés et options sur titres des salariés	0.1	0.1	0.2	0.2	0.1	0.1	0.1	0.1
Autres comptes à recevoir	5.6	5.6	5.5	5.2	5.8	5.2	5.1	5.3
Fonds de pension								
Actifs financiers	100.0	100.0	100.0	100.0	100.0	100.0	100.0	100.0
Numéraire et dépôts	30.9	32.0	26.9	22.6	19.3	16.2	14.9	12.0
Titres de dettes	9.9	5.5	6.4	6.9	7.3	7.1	7.6	7.4
Crédits	6.0	6.7	5.9	5.6	5.3	4.9	4.9	4.4
Actions et parts de fonds d'investissement	49.9	52.3	56.6	60.3	63.7	67.5	68.5	72.5
Systèmes d'assurance de pensions et garanties standard	1.0	1.0	1.0	1.0	1.2	1.1	1.3	1.2
Produits financiers dérivés et options sur titres des salariés	0.0	0.0	0.0	0.0	0.0	0.0	0.0	0.0
Autres comptes à recevoir	2.2	2.4	3.2	3.6	3.3	3.2	2.8	2.6
Passifs financiers	100.0	100.0	100.0	100.0	100.0	100.0	100.0	100.0
Numéraire et dépôts	0.0	0.0	0.0	0.0	0.0	0.0	0.0	0.0
Titres de dettes	0.0	0.0	0.0	0.0	0.0	0.0	0.0	0.0
Crédits	1.1	1.0	1.1	1.1	1.2	1.2	1.3	1.3
Actions et parts de fonds d'investissement	0.0	0.0	0.0	0.0	0.0	0.0	0.0	0.0
Systèmes d'assurance de pensions et garanties standard	98.7	98.7	98.6	98.1	98.5	98.5	98.4	98.4
Produits financiers dérivés et options sur titres des salariés	0.0	0.0	0.0	0.0	0.0	0.0	0.0	0.0
Autres comptes à recevoir	0.3	0.3	0.3	0.8	0.3	0.2	0.3	0.3

Note : Voir les métadonnées détaillées sur : *http://metalinks.oecd.org/instinv/20200916/649b*

GRÈCE

Tableau 1. Actifs et passifs financiers des investisseurs institutionnels, 2018

Millions EUR (2001 GRD euro)

	Fonds d'investissement				
	Total	Fonds d'investissement non-monétaire			Fonds d'investissement monétaires
		Total	Fonds d'investissement à capital variable, non monétaire	Fonds d'investissement à capital fixe, non monétaire	Total
Actifs financiers	4 082	3 553	2 952	601	529
Numéraire et dépôts	401	256	157	99	145
Titres de dette	1 810	1 428	1 428	0	382
Titres de dette à court terme	447	97	97	0	350
Titres de dette à long terme	1 363	1 331	1 331	0	32
Titres de dette émis par les résidents	1 213	852	852	0	361
Titres de dette émis par les non-résidents	597	576	576	0	21
Crédits	..	..	..	..	..
Crédits à court terme	..	..	..	..	..
Crédits à long terme	..	..	..	..	..
Crédits accordés aux résidents	..	..	..	..	..
Crédits accordés aux non-résidents	..	..	..	..	..
Actions et parts de fonds d'investissement	1 715	1 715	1 328	387	0
Actions et parts de fonds d'investissements émises par les résidents	767	767	686	81	0
Actions et part de fonds d'investissements émises par les non-résidents	950	950	643	307	0
Autres comptes à recevoir	..	..	..	..	2

	Fonds d'investissement				
	Total	Fonds d'investissement non-monétaire			Fonds d'investissement monétaires
		Total	Fonds d'investissement à capital variable, non monétaire	Fonds d'investissement à capital fixe, non monétaire	Total
Pasifs financiers	6 599	6 071	2 954	3 117	528
Numéraire et dépôts	..	..	..	..	..
Titres de dette	..	..	..	..	..
Titres de dette à court terme	..	..	..	..	..
Titres de dette à long terme	..	..	..	..	..
Crédits	..	..	..	..	..
Crédits à court terme	..	..	..	..	..
Crédits à long terme	..	..	..	..	..
Actions et parts de fonds d'investissement	..	..	..	..	527
Systèmes d'assurance, de pensions et garanties standard	..	..	..	..	..
Produits financiers dérivés et options sur titres des salariés	..	..	..	..	0
Autres comptes à payer	..	..	..	..	1

	Sociétés d'assurance et fonds de pension autonomes				
	Total	Sociétés d'assurance			Fonds de pension autonomes
		Total	Sociétés d'assurance vie	Sociétés d'assurance non-vie	Total
Actifs financiers	17 704	16 411	13 672	2 739	1 293
Numéraire et dépôts	1 535	1 365	1 137	228	171
Titres de dette	11 133	10 380	8 647	1 732	753
Titres de dette à court terme	2 098	2 026	1 688	338	72
Titres de dette à long terme	9 035	8 354	6 960	1 394	681
Titres de dette émis par les résidents	4 428	4 138	3 447	691	290
Titres de dette émis par les non-résidents	6 705	6 242	5 200	1 042	463
Crédits	175	175	146	29	0
Crédits à court terme	7	7	6	1	0
Crédits à long terme	168	168	140	28	0
Crédits accordés aux résidents	121	121	100	20	0
Crédits accordés aux non-résidents	55	55	45	9	0
Actions et parts de fonds d'investissement	3 334	3 001	2 500	501	333
Actions et parts de fonds d'investissement émises par les résidents	1 282	1 168	973	195	114
Actions et parts de fonds d'investissement émises par les non-résidents	2 052	1 833	1 527	306	219
Autrescomptes à recevoir	1 053	1 017	847	170	36

	Sociétés d'assurance et fonds de pension autonomes				
	Total	Sociétés d'assurance			Fonds de pension autonomes
		Total	Sociétés d'assurance vie	Sociétés d'assurance non-vie	Total
Pasifs financiers	17 753	16 408	13 669	2 738	1 345
Numéraire et dépôts	..	..	..	..	..
Titres de dette	2	2	1	0	..
Titres de dette à court terme	0	0	0	0	..
Titres de dette à long terme	2	2	1	0	..
Crédits	116	116	97	19	..
Crédits à court terme	31	31	26	5	..
Crédits à long terme	85	85	71	14	..
Actions et parts de fonds d'investissement	2 675	2 675	2 228	446	..
Systèmes d'assurance, de pensions et garanties standard	13 817	12 546	10 452	2 094	1 270
Produits financiers dérivés et options sur titres des salariés	1	1	1	0	..
Autres comptes à payer	1 143	1 068	890	178	75

Note : Voir les métadonnées détaillées sur : *http://metalinks.oecd.org/instinv/20200916/e7f6*

Tableau 2. Actifs et passifs financiers des fonds d'investissement

Millions EUR

	2012	2013	2014	2015	2016	2017	2018	2019
Fonds d'investissement								
Valeur nette financière	-1 399	-1 325	-1 849	-1 906	-2 081	-2 336	-2 517	-1 827
Actifs financiers	4 866	5 129	4 868	4 235	3 983	4 317	4 082	5 526
Numéraire et dépôts	1 534	1 099	1 332	595	446	357	401	635
Titres de dette	1 465	1 768	1 382	1 671	1 752	1 988	1 810	2 245
Crédits	..	..	..	..	..	..	..	..
Actions et parts de fonds d'investissement	1 695	2 097	1 827	1 821	1 641	1 859	1 715	2 420
Actions	1 322	1 748	1 328	1 288	1 129	1 348	1 230	1 764
Parts de fonds d'investissement	373	349	499	533	512	511	485	656
Parts de fonds d'investissement monétaires	21	16	15	10	13	21	16	3
Parts de fonds d'investissement non monétaires	352	333	484	523	499	490	469	653
Systèmes d'assurance, de pensions et garanties standard	..	..	..	..	..	..	..	..
Produits financiers dérivés et options sur titres des salariés	78	75	69	..	..	..	..	..
Autres comptes à recevoir	94	90	258	..	..	..	..	..
Passifs financiers	6 265	6 454	6 717	6 141	6 064	6 653	6 599	7 353
Titres de dette	..	..	..	..	..	..	..	..
Titres de dette à court terme	..	..	..	..	..	..	..	..
Titres de dette à long terme	..	..	..	..	..	..	..	..
Crédits	86	81	312	..	..	..	..	..
Crédits à court terme	0	0	2	..	..	..	..	..
Crédits à long terme	86	81	310	..	..	..	..	..
Actions et parts de fonds d'investissement	5 641	6 234	6 261	..	..	..	..	..
Systèmes d'assurance, de pensions et garanties standard	..	..	..	..	..	..	..	..
Produits financiers dérivés et options sur titres des salariés	0	0	0	..	..	..	..	..
Autres comptes à payer	538	139	144	..	..	..	..	..
Actifs non financiers	1 397	1 322	1 845	1 905	2 081	2 337	2 517	1 825
Fonds d'investissement monéaires								
Valeur nette financière	0	0	-1	-1	2	0	1	1
Actifs financiers	840	719	773	512	543	606	529	418
Numéraire et dépôts	772	365	539	161	119	97	145	164
Titres de dette	61	346	228	351	423	509	382	253
Crédits	..	..	..	..	..	..	..	..
Actions et parts de fonds d'investissement	2	2	2	0	0	0	0	0
Actions	0	0	0	0	0	0	0	0
Parts de fonds d'investissement	2	2	2	0	0	0	0	0
Parts de fonds d'investissement monétaires	2	2	2	0	0	0	0	0
Parts de fonds d'investissement non monétaires	0	0	0	0	0	0	0	0
Systèmes d'assurance, de pensions et garanties standard	..	..	..	..	..	..	..	..
Produits financiers dérivés et options sur titres des salariés	0	0	0	0	0	0	0	0
Autres comptes à recevoir	5	6	4	0	1	0	2	1
Passifs financiers	840	719	774	513	541	606	528	417
Titres de dette	..	..	..	..	..	..	..	..
Titres de dette à court terme	..	..	..	..	..	..	..	..
Titres de dette à long terme	..	..	..	..	..	..	..	..
Crédits	..	..	..	..	..	..	..	..
Crédits à court terme	..	..	..	..	..	..	..	..
Crédits à long terme	..	..	..	..	..	..	..	..
Actions et parts de fonds d'investissement	835	711	762	513	540	603	527	416
Systèmes d'assurance, de pensions et garanties standard	..	..	..	..	..	..	..	..
Produits financiers dérivés et options sur titres des salariés	0	0	0	0	0	0	0	0
Autres comptes à payer	5	8	12	0	1	3	1	1
Actifs non financiers	..	..	..	..	..	..	..	..
Fonds d'investissement non monéaires								
Valeur nette financière	-1 399	-1 325	-1 848	-1 905	-2 083	-2 336	-2 518	-1 828
Actifs financiers	4 026	4 410	4 095	3 723	3 440	3 711	3 553	5 108
Numéraire et dépôts	762	734	793	434	327	260	256	471
Titres de dette	1 404	1 422	1 154	1 320	1 329	1 479	1 428	1 992
Crédits	..	..	..	..	..	..	..	..
Actions et parts de fonds d'investissement	1 693	2 095	1 825	1 821	1 641	1 859	1 715	2 420
Actions	1 322	1 748	1 328	1 288	1 129	1 348	1 230	1 764
Parts de fonds d'investissement	371	347	497	533	512	511	485	656
Parts de fonds d'investissement monétaires	19	14	13	10	13	21	16	3
Parts de fonds d'investissement non monétaires	352	333	484	523	499	490	469	653
Systèmes d'assurance, de pensions et garanties standard	..	..	..	..	..	..	..	..
Produits financiers dérivés et options sur titres des salariés	78	75	69	..	..	..	..	..
Autres comptes à recevoir	89	84	254	..	..	..	..	..
Passifs financiers	5 425	5 735	5 943	5 628	5 523	6 047	6 071	6 936
Titres de dette	..	..	..	..	..	..	..	..
Titres de dette à court terme	..	..	..	..	..	..	..	..
Titres de dette à long terme	..	..	..	..	..	..	..	..
Crédits	86	81	312	..	..	..	..	..
Crédits à court terme	0	0	2	..	..	..	..	..
Crédits à long terme	86	81	310	..	..	..	..	..
Actions et parts de fonds d'investissement	4 806	5 523	5 499	..	..	..	..	..
Systèmes d'assurance, de pensions et garanties standard	..	..	..	..	..	..	..	..
Produits financiers dérivés et options sur titres des salariés	0	0	0	..	..	..	..	..
Autres comptes à payer	533	131	132	..	..	..	..	..
Actifs non financiers	1 397	1 322	1 845	1 905	2 081	2 337	2 517	1 825
Fonds d'investissement non monéaires à capital variable								
Valeur nette financière	-2	-2	-2	-1	-2	0	-2	-2
Actifs financiers	3 572	3 797	3 344	3 138	2 931	3 188	2 952	4 294
Numéraire et dépôts	405	363	580	254	187	158	157	327

Tableau 2. Actifs et passifs financiers des fonds d'investissement *(suite)*

Millions EUR

	2012	2013	2014	2015	2016	2017	2018	2019
Titres de dette	1 404	1 420	1 151	1 319	1 323	1 469	1 428	1 992
Crédits	..	..	..	..	..	..	..	..
Actions et parts de fonds d'investissement	1 635	1 890	1 499	1 486	1 375	1 540	1 328	1 930
Actions	1 264	1 544	1 083	1 033	944	1 110	925	1 495
Parts de fonds d'investissement	371	346	416	453	431	430	403	435
Parts de fonds d'investissement monétaires	19	14	13	10	13	21	16	3
Parts de fonds d'investissement non monétaires	352	332	403	443	418	409	387	432
Systèmes d'assurance, de pensions et garanties standard	..	..	..	..	..	..	..	..
Produits financiers dérivés et options sur titres des salariés	..	..	..	..	..	..	..	..
Autres comptes à recevoir	..	..	..	..	..	..	..	..
Passifs financiers	3 574	3 799	3 346	3 139	2 933	3 188	2 954	4 296
Titres de dette	..	..	..	..	..	..	..	..
Titres de dette à court terme	..	..	..	..	..	..	..	..
Titres de dette à long terme	..	..	..	..	..	..	..	..
Crédits	0	0	0	..	..	..	..	..
Crédits à court terme	0	0	0	..	..	..	..	..
Crédits à long terme	0	0	0	..	..	..	..	..
Actions et parts de fonds d'investissement	3 467	3 696	3 254	..	..	..	..	..
Systèmes d'assurance, de pensions et garanties standard	..	..	..	..	..	..	..	..
Produits financiers dérivés et options sur titres des salariés	..	..	..	..	..	..	..	..
Autres comptes à payer	..	..	..	..	..	..	..	..
Actifs non financiers	0	0	0	0	0	0	0	0
Fonds d'investissement à capital variable								
Valeur nette financière	-2	-2	-3	-2	0	0	-1	-1
Actifs financiers	4 412	4 516	4 117	3 650	3 474	3 794	3 481	4 712
Numéraire et dépôts	1 177	728	1 119	415	306	255	302	491
Titres de dette	1 465	1 766	1 379	1 670	1 746	1 978	1 810	2 245
Crédits	..	..	..	..	..	..	..	..
Actions et parts de fonds d'investissement	1 637	1 892	1 501	1 486	1 375	1 540	1 328	1 930
Actions	1 264	1 544	1 083	1 033	944	1 110	925	1 495
Parts de fonds d'investissement	373	348	418	453	431	430	403	435
Parts de fonds d'investissement monétaires	21	16	15	10	13	21	16	3
Parts de fonds d'investissement non monétaires	352	332	403	443	418	409	387	432
Systèmes d'assurance, de pensions et garanties standard	..	..	..	..	..	..	..	..
Produits financiers dérivés et options sur titres des salariés	..	..	..	..	..	..	..	..
Autres comptes à recevoir	..	..	..	..	..	..	..	..
Passifs financiers	4 414	4 518	4 120	3 652	3 474	3 794	3 482	4 713
Titres de dette	..	..	..	..	..	..	..	..
Titres de dette à court terme	..	..	..	..	..	..	..	..
Titres de dette à long terme	..	..	..	..	..	..	..	..
Crédits	0	0	0	..	..	..	..	..
Crédits à court terme	0	0	0	..	..	..	..	..
Crédits à long terme	0	0	0	..	..	..	..	..
Actions et parts de fonds d'investissement	4 302	4 407	4 016	..	..	..	..	..
Systèmes d'assurance, de pensions et garanties standard	..	..	..	..	..	..	..	..
Produits financiers dérivés et options sur titres des salariés	..	..	..	..	..	..	..	..
Autres comptes à payer	..	..	..	..	..	..	..	..
Actifs non financiers	0	0	0	0	0	0	0	0

Note : Voir les métadonnées détaillées sur : *http://metalinks.oecd.org/instinv/20200916/e7f6*

Tableau 3. Actifs et passifs financiers des sociétés d'assurance et fonds de pension

Millions EUR

	2012	2013	2014	2015	2016	2017	2018	2019
Sociétés d'assurance et fonds de pension								
Valeur nette financière	..	-921	-879	-1 002	-43	-180	-48	-57
Actifs financiers	..	15 509	15 893	15 969	16 677	17 378	17 704	19 630
Numéraire et dépôts	..	3 772	2 575	1 943	1 648	1 293	1 535	1 421
Titres de dette	..	6 713	8 243	8 323	9 838	10 911	11 133	12 615
Crédits	..	132	140	160	150	137	175	164
Actions et parts de fonds d'investissement	..	2 628	2 880	3 321	3 384	3 531	3 334	3 978
Actions	..	365	404	545	464	550	543	735
Parts de fonds d'investissement	..	2 264	2 476	2 776	2 920	2 981	2 791	3 243
Parts de fonds d'investissement monétaires	..	367	416	509	626	477	435	325
Parts de fonds d'investissement non monétaires	..	1 896	2 060	2 267	2 294	2 503	2 356	2 919
Systèmes d'assurance, de pensions et garanties standard	..	390	375	471	465	408	469	454
Produits financiers dérivés et options sur titres des salariés	..	8	4	4	2	3	5	3
Autres comptes à recevoir	..	1 866	1 676	1 747	1 191	1 096	1 053	994
Passifs financiers	..	16 430	16 772	16 971	16 720	17 558	17 753	19 687
Titres de dette	..	29	29	29	2	2	2	2
Titres de dette à court terme	..	0	0	0	0	0	0	0
Titres de dette à long terme	..	29	29	29	2	2	2	2
Crédits	..	482	127	165	240	143	116	134
Crédits à court terme	..	435	65	57	68	28	31	47
Crédits à long terme	..	47	62	109	172	116	85	86
Actions et parts de fonds d'investissement	..	2 796	3 206	3 451	2 523	2 875	2 675	3 098
Systèmes d'assurance, de pensions et garanties standard	..	12 146	12 213	12 524	12 934	13 412	13 817	15 342
Produits financiers dérivés et options sur titres des salariés	..	0	0	0	0	6	1	17
Autres comptes à payer	..	977	1 198	802	1 021	1 121	1 143	1 095
Actifs non financiers	..	921	879	1 002	43	180	48	57
Sociétés d'assurance								
Valeur nette financière	-865	-921	-879	-1 002	-27	-164	3	6
Actifs financiers	14 689	15 284	15 453	15 647	15 504	16 078	16 411	18 240
Numéraire et dépôts	2 800	3 547	2 439	1 836	1 591	1 190	1 365	1 231
Titres de dette	6 589	6 713	7 985	8 176	9 095	10 125	10 380	11 824
Crédits	145	132	132	154	146	137	175	164
Actions et parts de fonds d'investissement	2 632	2 628	2 842	3 260	3 071	3 160	3 001	3 597
Actions	341	365	399	533	432	487	482	627
Parts de fonds d'investissement	2 291	2 264	2 444	2 728	2 640	2 673	2 518	2 970
Parts de fonds d'investissement monétaires	468	367	416	509	528	382	358	307
Parts de fonds d'investissement non monétaires	1 823	1 896	2 028	2 218	2 112	2 291	2 161	2 663
Systèmes d'assurance, de pensions et garanties standard	427	390	375	471	465	408	469	454
Produits financiers dérivés et options sur titres des salariés	6	8	4	4	2	3	5	3
Autres comptes à recevoir	2 092	1 866	1 675	1 746	1 134	1 056	1 017	967
Passifs financiers	15 554	16 205	16 332	16 649	15 531	16 243	16 408	18 233
Titres de dette	15	29	29	29	2	2	2	2
Titres de dette à court terme	0	0	0	0	0	0	0	0
Titres de dette à long terme	15	29	29	29	2	2	2	2
Crédits	332	482	127	165	240	143	116	134
Crédits à court terme	275	435	65	57	68	28	31	47
Crédits à long terme	57	47	62	109	172	116	85	86
Actions et parts de fonds d'investissement	1 956	2 796	3 206	3 451	2 523	2 875	2 675	3 098
Systèmes d'assurance, de pensions et garanties standard	12 256	11 921	11 773	12 202	11 811	12 171	12 546	13 974
Produits financiers dérivés et options sur titres des salariés	1	0	0	0	0	6	1	17
Autres comptes à payer	995	977	1 198	802	955	1 047	1 068	1 009
Actifs non financiers	866	921	879	1 002	27	165	-3	-6
Fonds de pension								
Valeur nette financière	..	0	0	0	-16	-15	-52	-63
Actifs financiers	..	225	440	322	1 173	1 300	1 293	1 390
Numéraire et dépôts	..	225	136	107	56	103	171	191
Titres de dette	..	0	258	146	743	786	753	791
Crédits	..	0	8	6	4	0	0	0
Actions et parts de fonds d'investissement	..	0	38	61	313	371	333	382
Actions	..	0	6	12	32	64	61	108
Parts de fonds d'investissement	..	0	32	49	280	308	273	273
Parts de fonds d'investissement monétaires	..	0	0	0	99	96	77	18
Parts de fonds d'investissement non monétaires	..	0	32	49	182	212	195	256
Systèmes d'assurance, de pensions et garanties standard	..	0	0	0	0	0	0	0
Produits financiers dérivés et options sur titres des salariés	..	0	0	0	0	0	0	0
Autres comptes à recevoir	..	0	1	1	58	40	36	27
Passifs financiers	..	225	440	322	1 189	1 315	1 345	1 454
Titres de dette	..	..	..	..	..	..	..	..
Titres de dette à court terme	..	..	..	..	..	..	..	..
Titres de dette à long terme	..	..	..	..	..	..	..	..
Crédits	..	..	..	..	..	..	..	..
Crédits à court terme	..	..	..	..	..	..	..	..
Crédits à long terme	..	..	..	..	..	..	..	..
Actions et parts de fonds d'investissement	..	..	..	..	..	..	..	..
Systèmes d'assurance, de pensions et garanties standard	..	225	440	322	1 123	1 241	1 270	1 368
Produits financiers dérivés et options sur titres des salariés	..	..	..	..	..	..	..	..
Autres comptes à payer	..	..	..	..	66	74	75	86
Actifs non financiers	..	0	0	0	16	15	52	63

Note : Voir les métadonnées détaillées sur : *http://metalinks.oecd.org/instinv/20200916/e7f6*

Tableau 4. Composition du portefeuille par type d'investisseur
En pourcentage des actifs financiers et des passifs financiers

Pour cent

	2012	2013	2014	2015	2016	2017	2018	2019
Fonds d'investissement								
Actifs financiers	100.0	100.0	100.0	100.0	100.0	100.0	100.0	100.0
Numéraire et dépôts	31.5	21.4	27.4	14.0	11.2	8.3	9.8	11.5
Titres de dettes	30.1	34.5	28.4	39.5	44.0	46.1	44.3	40.6
Crédits	0.0	0.0	0.0	..	..	..	..	..
Actions et parts de fonds d'investissement	34.8	40.9	37.5	43.0	41.2	43.1	42.0	43.8
Systèmes d'assurance de pensions et garanties standard	0.0	0.0	0.0	..	..	..	..	..
Produits financiers dérivés et options sur titres des salariés	1.6	1.5	1.4	..	..	..	..	..
Autres comptes à recevoir	1.9	1.8	5.3	..	..	..	..	..
Passifs financiers	100.0	100.0	100.0	100.0	100.0	100.0	100.0	100.0
Numéraire et dépôts	0.0	0.0	0.0	..	..	..	..	..
Titres de dettes	0.0	0.0	0.0	..	..	..	..	..
Crédits	1.4	1.3	4.6	..	..	..	..	..
Actions et parts de fonds d'investissement	90.0	96.6	93.2	..	..	..	..	..
Systèmes d'assurance de pensions et garanties standard	0.0	0.0	0.0	..	..	..	..	..
Produits financiers dérivés et options sur titres des salariés	0.0	0.0	0.0	..	..	..	..	..
Autres comptes à recevoir	8.6	2.2	2.1	..	..	..	..	..
Sociétés d'assurance								
Actifs financiers	100.0	100.0	100.0	100.0	100.0	100.0	100.0	100.0
Numéraire et dépôts	19.1	23.2	15.8	11.7	10.3	7.4	8.3	6.7
Titres de dettes	44.9	43.9	51.7	52.3	58.7	63.0	63.2	64.8
Crédits	1.0	0.9	0.9	1.0	0.9	0.9	1.1	0.9
Actions et parts de fonds d'investissement	17.9	17.2	18.4	20.8	19.8	19.7	18.3	19.7
Systèmes d'assurance de pensions et garanties standard	2.9	2.6	2.4	3.0	3.0	2.5	2.9	2.5
Produits financiers dérivés et options sur titres des salariés	0.0	0.1	0.0	0.0	0.0	0.0	0.0	0.0
Autres comptes à recevoir	14.2	12.2	10.8	11.2	7.3	6.6	6.2	5.3
Passifs financiers	100.0	100.0	100.0	100.0	100.0	100.0	100.0	100.0
Numéraire et dépôts	0.0	0.0	0.0	0.0	0.0	0.0	0.0	0.0
Titres de dettes	0.1	0.2	0.2	0.2	0.0	0.0	0.0	0.0
Crédits	2.1	3.0	0.8	1.0	1.5	0.9	0.7	0.7
Actions et parts de fonds d'investissement	12.6	17.3	19.6	20.7	16.2	17.7	16.3	17.0
Systèmes d'assurance de pensions et garanties standard	78.8	73.6	72.1	73.3	76.0	74.9	76.5	76.6
Produits financiers dérivés et options sur titres des salariés	0.0	0.0	0.0	0.0	0.0	0.0	0.0	0.1
Autres comptes à recevoir	6.4	6.0	7.3	4.8	6.1	6.4	6.5	5.5
Fonds de pension								
Actifs financiers	..	100.0	100.0	100.0	100.0	100.0	100.0	100.0
Numéraire et dépôts	..	100.0	30.8	33.4	4.8	7.9	13.2	13.7
Titres de dettes	..	0.0	58.5	45.5	63.3	60.5	58.2	56.9
Crédits	..	0.0	1.8	2.0	0.3	0.0	0.0	0.0
Actions et parts de fonds d'investissement	..	0.0	8.6	19.0	26.7	28.5	25.8	27.4
Systèmes d'assurance de pensions et garanties standard	..	0.0	0.0	0.0	0.0	0.0	0.0	0.0
Produits financiers dérivés et options sur titres des salariés	..	0.0	0.0	0.0	0.0	0.0	0.0	0.0
Autres comptes à recevoir	..	0.0	0.3	0.2	4.9	3.1	2.8	2.0
Passifs financiers	..	100.0	100.0	100.0	100.0	100.0	100.0	100.0
Numéraire et dépôts	..	0.0	0.0	0.0	0.0	0.0	0.0	0.0
Titres de dettes	..	0.0	0.0	0.0	0.0	0.0	0.0	0.0
Crédits	..	0.0	0.0	0.0	0.0	0.0	0.0	0.0
Actions et parts de fonds d'investissement	..	0.0	0.0	0.0	0.0	0.0	0.0	0.0
Systèmes d'assurance de pensions et garanties standard	..	100.0	100.0	100.0	94.4	94.4	94.4	94.1
Produits financiers dérivés et options sur titres des salariés	..	0.0	0.0	0.0	0.0	0.0	0.0	0.0
Autres comptes à recevoir	..	0.0	0.0	0.0	5.6	5.6	5.6	5.9

Note : Voir les métadonnées détaillées sur : *http://metalinks.oecd.org/instinv/20200916/649b*

HONGRIE

Tableau 1. Actifs et passifs financiers des investisseurs institutionnels, 2018

Millions HUF

	Fonds d'investissement				
	Total	Fonds d'investissement non-monétaire			Fonds d'investissement monétaires
		Total	Fonds d'investissement à capital variable, non monétaire	Fonds d'investissement à capital fixe, non monétaire	Total
Actifs financiers	6 017 058	5 668 185	..	..	348 873
Numéraire et dépôts	1 497 943	1 259 598	..	..	238 345
Titres de dette	2 068 850	1 958 461	..	..	110 389
Titres de dette à court terme	449 874	398 433	..	..	51 441
Titres de dette à long terme	1 618 976	1 560 028	..	..	58 948
Titres de dette émis par les résidents	1 619 015	1 513 098	..	..	105 917
Titres de dette émis par les non-résidents	449 835	445 363	..	..	4 472
Crédits	33 467	33 467	..	..	0
Crédits à court terme	12 860	12 860	..	..	0
Crédits à long terme	20 607	20 607	..	..	0
Crédits accordés aux résidents	33 467	33 467	..	..	0
Crédits accordés aux non-résidents	0	0	..	..	0
Actions et parts de fonds d'investissement	2 267 863	2 267 857	..	..	6
Actions et parts de fonds d'investissements émises par les résidents	1 437 563	1 437 557	..	..	6
Actions et part de fonds d'investissements émises par les non-résidents	830 300	830 300	..	..	0
Autres comptes à recevoir	123 379	123 376	..	..	3

	Fonds d'investissement				
	Total	Fonds d'investissement non-monétaire			Fonds d'investissement monétaires
		Total	Fonds d'investissement à capital variable, non monétaire	Fonds d'investissement à capital fixe, non monétaire	Total
Pasifs financiers	7 100 782	6 724 331	..	..	376 451
Numéraire et dépôts	0	0	..	..	0
Titres de dette	0	0	..	..	0
Titres de dette à court terme	0	0	..	..	0
Titres de dette à long terme	0	0	..	..	0
Crédits	127 955	127 479	..	..	476
Crédits à court terme	20 447	19 971	..	..	476
Crédits à long terme	107 508	107 508	..	..	0
Actions et parts de fonds d'investissement	6 952 025	6 576 668	..	..	375 357
Systèmes d'assurance, de pensions et garanties standard	0	0	..	..	0
Produits financiers dérivés et options sur titres des salariés	17 002	16 812	..	..	190
Autres comptes à payer	3 800	3 372	..	..	428

	Sociétés d'assurance et fonds de pension autonomes				
	Total	Sociétés d'assurance			Fonds de pension autonomes
		Total	Sociétés d'assurance vie	Sociétés d'assurance non-vie	Total
Actifs financiers	4 607 709	2 912 146	..	..	1 695 563
Numéraire et dépôts	235 980	165 956	..	..	70 024
Titres de dette	2 636 807	1 539 680	..	..	1 097 127
Titres de dette à court terme	161 218	62 945	..	..	98 273
Titres de dette à long terme	2 475 589	1 476 735	..	..	998 854
Titres de dette émis par les résidents	2 547 803	1 468 080	..	..	1 079 723
Titres de dette émis par les non-résidents	89 004	71 600	..	..	17 404
Crédits	12 030	10 622	..	..	1 408
Crédits à court terme	7 541	7 541	..	..	0
Crédits à long terme	4 489	3 081	..	..	1 408
Crédits accordés aux résidents	4 313	2 905	..	..	1 408
Crédits accordés aux non-résidents	7 717	7 717	..	..	0
Actions et parts de fonds d'investissement	1 538 716	1 012 192	..	..	526 524
Actions et parts de fonds d'investissement émises par les résidents	764 215	441 524	..	..	322 691
Actions et parts de fonds d'investissement émises par les non-résidents	774 501	570 668	..	..	203 833
Autrescomptes à recevoir	69 687	69 405	..	..	282

	Sociétés d'assurance et fonds de pension autonomes				
	Total	Sociétés d'assurance			Fonds de pension autonomes
		Total	Sociétés d'assurance vie	Sociétés d'assurance non-vie	Total
Pasifs financiers	4 706 946	2 948 830	..	..	1 758 116
Numéraire et dépôts	0	0	..	..	0
Titres de dette	0	0	..	..	0
Titres de dette à court terme	0	0	..	..	0
Titres de dette à long terme	0	0	..	..	0
Crédits	2 611	2 600	..	..	11
Crédits à court terme	11	3	..	..	8
Crédits à long terme	2 600	2 597	..	..	3
Actions et parts de fonds d'investissement	398 432	357 700	..	..	40 732
Systèmes d'assurance, de pensions et garanties standard	4 215 493	2 498 871	..	..	1 716 622
Produits financiers dérivés et options sur titres des salariés	1 401	1 163	..	..	238
Autres comptes à payer	89 009	88 496	..	..	513

Note : Voir les métadonnées détaillées sur : *http://metalinks.oecd.org/instinv/20200916/0196*

HONGRIE

Tableau 2. Actifs et passifs financiers des fonds d'investissement

Millions HUF

	2012	2013	2014	2015	2016	2017	2018	2019
Fonds d'investissement								
Valeur nette financière	-319 083	-326 780	-315 603	-308 787	-401 015	-602 812	-1 083 724	-1 419 140
Actifs financiers	3 283 329	4 493 133	5 438 669	5 665 109	5 749 275	6 173 542	6 017 058	6 447 245
Numéraire et dépôts	1 745 945	2 046 619	2 392 275	2 300 990	2 143 298	1 801 055	1 497 943	1 601 577
Titres de dette	823 020	1 438 362	1 754 128	1 919 808	1 954 598	2 105 434	2 068 850	1 767 086
Crédits	0	2 490	4 570	6 070	13 673	16 607	33 467	47 007
Actions et parts de fonds d'investissement	612 122	809 651	1 162 655	1 326 421	1 505 897	2 088 341	2 267 863	2 841 333
Actions	197 861	202 295	269 403	342 780	486 544	710 052	778 999	1 018 457
Parts de fonds d'investissement	414 261	607 356	893 252	983 641	1 019 353	1 378 289	1 488 864	1 822 876
Parts de fonds d'investissement monétaires	27 455	47 197	59 753	130 626	36 887	33 060	134 567	20 617
Parts de fonds d'investissement non monétaires	386 806	560 159	833 499	853 015	982 466	1 345 229	1 354 297	1 802 259
Systèmes d'assurance, de pensions et garanties standard	0	0	0	0	0	0	0	0
Produits financiers dérivés et options sur titres des salariés	41 238	55 009	45 041	31 810	33 794	40 711	25 556	33 414
Autres comptes à recevoir	61 004	141 002	80 000	80 010	98 015	121 394	123 379	156 828
Passifs financiers	3 602 412	4 819 913	5 754 272	5 973 896	6 150 290	6 776 354	7 100 782	7 866 385
Titres de dette	0	0	0	0	0	0	0	0
Titres de dette à court terme	0	0	0	0	0	0	0	0
Titres de dette à long terme	0	0	0	0	0	0	0	0
Crédits	71 011	66 700	81 145	50 867	84 459	68 865	127 955	264 519
Crédits à court terme	25 836	23 824	45 686	33 031	53 260	21 112	20 447	10 148
Crédits à long terme	45 175	42 876	35 459	17 836	31 199	47 753	107 508	254 371
Actions et parts de fonds d'investissement	3 463 811	4 745 008	5 635 909	5 907 027	6 050 435	6 692 853	6 952 025	7 575 214
Systèmes d'assurance, de pensions et garanties standard	0	0	0	0	0	0	0	0
Produits financiers dérivés et options sur titres des salariés	9 006	3 269	33 897	10 961	13 639	13 597	17 002	25 856
Autres comptes à payer	58 584	4 936	3 321	5 041	1 757	1 039	3 800	796
Actifs non financiers	..	..	..	..	..	..	..	..
Fonds d'investissement monéaires								
Valeur nette financière	43 912	20 044	-21 629	5 738	904	-30 964	-27 578	-7 187
Actifs financiers	1 270 751	1 455 722	1 224 273	1 173 427	795 314	463 649	348 873	70 277
Numéraire et dépôts	1 004 275	1 037 929	981 956	982 384	646 582	357 643	238 345	37 318
Titres de dette	201 169	353 790	241 201	187 867	134 517	104 851	110 389	32 927
Crédits	0	0	0	0	0	0	0	0
Actions et parts de fonds d'investissement	4 303	3 001	1 116	3 166	1 786	317	6	6
Actions	0	0	0	0	0	0	0	0
Parts de fonds d'investissement	4 303	3 001	1 116	3 166	1 786	317	6	6
Parts de fonds d'investissement monétaires	4 303	3 001	1 116	3 166	1 786	311	0	0
Parts de fonds d'investissement non monétaires	0	0	0	0	0	6	6	6
Systèmes d'assurance, de pensions et garanties standard	0	0	0	0	0	0	0	0
Produits financiers dérivés et options sur titres des salariés	0	0	0	0	400	255	130	26
Autres comptes à recevoir	61 004	61 002	0	10	12 029	583	3	0
Passifs financiers	1 226 839	1 435 678	1 245 902	1 167 689	794 410	494 613	376 451	77 464
Titres de dette	0	0	0	0	0	0	0	0
Titres de dette à court terme	0	0	0	0	0	0	0	0
Titres de dette à long terme	0	0	0	0	0	0	0	0
Crédits	33	42	59	67	79	1 388	476	0
Crédits à court terme	33	42	59	67	79	1 388	476	0
Crédits à long terme	0	0	0	0	0	0	0	0
Actions et parts de fonds d'investissement	1 226 331	1 435 555	1 245 738	1 167 563	793 687	492 538	375 357	77 371
Systèmes d'assurance, de pensions et garanties standard	0	0	0	0	0	0	0	0
Produits financiers dérivés et options sur titres des salariés	0	0	0	0	190	183	190	86
Autres comptes à payer	475	81	105	59	454	504	428	7
Actifs non financiers	..	..	..	..	..	..	..	..
Fonds d'investissement non monéaires								
Valeur nette financière	-362 995	-346 824	-293 974	-314 525	-401 919	-571 848	-1 056 146	-1 411 953
Actifs financiers	2 012 578	3 037 411	4 214 396	4 491 682	4 953 961	5 709 893	5 668 185	6 376 968
Numéraire et dépôts	741 670	1 008 690	1 410 319	1 318 606	1 496 716	1 443 412	1 259 598	1 564 259
Titres de dette	621 851	1 084 572	1 512 927	1 731 941	1 820 081	2 000 583	1 958 461	1 734 159
Crédits	0	2 490	4 570	6 070	13 673	16 607	33 467	47 007
Actions et parts de fonds d'investissement	607 819	806 650	1 161 539	1 323 255	1 504 111	2 088 024	2 267 857	2 841 327
Actions	197 861	202 295	269 403	342 780	486 544	710 052	778 999	1 018 457
Parts de fonds d'investissement	409 958	604 355	892 136	980 475	1 017 567	1 377 972	1 488 858	1 822 870
Parts de fonds d'investissement monétaires	23 152	44 196	58 637	127 460	35 101	32 749	134 567	20 617
Parts de fonds d'investissement non monétaires	386 806	560 159	833 499	853 015	982 466	1 345 223	1 354 291	1 802 253
Systèmes d'assurance, de pensions et garanties standard	0	0	0	0	0	0	0	0
Produits financiers dérivés et options sur titres des salariés	41 238	55 009	45 041	31 810	33 394	40 456	25 426	33 388
Autres comptes à recevoir	0	80 000	80 000	80 000	85 986	120 811	123 376	156 828
Passifs financiers	2 375 573	3 384 235	4 508 370	4 806 207	5 355 880	6 281 741	6 724 331	7 788 921
Titres de dette	0	0	0	0	0	0	0	0
Titres de dette à court terme	0	0	0	0	0	0	0	0
Titres de dette à long terme	0	0	0	0	0	0	0	0
Crédits	70 978	66 658	81 086	50 800	84 380	67 477	127 479	264 519
Crédits à court terme	25 803	23 782	45 627	32 964	53 181	19 724	19 971	10 148
Crédits à long terme	45 175	42 876	35 459	17 836	31 199	47 753	107 508	254 371
Actions et parts de fonds d'investissement	2 237 480	3 309 453	4 390 171	4 739 464	5 256 748	6 200 315	6 576 668	7 497 843
Systèmes d'assurance, de pensions et garanties standard	0	0	0	0	0	0	0	0
Produits financiers dérivés et options sur titres des salariés	9 006	3 269	33 897	10 961	13 449	13 414	16 812	25 770
Autres comptes à payer	58 109	4 855	3 216	4 982	1 303	535	3 372	789
Actifs non financiers	..	..	..	..	..	..	..	..
Fonds d'investissement non monéaires à capital variable								
Valeur nette financière	..	..	..	..	..	..	..	..
Actifs financiers	..	..	..	..	..	..	..	..
Numéraire et dépôts	..	..	..	..	..	..	..	..

HONGRIE

Tableau 2. Actifs et passifs financiers des fonds d'investissement *(suite)*

Millions HUF

	2012	2013	2014	2015	2016	2017	2018	2019
Titres de dette	..	..	..	..	..	..	..	..
Crédits	..	..	..	..	..	..	..	..
Actions et parts de fonds d'investissement	..	..	..	..	..	..	..	..
Actions	..	..	..	..	..	..	..	..
Parts de fonds d'investissement	..	..	..	..	..	..	..	..
Parts de fonds d'investissement monétaires	..	..	..	..	..	..	..	..
Parts de fonds d'investissement non monétaires	..	..	..	..	..	..	..	..
Systèmes d'assurance, de pensions et garanties standard	..	..	..	..	..	..	..	..
Produits financiers dérivés et options sur titres des salariés	..	..	..	..	..	..	..	..
Autres comptes à recevoir	..	..	..	..	..	..	..	..
Passifs financiers	..	..	..	..	..	..	..	..
Titres de dette	..	..	..	..	..	..	..	..
Titres de dette à court terme	..	..	..	..	..	..	..	..
Titres de dette à long terme	..	..	..	..	..	..	..	..
Crédits	..	..	..	..	..	..	..	..
Crédits à court terme	..	..	..	..	..	..	..	..
Crédits à long terme	..	..	..	..	..	..	..	..
Actions et parts de fonds d'investissement	..	..	..	..	..	..	..	..
Systèmes d'assurance, de pensions et garanties standard	..	..	..	..	..	..	..	..
Produits financiers dérivés et options sur titres des salariés	..	..	..	..	..	..	..	..
Autres comptes à payer	..	..	..	..	..	..	..	..
Actifs non financiers	..	..	..	..	..	..	..	..
Fonds d'investissement à capital variable								
Valeur nette financière	..	..	..	..	..	..	..	..
Actifs financiers	..	..	..	..	..	..	..	..
Numéraire et dépôts	..	..	..	..	..	..	..	..
Titres de dette	..	..	..	..	..	..	..	..
Crédits	..	..	..	..	..	..	..	..
Actions et parts de fonds d'investissement	..	..	..	..	..	..	..	..
Actions	..	..	..	..	..	..	..	..
Parts de fonds d'investissement	..	..	..	..	..	..	..	..
Parts de fonds d'investissement monétaires	..	..	..	..	..	..	..	..
Parts de fonds d'investissement non monétaires	..	..	..	..	..	..	..	..
Systèmes d'assurance, de pensions et garanties standard	..	..	..	..	..	..	..	..
Produits financiers dérivés et options sur titres des salariés	..	..	..	..	..	..	..	..
Autres comptes à recevoir	..	..	..	..	..	..	..	..
Passifs financiers	..	..	..	..	..	..	..	..
Titres de dette	..	..	..	..	..	..	..	..
Titres de dette à court terme	..	..	..	..	..	..	..	..
Titres de dette à long terme	..	..	..	..	..	..	..	..
Crédits	..	..	..	..	..	..	..	..
Crédits à court terme	..	..	..	..	..	..	..	..
Crédits à long terme	..	..	..	..	..	..	..	..
Actions et parts de fonds d'investissement	..	..	..	..	..	..	..	..
Systèmes d'assurance, de pensions et garanties standard	..	..	..	..	..	..	..	..
Produits financiers dérivés et options sur titres des salariés	..	..	..	..	..	..	..	..
Autres comptes à payer	..	..	..	..	..	..	..	..
Actifs non financiers	..	..	..	..	..	..	..	..

Note : Voir les métadonnées détaillées sur : *http://metalinks.oecd.org/instinv/20200916/0196*

HONGRIE

Tableau 3. Actifs et passifs financiers des sociétés d'assurance et fonds de pension

Millions HUF

	2012	2013	2014	2015	2016	2017	2018	2019
Sociétés d'assurance et fonds de pension								
Valeur nette financière	-67 565	-77 866	-42 771	-19 137	-30 696	-27 993	-99 237	-56 273
Actifs financiers	3 545 240	3 665 965	3 978 385	4 125 489	4 335 213	4 602 812	4 607 709	5 033 562
Numéraire et dépôts	172 142	212 288	252 487	265 046	199 583	210 233	235 980	270 970
Titres de dette	2 174 370	2 238 054	2 386 935	2 385 013	2 495 597	2 608 516	2 636 807	2 741 185
Crédits	10 449	7 755	7 992	8 072	8 063	9 985	12 030	11 975
Actions et parts de fonds d'investissement	1 027 638	1 055 761	1 178 022	1 305 486	1 466 962	1 604 097	1 538 716	1 799 051
Actions	120 920	112 582	125 369	140 939	181 655	196 660	196 412	225 901
Parts de fonds d'investissement	906 718	943 179	1 052 653	1 164 547	1 285 307	1 407 437	1 342 304	1 573 150
Parts de fonds d'investissement monétaires	72 978	77 076	54 223	68 926	52 862	42 552	32 562	13 184
Parts de fonds d'investissement non monétaires	833 740	866 103	998 430	1 095 621	1 232 445	1 364 885	1 309 742	1 559 966
Systèmes d'assurance, de pensions et garanties standard	95 897	88 982	92 294	100 164	104 736	107 693	114 121	113 983
Produits financiers dérivés et options sur titres des salariés	2	218	4 226	3 743	1 272	1 531	368	1 073
Autres comptes à recevoir	64 742	62 907	56 429	57 965	59 000	60 757	69 687	95 325
Passifs financiers	3 612 805	3 743 831	4 021 156	4 144 626	4 365 909	4 630 805	4 706 946	5 089 835
Titres de dette	0	26	25	0	0	0	0	0
Titres de dette à court terme	0	0	0	0	0	0	0	0
Titres de dette à long terme	0	26	25	0	0	0	0	0
Crédits	6 577	5 832	8 111	20 002	5 135	1 641	2 611	6 084
Crédits à court terme	3 341	1 239	1 818	14 836	7	16	11	11
Crédits à long terme	3 236	4 593	6 293	5 166	5 128	1 625	2 600	6 073
Actions et parts de fonds d'investissement	300 311	307 168	307 765	304 616	340 156	372 384	398 432	421 377
Systèmes d'assurance, de pensions et garanties standard	3 217 327	3 339 065	3 608 519	3 725 694	3 941 358	4 176 640	4 215 493	4 559 264
Produits financiers dérivés et options sur titres des salariés	336	56	4 955	3 684	2 282	371	1 401	772
Autres comptes à payer	88 254	91 684	91 781	90 630	76 978	79 769	89 009	102 338
Actifs non financiers	..	..	..	..	..	..	..	..
Sociétés d'assurance								
Valeur nette financière	-31 068	-38 362	-14 623	9 461	5 416	19 252	-36 684	12 237
Actifs financiers	2 388 138	2 437 065	2 618 814	2 692 778	2 775 136	2 898 628	2 912 146	3 193 755
Numéraire et dépôts	109 486	123 434	160 378	181 477	125 541	141 961	165 956	162 651
Titres de dette	1 426 933	1 442 501	1 498 223	1 443 686	1 505 111	1 536 132	1 539 680	1 633 582
Crédits	8 873	6 150	6 337	6 383	6 446	8 433	10 622	10 647
Actions et parts de fonds d'investissement	682 243	712 903	800 962	899 395	973 648	1 043 358	1 012 192	1 177 480
Actions	57 800	55 435	58 561	51 177	64 369	70 071	77 635	88 785
Parts de fonds d'investissement	624 443	657 468	742 401	848 218	909 279	973 287	934 557	1 088 695
Parts de fonds d'investissement monétaires	70 532	74 389	51 016	67 718	50 009	40 996	31 738	13 001
Parts de fonds d'investissement non monétaires	553 911	583 079	691 385	780 500	859 270	932 291	902 819	1 075 694
Systèmes d'assurance, de pensions et garanties standard	95 897	88 982	92 294	100 164	104 736	107 693	114 121	113 983
Produits financiers dérivés et options sur titres des salariés	2	218	4 226	3 743	884	520	170	449
Autres comptes à recevoir	64 704	62 877	56 394	57 930	58 770	60 531	69 405	94 963
Passifs financiers	2 419 206	2 475 427	2 633 437	2 683 317	2 769 720	2 879 376	2 948 830	3 181 518
Titres de dette	0	26	25	0	0	0	0	0
Titres de dette à court terme	0	0	0	0	0	0	0	0
Titres de dette à long terme	0	26	25	0	0	0	0	0
Crédits	6 577	5 832	8 111	20 002	5 131	1 631	2 600	6 080
Crédits à court terme	3 341	1 239	1 818	14 836	3	12	3	7
Crédits à long terme	3 236	4 593	6 293	5 166	5 128	1 619	2 597	6 073
Actions et parts de fonds d'investissement	283 978	290 538	290 102	285 000	311 377	335 954	357 700	376 345
Systèmes d'assurance, de pensions et garanties standard	2 042 932	2 088 549	2 238 849	2 284 451	2 378 120	2 467 690	2 498 871	2 696 679
Produits financiers dérivés et options sur titres des salariés	336	56	4 955	3 684	1 032	245	1 163	374
Autres comptes à payer	85 383	90 426	91 395	90 180	74 060	73 856	88 496	102 040
Actifs non financiers	..	..	..	..	..	..	..	..
Fonds de pension								
Valeur nette financière	-36 497	-39 504	-28 148	-28 598	-36 112	-47 245	-62 553	-68 510
Actifs financiers	1 157 102	1 228 900	1 359 571	1 432 711	1 560 077	1 704 184	1 695 563	1 839 807
Numéraire et dépôts	62 656	88 854	92 109	83 569	74 042	68 272	70 024	108 319
Titres de dette	747 437	795 553	888 712	941 327	990 486	1 072 384	1 097 127	1 107 603
Crédits	1 576	1 605	1 655	1 689	1 617	1 552	1 408	1 328
Actions et parts de fonds d'investissement	345 395	342 858	377 060	406 091	493 314	560 739	526 524	621 571
Actions	63 120	57 147	66 808	89 762	117 286	126 589	118 777	137 116
Parts de fonds d'investissement	282 275	285 711	310 252	316 329	376 028	434 150	407 747	484 455
Parts de fonds d'investissement monétaires	2 446	2 687	3 207	1 208	2 853	1 556	824	183
Parts de fonds d'investissement non monétaires	279 829	283 024	307 045	315 121	373 175	432 594	406 923	484 272
Systèmes d'assurance, de pensions et garanties standard	0	0	0	0	0	0	0	0
Produits financiers dérivés et options sur titres des salariés	0	0	0	0	388	1 011	198	624
Autres comptes à recevoir	38	30	35	35	230	226	282	362
Passifs financiers	1 193 599	1 268 404	1 387 719	1 461 309	1 596 189	1 751 429	1 758 116	1 908 317
Titres de dette	0	0	0	0	0	0	0	0
Titres de dette à court terme	0	0	0	0	0	0	0	0
Titres de dette à long terme	0	0	0	0	0	0	0	0
Crédits	0	0	0	0	4	10	11	4
Crédits à court terme	0	0	0	0	4	4	8	4
Crédits à long terme	0	0	0	0	0	6	3	0
Actions et parts de fonds d'investissement	16 333	16 630	17 663	19 616	28 779	36 430	40 732	45 032
Systèmes d'assurance, de pensions et garanties standard	1 174 395	1 250 516	1 369 670	1 441 243	1 563 238	1 708 950	1 716 622	1 862 585
Produits financiers dérivés et options sur titres des salariés	0	0	0	0	1 250	126	238	398
Autres comptes à payer	2 871	1 258	386	450	2 918	5 913	513	298
Actifs non financiers	..	..	..	..	..	..	..	..

Note : Voir les métadonnées détaillées sur : *http://metalinks.oecd.org/instinv/20200916/0196*

Tableau 4. Composition du portefeuille par type d'investisseur

En pourcentage des actifs financiers et des passifs financiers

Pour cent

	2012	2013	2014	2015	2016	2017	2018	2019
Fonds d'investissement								
Actifs financiers	100.0	100.0	100.0	100.0	100.0	100.0	100.0	100.0
Numéraire et dépôts	53.2	45.5	44.0	40.6	37.3	29.2	24.9	24.8
Titres de dettes	25.1	32.0	32.3	33.9	34.0	34.1	34.4	27.4
Crédits	0.0	0.1	0.1	0.1	0.2	0.3	0.6	0.7
Actions et parts de fonds d'investissement	18.6	18.0	21.4	23.4	26.2	33.8	37.7	44.1
Systèmes d'assurance de pensions et garanties standard	0.0	0.0	0.0	0.0	0.0	0.0	0.0	0.0
Produits financiers dérivés et options sur titres des salariés	1.3	1.2	0.8	0.6	0.6	0.7	0.4	0.5
Autres comptes à recevoir	1.9	3.1	1.5	1.4	1.7	2.0	2.1	2.4
Passifs financiers	100.0	100.0	100.0	100.0	100.0	100.0	100.0	100.0
Numéraire et dépôts	0.0	0.0	0.0	0.0	0.0	0.0	0.0	0.0
Titres de dettes	0.0	0.0	0.0	0.0	0.0	0.0	0.0	0.0
Crédits	2.0	1.4	1.4	0.9	1.4	1.0	1.8	3.4
Actions et parts de fonds d'investissement	96.2	98.4	97.9	98.9	98.4	98.8	97.9	96.3
Systèmes d'assurance de pensions et garanties standard	0.0	0.0	0.0	0.0	0.0	0.0	0.0	0.0
Produits financiers dérivés et options sur titres des salariés	0.2	0.1	0.6	0.2	0.2	0.2	0.2	0.3
Autres comptes à recevoir	1.6	0.1	0.1	0.1	0.0	0.0	0.1	0.0
Sociétés d'assurance								
Actifs financiers	100.0	100.0	100.0	100.0	100.0	100.0	100.0	100.0
Numéraire et dépôts	4.6	5.1	6.1	6.7	4.5	4.9	5.7	5.1
Titres de dettes	59.8	59.2	57.2	53.6	54.2	53.0	52.9	51.1
Crédits	0.4	0.3	0.2	0.2	0.2	0.3	0.4	0.3
Actions et parts de fonds d'investissement	28.6	29.3	30.6	33.4	35.1	36.0	34.8	36.9
Systèmes d'assurance de pensions et garanties standard	4.0	3.7	3.5	3.7	3.8	3.7	3.9	3.6
Produits financiers dérivés et options sur titres des salariés	0.0	0.0	0.2	0.1	0.0	0.0	0.0	0.0
Autres comptes à recevoir	2.7	2.6	2.2	2.2	2.1	2.1	2.4	3.0
Passifs financiers	100.0	100.0	100.0	100.0	100.0	100.0	100.0	100.0
Numéraire et dépôts	0.0	0.0	0.0	0.0	0.0	0.0	0.0	0.0
Titres de dettes	0.0	0.0	0.0	0.0	0.0	0.0	0.0	0.0
Crédits	0.3	0.2	0.3	0.7	0.2	0.1	0.1	0.2
Actions et parts de fonds d'investissement	11.7	11.7	11.0	10.6	11.2	11.7	12.1	11.8
Systèmes d'assurance de pensions et garanties standard	84.4	84.4	85.0	85.1	85.9	85.7	84.7	84.8
Produits financiers dérivés et options sur titres des salariés	0.0	0.0	0.2	0.1	0.0	0.0	0.0	0.0
Autres comptes à recevoir	3.5	3.7	3.5	3.4	2.7	2.6	3.0	3.2
Fonds de pension								
Actifs financiers	100.0	100.0	100.0	100.0	100.0	100.0	100.0	100.0
Numéraire et dépôts	5.4	7.2	6.8	5.8	4.7	4.0	4.1	5.9
Titres de dettes	64.6	64.7	65.4	65.7	63.5	62.9	64.7	60.2
Crédits	0.1	0.1	0.1	0.1	0.1	0.1	0.1	0.1
Actions et parts de fonds d'investissement	29.9	27.9	27.7	28.3	31.6	32.9	31.1	33.8
Systèmes d'assurance de pensions et garanties standard	0.0	0.0	0.0	0.0	0.0	0.0	0.0	0.0
Produits financiers dérivés et options sur titres des salariés	0.0	0.0	0.0	0.0	0.0	0.1	0.0	0.0
Autres comptes à recevoir	0.0	0.0	0.0	0.0	0.0	0.0	0.0	0.0
Passifs financiers	100.0	100.0	100.0	100.0	100.0	100.0	100.0	100.0
Numéraire et dépôts	0.0	0.0	0.0	0.0	0.0	0.0	0.0	0.0
Titres de dettes	0.0	0.0	0.0	0.0	0.0	0.0	0.0	0.0
Crédits	0.0	0.0	0.0	0.0	0.0	0.0	0.0	0.0
Actions et parts de fonds d'investissement	1.4	1.3	1.3	1.3	1.8	2.1	2.3	2.4
Systèmes d'assurance de pensions et garanties standard	98.4	98.6	98.7	98.6	97.9	97.6	97.6	97.6
Produits financiers dérivés et options sur titres des salariés	0.0	0.0	0.0	0.0	0.1	0.0	0.0	0.0
Autres comptes à recevoir	0.2	0.1	0.0	0.0	0.2	0.3	0.0	0.0

Note : Voir les métadonnées détaillées sur : *http://metalinks.oecd.org/instinv/20200916/649b*

ISLANDE

Tableau 1. Actifs et passifs financiers des investisseurs institutionnels, 2018

Millions ISK

	Fonds d'investissement				
	Total	Fonds d'investissement non-monétaire			Fonds d'investissement monétaires
		Total	Fonds d'investissement à capital variable, non monétaire	Fonds d'investissement à capital fixe, non monétaire	Total
Actifs financiers	799 877	653 055	327 630	325 425	146 822
Numéraire et dépôts	123 003	18 149	9 878	8 270	104 854
Titres de dette	326 252	284 348	211 142	73 207	41 904
Titres de dette à court terme	24 251	8 340	3 580	4 760	15 911
Titres de dette à long terme	302 001	276 009	207 562	68 447	25 993
Titres de dette émis par les résidents	326 252	284 348	211 142	73 207	41 904
Titres de dette émis par les non-résidents	0	0	0	0	0
Crédits	63 689	63 689	0	63 689	0
Crédits à court terme	..	..	..	..	..
Crédits à long terme	..	..	..	..	..
Crédits accordés aux résidents	63 689	63 689	0	63 689	0
Crédits accordés aux non-résidents	0	0	0	0	0
Actions et parts de fonds d'investissement	266 273	266 273	105 618	160 655	0
Actions et parts de fonds d'investissements émises par les résidents	248 726	248 726	92 004	156 722	0
Actions et part de fonds d'investissements émises par les non-résidents	17 547	17 547	13 614	3 933	0
Autres comptes à recevoir	16 553	16 490	770	15 720	63

	Fonds d'investissement				
	Total	Fonds d'investissement non-monétaire			Fonds d'investissement monétaires
		Total	Fonds d'investissement à capital variable, non monétaire	Fonds d'investissement à capital fixe, non monétaire	Total
Pasifs financiers	814 454	667 632	327 630	340 002	146 822
Numéraire et dépôts	..	..	..	..	..
Titres de dette	101 196	101 196	0	101 196	0
Titres de dette à court terme	127	127	0	127	0
Titres de dette à long terme	101 069	101 069	0	101 069	0
Crédits	9 238	9 238	77	9 161	0
Crédits à court terme	4 827	4 827	44	4 783	0
Crédits à long terme	4 411	4 411	33	4 378	0
Actions et parts de fonds d'investissement	688 786	546 089	326 839	219 249	142 698
Systèmes d'assurance, de pensions et garanties standard	..	..	..	..	..
Produits financiers dérivés et options sur titres des salariés	551	551	3	548	0
Autres comptes à payer	14 682	10 558	711	9 848	4 124

	Sociétés d'assurance et fonds de pension autonomes				
	Total	Sociétés d'assurance			Fonds de pension autonomes
		Total	Sociétés d'assurance vie	Sociétés d'assurance non-vie	Total
Actifs financiers	4 477 186	229 925	18 583	211 342	4 247 262
Numéraire et dépôts	164 875	8 226	667	7 560	156 648
Titres de dette	2 029 267	115 429	7 653	107 776	1 913 838
Titres de dette à court terme	6 188	1 250	278	972	4 938
Titres de dette à long terme	2 023 079	114 179	7 375	106 805	1 908 900
Titres de dette émis par les résidents	2 008 486	98 628	7 651	90 977	1 909 858
Titres de dette émis par les non-résidents	20 782	16 801	2	16 799	3 980
Crédits	437 024	3 731	0	3 731	433 293
Crédits à court terme	6	..	..	..	6
Crédits à long terme	437 018	3 731	0	3 731	433 287
Crédits accordés aux résidents	436 715	3 731	0	3 731	432 984
Crédits accordés aux non-résidents	309	0	0	0	309
Actions et parts de fonds d'investissement	1 789 227	69 980	1 868	68 112	1 719 247
Actions et parts de fonds d'investissement émises par les résidents	708 994	61 159	1 815	59 344	647 835
Actions et parts de fonds d'investissement émises par les non-résidents	1 080 234	8 821	53	8 768	1 071 412
Autrescomptes à recevoir	6 713	3 637	45	3 592	3 076

	Sociétés d'assurance et fonds de pension autonomes				
	Total	Sociétés d'assurance			Fonds de pension autonomes
		Total	Sociétés d'assurance vie	Sociétés d'assurance non-vie	Total
Pasifs financiers	4 481 824	232 643	18 669	213 974	4 249 181
Numéraire et dépôts	..	..	..	..	..
Titres de dette	2 173	2 173	0	2 173	..
Titres de dette à court terme	0	0	0	0	..
Titres de dette à long terme	2 173	2 173	0	2 173	..
Crédits	2 715	2 715	0	2 715	0
Crédits à court terme	..	0	0	0	0
Crédits à long terme	0	2 715	0	2 715	0
Actions et parts de fonds d'investissement	131 778	131 778	6 536	125 243	..
Systèmes d'assurance, de pensions et garanties standard	4 328 533	89 510	11 100	78 411	4 239 023
Produits financiers dérivés et options sur titres des salariés	0	0	..	..	0
Autres comptes à payer	16 625	6 467	1 034	5 434	10 158

Note : Voir les métadonnées détaillées sur : *http://metalinks.oecd.org/instinv/20200916/0196*

ISLANDE

Tableau 2. Actifs et passifs financiers des fonds d'investissement

Millions ISK

	2012	2013	2014	2015	2016	2017	2018	2019
Fonds d'investissement								
Valeur nette financière	-1 510	-714	-124	-172	-39 176	-38 378	-14 577	-11 502
Actifs financiers	427 809	468 126	502 500	598 476	805 605	805 901	799 877	898 782
Numéraire et dépôts	35 503	51 558	78 987	107 853	168 655	138 410	123 003	140 966
Titres de dette	305 041	285 132	262 187	249 777	283 783	298 624	326 252	338 170
Crédits	0	0	0	18 199	38 602	50 153	63 689	87 458
Actions et parts de fonds d'investissement	85 288	129 033	158 331	213 701	301 718	299 783	266 273	323 712
Actions	62 713	100 696	125 198	167 164	251 282	242 042	204 531	254 026
Parts de fonds d'investissement	22 575	28 338	33 134	46 538	50 436	57 741	61 742	69 686
Parts de fonds d'investissement monétaires	..	..	..	4 922	4 265	8 110	9 073	9 933
Parts de fonds d'investissement non monétaires	..	..	..	41 616	46 172	49 631	52 669	59 753
Systèmes d'assurance, de pensions et garanties standard	..	..	..	..	..	..	..	..
Produits financiers dérivés et options sur titres des salariés	1 455	2 016	2 138	4 529	3 263	3 449	4 107	3 454
Autres comptes à recevoir	523	387	857	4 418	9 583	15 482	16 553	5 023
Passifs financiers	429 319	468 840	502 624	598 648	844 781	844 279	814 454	910 284
Titres de dette	26 608	32 451	56 263	57 924	99 738	107 742	101 196	115 843
Titres de dette à court terme	..	..	..	0	0	76	127	140
Titres de dette à long terme	..	..	..	57 924	99 738	107 666	101 069	115 704
Crédits	3 115	3 655	4 416	6 082	6 736	7 500	9 238	12 590
Crédits à court terme	..	..	..	5 230	5 660	5 382	4 827	4 953
Crédits à long terme	..	..	..	852	1 076	2 118	4 411	7 637
Actions et parts de fonds d'investissement	378 034	414 467	422 661	530 398	725 369	708 109	688 786	774 348
Systèmes d'assurance, de pensions et garanties standard	..	..	..	..	..	..	..	..
Produits financiers dérivés et options sur titres des salariés	96	190	224	753	752	912	551	363
Autres comptes à payer	21 466	18 077	19 061	3 491	12 187	20 016	14 682	7 139
Actifs non financiers	1 510	714	124	172	39 176	38 378	14 577	11 503
Fonds d'investissement monéaires								
Valeur nette financière	0	0	0	0	0	0	0	0
Actifs financiers	19 624	26 449	50 837	92 534	177 249	158 294	146 822	143 987
Numéraire et dépôts	14 872	22 584	47 838	86 303	141 507	120 927	104 854	113 706
Titres de dette	4 715	3 799	2 890	6 060	35 074	36 448	41 904	30 155
Crédits	0	0	0	0	0	0	0	0
Actions et parts de fonds d'investissement	0	0	0	0	0	0	0	0
Actions	0	0	0	0	0	0	0	0
Parts de fonds d'investissement	0	0	0	0	0	0	0	0
Parts de fonds d'investissement monétaires	..	..	..	0	0	0	0	0
Parts de fonds d'investissement non monétaires	..	..	..	0	0	0	0	0
Systèmes d'assurance, de pensions et garanties standard	..	..	..	..	..	..	..	..
Produits financiers dérivés et options sur titres des salariés	0	0	0	0	0	0	1	0
Autres comptes à recevoir	37	67	110	170	668	919	63	126
Passifs financiers	19 624	26 449	50 837	92 534	177 249	158 294	146 822	143 987
Titres de dette	0	0	0	0	0	0	0	0
Titres de dette à court terme	..	..	..	0	0	0	0	0
Titres de dette à long terme	..	..	..	0	0	0	0	0
Crédits	93	0	0	0	0	0	0	0
Crédits à court terme	..	..	..	0	0	0	0	0
Crédits à long terme	..	..	..	0	0	0	0	0
Actions et parts de fonds d'investissement	19 497	26 422	50 784	92 211	172 000	152 603	142 698	143 871
Systèmes d'assurance, de pensions et garanties standard	..	..	..	..	..	..	..	..
Produits financiers dérivés et options sur titres des salariés	0	0	0	0	0	0	0	0
Autres comptes à payer	34	27	53	323	5 249	5 691	4 124	116
Actifs non financiers	0	0	0	0	0	0	0	0
Fonds d'investissement non monéaires								
Valeur nette financière	-1 510	-714	-124	-172	-39 176	-38 378	-14 577	-11 502
Actifs financiers	408 185	441 677	451 663	505 943	628 356	647 607	653 055	754 795
Numéraire et dépôts	20 631	28 975	31 149	21 550	27 148	17 483	18 149	27 260
Titres de dette	300 325	281 333	259 297	243 717	248 709	262 176	284 348	308 014
Crédits	0	0	0	18 199	38 602	50 153	63 689	87 458
Actions et parts de fonds d'investissement	85 288	129 033	158 331	213 701	301 718	299 783	266 273	323 712
Actions	62 713	100 696	125 198	167 164	251 282	242 042	204 531	254 026
Parts de fonds d'investissement	22 575	28 338	33 134	46 538	50 436	57 741	61 742	69 686
Parts de fonds d'investissement monétaires	..	..	..	4 922	4 265	8 110	9 073	9 933
Parts de fonds d'investissement non monétaires	..	..	..	41 616	46 172	49 631	52 669	59 753
Systèmes d'assurance, de pensions et garanties standard	..	..	..	..	..	..	..	..
Produits financiers dérivés et options sur titres des salariés	1 455	2 016	2 138	4 529	3 263	3 449	4 106	3 454
Autres comptes à recevoir	485	320	747	4 247	8 915	14 563	16 490	4 897
Passifs financiers	409 695	442 391	451 787	506 115	667 532	685 985	667 632	766 297
Titres de dette	26 608	32 451	56 263	57 924	99 738	107 742	101 196	115 843
Titres de dette à court terme	..	..	..	0	0	76	127	140
Titres de dette à long terme	..	..	..	57 924	99 738	107 666	101 069	115 704
Crédits	3 022	3 655	4 416	6 082	6 736	7 500	9 238	12 590
Crédits à court terme	..	..	..	5 230	5 660	5 382	4 827	4 953
Crédits à long terme	..	..	..	852	1 076	2 118	4 411	7 637
Actions et parts de fonds d'investissement	358 537	388 044	371 876	438 187	553 369	555 506	546 089	630 477
Systèmes d'assurance, de pensions et garanties standard	..	..	..	..	..	..	..	..
Produits financiers dérivés et options sur titres des salariés	96	190	224	753	752	912	551	363
Autres comptes à payer	21 431	18 051	19 008	3 168	6 938	14 325	10 558	7 023
Actifs non financiers	1 510	714	124	172	39 176	38 378	14 577	11 503
Fonds d'investissement non monéaires à capital variable								
Valeur nette financière	-447	-110	-20	-77	-1	0	0	0
Actifs financiers	319 872	340 054	323 701	368 304	340 782	330 947	327 630	371 622
Numéraire et dépôts	14 152	22 560	15 162	16 667	14 620	10 533	9 878	9 739

ISLANDE

Tableau 2. Actifs et passifs financiers des fonds d'investissement *(suite)*

Millions ISK

	2012	2013	2014	2015	2016	2017	2018	2019
Titres de dette	252 615	225 847	199 817	197 031	185 619	193 747	211 142	229 602
Crédits	0	0	0	0	0	0	0	594
Actions et parts de fonds d'investissement	52 696	91 383	108 011	153 403	139 925	125 719	105 618	131 236
Actions	32 383	65 273	80 398	116 835	104 131	87 232	64 087	80 503
Parts de fonds d'investissement	20 313	26 110	27 613	36 568	35 794	38 487	41 531	50 733
Parts de fonds d'investissement monétaires	..	..	..	1 838	1 011	876	482	316
Parts de fonds d'investissement non monétaires	..	..	..	34 730	34 783	37 611	41 049	50 417
Systèmes d'assurance, de pensions et garanties standard	..	..	..	..	..	..	..	..
Produits financiers dérivés et options sur titres des salariés	0	12	13	50	81	226	222	99
Autres comptes à recevoir	409	252	698	1 153	538	722	770	353
Passifs financiers	320 319	340 164	323 721	368 381	340 783	330 947	327 630	371 622
Titres de dette	0	0	0	0	0	0	0	0
Titres de dette à court terme	..	..	..	0	0	0	0	0
Titres de dette à long terme	..	..	..	0	0	0	0	0
Crédits	669	1	161	0	0	0	77	0
Crédits à court terme	..	..	..	0	0	0	44	0
Crédits à long terme	..	..	..	0	0	0	33	0
Actions et parts de fonds d'investissement	307 669	330 434	315 716	366 534	339 854	329 458	326 839	370 943
Systèmes d'assurance, de pensions et garanties standard	..	..	..	..	..	..	..	..
Produits financiers dérivés et options sur titres des salariés	0	0	9	13	2	128	3	6
Autres comptes à payer	11 980	9 729	7 836	1 834	927	1 361	711	673
Actifs non financiers	447	110	20	77	1	0	0	0
Fonds d'investissement à capital variable								
Valeur nette financière	-447	-110	-20	-77	-1	0	0	0
Actifs financiers	339 496	366 503	374 538	460 837	518 031	489 240	474 452	515 609
Numéraire et dépôts	29 024	45 143	63 000	102 970	156 127	131 459	114 733	123 445
Titres de dette	257 330	229 645	202 706	203 091	220 692	230 195	253 045	259 757
Crédits	0	0	0	0	0	0	0	594
Actions et parts de fonds d'investissement	52 696	91 383	108 011	153 403	139 925	125 719	105 618	131 236
Actions	32 383	65 273	80 398	116 835	104 131	87 232	64 087	80 503
Parts de fonds d'investissement	20 313	26 110	27 613	36 568	35 794	38 487	41 531	50 733
Parts de fonds d'investissement monétaires	..	..	..	1 838	1 011	876	482	316
Parts de fonds d'investissement non monétaires	..	..	..	34 730	34 783	37 611	41 049	50 417
Systèmes d'assurance, de pensions et garanties standard	..	..	..	..	..	..	..	..
Produits financiers dérivés et options sur titres des salariés	0	12	13	50	81	226	223	99
Autres comptes à recevoir	446	319	808	1 323	1 206	1 641	833	478
Passifs financiers	339 943	366 613	374 558	460 914	518 032	489 240	474 452	515 609
Titres de dette	0	0	0	0	0	0	0	0
Titres de dette à court terme	0	0	0	0	0	0	0	0
Titres de dette à long terme	0	0	0	0	0	0	0	0
Crédits	762	1	161	0	0	0	77	0
Crédits à court terme	0	0	0	0	0	0	44	0
Crédits à long terme	0	0	0	0	0	0	33	0
Actions et parts de fonds d'investissement	327 166	356 856	366 500	458 745	511 853	482 061	469 537	514 814
Systèmes d'assurance, de pensions et garanties standard	..	..	..	..	..	..	..	..
Produits financiers dérivés et options sur titres des salariés	0	0	9	13	2	128	3	6
Autres comptes à payer	12 015	9 756	7 888	2 156	6 176	7 052	4 835	789
Actifs non financiers	447	110	20	77	1	0	0	0

Note : Voir les métadonnées détaillées sur : *http://metalinks.oecd.org/instinv/20200916/0196*

ISLANDE

Tableau 3. Actifs et passifs financiers des sociétés d'assurance et fonds de pension

Millions ISK

	2012	2013	2014	2015	2016	2017	2018	2019
Sociétés d'assurance et fonds de pension								
Valeur nette financière	-11 693	-10 335	-10 336	-5 042	-4 266	-5 140	-4 638	-5 002
Actifs financiers	2 618 942	2 889 892	3 137 113	3 473 482	3 746 573	4 163 150	4 477 186	5 235 480
Numéraire et dépôts	213 699	203 535	168 345	175 160	147 205	181 825	164 875	186 941
Titres de dette	1 305 933	1 411 596	1 500 539	1 595 089	1 815 213	1 907 995	2 029 267	2 108 591
Crédits	184 357	184 620	178 808	180 881	244 127	340 211	437 024	530 776
Actions et parts de fonds d'investissement	877 334	1 048 642	1 247 478	1 476 685	1 486 804	1 656 377	1 789 227	2 347 364
Actions	264 612	378 316	506 991	685 575	659 480	677 911	674 374	865 167
Parts de fonds d'investissement	612 722	670 326	740 486	791 110	827 324	978 466	1 114 854	1 482 197
Parts de fonds d'investissement monétaires	..	..	..	..	..	..	..	..
Parts de fonds d'investissement non monétaires	..	..	..	..	..	..	..	..
Systèmes d'assurance, de pensions et garanties standard	32 606	35 779	36 827	39 790	42 742	45 929	49 993	56 423
Produits financiers dérivés et options sur titres des salariés	0	0	0	0	0	0	87	0
Autres comptes à recevoir	5 013	5 720	5 117	5 878	10 482	30 813	6 713	5 386
Passifs financiers	2 630 635	2 900 227	3 147 449	3 478 524	3 750 839	4 168 290	4 481 824	5 240 483
Titres de dette	0	0	0	2 026	2 070	2 110	2 173	2 231
Titres de dette à court terme	0	0	0	0	0	0	0	0
Titres de dette à long terme	0	0	0	2 026	2 070	2 110	2 173	2 231
Crédits	516	152	118	0	2 574	2 624	2 715	2 788
Crédits à court terme	..	..	..	..	..	..	..	..
Crédits à long terme	82	70	95	0	2 574	2 624	0	0
Actions et parts de fonds d'investissement	103 423	114 363	123 438	105 901	117 579	126 682	131 778	144 850
Systèmes d'assurance, de pensions et garanties standard	2 469 525	2 740 835	3 003 095	3 351 115	3 612 003	4 017 986	4 328 533	5 067 338
Produits financiers dérivés et options sur titres des salariés	31 941	21 575	2 171	13	13	0	0	16
Autres comptes à payer	25 229	23 302	18 627	19 470	16 600	18 889	16 625	23 259
Actifs non financiers	11 693	10 335	10 336	5 042	4 267	5 140	4 638	5 003
Sociétés d'assurance								
Valeur nette financière	-6 691	-6 083	-6 615	-2 018	-1 909	-1 939	-2 719	-3 082
Actifs financiers	179 198	193 154	200 899	188 113	204 749	218 771	229 925	256 365
Numéraire et dépôts	45 811	38 771	32 797	14 829	12 148	12 021	8 226	10 659
Titres de dette	65 643	81 832	88 865	83 883	93 729	98 645	115 429	129 539
Crédits	3 418	3 078	2 881	1 485	1 742	3 794	3 731	2 735
Actions et parts de fonds d'investissement	41 358	44 514	50 677	59 878	66 609	73 878	69 980	75 989
Actions	22 153	25 514	35 394	46 244	51 800	57 495	51 918	55 536
Parts de fonds d'investissement	19 205	18 999	15 283	13 634	14 810	16 384	18 062	20 453
Parts de fonds d'investissement monétaires	..	..	..	..	..	..	..	..
Parts de fonds d'investissement non monétaires	..	..	..	..	..	..	..	..
Systèmes d'assurance, de pensions et garanties standard	20 653	22 565	23 537	25 473	25 542	26 639	28 921	34 230
Produits financiers dérivés et options sur titres des salariés	..	..	..	..	..	..	..	..
Autres comptes à recevoir	2 315	2 394	2 143	2 564	4 979	3 794	3 637	3 213
Passifs financiers	185 889	199 236	207 514	190 131	206 658	220 710	232 643	259 447
Titres de dette	0	0	0	2 026	2 070	2 110	2 173	2 231
Titres de dette à court terme	0	0	0	0	0	0	0	0
Titres de dette à long terme	0	0	0	2 026	2 070	2 110	2 173	2 231
Crédits	82	70	95	0	2 574	2 624	2 715	2 788
Crédits à court terme	0	0	0	0	0	0	0	0
Crédits à long terme	82	70	95	0	2 574	2 624	2 715	2 788
Actions et parts de fonds d'investissement	103 423	114 363	123 438	105 901	117 579	126 682	131 778	144 850
Systèmes d'assurance, de pensions et garanties standard	77 383	80 216	78 703	75 215	78 715	83 431	89 510	98 137
Produits financiers dérivés et options sur titres des salariés	0	0	0	0	0	0	0	16
Autres comptes à payer	5 001	4 586	5 277	6 990	5 720	5 864	6 467	11 424
Actifs non financiers	6 691	6 083	6 615	2 018	1 909	1 939	2 719	3 082
Fonds de pension								
Valeur nette financière	-5 002	-4 253	-3 721	-3 024	-2 357	-3 201	-1 919	-1 921
Actifs financiers	2 439 744	2 696 738	2 936 214	3 285 369	3 541 824	3 944 379	4 247 262	4 979 116
Numéraire et dépôts	167 887	164 764	135 548	160 331	135 057	169 805	156 648	176 282
Titres de dette	1 240 290	1 329 764	1 411 674	1 511 206	1 721 483	1 809 351	1 913 838	1 979 052
Crédits	180 939	181 543	175 927	179 396	242 386	336 417	433 293	528 041
Actions et parts de fonds d'investissement	835 977	1 004 128	1 196 801	1 416 807	1 420 194	1 582 498	1 719 247	2 271 375
Actions	242 459	352 802	471 597	639 331	607 680	620 416	622 456	809 631
Parts de fonds d'investissement	593 517	651 326	725 204	777 476	812 514	962 082	1 096 791	1 461 744
Parts de fonds d'investissement monétaires	..	..	..	..	..	..	..	..
Parts de fonds d'investissement non monétaires	..	..	..	..	..	..	..	..
Systèmes d'assurance, de pensions et garanties standard	11 953	13 214	13 291	14 316	17 200	19 290	21 072	22 193
Produits financiers dérivés et options sur titres des salariés	0	0	0	0	0	0	87	0
Autres comptes à recevoir	2 698	3 326	2 974	3 314	5 503	27 019	3 076	2 172
Passifs financiers	2 444 746	2 700 991	2 939 935	3 288 393	3 544 181	3 947 580	4 249 181	4 981 036
Titres de dette	..	..	..	..	..	..	..	..
Titres de dette à court terme	..	..	..	..	..	..	..	..
Titres de dette à long terme	..	..	..	..	..	..	..	..
Crédits	435	81	23	0	0	0	0	0
Crédits à court terme	435	81	23	0	0	0	0	0
Crédits à long terme	0	0	0	0	0	0	0	0
Actions et parts de fonds d'investissement	..	..	..	..	..	..	..	..
Systèmes d'assurance, de pensions et garanties standard	2 392 142	2 660 618	2 924 392	3 275 901	3 533 289	3 934 555	4 239 023	4 969 201
Produits financiers dérivés et options sur titres des salariés	31 941	21 575	2 171	13	13	0	0	0
Autres comptes à payer	20 228	18 716	13 350	12 480	10 880	13 025	10 158	11 835
Actifs non financiers	5 002	4 253	3 721	3 024	2 357	3 201	1 919	1 921

Note : Voir les métadonnées détaillées sur : *http://metalinks.oecd.org/instinv/20200916/0196*

ISLANDE

Tableau 4. Composition du portefeuille par type d'investisseur
En pourcentage des actifs financiers et des passifs financiers

Pour cent

	2012	2013	2014	2015	2016	2017	2018	2019
Fonds d'investissement								
Actifs financiers	100.0	100.0	100.0	100.0	100.0	100.0	100.0	100.0
Numéraire et dépôts	8.3	11.0	15.7	18.0	20.9	17.2	15.4	15.7
Titres de dettes	71.3	60.9	52.2	41.7	35.2	37.1	40.8	37.6
Crédits	0.0	0.0	0.0	3.0	4.8	6.2	8.0	9.7
Actions et parts de fonds d'investissement	19.9	27.6	31.5	35.7	37.5	37.2	33.3	36.0
Systèmes d'assurance de pensions et garanties standard	0.0	0.0	0.0	0.0	0.0	0.0	0.0	0.0
Produits financiers dérivés et options sur titres des salariés	0.3	0.4	0.4	0.8	0.4	0.4	0.5	0.4
Autres comptes à recevoir	0.1	0.1	0.2	0.7	1.2	1.9	2.1	0.6
Passifs financiers	100.0	100.0	100.0	100.0	100.0	100.0	100.0	100.0
Numéraire et dépôts	0.0	0.0	0.0	0.0	0.0	0.0	0.0	0.0
Titres de dettes	6.2	6.9	11.2	9.7	11.8	12.8	12.4	12.7
Crédits	0.7	0.8	0.9	1.0	0.8	0.9	1.1	1.4
Actions et parts de fonds d'investissement	88.1	88.4	84.1	88.6	85.9	83.9	84.6	85.1
Systèmes d'assurance de pensions et garanties standard	0.0	0.0	0.0	0.0	0.0	0.0	0.0	0.0
Produits financiers dérivés et options sur titres des salariés	0.0	0.0	0.0	0.1	0.1	0.1	0.1	0.0
Autres comptes à recevoir	5.0	3.9	3.8	0.6	1.4	2.4	1.8	0.8
Sociétés d'assurance								
Actifs financiers	100.0	100.0	100.0	100.0	100.0	100.0	100.0	100.0
Numéraire et dépôts	25.6	20.1	16.3	7.9	5.9	5.5	3.6	4.2
Titres de dettes	36.6	42.4	44.2	44.6	45.8	45.1	50.2	50.5
Crédits	1.9	1.6	1.4	0.8	0.9	1.7	1.6	1.1
Actions et parts de fonds d'investissement	23.1	23.0	25.2	31.8	32.5	33.8	30.4	29.6
Systèmes d'assurance de pensions et garanties standard	11.5	11.7	11.7	13.5	12.5	12.2	12.6	13.4
Produits financiers dérivés et options sur titres des salariés	0.0	0.0	0.0	0.0	0.0	0.0	0.0	0.0
Autres comptes à recevoir	1.3	1.2	1.1	1.4	2.4	1.7	1.6	1.3
Passifs financiers	100.0	100.0	100.0	100.0	100.0	100.0	100.0	100.0
Numéraire et dépôts	0.0	0.0	0.0	0.0	0.0	0.0	0.0	0.0
Titres de dettes	0.0	0.0	0.0	1.1	1.0	1.0	0.9	0.9
Crédits	0.0	0.0	0.0	0.0	1.2	1.2	1.2	1.1
Actions et parts de fonds d'investissement	55.6	57.4	59.5	55.7	56.9	57.4	56.6	55.8
Systèmes d'assurance de pensions et garanties standard	41.6	40.3	37.9	39.6	38.1	37.8	38.5	37.8
Produits financiers dérivés et options sur titres des salariés	0.0	0.0	0.0	0.0	0.0	0.0	0.0	0.0
Autres comptes à recevoir	2.7	2.3	2.5	3.7	2.8	2.7	2.8	4.4
Fonds de pension								
Actifs financiers	100.0	100.0	100.0	100.0	100.0	100.0	100.0	100.0
Numéraire et dépôts	6.9	6.1	4.6	4.9	3.8	4.3	3.7	3.5
Titres de dettes	50.8	49.3	48.1	46.0	48.6	45.9	45.1	39.7
Crédits	7.4	6.7	6.0	5.5	6.8	8.5	10.2	10.6
Actions et parts de fonds d'investissement	34.3	37.2	40.8	43.1	40.1	40.1	40.5	45.6
Systèmes d'assurance de pensions et garanties standard	0.5	0.5	0.5	0.4	0.5	0.5	0.5	0.4
Produits financiers dérivés et options sur titres des salariés	0.0	0.0	0.0	0.0	0.0	0.0	0.0	0.0
Autres comptes à recevoir	0.1	0.1	0.1	0.1	0.2	0.7	0.1	0.0
Passifs financiers	100.0	100.0	100.0	100.0	100.0	100.0	100.0	100.0
Numéraire et dépôts	0.0	0.0	0.0	0.0	0.0	0.0	0.0	0.0
Titres de dettes	0.0	0.0	0.0	0.0	0.0	0.0	0.0	0.0
Crédits	0.0	0.0	0.0	0.0	0.0	0.0	0.0	0.0
Actions et parts de fonds d'investissement	0.0	0.0	0.0	0.0	0.0	0.0	0.0	0.0
Systèmes d'assurance de pensions et garanties standard	97.8	98.5	99.5	99.6	99.7	99.7	99.8	99.8
Produits financiers dérivés et options sur titres des salariés	1.3	0.8	0.1	0.0	0.0	0.0	0.0	0.0
Autres comptes à recevoir	0.8	0.7	0.5	0.4	0.3	0.3	0.2	0.2

Note : Voir les métadonnées détaillées sur : *http://metalinks.oecd.org/instinv/20200916/649b*

IRLANDE

Tableau 1. Actifs et passifs financiers des investisseurs institutionnels, 2018

Millions EUR (1999 IEP euro)

	Total	Fonds d'investissement			
		Fonds d'investissement non-monétaire			Fonds d'investissement monétaires
		Total	Fonds d'investissement à capital variable, non monétaire	Fonds d'investissement à capital fixe, non monétaire	Total
Actifs financiers	..	2 313 437 e	..	..	..
Numéraire et dépôts	..	152 472 e	..	..	..
Titres de dette	..	896 002 e	..	..	..
Titres de dette à court terme	..	47 615 e	..	..	..
Titres de dette à long terme	..	848 386 e	..	..	..
Titres de dette émis par les résidents	..	..	..	..	..
Titres de dette émis par les non-résidents	..	..	..	..	..
Crédits	..	86 836 e	..	..	..
Crédits à court terme	..	14 e	..	..	..
Crédits à long terme	..	86 822 e	..	..	..
Crédits accordés aux résidents	..	..	..	..	..
Crédits accordés aux non-résidents	..	..	..	..	..
Actions et parts de fonds d'investissement	..	999 799 e	..	..	..
Actions et parts de fonds d'investissements émises par les résidents	..	..	..	..	..
Actions et part de fonds d'investissements émises par les non-résidents	..	..	..	..	..
Autres comptes à recevoir	..	83 565 e	..	..	..

	Total	Fonds d'investissement			
		Fonds d'investissement non-monétaire			Fonds d'investissement monétaires
		Total	Fonds d'investissement à capital variable, non monétaire	Fonds d'investissement à capital fixe, non monétaire	Total
Pasifs financiers	..	2 292 497 e	..	..	..
Numéraire et dépôts	..	0 e	..	..	..
Titres de dette	..	0 e	..	..	..
Titres de dette à court terme	..	0 e	..	..	..
Titres de dette à long terme	..	0 e	..	..	..
Crédits	..	229 808 e	..	..	..
Crédits à court terme	..	211 237 e	..	..	..
Crédits à long terme	..	18 571 e	..	..	..
Actions et parts de fonds d'investissement	..	1 904 681 e	..	..	..
Systèmes d'assurance, de pensions et garanties standard	..	0 e	..	..	..
Produits financiers dérivés et options sur titres des salariés	..	90 766 e	..	..	..
Autres comptes à payer	..	67 243 e	..	..	..

	Total	Sociétés d'assurance et fonds de pension autonomes			
		Sociétés d'assurance			Fonds de pension autonomes
		Total	Sociétés d'assurance vie	Sociétés d'assurance non-vie	Total
Actifs financiers	398 251 e	277 690 e	..	..	120 561 e
Numéraire et dépôts	28 760 e	23 160 e	..	..	5 600 e
Titres de dette	92 590 e	49 356 e	..	..	43 233 e
Titres de dette à court terme	10 784 e	5 977 e	..	..	4 808 e
Titres de dette à long terme	81 805 e	43 379 e	..	..	38 426 e
Titres de dette émis par les résidents	..	..	..	..	..
Titres de dette émis par les non-résidents	..	..	..	..	..
Crédits	2 487 e	2 487 e	..	..	0 e
Crédits à court terme	1 378 e	1 378 e	..	..	0 e
Crédits à long terme	1 110 e	1 110 e	..	..	0 e
Crédits accordés aux résidents	..	..	..	..	..
Crédits accordés aux non-résidents	..	..	..	..	..
Actions et parts de fonds d'investissement	216 011 e	146 980 e	..	..	69 030 e
Actions et parts de fonds d'investissement émises par les résidents	..	..	..	..	..
Actions et parts de fonds d'investissement émises par les non-résidents	..	..	..	..	..
Autrescomptes à recevoir	25 438 e	22 912 e	..	..	2 525 e

	Total	Sociétés d'assurance et fonds de pension autonomes			
		Sociétés d'assurance			Fonds de pension autonomes
		Total	Sociétés d'assurance vie	Sociétés d'assurance non-vie	Total
Pasifs financiers	408 298 e	287 853 e	..	..	120 445 e
Numéraire et dépôts	0 e	0 e	..	..	0 e
Titres de dette	1 670 e	1 670 e	..	..	0 e
Titres de dette à court terme	0 e	0 e	..	..	0 e
Titres de dette à long terme	1 670 e	1 670 e	..	..	0 e
Crédits	2 932 e	2 924 e	..	..	8 e
Crédits à court terme	278 e	277 e	..	..	1 e
Crédits à long terme	2 653 e	2 646 e	..	..	7 e
Actions et parts de fonds d'investissement	35 240 e	35 236 e	..	..	4 e
Systèmes d'assurance, de pensions et garanties standard	349 183 e	228 751 e	..	..	120 433 e
Produits financiers dérivés et options sur titres des salariés	0 e	0 e	..	..	0 e
Autres comptes à payer	19 273 e	19 273 e	..	..	0 e

Note : Voir les métadonnées détaillées sur : *http://metalinks.oecd.org/instinv/20200916/0196*

IRLANDE

Tableau 2. Actifs et passifs financiers des fonds d'investissement

Millions EUR

	2012	2013	2014	2015	2016	2017	2018	2019
Fonds d'investissement								
Valeur nette financière	..	..	..	..	..	..	..	..
Actifs financiers	..	..	..	..	..	..	..	..
Numéraire et dépôts	..	..	..	..	..	..	..	..
Titres de dette	..	..	..	..	..	..	..	..
Crédits	..	..	..	..	..	..	..	..
Actions et parts de fonds d'investissement	..	..	..	..	..	..	..	..
Actions	..	..	..	..	..	..	..	..
Parts de fonds d'investissement	..	..	..	..	..	..	..	..
Parts de fonds d'investissement monétaires	..	..	..	..	..	..	..	..
Parts de fonds d'investissement non monétaires	..	..	..	..	..	..	..	..
Systèmes d'assurance, de pensions et garanties standard	..	..	..	..	..	..	..	..
Produits financiers dérivés et options sur titres des salariés	..	..	..	..	..	..	..	..
Autres comptes à recevoir	..	..	..	..	..	..	..	..
Passifs financiers	..	..	..	..	..	..	..	..
Titres de dette	..	..	..	..	..	..	..	..
Titres de dette à court terme	..	..	..	..	..	..	..	..
Titres de dette à long terme	..	..	..	..	..	..	..	..
Crédits	..	..	..	..	..	..	..	..
Crédits à court terme	..	..	..	..	..	..	..	..
Crédits à long terme	..	..	..	..	..	..	..	..
Actions et parts de fonds d'investissement	..	..	..	..	..	..	..	..
Systèmes d'assurance, de pensions et garanties standard	..	..	..	..	..	..	..	..
Produits financiers dérivés et options sur titres des salariés	..	..	..	..	..	..	..	..
Autres comptes à payer	..	..	..	..	..	..	..	..
Actifs non financiers	..	..	..	..	..	..	..	..
Fonds d'investissement monéaires								
Valeur nette financière	..	..	..	..	..	..	..	..
Actifs financiers	..	..	..	..	..	..	..	..
Numéraire et dépôts	..	..	..	..	..	..	..	..
Titres de dette	..	..	..	..	..	..	..	..
Crédits	..	..	..	..	..	..	..	..
Actions et parts de fonds d'investissement	..	..	..	..	..	..	..	..
Actions	..	..	..	..	..	..	..	..
Parts de fonds d'investissement	..	..	..	..	..	..	..	..
Parts de fonds d'investissement monétaires	..	..	..	..	..	..	..	..
Parts de fonds d'investissement non monétaires	..	..	..	..	..	..	..	..
Systèmes d'assurance, de pensions et garanties standard	..	..	..	..	..	..	..	..
Produits financiers dérivés et options sur titres des salariés	..	..	..	..	..	..	..	..
Autres comptes à recevoir	..	..	..	..	..	..	..	..
Passifs financiers	..	..	..	..	..	..	..	..
Titres de dette	..	..	..	..	..	..	..	..
Titres de dette à court terme	..	..	..	..	..	..	..	..
Titres de dette à long terme	..	..	..	..	..	..	..	..
Crédits	..	..	..	..	..	..	..	..
Crédits à court terme	..	..	..	..	..	..	..	..
Crédits à long terme	..	..	..	..	..	..	..	..
Actions et parts de fonds d'investissement	..	..	..	..	..	..	..	..
Systèmes d'assurance, de pensions et garanties standard	..	..	..	..	..	..	..	..
Produits financiers dérivés et options sur titres des salariés	..	..	..	..	..	..	..	..
Autres comptes à payer	..	..	..	..	..	..	..	..
Actifs non financiers	..	..	..	..	..	..	..	..
Fonds d'investissement non monéaires								
Valeur nette financière	..	..	..	..	..	..	..	..
Actifs financiers	1 031 187 e	1 205 013 e	1 525 918 e	1 803 597 e	1 920 081 e	2 217 432 e	2 313 437 e	2 915 263 e
Numéraire et dépôts	49 293 e	52 075 e	55 251 e	70 416 e	67 518 e	137 394 e	152 472 e	154 975 e
Titres de dette	459 271 e	519 352 e	554 030 e	616 171 e	745 370 e	846 578 e	896 002 e	1 195 117 e
Crédits	31 131 e	23 290 e	15 179 e	31 364 e	33 796 e	82 150 e	86 836 e	101 288 e
Actions et parts de fonds d'investissement	421 448 e	523 179 e	688 070 e	810 231 e	848 789 e	988 854 e	999 799 e	1 311 532 e
Actions	330 951 e	401 400 e	502 401 e	591 845 e	619 973 e	736 843 e	717 694 e	960 779 e
Parts de fonds d'investissement	90 497 e	121 779 e	185 669 e	218 386 e	228 817 e	252 011 e	282 105 e	350 753 e
Parts de fonds d'investissement monétaires	5 087 e	12 945 e	17 786 e	27 097 e	30 000 e	24 346 e	34 388 e	40 162 e
Parts de fonds d'investissement non monétaires	85 410 e	108 834 e	167 883 e	191 289 e	198 817 e	227 665 e	247 717 e	310 591 e
Systèmes d'assurance, de pensions et garanties standard	0 e	0 e	0 e	0 e	0 e	0 e	0 e	0 e
Produits financiers dérivés et options sur titres des salariés	32 231 e	39 759 e	139 229 e	168 378 e	161 027 e	89 748 e	94 764 e	64 527 e
Autres comptes à recevoir	37 813 e	47 357 e	74 159 e	107 037 e	63 580 e	72 709 e	83 565 e	87 824 e
Passifs financiers	1 019 098 e	1 194 785 e	1 552 485 e	1 779 119 e	1 919 920 e	2 198 979 e	2 292 497 e	2 868 756 e
Titres de dette	0 e	0 e	0 e	0 e	0 e	0 e	0 e	0 e
Titres de dette à court terme	0 e	0 e	0 e	0 e	0 e	0 e	0 e	0 e
Titres de dette à long terme	0 e	0 e	0 e	0 e	0 e	0 e	0 e	0 e
Crédits	22 179 e	36 093 e	57 624 e	95 654 e	119 940 e	190 169 e	229 808 e	266 661 e
Crédits à court terme	21 744 e	33 183 e	52 446 e	86 342 e	109 345 e	172 546 e	211 237 e	246 333 e
Crédits à long terme	435 e	2 911 e	5 178 e	9 312 e	10 596 e	17 622 e	18 571 e	20 328 e
Actions et parts de fonds d'investissement	924 227 e	1 065 863 e	1 285 089 e	1 420 331 e	1 590 808 e	1 873 674 e	1 904 681 e	2 434 912 e
Systèmes d'assurance, de pensions et garanties standard	0 e	0 e	0 e	0 e	0 e	0 e	0 e	0 e
Produits financiers dérivés et options sur titres des salariés	34 873 e	40 270 e	131 161 e	161 926 e	153 591 e	80 962 e	90 766 e	56 651 e
Autres comptes à payer	37 819 e	52 559 e	78 612 e	101 209 e	55 581 e	54 175 e	67 243 e	110 532 e
Actifs non financiers	..	..	..	..	..	..	..	..
Fonds d'investissement non monéaires à capital variable								
Valeur nette financière	..	..	..	..	..	..	..	..
Actifs financiers	..	..	..	..	..	..	..	..
Numéraire et dépôts	..	..	..	..	..	..	..	..

Tableau 2. Actifs et passifs financiers des fonds d'investissement (*suite*)

Millions EUR

	2012	2013	2014	2015	2016	2017	2018	2019
Titres de dette	..	..	..	..	..	..	..	..
Crédits	..	..	..	..	..	..	..	..
Actions et parts de fonds d'investissement	..	..	..	..	..	..	..	..
Actions	..	..	..	..	..	..	..	..
Parts de fonds d'investissement	..	..	..	..	..	..	..	..
Parts de fonds d'investissement monétaires	..	..	..	..	..	..	..	..
Parts de fonds d'investissement non monétaires	..	..	..	..	..	..	..	..
Systèmes d'assurance, de pensions et garanties standard	..	..	..	..	..	..	..	..
Produits financiers dérivés et options sur titres des salariés	..	..	..	..	..	..	..	..
Autres comptes à recevoir	..	..	..	..	..	..	..	..
Passifs financiers	..	..	..	..	..	..	..	..
Titres de dette	..	..	..	..	..	..	..	..
Titres de dette à court terme	..	..	..	..	..	..	..	..
Titres de dette à long terme	..	..	..	..	..	..	..	..
Crédits	..	..	..	..	..	..	..	..
Crédits à court terme	..	..	..	..	..	..	..	..
Crédits à long terme	..	..	..	..	..	..	..	..
Actions et parts de fonds d'investissement	..	..	..	..	..	..	..	..
Systèmes d'assurance, de pensions et garanties standard	..	..	..	..	..	..	..	..
Produits financiers dérivés et options sur titres des salariés	..	..	..	..	..	..	..	..
Autres comptes à payer	..	..	..	..	..	..	..	..
Actifs non financiers	..	..	..	..	..	..	..	..
Fonds d'investissement à capital variable								
Valeur nette financière	..	..	..	..	..	..	..	..
Actifs financiers	..	..	..	..	..	..	..	..
Numéraire et dépôts	..	..	..	..	..	..	..	..
Titres de dette	..	..	..	..	..	..	..	..
Crédits	..	..	..	..	..	..	..	..
Actions et parts de fonds d'investissement	..	..	..	..	..	..	..	..
Actions	..	..	..	..	..	..	..	..
Parts de fonds d'investissement	..	..	..	..	..	..	..	..
Parts de fonds d'investissement monétaires	..	..	..	..	..	..	..	..
Parts de fonds d'investissement non monétaires	..	..	..	..	..	..	..	..
Systèmes d'assurance, de pensions et garanties standard	..	..	..	..	..	..	..	..
Produits financiers dérivés et options sur titres des salariés	..	..	..	..	..	..	..	..
Autres comptes à recevoir	..	..	..	..	..	..	..	..
Passifs financiers	..	..	..	..	..	..	..	..
Titres de dette	..	..	..	..	..	..	..	..
Titres de dette à court terme	..	..	..	..	..	..	..	..
Titres de dette à long terme	..	..	..	..	..	..	..	..
Crédits	..	..	..	..	..	..	..	..
Crédits à court terme	..	..	..	..	..	..	..	..
Crédits à long terme	..	..	..	..	..	..	..	..
Actions et parts de fonds d'investissement	..	..	..	..	..	..	..	..
Systèmes d'assurance, de pensions et garanties standard	..	..	..	..	..	..	..	..
Produits financiers dérivés et options sur titres des salariés	..	..	..	..	..	..	..	..
Autres comptes à payer	..	..	..	..	..	..	..	..
Actifs non financiers	..	..	..	..	..	..	..	..

Note : Voir les métadonnées détaillées sur : *http://metalinks.oecd.org/instinv/20200916/0196*

IRLANDE

Tableau 3. Actifs et passifs financiers des sociétés d'assurance et fonds de pension

Millions EUR

	2012	2013	2014	2015	2016	2017	2018	2019
Sociétés d'assurance et fonds de pension								
Valeur nette financière	..	..	..	..	..	..	..	..
Actifs financiers	296 717 e	304 198 e	343 198 e	368 600 e	390 324 e	405 482 e	398 251 e	458 545 e
Numéraire et dépôts	25 444 e	24 061 e	24 091 e	27 197 e	27 752 e	29 411 e	28 760 e	28 255 e
Titres de dette	83 276 e	79 530 e	88 796 e	91 888 e	91 861 e	91 183 e	92 590 e	100 016 e
Crédits	2 785 e	1 290 e	1 516 e	1 341 e	2 054 e	2 065 e	2 487 e	3 667 e
Actions et parts de fonds d'investissement	138 203 e	150 756 e	176 130 e	190 148 e	207 256 e	226 305 e	216 011 e	256 527 e
Actions	67 597 e	68 797 e	76 673 e	75 041 e	79 939 e	83 428 e	76 499 e	94 068 e
Parts de fonds d'investissement	70 606 e	81 959 e	99 457 e	115 107 e	127 318 e	142 877 e	139 512 e	162 459 e
Parts de fonds d'investissement monétaires	4 305 e	3 211 e	1 550 e	1 468 e	1 453 e	1 603 e	1 688 e	2 134 e
Parts de fonds d'investissement non monétaires	66 301 e	78 748 e	97 907 e	113 639 e	125 864 e	141 274 e	137 824 e	160 325 e
Systèmes d'assurance, de pensions et garanties standard	28 352 e	26 698 e	31 991 e	33 733 e	35 037 e	31 919 e	31 390 e	34 464 e
Produits financiers dérivés et options sur titres des salariés	2 461 e	1 768 e	2 443 e	1 758 e	1 814 e	1 639 e	1 577 e	2 212 e
Autres comptes à recevoir	16 196 e	20 094 e	18 232 e	22 536 e	24 548 e	22 962 e	25 438 e	33 404 e
Passifs financiers	303 791 e	309 340 e	352 933 e	378 663 e	399 088 e	414 565 e	408 298 e	464 516 e
Titres de dette	1 152 e	879 e	1 127 e	1 710 e	1 933 e	1 566 e	1 670 e	1 770 e
Titres de dette à court terme	0 e	0 e	0 e	0 e	0 e	0 e	0 e	2 e
Titres de dette à long terme	1 152 e	879 e	1 127 e	1 710 e	1 933 e	1 566 e	1 670 e	1 770 e
Crédits	4 236 e	3 163 e	3 204 e	3 395 e	3 509 e	2 871 e	2 932 e	1 521 e
Crédits à court terme	887 e	207 e	143 e	197 e	190 e	271 e	278 e	271 e
Crédits à long terme	3 348 e	2 956 e	3 061 e	3 198 e	3 319 e	2 600 e	2 653 e	1 250 e
Actions et parts de fonds d'investissement	27 241 e	24 892 e	26 930 e	29 200 e	32 346 e	33 301 e	35 240 e	40 542 e
Systèmes d'assurance, de pensions et garanties standard	257 654 e	265 223 e	305 925 e	326 319 e	342 454 e	359 502 e	349 183 e	398 089 e
Produits financiers dérivés et options sur titres des salariés	0 e	0 e	0 e	0 e	0 e	0 e	0 e	0 e
Autres comptes à payer	13 508 e	15 184 e	15 748 e	18 039 e	18 846 e	17 324 e	19 273 e	22 595 e
Actifs non financiers	..	..	..	..	..	..	..	..
Sociétés d'assurance								
Valeur nette financière	..	..	..	..	..	..	..	..
Actifs financiers	219 876 e	216 334 e	242 516 e	257 870 e	270 354 e	283 036 e	277 690 e	320 641 e
Numéraire et dépôts	22 139 e	20 735 e	19 872 e	22 465 e	22 636 e	24 147 e	23 160 e	21 317 e
Titres de dette	55 247 e	47 534 e	48 649 e	49 977 e	50 745 e	49 341 e	49 356 e	52 620 e
Crédits	2 785 e	1 290 e	1 516 e	1 341 e	2 054 e	2 065 e	2 487 e	3 667 e
Actions et parts de fonds d'investissement	93 656 e	99 195 e	121 172 e	128 349 e	135 692 e	153 435 e	146 980 e	176 036 e
Actions	30 185 e	23 496 e	27 598 e	18 333 e	13 688 e	15 932 e	12 546 e	19 714 e
Parts de fonds d'investissement	63 471 e	75 700 e	93 574 e	110 015 e	122 005 e	137 503 e	134 435 e	156 322 e
Parts de fonds d'investissement monétaires	4 198 e	3 131 e	1 216 e	1 174 e	1 215 e	1 356 e	1 427 e	1 825 e
Parts de fonds d'investissement non monétaires	59 273 e	72 568 e	92 358 e	108 842 e	120 790 e	136 147 e	133 008 e	154 497 e
Systèmes d'assurance, de pensions et garanties standard	28 352 e	26 698 e	31 991 e	33 733 e	35 037 e	31 919 e	31 390 e	34 464 e
Produits financiers dérivés et options sur titres des salariés	2 235 e	1 619 e	2 316 e	1 649 e	1 670 e	1 452 e	1 404 e	2 078 e
Autres comptes à recevoir	15 462 e	19 262 e	17 001 e	20 357 e	22 520 e	20 679 e	22 912 e	30 460 e
Passifs financiers	226 701 e	221 685 e	252 371 e	268 044 e	279 146 e	292 229 e	287 853 e	326 737 e
Titres de dette	1 152 e	879 e	1 127 e	1 710 e	1 933 e	1 566 e	1 670 e	1 770 e
Titres de dette à court terme	0 e	0 e	0 e	0 e	0 e	0 e	0 e	0 e
Titres de dette à long terme	1 152 e	879 e	1 127 e	1 710 e	1 933 e	1 566 e	1 670 e	1 770 e
Crédits	3 987 e	3 017 e	3 184 e	3 364 e	3 475 e	2 859 e	2 924 e	1 511 e
Crédits à court terme	887 e	207 e	123 e	184 e	181 e	265 e	277 e	263 e
Crédits à long terme	3 099 e	2 810 e	3 061 e	3 180 e	3 294 e	2 594 e	2 646 e	1 248 e
Actions et parts de fonds d'investissement	27 241 e	24 892 e	26 930 e	29 200 e	32 286 e	33 277 e	35 236 e	40 542 e
Systèmes d'assurance, de pensions et garanties standard	180 813 e	177 714 e	205 382 e	215 732 e	222 606 e	237 202 e	228 751 e	260 320 e
Produits financiers dérivés et options sur titres des salariés	0 e	0 e	0 e	0 e	0 e	0 e	0 e	0 e
Autres comptes à payer	13 508 e	15 184 e	15 748 e	18 039 e	18 846 e	17 324 e	19 273 e	22 595 e
Actifs non financiers	..	..	..	..	..	..	..	..
Fonds de pension								
Valeur nette financière	..	..	..	..	..	..	..	..
Actifs financiers	76 841 e	87 864 e	100 682 e	110 730 e	119 970 e	122 446 e	120 561 e	137 904 e
Numéraire et dépôts	3 305 e	3 326 e	4 219 e	4 732 e	5 116 e	5 264 e	5 600 e	6 938 e
Titres de dette	28 029 e	31 996 e	40 147 e	41 910 e	41 117 e	41 842 e	43 233 e	47 396 e
Crédits	0 e	0 e	0 e	0 e	0 e	0 e	0 e	0 e
Actions et parts de fonds d'investissement	44 548 e	51 561 e	54 958 e	61 800 e	71 564 e	72 870 e	69 030 e	80 491 e
Actions	37 413 e	45 301 e	49 075 e	56 708 e	66 251 e	67 496 e	63 953 e	74 354 e
Parts de fonds d'investissement	7 135 e	6 260 e	5 884 e	5 092 e	5 313 e	5 374 e	5 077 e	6 137 e
Parts de fonds d'investissement monétaires	107 e	80 e	334 e	294 e	238 e	247 e	261 e	309 e
Parts de fonds d'investissement non monétaires	7 028 e	6 180 e	5 550 e	4 798 e	5 075 e	5 127 e	4 816 e	5 828 e
Systèmes d'assurance, de pensions et garanties standard	0 e	0 e	0 e	0 e	0 e	0 e	0 e	0 e
Produits financiers dérivés et options sur titres des salariés	226 e	150 e	127 e	109 e	145 e	188 e	172 e	134 e
Autres comptes à recevoir	734 e	832 e	1 231 e	2 179 e	2 029 e	2 283 e	2 525 e	2 945 e
Passifs financiers	77 090 e	87 655 e	100 562 e	110 619 e	119 943 e	122 336 e	120 445 e	137 779 e
Titres de dette	0 e	0 e	0 e	0 e	0 e	0 e	0 e	0 e
Titres de dette à court terme	0 e	0 e	0 e	0 e	0 e	0 e	0 e	2 e
Titres de dette à long terme	0 e	0 e	0 e	0 e	0 e	0 e	0 e	0 e
Crédits	249 e	146 e	20 e	31 e	34 e	12 e	8 e	10 e
Crédits à court terme	0 e	0 e	20 e	13 e	9 e	6 e	1 e	8 e
Crédits à long terme	249 e	146 e	0 e	18 e	25 e	6 e	7 e	2 e
Actions et parts de fonds d'investissement	0 e	0 e	0 e	0 e	60 e	24 e	4 e	0 e
Systèmes d'assurance, de pensions et garanties standard	76 841 e	87 509 e	100 542 e	110 588 e	119 849 e	122 300 e	120 433 e	137 769 e
Produits financiers dérivés et options sur titres des salariés	0 e	0 e	0 e	0 e	0 e	0 e	0 e	0 e
Autres comptes à payer	0 e	0 e	0 e	0 e	0 e	0 e	0 e	0 e
Actifs non financiers	..	..	..	..	..	..	..	..

Note : Voir les métadonnées détaillées sur : *http://metalinks.oecd.org/instinv/20200916/0196*

IRLANDE

Tableau 4. Composition du portefeuille par type d'investisseur

En pourcentage des actifs financiers et des passifs financiers

Pour cent

	2012	2013	2014	2015	2016	2017	2018	2019
Fonds d'investissement								
Actifs financiers	..	..	..	..	..	..	..	..
Numéraire et dépôts	..	..	..	..	..	..	..	..
Titres de dettes	..	..	..	..	..	..	..	..
Crédits	..	..	..	..	..	..	..	..
Actions et parts de fonds d'investissement	..	..	..	..	..	..	..	..
Systèmes d'assurance de pensions et garanties standard	..	..	..	..	..	..	..	..
Produits financiers dérivés et options sur titres des salariés	..	..	..	..	..	..	..	..
Autres comptes à recevoir	..	..	..	..	..	..	..	..
Passifs financiers	..	..	..	..	..	..	..	..
Numéraire et dépôts	..	..	..	..	..	..	..	..
Titres de dettes	..	..	..	..	..	..	..	..
Crédits	..	..	..	..	..	..	..	..
Actions et parts de fonds d'investissement	..	..	..	..	..	..	..	..
Systèmes d'assurance de pensions et garanties standard	..	..	..	..	..	..	..	..
Produits financiers dérivés et options sur titres des salariés	..	..	..	..	..	..	..	..
Autres comptes à recevoir	..	..	..	..	..	..	..	..
Sociétés d'assurance								
Actifs financiers	100.0	100.0	100.0	100.0	100.0	100.0	100.0	100.0
Numéraire et dépôts	10.1	9.6	8.2	8.7	8.4	8.5	8.3	6.6
Titres de dettes	25.1	22.0	20.1	19.4	18.8	17.4	17.8	16.4
Crédits	1.3	0.6	0.6	0.5	0.8	0.7	0.9	1.1
Actions et parts de fonds d'investissement	42.6	45.9	50.0	49.8	50.2	54.2	52.9	54.9
Systèmes d'assurance de pensions et garanties standard	12.9	12.3	13.2	13.1	13.0	11.3	11.3	10.7
Produits financiers dérivés et options sur titres des salariés	1.0	0.7	1.0	0.6	0.6	0.5	0.5	0.6
Autres comptes à recevoir	7.0	8.9	7.0	7.9	8.3	7.3	8.3	9.5
Passifs financiers	100.0	100.0	100.0	100.0	100.0	100.0	100.0	100.0
Numéraire et dépôts	0.0	0.0	0.0	0.0	0.0	0.0	0.0	0.0
Titres de dettes	0.5	0.4	0.4	0.6	0.7	0.5	0.6	0.5
Crédits	1.8	1.4	1.3	1.3	1.2	1.0	1.0	0.5
Actions et parts de fonds d'investissement	12.0	11.2	10.7	10.9	11.6	11.4	12.2	12.4
Systèmes d'assurance de pensions et garanties standard	79.8	80.2	81.4	80.5	79.7	81.2	79.5	79.7
Produits financiers dérivés et options sur titres des salariés	0.0	0.0	0.0	0.0	0.0	0.0	0.0	0.0
Autres comptes à recevoir	6.0	6.8	6.2	6.7	6.8	5.9	6.7	6.9
Fonds de pension								
Actifs financiers	100.0	100.0	100.0	100.0	100.0	100.0	100.0	100.0
Numéraire et dépôts	4.3	3.8	4.2	4.3	4.3	4.3	4.6	5.0
Titres de dettes	36.5	36.4	39.9	37.8	34.3	34.2	35.9	34.4
Crédits	0.0	0.0	0.0	0.0	0.0	0.0	0.0	0.0
Actions et parts de fonds d'investissement	58.0	58.7	54.6	55.8	59.7	59.5	57.3	58.4
Systèmes d'assurance de pensions et garanties standard	0.0	0.0	0.0	0.0	0.0	0.0	0.0	0.0
Produits financiers dérivés et options sur titres des salariés	0.3	0.2	0.1	0.1	0.1	0.2	0.1	0.1
Autres comptes à recevoir	1.0	0.9	1.2	2.0	1.7	1.9	2.1	2.1
Passifs financiers	100.0	100.0	100.0	100.0	100.0	100.0	100.0	100.0
Numéraire et dépôts	0.0	0.0	0.0	0.0	0.0	0.0	0.0	0.0
Titres de dettes	0.0	0.0	0.0	0.0	0.0	0.0	0.0	0.0
Crédits	0.3	0.2	0.0	0.0	0.0	0.0	0.0	0.0
Actions et parts de fonds d'investissement	0.0	0.0	0.0	0.0	0.1	0.0	0.0	0.0
Systèmes d'assurance de pensions et garanties standard	99.7	99.8	100.0	100.0	99.9	100.0	100.0	100.0
Produits financiers dérivés et options sur titres des salariés	0.0	0.0	0.0	0.0	0.0	0.0	0.0	0.0
Autres comptes à recevoir	0.0	0.0	0.0	0.0	0.0	0.0	0.0	0.0

Note : Voir les métadonnées détaillées sur : *http://metalinks.oecd.org/instinv/20200916/649b*

Tableau 1. Actifs et passifs financiers des investisseurs institutionnels, 2018

Millions ILS

	Total	Fonds d'investissement			
		Fonds d'investissement non-monétaire			Fonds d'investissement monétaires
		Total	Fonds d'investissement à capital variable, non monétaire	Fonds d'investissement à capital fixe, non monétaire	Total
Actifs financiers	307 180	284 185	284 185	..	22 995
Numéraire et dépôts	35 476	25 261	25 261	..	10 215
Titres de dette	217 601	204 822	204 822	..	12 779
Titres de dette à court terme	37 251	32 262	32 262	..	4 989
Titres de dette à long terme	180 351	172 561	172 561	..	7 790
Titres de dette émis par les résidents	201 437	192 767	192 767	..	8 670
Titres de dette émis par les non-résidents	16 164	12 055	12 055	..	4 109
Crédits	0	0	0	..	0
Crédits à court terme	0	0	0	..	0
Crédits à long terme	0	0	0	..	0
Crédits accordés aux résidents	0	0	0	..	0
Crédits accordés aux non-résidents	0	0	0	..	0
Actions et parts de fonds d'investissement	55 582	55 582	55 582	..	0
Actions et parts de fonds d'investissements émises par les résidents	43 007	43 007	43 007	..	0
Actions et part de fonds d'investissements émises par les non-résidents	12 576	12 576	12 576	..	0
Autres comptes à recevoir	..	..	..	..	..

	Total	Fonds d'investissement			
		Fonds d'investissement non-monétaire			Fonds d'investissement monétaires
		Total	Fonds d'investissement à capital variable, non monétaire	Fonds d'investissement à capital fixe, non monétaire	Total
Pasifs financiers	..	..	..	..	..
Numéraire et dépôts	..	..	..	..	..
Titres de dette	..	..	..	..	..
Titres de dette à court terme	..	..	..	..	..
Titres de dette à long terme	..	..	..	..	..
Crédits	..	..	..	..	..
Crédits à court terme	..	..	..	..	..
Crédits à long terme	..	..	..	..	..
Actions et parts de fonds d'investissement	..	..	..	..	..
Systèmes d'assurance, de pensions et garanties standard	..	..	..	..	..
Produits financiers dérivés et options sur titres des salariés	..	..	..	..	..
Autres comptes à payer	..	..	..	..	..

	Total	Sociétés d'assurance et fonds de pension autonomes			
		Sociétés d'assurance			Fonds de pension autonomes
		Total	Sociétés d'assurance vie	Sociétés d'assurance non-vie	Total
Actifs financiers	1 604 586	518 737	..	..	1 085 848
Numéraire et dépôts	119 852	40 156	..	..	79 696
Titres de dette	824 870	234 492	..	..	590 379
Titres de dette à court terme	22 900	3 270	..	..	19 630
Titres de dette à long terme	801 970	231 222	..	..	570 749
Titres de dette émis par les résidents	751 219	207 869	..	..	543 350
Titres de dette émis par les non-résidents	73 651	26 622	..	..	47 029
Crédits	122 374	51 484	..	..	70 889
Crédits à court terme	..	..	..	..	..
Crédits à long terme	..	..	..	..	..
Crédits accordés aux résidents	108 944	45 053	..	..	63 891
Crédits accordés aux non-résidents	13 430	6 432	..	..	6 999
Actions et parts de fonds d'investissement	482 094	144 241	..	..	337 853
Actions et parts de fonds d'investissement émises par les résidents	207 919	63 018	..	..	144 901
Actions et parts de fonds d'investissement émises par les non-résidents	274 175	81 223	..	..	192 952
Autrescomptes à recevoir	35 613	26 601	..	..	9 012

	Total	Sociétés d'assurance et fonds de pension autonomes			
		Sociétés d'assurance			Fonds de pension autonomes
		Total	Sociétés d'assurance vie	Sociétés d'assurance non-vie	Total
Pasifs financiers	..	..	..	..	..
Numéraire et dépôts	..	..	..	..	..
Titres de dette	..	..	..	..	..
Titres de dette à court terme	..	..	..	..	..
Titres de dette à long terme	..	..	..	..	..
Crédits	..	..	..	..	..
Crédits à court terme	..	..	..	..	..
Crédits à long terme	..	..	..	..	..
Actions et parts de fonds d'investissement	..	..	..	..	..
Systèmes d'assurance, de pensions et garanties standard	..	..	..	..	..
Produits financiers dérivés et options sur titres des salariés	..	..	..	..	..
Autres comptes à payer	..	..	..	..	..

Note : Voir les métadonnées détaillées sur : *http://metalinks.oecd.org/instinv/20200916/272c*

Tableau 2. Actifs et passifs financiers des fonds d'investissement

Millions ILS

	2012	2013	2014	2015	2016	2017	2018	2019
Fonds d'investissement								
Valeur nette financière	..	..	..	..	..	..	..	..
Actifs financiers	170 099	230 785	261 522	229 155	214 081	243 099	307 180	352 534
Numéraire et dépôts	23 524	42 730	42 192	28 026	20 568	24 306	35 476	42 454
Titres de dette	133 810	167 843	194 131	174 598	165 512	180 368	217 601	237 116
Crédits	0	0	0	0	0	0	0	0
Actions et parts de fonds d'investissement	12 863	20 295	25 218	26 690	28 060	38 369	55 582	72 944
Actions	12 028	19 845	24 395	26 130	26 978	37 844	54 296	71 444
Parts de fonds d'investissement	835	450	822	560	1 081	525	1 286	1 500
Parts de fonds d'investissement monétaires	..	..	..	..	..	..	..	..
Parts de fonds d'investissement non monétaires	..	..	..	..	..	..	..	..
Systèmes d'assurance, de pensions et garanties standard	..	..	..	..	..	..	..	..
Produits financiers dérivés et options sur titres des salariés	-97	-83	-17	-160	-58	56	-1 481	20
Autres comptes à recevoir	..	..	..	..	..	..	..	..
Passifs financiers	..	..	..	..	..	..	..	..
Titres de dette	..	..	..	..	..	..	..	..
Titres de dette à court terme	..	..	..	..	..	..	..	..
Titres de dette à long terme	..	..	..	..	..	..	..	..
Crédits	..	..	..	..	..	..	..	..
Crédits à court terme	..	..	..	..	..	..	..	..
Crédits à long terme	..	..	..	..	..	..	..	..
Actions et parts de fonds d'investissement	..	..	..	..	..	..	..	..
Systèmes d'assurance, de pensions et garanties standard	..	..	..	..	..	..	..	..
Produits financiers dérivés et options sur titres des salariés	..	..	..	..	..	..	..	..
Autres comptes à payer	..	..	..	..	..	..	..	..
Actifs non financiers	0	0	0	0	0	0	0	0
Fonds d'investissement monéaires								
Valeur nette financière	..	..	..	..	..	..	..	..
Actifs financiers	35 688	61 079	54 035	27 383	18 884	15 420	22 995	29 754
Numéraire et dépôts	16 635	31 060	28 957	14 830	6 805	5 321	10 215	12 238
Titres de dette	19 053	30 020	25 078	12 553	12 079	10 099	12 779	17 517
Crédits	0	0	0	0	0	0	0	0
Actions et parts de fonds d'investissement	0	0	0	0	0	0	0	0
Actions	0	0	0	0	0	0	0	0
Parts de fonds d'investissement	0	0	0	0	0	0	0	0
Parts de fonds d'investissement monétaires	..	..	..	..	..	..	..	..
Parts de fonds d'investissement non monétaires	..	..	..	..	..	..	..	..
Systèmes d'assurance, de pensions et garanties standard	..	..	..	..	..	..	..	..
Produits financiers dérivés et options sur titres des salariés	0	0	0	0	0	0	0	0
Autres comptes à recevoir	..	..	..	..	..	..	..	..
Passifs financiers	..	..	..	..	..	..	..	..
Titres de dette	..	..	..	..	..	..	..	..
Titres de dette à court terme	..	..	..	..	..	..	..	..
Titres de dette à long terme	..	..	..	..	..	..	..	..
Crédits	..	..	..	..	..	..	..	..
Crédits à court terme	..	..	..	..	..	..	..	..
Crédits à long terme	..	..	..	..	..	..	..	..
Actions et parts de fonds d'investissement	..	..	..	..	..	..	..	..
Systèmes d'assurance, de pensions et garanties standard	..	..	..	..	..	..	..	..
Produits financiers dérivés et options sur titres des salariés	..	..	..	..	..	..	..	..
Autres comptes à payer	..	..	..	..	..	..	..	..
Actifs non financiers	0	0	0	0	0	0	0	0
Fonds d'investissement non monéaires								
Valeur nette financière	..	..	..	..	..	..	..	..
Actifs financiers	134 411	169 705	207 488	201 771	195 197	227 679	284 185	322 780
Numéraire et dépôts	6 889	11 670	13 235	13 197	13 762	18 985	25 261	30 216
Titres de dette	114 757	137 824	169 053	162 045	153 433	170 270	204 822	219 599
Crédits	0	0	0	0	0	0	0	0
Actions et parts de fonds d'investissement	12 863	20 295	25 218	26 690	28 060	38 369	55 582	72 944
Actions	12 028	19 845	24 395	26 130	26 978	37 844	54 296	71 444
Parts de fonds d'investissement	835	450	822	560	1 081	525	1 286	1 500
Parts de fonds d'investissement monétaires	..	..	..	..	..	..	..	..
Parts de fonds d'investissement non monétaires	..	..	..	..	..	..	..	..
Systèmes d'assurance, de pensions et garanties standard	..	..	..	..	..	..	..	..
Produits financiers dérivés et options sur titres des salariés	-97	-83	-17	-160	-58	56	-1 481	20
Autres comptes à recevoir	..	..	..	..	..	..	..	..
Passifs financiers	..	..	..	..	..	..	..	..
Titres de dette	..	..	..	..	..	..	..	..
Titres de dette à court terme	..	..	..	..	..	..	..	..
Titres de dette à long terme	..	..	..	..	..	..	..	..
Crédits	..	..	..	..	..	..	..	..
Crédits à court terme	..	..	..	..	..	..	..	..
Crédits à long terme	..	..	..	..	..	..	..	..
Actions et parts de fonds d'investissement	..	..	..	..	..	..	..	..
Systèmes d'assurance, de pensions et garanties standard	..	..	..	..	..	..	..	..
Produits financiers dérivés et options sur titres des salariés	..	..	..	..	..	..	..	..
Autres comptes à payer	..	..	..	..	..	..	..	..
Actifs non financiers	0	0	0	0	0	0	0	0
Fonds d'investissement non monéaires à capital variable								
Valeur nette financière	..	..	..	..	..	..	..	..
Actifs financiers	134 411	169 705	207 488	201 771	195 197	227 679	284 185	322 780
Numéraire et dépôts	6 889	11 670	13 235	13 197	13 762	18 985	25 261	30 216

Tableau 2. Actifs et passifs financiers des fonds d'investissement *(suite)*

Millions ILS

	2012	2013	2014	2015	2016	2017	2018	2019
Titres de dette	114 757	137 824	169 053	162 045	153 433	170 270	204 822	219 599
Crédits	0	0	0	0	0	0	0	0
Actions et parts de fonds d'investissement	12 863	20 295	25 218	26 690	28 060	38 369	55 582	72 944
Actions	12 028	19 845	24 395	26 130	26 978	37 844	54 296	71 444
Parts de fonds d'investissement	835	450	822	560	1 081	525	1 286	1 500
Parts de fonds d'investissement monétaires	..	..	..	..	..	..	..	..
Parts de fonds d'investissement non monétaires	..	..	..	..	..	..	..	..
Systèmes d'assurance, de pensions et garanties standard	..	..	..	..	..	..	..	..
Produits financiers dérivés et options sur titres des salariés	-97	-83	-17	-160	-58	56	-1 481	20
Autres comptes à recevoir	..	..	..	..	..	..	..	..
Passifs financiers	..	..	..	..	..	..	..	..
Titres de dette	..	..	..	..	..	..	..	..
Titres de dette à court terme	..	..	..	..	..	..	..	..
Titres de dette à long terme	..	..	..	..	..	..	..	..
Crédits	..	..	..	..	..	..	..	..
Crédits à court terme	..	..	..	..	..	..	..	..
Crédits à long terme	..	..	..	..	..	..	..	..
Actions et parts de fonds d'investissement	..	..	..	..	..	..	..	..
Systèmes d'assurance, de pensions et garanties standard	..	..	..	..	..	..	..	..
Produits financiers dérivés et options sur titres des salariés	..	..	..	..	..	..	..	..
Autres comptes à payer	..	..	..	..	..	..	..	..
Actifs non financiers	0	0	0	0	0	0	0	0
Fonds d'investissement à capital variable								
Valeur nette financière	..	..	..	..	..	..	..	..
Actifs financiers	170 099	230 785	261 522	229 155	214 081	243 099	307 180	352 534
Numéraire et dépôts	23 524	42 730	42 192	28 026	20 568	24 306	35 476	42 454
Titres de dette	133 810	167 843	194 131	174 598	165 512	180 368	217 601	237 116
Crédits	0	0	0	0	0	0	0	0
Actions et parts de fonds d'investissement	12 863	20 295	25 218	26 690	28 060	38 369	55 582	72 944
Actions	12 028	19 845	24 395	26 130	26 978	37 844	54 296	71 444
Parts de fonds d'investissement	835	450	822	560	1 081	525	1 286	1 500
Parts de fonds d'investissement monétaires	..	..	..	..	..	..	..	..
Parts de fonds d'investissement non monétaires	..	..	..	..	..	..	..	..
Systèmes d'assurance, de pensions et garanties standard	..	..	..	..	..	..	..	..
Produits financiers dérivés et options sur titres des salariés	-97	-83	-17	-160	-58	56	-1 481	20
Autres comptes à recevoir	..	..	..	..	..	..	..	..
Passifs financiers	..	..	..	..	..	..	..	..
Titres de dette	..	..	..	..	..	..	..	..
Titres de dette à court terme	..	..	..	..	..	..	..	..
Titres de dette à long terme	..	..	..	..	..	..	..	..
Crédits	..	..	..	..	..	..	..	..
Crédits à court terme	..	..	..	..	..	..	..	..
Crédits à long terme	..	..	..	..	..	..	..	..
Actions et parts de fonds d'investissement	..	..	..	..	..	..	..	..
Systèmes d'assurance, de pensions et garanties standard	..	..	..	..	..	..	..	..
Produits financiers dérivés et options sur titres des salariés	..	..	..	..	..	..	..	..
Autres comptes à payer	..	..	..	..	..	..	..	..
Actifs non financiers	0	0	0	0	0	0	0	0

Note : Voir les métadonnées détaillées sur : *http://metalinks.oecd.org/instinv/20200916/272c*

ISRAËL

Tableau 3. Actifs et passifs financiers des sociétés d'assurance et fonds de pension

Millions ILS

	2012	2013	2014	2015	2016	2017	2018	2019
Sociétés d'assurance et fonds de pension								
Valeur nette financière	..	..	..	..	..	..	..	..
Actifs financiers	1 011 560	1 117 101	1 221 043	1 302 591	1 386 621	1 540 793	1 604 586	1 857 862
Numéraire et dépôts	73 576	78 134	82 003	100 245	107 142	132 405	119 852	138 179
Titres de dette	607 790	642 423	690 205	722 299	749 440	799 797	824 870	930 592
Crédits	41 079	51 951	60 459	73 731	92 274	110 398	122 374	139 637
Actions et parts de fonds d'investissement	247 784	300 937	343 806	360 762	385 783	443 849	482 094	583 734
Actions	181 334	221 469	250 003	259 311	277 446	315 480	340 138	423 579
Parts de fonds d'investissement	66 450	79 468	93 803	101 451	108 337	128 369	141 956	160 155
Parts de fonds d'investissement monétaires	..	..	..	..	..	..	..	..
Parts de fonds d'investissement non monétaires	..	..	..	..	..	..	..	..
Systèmes d'assurance, de pensions et garanties standard	14 639	14 997	14 819	14 015	16 375	18 631	20 367	22 526
Produits financiers dérivés et options sur titres des salariés	2 358	4 691	2 155	1 857	4 730	4 873	-585	6 794
Autres comptes à recevoir	24 334	23 968	27 598	29 682	30 877	30 840	35 613	36 402
Passifs financiers	..	..	..	..	..	..	..	..
Titres de dette	..	..	..	..	..	..	..	..
Titres de dette à court terme	..	..	..	..	..	..	..	..
Titres de dette à long terme	..	..	..	..	..	..	..	..
Crédits	..	..	..	..	..	..	..	..
Crédits à court terme	..	..	..	..	..	..	..	..
Crédits à long terme	..	..	..	..	..	..	..	..
Actions et parts de fonds d'investissement	..	..	..	..	..	..	..	..
Systèmes d'assurance, de pensions et garanties standard	..	..	..	..	..	..	..	..
Produits financiers dérivés et options sur titres des salariés	..	..	..	..	..	..	..	..
Autres comptes à payer	..	..	..	..	..	..	..	..
Actifs non financiers	17 111	19 996	22 771	24 408	25 535	27 105	28 371	33 597
Sociétés d'assurance								
Valeur nette financière	..	..	..	..	..	..	..	..
Actifs financiers	328 405	363 866	395 785	419 748	444 817	492 509	518 737	585 840
Numéraire et dépôts	25 111	26 780	25 346	34 952	37 845	44 274	40 156	49 607
Titres de dette	167 129	180 900	194 668	200 576	207 021	221 970	234 492	257 033
Crédits	19 832	23 579	25 704	30 733	39 316	46 956	51 484	57 641
Actions et parts de fonds d'investissement	82 930	97 804	113 666	116 783	119 747	135 440	144 241	170 308
Actions	61 276	71 969	83 614	83 647	83 323	91 876	97 978	119 073
Parts de fonds d'investissement	21 654	25 835	30 052	33 136	36 423	43 564	46 263	51 236
Parts de fonds d'investissement monétaires	..	..	..	..	..	..	..	..
Parts de fonds d'investissement non monétaires	..	..	..	..	..	..	..	..
Systèmes d'assurance, de pensions et garanties standard	14 639	14 997	14 819	14 015	16 375	18 631	20 367	22 526
Produits financiers dérivés et options sur titres des salariés	1 407	1 664	1 486	1 060	1 814	2 013	1 396	2 617
Autres comptes à recevoir	17 358	18 142	20 097	21 628	22 701	23 226	26 601	26 108
Passifs financiers	..	..	..	..	..	..	..	..
Titres de dette	..	..	..	..	..	..	..	..
Titres de dette à court terme	..	..	..	..	..	..	..	..
Titres de dette à long terme	..	..	..	..	..	..	..	..
Crédits	..	..	..	..	..	..	..	..
Crédits à court terme	..	..	..	..	..	..	..	..
Crédits à long terme	..	..	..	..	..	..	..	..
Actions et parts de fonds d'investissement	..	..	..	..	..	..	..	..
Systèmes d'assurance, de pensions et garanties standard	..	..	..	..	..	..	..	..
Produits financiers dérivés et options sur titres des salariés	..	..	..	..	..	..	..	..
Autres comptes à payer	..	..	..	..	..	..	..	..
Actifs non financiers	13 654	15 955	18 156	19 581	20 729	22 037	22 943	27 401
Fonds de pension								
Valeur nette financière	..	..	..	..	..	..	..	..
Actifs financiers	683 155	753 235	825 258	882 843	941 804	1 048 284	1 085 848	1 272 023
Numéraire et dépôts	48 465	51 354	56 657	65 293	69 297	88 130	79 696	88 572
Titres de dette	440 662	461 523	495 537	521 723	542 420	577 827	590 379	673 559
Crédits	21 247	28 372	34 755	42 998	52 958	63 443	70 889	81 995
Actions et parts de fonds d'investissement	164 854	203 134	230 140	243 979	266 036	308 409	337 853	413 426
Actions	120 058	149 501	166 389	175 664	194 123	223 604	242 161	304 506
Parts de fonds d'investissement	44 796	53 633	63 751	68 315	71 914	84 805	95 693	108 920
Parts de fonds d'investissement monétaires	..	..	..	..	..	..	..	..
Parts de fonds d'investissement non monétaires	..	..	..	..	..	..	..	..
Systèmes d'assurance, de pensions et garanties standard	0	0	0	0	0	0	0	0
Produits financiers dérivés et options sur titres des salariés	951	3 027	668	797	2 916	2 860	-1 981	4 177
Autres comptes à recevoir	6 977	5 826	7 500	8 053	8 177	7 614	9 012	10 294
Passifs financiers	..	..	..	..	..	..	..	..
Titres de dette	..	..	..	..	..	..	..	..
Titres de dette à court terme	..	..	..	..	..	..	..	..
Titres de dette à long terme	..	..	..	..	..	..	..	..
Crédits	..	..	..	..	..	..	..	..
Crédits à court terme	..	..	..	..	..	..	..	..
Crédits à long terme	..	..	..	..	..	..	..	..
Actions et parts de fonds d'investissement	..	..	..	..	..	..	..	..
Systèmes d'assurance, de pensions et garanties standard	..	..	..	..	..	..	..	..
Produits financiers dérivés et options sur titres des salariés	..	..	..	..	..	..	..	..
Autres comptes à payer	..	..	..	..	..	..	..	..
Actifs non financiers	3 457	4 041	4 616	4 828	4 806	5 068	5 428	6 196

Note : Voir les métadonnées détaillées sur : *http://metalinks.oecd.org/instinv/20200916/272c*

Tableau 4. Composition du portefeuille par type d'investisseur
En pourcentage des actifs financiers et des passifs financiers

Pour cent

	2012	2013	2014	2015	2016	2017	2018	2019
Fonds d'investissement								
Actifs financiers	100.0	100.0	100.0	100.0	100.0	100.0	100.0	100.0
Numéraire et dépôts	13.8	18.5	16.1	12.2	9.6	10.0	11.5	12.0
Titres de dettes	78.7	72.7	74.2	76.2	77.3	74.2	70.8	67.3
Crédits	0.0	0.0	0.0	0.0	0.0	0.0	0.0	0.0
Actions et parts de fonds d'investissement	7.6	8.8	9.6	11.6	13.1	15.8	18.1	20.7
Systèmes d'assurance de pensions et garanties standard	0.0	0.0	0.0	0.0	0.0	0.0	0.0	0.0
Produits financiers dérivés et options sur titres des salariés	-0.1	0.0	0.0	-0.1	0.0	0.0	-0.5	0.0
Autres comptes à recevoir	0.0	0.0	0.0	0.0	0.0	0.0	0.0	0.0
Passifs financiers	..	..	..	..	..	..	..	..
Numéraire et dépôts	..	..	..	..	..	..	..	..
Titres de dettes	..	..	..	..	..	..	..	..
Crédits	..	..	..	..	..	..	..	..
Actions et parts de fonds d'investissement	..	..	..	..	..	..	..	..
Systèmes d'assurance de pensions et garanties standard	..	..	..	..	..	..	..	..
Produits financiers dérivés et options sur titres des salariés	..	..	..	..	..	..	..	..
Autres comptes à recevoir	..	..	..	..	..	..	..	..
Sociétés d'assurance								
Actifs financiers	100.0	100.0	100.0	100.0	100.0	100.0	100.0	100.0
Numéraire et dépôts	7.6	7.4	6.4	8.3	8.5	9.0	7.7	8.5
Titres de dettes	50.9	49.7	49.2	47.8	46.5	45.1	45.2	43.9
Crédits	6.0	6.5	6.5	7.3	8.8	9.5	9.9	9.8
Actions et parts de fonds d'investissement	25.3	26.9	28.7	27.8	26.9	27.5	27.8	29.1
Systèmes d'assurance de pensions et garanties standard	4.5	4.1	3.7	3.3	3.7	3.8	3.9	3.8
Produits financiers dérivés et options sur titres des salariés	0.4	0.5	0.4	0.3	0.4	0.4	0.3	0.4
Autres comptes à recevoir	5.3	5.0	5.1	5.2	5.1	4.7	5.1	4.5
Passifs financiers	..	..	..	..	..	..	..	..
Numéraire et dépôts	..	..	..	..	..	..	..	..
Titres de dettes	..	..	..	..	..	..	..	..
Crédits	..	..	..	..	..	..	..	..
Actions et parts de fonds d'investissement	..	..	..	..	..	..	..	..
Systèmes d'assurance de pensions et garanties standard	..	..	..	..	..	..	..	..
Produits financiers dérivés et options sur titres des salariés	..	..	..	..	..	..	..	..
Autres comptes à recevoir	..	..	..	..	..	..	..	..
Fonds de pension								
Actifs financiers	100.0	100.0	100.0	100.0	100.0	100.0	100.0	100.0
Numéraire et dépôts	7.1	6.8	6.9	7.4	7.4	8.4	7.3	7.0
Titres de dettes	64.5	61.3	60.0	59.1	57.6	55.1	54.4	53.0
Crédits	3.1	3.8	4.2	4.9	5.6	6.1	6.5	6.4
Actions et parts de fonds d'investissement	24.1	27.0	27.9	27.6	28.2	29.4	31.1	32.5
Systèmes d'assurance de pensions et garanties standard	0.0	0.0	0.0	0.0	0.0	0.0	0.0	0.0
Produits financiers dérivés et options sur titres des salariés	0.1	0.4	0.1	0.1	0.3	0.3	-0.2	0.3
Autres comptes à recevoir	1.0	0.8	0.9	0.9	0.9	0.7	0.8	0.8
Passifs financiers	..	..	..	..	..	..	..	..
Numéraire et dépôts	..	..	..	..	..	..	..	..
Titres de dettes	..	..	..	..	..	..	..	..
Crédits	..	..	..	..	..	..	..	..
Actions et parts de fonds d'investissement	..	..	..	..	..	..	..	..
Systèmes d'assurance de pensions et garanties standard	..	..	..	..	..	..	..	..
Produits financiers dérivés et options sur titres des salariés	..	..	..	..	..	..	..	..
Autres comptes à recevoir	..	..	..	..	..	..	..	..

Note : Voir les métadonnées détaillées sur : *http://metalinks.oecd.org/instinv/20200916/649b*

ITALIE

Tableau 1. Actifs et passifs financiers des investisseurs institutionnels, 2018

Millions EUR (1999 ITL euro)

	Fonds d'investissement				
	Total	Fonds d'investissement non-monétaire			Fonds d'investissement monétaires
		Total	Fonds d'investissement à capital variable, non monétaire	Fonds d'investissement à capital fixe, non monétaire	Total
Actifs financiers	264 629	261 358	233 901	27 457	3 271
Numéraire et dépôts	..	28 220	22 172	6 048	..
Titres de dette	130 930	128 074	124 296	3 778	2 855
Titres de dette à court terme	8 545	8 515	8 459	56	30
Titres de dette à long terme	122 385	119 560	115 837	3 722	2 825
Titres de dette émis par les résidents	72 374	72 315	68 595	3 720	59
Titres de dette émis par les non-résidents	58 555	55 759	55 701	58	2 796
Crédits	416	0	0	0	416
Crédits à court terme	416	0	0	0	416
Crédits à long terme	0	0	0	0	0
Crédits accordés aux résidents	416	0	0	0	416
Crédits accordés aux non-résidents	0	0	0	0	0
Actions et parts de fonds d'investissement	103 715	103 715	86 084	17 631	0
Actions et parts de fonds d'investissements émises par les résidents	19 801	19 801	4 743	15 058	0
Actions et part de fonds d'investissements émises par les non-résidents	83 914	83 914	81 341	2 572	0
Autres comptes à recevoir	0	0	0	0	0

	Fonds d'investissement				
	Total	Fonds d'investissement non-monétaire			Fonds d'investissement monétaires
		Total	Fonds d'investissement à capital variable, non monétaire	Fonds d'investissement à capital fixe, non monétaire	Total
Pasifs financiers	320 476	317 315	270 580	46 735	3 161
Numéraire et dépôts	0	0	0	0	0
Titres de dette	0	0	0	0	0
Titres de dette à court terme	0	0	0	0	0
Titres de dette à long terme	0	0	0	0	0
Crédits	0	0	0	0	0
Crédits à court terme	0	0	0	0	0
Crédits à long terme	0	0	0	0	0
Actions et parts de fonds d'investissement	320 078	316 917	270 183	46 735	3 161
Systèmes d'assurance, de pensions et garanties standard	0	0	0	0	0
Produits financiers dérivés et options sur titres des salariés	398	398	398	0	0
Autres comptes à payer	0	0	0	0	0

	Sociétés d'assurance et fonds de pension autonomes				
	Total	Sociétés d'assurance			Fonds de pension autonomes
		Total	Sociétés d'assurance vie	Sociétés d'assurance non-vie	Total
Actifs financiers	929 416	834 513	776 243	58 270	94 903
Numéraire et dépôts	21 122	14 715	13 687	1 027	6 407
Titres de dette	581 568	527 273	490 456	36 817	54 295
Titres de dette à court terme	8 148	7 348	6 835	513	800
Titres de dette à long terme	573 420	519 925	483 621	36 304	53 495
Titres de dette émis par les résidents	360 996	342 995	319 045	23 950	18 001
Titres de dette émis par les non-résidents	220 572	184 278	171 411	12 867	36 294
Crédits	3 411	3 411	3 173	238	0
Crédits à court terme	5	5	4	0	0
Crédits à long terme	3 407	3 407	3 169	238	0
Crédits accordés aux résidents	1 006	1 006	936	70	0
Crédits accordés aux non-résidents	2 405	2 405	2 237	168	0
Actions et parts de fonds d'investissement	313 692	279 491	259 976	19 516	34 201
Actions et parts de fonds d'investissement émises par les résidents	59 389	40 130	37 328	2 802	19 259
Actions et parts de fonds d'investissement émises par les non-résidents	..	..	..	..	..
Autrescomptes à recevoir	4 884	4 884	4 543	341	0

	Sociétés d'assurance et fonds de pension autonomes				
	Total	Sociétés d'assurance			Fonds de pension autonomes
		Total	Sociétés d'assurance vie	Sociétés d'assurance non-vie	Total
Pasifs financiers	983 910	880 883	819 375	61 508	103 027
Numéraire et dépôts	0	0	0	0	0
Titres de dette	16 478	16 478	15 327	1 151	0
Titres de dette à court terme	0	0	0	0	0
Titres de dette à long terme	16 478	16 478	15 327	1 151	0
Crédits	11 800	11 607	10 796	810	193
Crédits à court terme	1 779	1 587	1 476	111	193
Crédits à long terme	10 021	10 020	9 320	700	1
Actions et parts de fonds d'investissement	105 951	105 951	98 553	7 398	0
Systèmes d'assurance, de pensions et garanties standard	843 024	740 190	688 506	51 684	102 834
Produits financiers dérivés et options sur titres des salariés	786	786	731	55	0
Autres comptes à payer	5 870	5 870	5 460	410	0

Note : Voir les métadonnées détaillées sur : *http://metalinks.oecd.org/instinv/20200916/0196*

ITALIE

Tableau 2. Actifs et passifs financiers des fonds d'investissement

Millions EUR

	2012	2013	2014	2015	2016	2017	2018	2019
Fonds d'investissement								
Valeur nette financière	-25 169	3 731	-16 420	-32 014	-38 538	-50 550	-55 847	-64 843
Actifs financiers	157 958	205 795	237 225	254 204	262 260	277 558	264 629	275 060
Numéraire et dépôts	..	..	..	..	..	..	..	..
Titres de dette	94 549	124 844	140 337	137 777	138 850	142 331	130 930	131 676
Crédits	1 347	749	232	168	442	508	416	250
Actions et parts de fonds d'investissement	45 797	61 121	77 473	92 568	99 522	109 247	103 715	113 090
Actions	22 629	27 225	31 380	37 686	39 329	46 225	47 824	53 780
Parts de fonds d'investissement	23 167	33 896	46 094	54 883	60 194	63 022	55 891	59 309
Parts de fonds d'investissement monétaires	..	..	..	..	..	..	..	..
Parts de fonds d'investissement non monétaires	..	..	..	..	..	..	..	..
Systèmes d'assurance, de pensions et garanties standard	0	0	0	0	0	0	0	0
Produits financiers dérivés et options sur titres des salariés	449	884	1 266	1 385	1 606	1 309	1 348	1 274
Autres comptes à recevoir	0	0	0	0	0	0	0	0
Passifs financiers	183 127	202 064	253 645	286 218	300 798	328 108	320 476	339 903
Titres de dette	0	0	0	0	0	0	0	0
Titres de dette à court terme	0	0	0	0	0	0	0	0
Titres de dette à long terme	0	0	0	0	0	0	0	0
Crédits	0	0	0	0	0	0	0	0
Crédits à court terme	0	0	0	0	0	0	0	0
Crédits à long terme	0	0	0	0	0	0	0	0
Actions et parts de fonds d'investissement	183 127	202 064	253 645	286 218	300 798	327 715	320 078	339 308
Systèmes d'assurance, de pensions et garanties standard	0	0	0	0	0	0	0	0
Produits financiers dérivés et options sur titres des salariés	0	0	0	0	0	394	398	595
Autres comptes à payer	0	0	0	0	0	0	0	0
Actifs non financiers	..	..	..	..	..	..	..	..
Fonds d'investissement monéaires								
Valeur nette financière	67	151	84	137	224	181	110	81
Actifs financiers	9 190	9 673	7 387	6 071	4 980	4 228	3 271	1 607
Numéraire et dépôts	..	..	..	..	..	..	..	..
Titres de dette	7 770	8 775	7 093	5 826	4 472	3 720	2 855	1 357
Crédits	1 347	749	232	168	442	508	416	250
Actions et parts de fonds d'investissement	72	149	62	76	66	0	0	0
Actions	36	37	0	38	33	0	0	0
Parts de fonds d'investissement	36	112	62	38	33	0	0	0
Parts de fonds d'investissement monétaires	..	..	..	..	..	..	..	..
Parts de fonds d'investissement non monétaires	..	..	..	..	..	..	..	..
Systèmes d'assurance, de pensions et garanties standard	0	0	0	0	0	0	0	0
Produits financiers dérivés et options sur titres des salariés	0	0	0	0	0	0	0	0
Autres comptes à recevoir	0	0	0	0	0	0	0	0
Passifs financiers	9 123	9 522	7 303	5 933	4 756	4 047	3 161	1 526
Titres de dette	0	0	0	0	0	0	0	0
Titres de dette à court terme	0	0	0	0	0	0	0	0
Titres de dette à long terme	0	0	0	0	0	0	0	0
Crédits	0	0	0	0	0	0	0	0
Crédits à court terme	0	0	0	0	0	0	0	0
Crédits à long terme	0	0	0	0	0	0	0	0
Actions et parts de fonds d'investissement	9 123	9 522	7 303	5 933	4 756	4 047	3 161	1 526
Systèmes d'assurance, de pensions et garanties standard	0	0	0	0	0	0	0	0
Produits financiers dérivés et options sur titres des salariés	0	0	0	0	0	0	0	0
Autres comptes à payer	0	0	0	0	0	0	0	0
Actifs non financiers	..	..	..	..	..	..	..	..
Fonds d'investissement non monéaires								
Valeur nette financière	-25 236	3 580	-16 503	-32 151	-38 762	-50 731	-55 957	-64 924
Actifs financiers	148 768	196 123	229 838	248 134	257 280	273 330	261 358	273 453
Numéraire et dépôts	15 815	18 198	17 917	22 305	21 839	24 163	28 220	28 771
Titres de dette	86 779	116 069	133 244	131 951	134 378	138 611	128 074	130 319
Crédits	0	0	0	0	0	0	0	0
Actions et parts de fonds d'investissement	45 724	60 972	77 412	92 493	99 457	109 247	103 715	113 090
Actions	22 593	27 188	31 380	37 648	39 296	46 225	47 824	53 780
Parts de fonds d'investissement	23 131	33 784	46 032	54 845	60 161	63 022	55 891	59 309
Parts de fonds d'investissement monétaires	..	..	..	..	..	..	..	..
Parts de fonds d'investissement non monétaires	..	..	..	..	..	..	..	..
Systèmes d'assurance, de pensions et garanties standard	0	0	0	0	0	0	0	0
Produits financiers dérivés et options sur titres des salariés	449	884	1 266	1 385	1 606	1 309	1 348	1 274
Autres comptes à recevoir	0	0	0	0	0	0	0	0
Passifs financiers	174 004	192 543	246 342	280 285	296 042	324 061	317 315	338 377
Titres de dette	0	0	0	0	0	0	0	0
Titres de dette à court terme	0	0	0	0	0	0	0	0
Titres de dette à long terme	0	0	0	0	0	0	0	0
Crédits	0	0	0	0	0	0	0	0
Crédits à court terme	0	0	0	0	0	0	0	0
Crédits à long terme	0	0	0	0	0	0	0	0
Actions et parts de fonds d'investissement	174 004	192 543	246 342	280 285	296 042	323 668	316 917	337 782
Systèmes d'assurance, de pensions et garanties standard	0	0	0	0	0	0	0	0
Produits financiers dérivés et options sur titres des salariés	0	0	0	0	0	394	398	595
Autres comptes à payer	0	0	0	0	0	0	0	0
Actifs non financiers	..	..	..	..	..	..	..	..
Fonds d'investissement non monéaires à capital variable								
Valeur nette financière	-8 379	18 961	-222	-16 572	-23 537	-33 400	-36 679	-40 837
Actifs financiers	146 783	194 279	215 382	231 980	237 012	252 289	233 901	240 752
Numéraire et dépôts	15 815	18 198	14 232	18 131	16 550	18 792	22 172	21 086

Tableau 2. Actifs et passifs financiers des fonds d'investissement (*suite*)

Millions EUR

	2012	2013	2014	2015	2016	2017	2018	2019
Titres de dette	86 407	115 766	132 454	131 098	133 399	136 208	124 296	126 223
Crédits	0	0	0	0	0	0	0	0
Actions et parts de fonds d'investissement	44 111	59 431	67 430	81 365	85 457	95 981	86 084	92 170
Actions	22 593	27 188	24 701	30 304	29 845	38 216	36 424	41 365
Parts de fonds d'investissement	21 519	32 243	42 729	51 062	55 612	57 765	49 661	50 805
Parts de fonds d'investissement monétaires	..	..	..	..	..	..	..	..
Parts de fonds d'investissement non monétaires	..	..	..	..	..	..	..	..
Systèmes d'assurance, de pensions et garanties standard	0	0	0	0	0	0	0	0
Produits financiers dérivés et options sur titres des salariés	449	884	1 266	1 385	1 606	1 309	1 348	1 274
Autres comptes à recevoir	0	0	0	0	0	0	0	0
Passifs financiers	155 162	175 318	215 604	248 552	260 549	285 689	270 580	281 589
Titres de dette	0	0	0	0	0	0	0	0
Titres de dette à court terme	0	0	0	0	0	0	0	0
Titres de dette à long terme	0	0	0	0	0	0	0	0
Crédits	0	0	0	0	0	0	0	0
Crédits à court terme	0	0	0	0	0	0	0	0
Crédits à long terme	0	0	0	0	0	0	0	0
Actions et parts de fonds d'investissement	155 162	175 318	215 604	248 552	260 549	285 295	270 183	280 995
Systèmes d'assurance, de pensions et garanties standard	0	0	0	0	0	0	0	0
Produits financiers dérivés et options sur titres des salariés	0	0	0	0	0	394	398	595
Autres comptes à payer	0	0	0	0	0	0	0	0
Actifs non financiers	..	..	..	..	..	..	..	..
Fonds d'investissement à capital variable								
Valeur nette financière	-8 312	19 112	-138	-16 435	-23 313	-33 219	-36 569	-40 756
Actifs financiers	155 974	203 952	222 769	238 050	241 993	256 517	237 172	242 359
Numéraire et dépôts	15 815	18 198	14 232	18 131	16 550	18 792	22 172	21 086
Titres de dette	94 178	124 541	139 547	136 924	137 871	139 928	127 152	127 580
Crédits	1 347	749	232	168	442	508	416	250
Actions et parts de fonds d'investissement	44 184	59 579	67 492	81 441	85 523	95 981	86 084	92 170
Actions	22 629	27 225	24 701	30 341	29 878	38 216	36 424	41 365
Parts de fonds d'investissement	21 555	32 355	42 791	51 100	55 645	57 765	49 661	50 805
Parts de fonds d'investissement monétaires	..	..	..	..	..	..	..	..
Parts de fonds d'investissement non monétaires	..	..	..	..	..	..	..	..
Systèmes d'assurance, de pensions et garanties standard	0	0	0	0	0	0	0	0
Produits financiers dérivés et options sur titres des salariés	449	884	1 266	1 385	1 606	1 309	1 348	1 274
Autres comptes à recevoir	0	0	0	0	0	0	0	0
Passifs financiers	164 285	184 840	222 907	254 485	265 306	289 736	273 741	283 115
Titres de dette	0	0	0	0	0	0	0	0
Titres de dette à court terme	0	0	0	0	0	0	0	0
Titres de dette à long terme	0	0	0	0	0	0	0	0
Crédits	0	0	0	0	0	0	0	0
Crédits à court terme	0	0	0	0	0	0	0	0
Crédits à long terme	0	0	0	0	0	0	0	0
Actions et parts de fonds d'investissement	164 285	184 840	222 907	254 485	265 306	289 343	273 344	282 520
Systèmes d'assurance, de pensions et garanties standard	0	0	0	0	0	0	0	0
Produits financiers dérivés et options sur titres des salariés	0	0	0	0	0	394	398	595
Autres comptes à payer	0	0	0	0	0	0	0	0
Actifs non financiers	..	..	..	..	..	..	..	..

Note : Voir les métadonnées détaillées sur : *http://metalinks.oecd.org/instinv/20200916/0196*

ITALIE

Tableau 3. Actifs et passifs financiers des sociétés d'assurance et fonds de pension

Millions EUR

	2012	2013	2014	2015	2016	2017	2018	2019
Sociétés d'assurance et fonds de pension								
Valeur nette financière	-57 558	-57 413	-34 484	-7 361	-13 490	-41 091	-54 493	-56 215
Actifs financiers	581 457	635 759	732 677	832 193	893 996	948 784	929 416	1 041 697
Numéraire et dépôts	27 781	25 655	22 987	29 038	26 930	25 887	21 122	18 789
Titres de dette	392 257	430 440	500 448	553 408	574 595	593 998	581 568	640 419
Crédits	3 777	1 960	1 705	1 382	2 046	1 906	3 411	3 810
Actions et parts de fonds d'investissement	153 467	173 493	203 291	243 322	284 778	316 544	313 692	368 139
Actions	65 095	75 028	77 653	81 956	101 460	116 700	113 094	126 563
Parts de fonds d'investissement	88 372	98 465	125 638	161 366	183 318	199 844	200 598	241 576
Parts de fonds d'investissement monétaires	133	191	165	335	179	197	221	150
Parts de fonds d'investissement non monétaires	88 239	98 274	125 473	161 031	183 139	199 647	200 377	241 426
Systèmes d'assurance, de pensions et garanties standard	2 122	1 973	1 533	2 555	1 768	4 491	4 319	4 651
Produits financiers dérivés et options sur titres des salariés	1 391	1 321	653	477	742	463	420	382
Autres comptes à recevoir	662	916	2 060	2 011	3 137	5 495	4 884	5 507
Passifs financiers	639 015	693 171	767 161	839 554	907 486	989 874	983 910	1 097 913
Titres de dette	9 380	9 203	14 118	15 045	16 068	16 323	16 478	15 643
Titres de dette à court terme	0	0	0	0	0	0	0	0
Titres de dette à long terme	9 380	9 203	14 118	15 045	16 068	16 323	16 478	15 643
Crédits	13 502	12 686	10 564	11 200	11 510	11 510	11 800	13 254
Crédits à court terme	154	5 648	634	521	1 521	2 402	1 779	1 831
Crédits à long terme	13 349	7 037	9 929	10 679	9 989	9 108	10 021	11 423
Actions et parts de fonds d'investissement	41 082	60 330	60 520	69 827	80 920	114 570	105 951	119 414
Systèmes d'assurance, de pensions et garanties standard	571 749	607 211	677 939	740 432	795 090	842 403	843 024	942 721
Produits financiers dérivés et options sur titres des salariés	1 803	1 350	1 514	645	855	800	786	782
Autres comptes à payer	1 498	2 391	2 506	2 405	3 043	4 268	5 870	6 098
Actifs non financiers	..	..	..	..	..	..	..	..
Sociétés d'assurance								
Valeur nette financière	-49 885	-46 582	-28 220	-4 905	2 907	-35 085	-46 369	-50 222
Actifs financiers	519 453	569 766	652 960	744 597	814 588	852 710	834 513	932 229
Numéraire et dépôts	24 126	22 254	19 099	24 750	21 304	19 562	14 715	11 721
Titres de dette	352 787	387 718	450 226	499 336	531 189	540 076	527 273	579 974
Crédits	3 777	1 960	1 705	1 382	2 046	1 906	3 411	3 810
Actions et parts de fonds d'investissement	134 588	153 624	177 684	214 086	254 402	280 718	279 491	326 183
Actions	55 217	64 907	63 077	66 235	84 822	96 738	93 835	101 881
Parts de fonds d'investissement	79 371	88 717	114 607	147 851	169 580	183 980	185 656	224 302
Parts de fonds d'investissement monétaires	122	174	151	307	166	182	204	139
Parts de fonds d'investissement non monétaires	79 249	88 543	114 456	147 544	169 414	183 798	185 452	224 163
Systèmes d'assurance, de pensions et garanties standard	2 122	1 973	1 533	2 555	1 768	4 491	4 319	4 651
Produits financiers dérivés et options sur titres des salariés	1 391	1 321	653	477	742	463	420	382
Autres comptes à recevoir	662	916	2 060	2 011	3 137	5 495	4 884	5 507
Passifs financiers	569 337	616 348	681 180	749 503	811 681	887 795	880 883	982 450
Titres de dette	9 380	9 203	14 118	15 045	16 068	16 323	16 478	15 643
Titres de dette à court terme	0	0	0	0	0	0	0	0
Titres de dette à long terme	9 380	9 203	14 118	15 045	16 068	16 323	16 478	15 643
Crédits	13 477	12 683	10 560	11 197	11 493	11 313	11 607	13 188
Crédits à court terme	129	5 647	631	519	1 505	2 206	1 587	1 766
Crédits à long terme	13 348	7 037	9 929	10 678	9 988	9 107	10 020	11 423
Actions et parts de fonds d'investissement	41 082	60 330	60 520	69 827	80 920	114 570	105 951	119 414
Systèmes d'assurance, de pensions et garanties standard	502 096	530 390	591 962	650 383	699 302	740 521	740 190	827 324
Produits financiers dérivés et options sur titres des salariés	1 803	1 350	1 514	645	855	800	786	782
Autres comptes à payer	1 498	2 391	2 506	2 405	3 043	4 268	5 870	6 098
Actifs non financiers	..	..	..	..	..	..	..	..
Fonds de pension								
Valeur nette financière	-7 673	-10 831	-6 264	-2 456	-16 397	-6 006	-8 124	-5 994
Actifs financiers	62 005	65 993	79 717	87 595	79 408	96 073	94 903	109 469
Numéraire et dépôts	3 655	3 401	3 888	4 287	5 626	6 325	6 407	7 068
Titres de dette	39 470	42 722	50 222	54 072	43 406	53 922	54 295	60 444
Crédits	0	0	0	0	0	0	0	0
Actions et parts de fonds d'investissement	18 879	19 869	25 607	29 236	30 376	35 826	34 201	41 956
Actions	9 878	10 121	14 576	15 721	16 638	19 962	19 259	24 682
Parts de fonds d'investissement	9 001	9 748	11 031	13 515	13 738	15 864	14 942	17 274
Parts de fonds d'investissement monétaires	11	17	14	28	13	15	16	11
Parts de fonds d'investissement non monétaires	8 990	9 731	11 017	13 487	13 725	15 849	14 926	17 263
Systèmes d'assurance, de pensions et garanties standard	0	0	0	0	0	0	0	0
Produits financiers dérivés et options sur titres des salariés	0	0	0	0	0	0	0	0
Autres comptes à recevoir	0	0	0	0	0	0	0	0
Passifs financiers	69 678	76 823	85 981	90 051	95 805	102 079	103 027	115 463
Titres de dette	0	0	0	0	0	0	0	0
Titres de dette à court terme	0	0	0	0	0	0	0	0
Titres de dette à long terme	0	0	0	0	0	0	0	0
Crédits	25	2	4	2	17	197	193	66
Crédits à court terme	24	2	3	2	16	197	193	65
Crédits à long terme	0	1	0	1	1	1	1	1
Actions et parts de fonds d'investissement	0	0	0	0	0	0	0	0
Systèmes d'assurance, de pensions et garanties standard	69 653	76 821	85 977	90 049	95 788	101 882	102 834	115 397
Produits financiers dérivés et options sur titres des salariés	0	0	0	0	0	0	0	0
Autres comptes à payer	0	0	0	0	0	0	0	0
Actifs non financiers	..	..	..	..	..	..	..	..

Note : Voir les métadonnées détaillées sur : *http://metalinks.oecd.org/instinv/20200916/0196*

ITALIE

Tableau 4. Composition du portefeuille par type d'investisseur

En pourcentage des actifs financiers et des passifs financiers

Pour cent

	2012	2013	2014	2015	2016	2017	2018	2019
Fonds d'investissement								
Actifs financiers	100.0	100.0	100.0	100.0	100.0	100.0	100.0	100.0
Numéraire et dépôts	..	..	..	..	..	..	..	..
Titres de dettes	59.9	60.7	59.2	54.2	52.9	51.3	49.5	47.9
Crédits	0.9	0.4	0.1	0.1	0.2	0.2	0.2	0.1
Actions et parts de fonds d'investissement	29.0	29.7	32.7	36.4	37.9	39.4	39.2	41.1
Systèmes d'assurance de pensions et garanties standard	0.0	0.0	0.0	0.0	0.0	0.0	0.0	0.0
Produits financiers dérivés et options sur titres des salariés	0.3	0.4	0.5	0.5	0.6	0.5	0.5	0.5
Autres comptes à recevoir	0.0	0.0	0.0	0.0	0.0	0.0	0.0	0.0
Passifs financiers	100.0	100.0	100.0	100.0	100.0	100.0	100.0	100.0
Numéraire et dépôts	0.0	0.0	0.0	0.0	0.0	0.0	0.0	0.0
Titres de dettes	0.0	0.0	0.0	0.0	0.0	0.0	0.0	0.0
Crédits	0.0	0.0	0.0	0.0	0.0	0.0	0.0	0.0
Actions et parts de fonds d'investissement	100.0	100.0	100.0	100.0	100.0	99.9	99.9	99.8
Systèmes d'assurance de pensions et garanties standard	0.0	0.0	0.0	0.0	0.0	0.0	0.0	0.0
Produits financiers dérivés et options sur titres des salariés	0.0	0.0	0.0	0.0	0.0	0.1	0.1	0.2
Autres comptes à recevoir	0.0	0.0	0.0	0.0	0.0	0.0	0.0	0.0
Sociétés d'assurance								
Actifs financiers	100.0	100.0	100.0	100.0	100.0	100.0	100.0	100.0
Numéraire et dépôts	4.6	3.9	2.9	3.3	2.6	2.3	1.8	1.3
Titres de dettes	67.9	68.0	69.0	67.1	65.2	63.3	63.2	62.2
Crédits	0.7	0.3	0.3	0.2	0.3	0.2	0.4	0.4
Actions et parts de fonds d'investissement	25.9	27.0	27.2	28.8	31.2	32.9	33.5	35.0
Systèmes d'assurance de pensions et garanties standard	0.4	0.3	0.2	0.3	0.2	0.5	0.5	0.5
Produits financiers dérivés et options sur titres des salariés	0.3	0.2	0.1	0.1	0.1	0.1	0.1	0.0
Autres comptes à recevoir	0.1	0.2	0.3	0.3	0.4	0.6	0.6	0.6
Passifs financiers	100.0	100.0	100.0	100.0	100.0	100.0	100.0	100.0
Numéraire et dépôts	0.0	0.0	0.0	0.0	0.0	0.0	0.0	0.0
Titres de dettes	1.6	1.5	2.1	2.0	2.0	1.8	1.9	1.6
Crédits	2.4	2.1	1.6	1.5	1.4	1.3	1.3	1.3
Actions et parts de fonds d'investissement	7.2	9.8	8.9	9.3	10.0	12.9	12.0	12.2
Systèmes d'assurance de pensions et garanties standard	88.2	86.1	86.9	86.8	86.2	83.4	84.0	84.2
Produits financiers dérivés et options sur titres des salariés	0.3	0.2	0.2	0.1	0.1	0.1	0.1	0.1
Autres comptes à recevoir	0.3	0.4	0.4	0.3	0.4	0.5	0.7	0.6
Fonds de pension								
Actifs financiers	100.0	100.0	100.0	100.0	100.0	100.0	100.0	100.0
Numéraire et dépôts	5.9	5.2	4.9	4.9	7.1	6.6	6.8	6.5
Titres de dettes	63.7	64.7	63.0	61.7	54.7	56.1	57.2	55.2
Crédits	0.0	0.0	0.0	0.0	0.0	0.0	0.0	0.0
Actions et parts de fonds d'investissement	30.4	30.1	32.1	33.4	38.3	37.3	36.0	38.3
Systèmes d'assurance de pensions et garanties standard	0.0	0.0	0.0	0.0	0.0	0.0	0.0	0.0
Produits financiers dérivés et options sur titres des salariés	0.0	0.0	0.0	0.0	0.0	0.0	0.0	0.0
Autres comptes à recevoir	0.0	0.0	0.0	0.0	0.0	0.0	0.0	0.0
Passifs financiers	100.0	100.0	100.0	100.0	100.0	100.0	100.0	100.0
Numéraire et dépôts	0.0	0.0	0.0	0.0	0.0	0.0	0.0	0.0
Titres de dettes	0.0	0.0	0.0	0.0	0.0	0.0	0.0	0.0
Crédits	0.0	0.0	0.0	0.0	0.0	0.2	0.2	0.1
Actions et parts de fonds d'investissement	0.0	0.0	0.0	0.0	0.0	0.0	0.0	0.0
Systèmes d'assurance de pensions et garanties standard	100.0	100.0	100.0	100.0	100.0	99.8	99.8	99.9
Produits financiers dérivés et options sur titres des salariés	0.0	0.0	0.0	0.0	0.0	0.0	0.0	0.0
Autres comptes à recevoir	0.0	0.0	0.0	0.0	0.0	0.0	0.0	0.0

Note : Voir les métadonnées détaillées sur : *http://metalinks.oecd.org/instinv/20200916/649b*

JAPON

Tableau 1. Actifs et passifs financiers des investisseurs institutionnels, 2018

Milliards JPY

	Fonds d'investissement				
	Total	Fonds d'investissement non-monétaire			Fonds d'investissement monétaires
		Total	Fonds d'investissement à capital variable, non monétaire	Fonds d'investissement à capital fixe, non monétaire	Total
Actifs financiers	212 641	201 345	..	..	11 297
Numéraire et dépôts	8 718	3 705	..	..	5 013
Titres de dette	26 719	20 765	..	..	5 954
Titres de dette à court terme	..	..	..	..	..
Titres de dette à long terme	..	..	..	..	..
Titres de dette émis par les résidents	26 719	20 765	..	..	5 954
Titres de dette émis par les non-résidents	..	..	..	..	..
Crédits	12 260	11 930	..	..	330
Crédits à court terme	..	..	..	..	..
Crédits à long terme	..	..	..	..	..
Crédits accordés aux résidents	..	..	..	..	..
Crédits accordés aux non-résidents	..	..	..	..	..
Actions et parts de fonds d'investissement	58 745	58 745	..	..	0
Actions et parts de fonds d'investissements émises par les résidents	58 745	58 745	..	..	0
Actions et part de fonds d'investissements émises par les non-résidents	..	..	..	..	..
Autres comptes à recevoir	105 944	105 944	..	..	0

	Fonds d'investissement				
	Total	Fonds d'investissement non-monétaire			Fonds d'investissement monétaires
		Total	Fonds d'investissement à capital variable, non monétaire	Fonds d'investissement à capital fixe, non monétaire	Total
Pasifs financiers	212 641	201 345	..	..	11 297
Numéraire et dépôts	0	0	..	..	0
Titres de dette	0	0	..	..	0
Titres de dette à court terme	..	..	..	..	..
Titres de dette à long terme	..	..	..	..	..
Crédits	1 349	1 349	..	..	0
Crédits à court terme	..	..	..	..	..
Crédits à long terme	..	..	..	..	..
Actions et parts de fonds d'investissement	194 724	183 816	..	..	10 909
Systèmes d'assurance, de pensions et garanties standard	0	0	..	..	0
Produits financiers dérivés et options sur titres des salariés	618	618	..	..	0
Autres comptes à payer	15 950	15 562	..	..	388

	Sociétés d'assurance et fonds de pension autonomes				
	Total	Sociétés d'assurance			Fonds de pension autonomes
		Total	Sociétés d'assurance vie	Sociétés d'assurance non-vie	Total
Actifs financiers	651 734	494 886	447 098	47 788	156 848
Numéraire et dépôts	29 995	20 088	8 325	11 763	9 906
Titres de dette	312 738	271 327	259 624	11 703	41 411
Titres de dette à court terme	..	..	..	..	..
Titres de dette à long terme	..	..	..	..	..
Titres de dette émis par les résidents	312 738	271 327	259 624	11 703	41 411
Titres de dette émis par les non-résidents	..	..	..	..	..
Crédits	48 032	41 090	39 192	1 898	6 942
Crédits à court terme	..	..	..	..	..
Crédits à long terme	..	..	..	..	..
Crédits accordés aux résidents	..	..	..	..	..
Crédits accordés aux non-résidents	..	..	..	..	..
Actions et parts de fonds d'investissement	68 092	43 997	37 214	6 783	24 094
Actions et parts de fonds d'investissement émises par les résidents	68 092	43 997	37 214	6 783	24 094
Actions et parts de fonds d'investissement émises par les non-résidents	..	..	..	..	..
Autrescomptes à recevoir	163 698	116 692	102 298	14 394	47 006

	Sociétés d'assurance et fonds de pension autonomes				
	Total	Sociétés d'assurance			Fonds de pension autonomes
		Total	Sociétés d'assurance vie	Sociétés d'assurance non-vie	Total
Pasifs financiers	581 558	427 397	392 773	34 624	154 162
Numéraire et dépôts	0	0	0	0	0
Titres de dette	4 378	4 034	3 090	944	343
Titres de dette à court terme	..	..	..	..	..
Titres de dette à long terme	..	..	..	..	..
Crédits	18 499	16 811	14 860	1 950	1 688
Crédits à court terme	..	..	..	..	..
Crédits à long terme	..	..	..	..	..
Actions et parts de fonds d'investissement	20 408	20 392	8 673	11 719	16
Systèmes d'assurance, de pensions et garanties standard	528 925	377 989	360 605	17 384	150 937
Produits financiers dérivés et options sur titres des salariés	2 921	1 860	1 738	122	1 061
Autres comptes à payer	6 428	6 311	3 807	2 504	117

Note : Voir les métadonnées détaillées sur : *http://metalinks.oecd.org/instinv/20200916/0196*

JAPON

Tableau 2. Actifs et passifs financiers des fonds d'investissement

Milliards JPY

	2012	2013	2014	2015	2016	2017	2018	2019
Fonds d'investissement								
Valeur nette financière	0	0	0	0	0	0	0	0
Actifs financiers	101 921	130 850	150 119	172 367	182 511	207 983	212 641	239 169
Numéraire et dépôts	630	694	924	749	8 468	7 367	8 718	8 659
Titres de dette	14 843	18 943	22 101	23 149	21 274	22 293	26 719	28 004
Crédits	5 450	7 653	8 506	12 713	8 539	10 753	12 260	13 770
Actions et parts de fonds d'investissement	19 063	29 839	32 588	42 322	44 592	58 194	58 745	71 250
Actions	15 103	24 124	24 849	33 409	35 271	48 025	48 353	58 962
Parts de fonds d'investissement	3 959	5 715	7 739	8 913	9 321	10 169	10 392	12 288
Parts de fonds d'investissement monétaires	..	..	..	..	..	..	..	..
Parts de fonds d'investissement non monétaires	..	..	..	..	..	..	..	..
Systèmes d'assurance, de pensions et garanties standard	0	0	0	0	0	0	0	0
Produits financiers dérivés et options sur titres des salariés	240	287	390	454	408	266	256	278
Autres comptes à recevoir	61 696	73 434	85 611	92 979	99 232	109 110	105 944	117 208
Passifs financiers	101 921	130 850	150 119	172 367	182 511	207 983	212 641	239 169
Titres de dette	0	0	0	0	0	0	0	0
Titres de dette à court terme	..	..	..	..	..	..	..	..
Titres de dette à long terme	..	..	..	..	..	..	..	..
Crédits	0	0	0	0	0	0	1 349	0
Crédits à court terme	..	..	..	..	..	..	..	..
Crédits à long terme	..	..	..	..	..	..	..	..
Actions et parts de fonds d'investissement	95 944	122 003	140 435	159 772	170 738	196 760	194 724	222 107
Systèmes d'assurance, de pensions et garanties standard	0	0	0	0	0	0	0	0
Produits financiers dérivés et options sur titres des salariés	588	529	636	674	855	640	618	775
Autres comptes à payer	5 390	8 319	9 048	11 921	10 919	10 583	15 950	16 288
Actifs non financiers	..	..	..	..	..	..	..	..
Fonds d'investissement monéaires								
Valeur nette financière	0	0	0	0	0	0	0	0
Actifs financiers	8 539	14 390	13 915	13 653	12 898	13 139	11 297	12 912
Numéraire et dépôts	11	0	0	0	6 722	4 946	5 013	5 563
Titres de dette	7 185	10 177	11 035	9 578	6 176	6 903	5 954	7 139
Crédits	889	1 922	1 434	2 662	0	1 290	330	210
Actions et parts de fonds d'investissement	0	0	0	0	0	0	0	0
Actions	0	0	0	0	0	0	0	0
Parts de fonds d'investissement	0	0	0	0	0	0	0	0
Parts de fonds d'investissement monétaires	..	..	..	..	..	..	..	..
Parts de fonds d'investissement non monétaires	..	..	..	..	..	..	..	..
Systèmes d'assurance, de pensions et garanties standard	0	0	0	0	0	0	0	0
Produits financiers dérivés et options sur titres des salariés	0	0	0	0	0	0	0	0
Autres comptes à recevoir	454	2 292	1 446	1 414	0	0	0	0
Passifs financiers	8 539	14 390	13 915	13 653	12 898	13 139	11 297	12 912
Titres de dette	0	0	0	0	0	0	0	0
Titres de dette à court terme	..	..	..	..	..	..	..	..
Titres de dette à long terme	..	..	..	..	..	..	..	..
Crédits	0	0	0	0	0	0	0	0
Crédits à court terme	..	..	..	..	..	..	..	..
Crédits à long terme	..	..	..	..	..	..	..	..
Actions et parts de fonds d'investissement	8 254	13 105	13 100	12 838	12 763	12 994	10 909	12 624
Systèmes d'assurance, de pensions et garanties standard	0	0	0	0	0	0	0	0
Produits financiers dérivés et options sur titres des salariés	0	0	0	0	0	0	0	0
Autres comptes à payer	285	1 285	814	816	135	145	388	288
Actifs non financiers	..	..	..	..	..	..	..	..
Fonds d'investissement non monéaires								
Valeur nette financière	0	0	0	0	0	0	0	0
Actifs financiers	93 382	116 460	136 205	158 713	169 613	194 844	201 345	226 257
Numéraire et dépôts	619	694	924	749	1 747	2 421	3 705	3 096
Titres de dette	7 658	8 766	11 066	13 572	15 098	15 390	20 765	20 865
Crédits	4 560	5 731	7 072	10 051	8 539	9 463	11 930	13 560
Actions et parts de fonds d'investissement	19 063	29 839	32 588	42 322	44 592	58 194	58 745	71 250
Actions	15 103	24 124	24 849	33 409	35 271	48 025	48 353	58 962
Parts de fonds d'investissement	3 959	5 715	7 739	8 913	9 321	10 169	10 392	12 288
Parts de fonds d'investissement monétaires	..	..	..	..	..	..	..	..
Parts de fonds d'investissement non monétaires	..	..	..	..	..	..	..	..
Systèmes d'assurance, de pensions et garanties standard	0	0	0	0	0	0	0	0
Produits financiers dérivés et options sur titres des salariés	240	287	390	454	408	266	256	278
Autres comptes à recevoir	61 242	71 143	84 165	91 566	99 232	109 110	105 944	117 208
Passifs financiers	93 382	116 460	136 205	158 713	169 613	194 844	201 345	226 257
Titres de dette	0	0	0	0	0	0	0	0
Titres de dette à court terme	..	..	..	..	..	..	..	..
Titres de dette à long terme	..	..	..	..	..	..	..	..
Crédits	0	0	0	0	0	0	1 349	0
Crédits à court terme	..	..	..	..	..	..	..	..
Crédits à long terme	..	..	..	..	..	..	..	..
Actions et parts de fonds d'investissement	87 690	108 898	127 335	146 934	157 975	183 766	183 816	209 483
Systèmes d'assurance, de pensions et garanties standard	0	0	0	0	0	0	0	0
Produits financiers dérivés et options sur titres des salariés	588	529	636	674	855	640	618	775
Autres comptes à payer	5 104	7 033	8 234	11 106	10 784	10 438	15 562	16 000
Actifs non financiers	..	..	..	..	..	..	..	..
Fonds d'investissement non monéaires à capital variable								
Valeur nette financière	..	..	..	..	..	..	..	..
Actifs financiers	..	..	..	..	..	..	..	..
Numéraire et dépôts	..	..	..	..	..	..	..	..

JAPON

Tableau 2. Actifs et passifs financiers des fonds d'investissement *(suite)*

Milliards JPY

	2012	2013	2014	2015	2016	2017	2018	2019
Titres de dette	..	..	..	..	..	..	..	..
Crédits	..	..	..	..	..	..	..	..
Actions et parts de fonds d'investissement	..	..	..	..	..	..	..	..
Actions	..	..	..	..	..	..	..	..
Parts de fonds d'investissement	..	..	..	..	..	..	..	..
Parts de fonds d'investissement monétaires	..	..	..	..	..	..	..	..
Parts de fonds d'investissement non monétaires	..	..	..	..	..	..	..	..
Systèmes d'assurance, de pensions et garanties standard	..	..	..	..	..	..	..	..
Produits financiers dérivés et options sur titres des salariés	..	..	..	..	..	..	..	..
Autres comptes à recevoir	..	..	..	..	..	..	..	..
Passifs financiers	..	..	..	..	..	..	..	..
Titres de dette	..	..	..	..	..	..	..	..
Titres de dette à court terme	..	..	..	..	..	..	..	..
Titres de dette à long terme	..	..	..	..	..	..	..	..
Crédits	..	..	..	..	..	..	..	..
Crédits à court terme	..	..	..	..	..	..	..	..
Crédits à long terme	..	..	..	..	..	..	..	..
Actions et parts de fonds d'investissement	..	..	..	..	..	..	..	..
Systèmes d'assurance, de pensions et garanties standard	..	..	..	..	..	..	..	..
Produits financiers dérivés et options sur titres des salariés	..	..	..	..	..	..	..	..
Autres comptes à payer	..	..	..	..	..	..	..	..
Actifs non financiers	..	..	..	..	..	..	..	..
Fonds d'investissement à capital variable								
Valeur nette financière	..	..	..	..	..	..	..	..
Actifs financiers	..	..	..	..	..	..	..	..
Numéraire et dépôts	..	..	..	..	..	..	..	..
Titres de dette	..	..	..	..	..	..	..	..
Crédits	..	..	..	..	..	..	..	..
Actions et parts de fonds d'investissement	..	..	..	..	..	..	..	..
Actions	..	..	..	..	..	..	..	..
Parts de fonds d'investissement	..	..	..	..	..	..	..	..
Parts de fonds d'investissement monétaires	..	..	..	..	..	..	..	..
Parts de fonds d'investissement non monétaires	..	..	..	..	..	..	..	..
Systèmes d'assurance, de pensions et garanties standard	..	..	..	..	..	..	..	..
Produits financiers dérivés et options sur titres des salariés	..	..	..	..	..	..	..	..
Autres comptes à recevoir	..	..	..	..	..	..	..	..
Passifs financiers	..	..	..	..	..	..	..	..
Titres de dette	..	..	..	..	..	..	..	..
Titres de dette à court terme	..	..	..	..	..	..	..	..
Titres de dette à long terme	..	..	..	..	..	..	..	..
Crédits	..	..	..	..	..	..	..	..
Crédits à court terme	..	..	..	..	..	..	..	..
Crédits à long terme	..	..	..	..	..	..	..	..
Actions et parts de fonds d'investissement	..	..	..	..	..	..	..	..
Systèmes d'assurance, de pensions et garanties standard	..	..	..	..	..	..	..	..
Produits financiers dérivés et options sur titres des salariés	..	..	..	..	..	..	..	..
Autres comptes à payer	..	..	..	..	..	..	..	..
Actifs non financiers	..	..	..	..	..	..	..	..

Note : Voir les métadonnées détaillées sur : *http://metalinks.oecd.org/instinv/20200916/0196*

JAPON

Tableau 3. Actifs et passifs financiers des sociétés d'assurance et fonds de pension

Milliards JPY

	2012	2013	2014	2015	2016	2017	2018	2019
Sociétés d'assurance et fonds de pension								
Valeur nette financière	28 289	45 746	62 160	65 145	73 470	74 484	70 176	83 576
Actifs financiers	556 904	593 729	625 449	635 665	648 496	654 208	651 734	672 885
Numéraire et dépôts	17 865	21 943	23 790	24 852	28 265	29 111	29 995	30 859
Titres de dette	285 049	297 964	309 967	308 427	317 086	311 901	312 738	319 171
Crédits	53 476	52 779	53 728	54 626	48 846	47 829	48 032	46 117
Actions et parts de fonds d'investissement	55 522	69 906	69 448	71 676	68 590	75 784	68 092	75 160
Actions	31 406	42 451	42 807	45 095	41 301	47 060	39 031	43 219
Parts de fonds d'investissement	24 116	27 455	26 641	26 581	27 289	28 724	29 060	31 941
Parts de fonds d'investissement monétaires	..	..	..	..	..	..	..	..
Parts de fonds d'investissement non monétaires	..	..	..	..	..	..	..	..
Systèmes d'assurance, de pensions et garanties standard	42 545	26 845	27 886	30 545	29 530	23 731	27 698	21 533
Produits financiers dérivés et options sur titres des salariés	2 068	1 124	1 602	1 952	3 516	1 474	1 482	2 419
Autres comptes à recevoir	100 380	123 169	139 028	143 586	152 663	164 378	163 698	177 627
Passifs financiers	528 615	547 982	563 289	570 520	575 026	579 725	581 558	589 309
Titres de dette	1 650	1 993	2 163	2 400	3 742	4 327	4 378	4 952
Titres de dette à court terme	..	..	..	..	..	..	..	..
Titres de dette à long terme	..	..	..	..	..	..	..	..
Crédits	13 857	16 114	15 785	14 962	17 373	15 981	18 499	20 361
Crédits à court terme	..	..	..	..	..	..	..	..
Crédits à long terme	..	..	..	..	..	..	..	..
Actions et parts de fonds d'investissement	13 659	17 631	18 554	21 127	20 636	22 254	20 408	21 533
Systèmes d'assurance, de pensions et garanties standard	491 534	502 515	515 647	522 317	523 958	527 582	528 925	533 363
Produits financiers dérivés et options sur titres des salariés	1 404	1 757	3 365	2 277	1 978	3 074	2 921	2 068
Autres comptes à payer	6 511	7 973	7 775	7 437	7 339	6 508	6 428	7 032
Actifs non financiers	..	..	..	..	..	..	..	..
Sociétés d'assurance								
Valeur nette financière	28 791	44 423	60 537	63 167	71 287	71 330	67 489	80 239
Actifs financiers	409 342	442 539	465 147	473 003	491 579	497 397	494 886	514 371
Numéraire et dépôts	10 962	13 885	14 969	15 330	18 699	19 309	20 088	20 726
Titres de dette	245 951	254 513	265 098	264 801	275 049	270 720	271 327	277 295
Crédits	49 566	48 033	48 328	48 414	42 865	41 352	41 090	39 430
Actions et parts de fonds d'investissement	35 033	43 614	44 171	45 310	44 253	49 006	43 997	48 313
Actions	19 342	26 490	28 550	30 700	29 031	33 204	28 339	30 798
Parts de fonds d'investissement	15 692	17 124	15 621	14 610	15 222	15 802	15 659	17 515
Parts de fonds d'investissement monétaires	..	..	..	..	..	..	..	..
Parts de fonds d'investissement non monétaires	..	..	..	..	..	..	..	..
Systèmes d'assurance, de pensions et garanties standard	2 015	1 868	1 591	1 715	1 598	1 304	1 116	952
Produits financiers dérivés et options sur titres des salariés	1 462	544	540	1 029	2 603	724	576	1 398
Autres comptes à recevoir	64 352	80 082	90 450	96 405	106 513	114 983	116 692	126 258
Passifs financiers	380 551	398 117	404 610	409 837	420 292	426 067	427 397	434 132
Titres de dette	980	1 386	1 614	1 915	3 311	3 948	4 034	4 639
Titres de dette à court terme	..	..	..	..	..	..	..	..
Titres de dette à long terme	..	..	..	..	..	..	..	..
Crédits	12 561	14 732	14 826	13 475	15 926	14 648	16 811	19 021
Crédits à court terme	..	..	..	..	..	..	..	..
Crédits à long terme	..	..	..	..	..	..	..	..
Actions et parts de fonds d'investissement	13 643	17 615	18 539	21 112	20 621	22 238	20 392	21 518
Systèmes d'assurance, de pensions et garanties standard	346 209	355 413	359 814	364 790	372 286	376 623	377 989	381 024
Produits financiers dérivés et options sur titres des salariés	721	1 080	2 131	1 198	917	2 211	1 860	1 022
Autres comptes à payer	6 439	7 891	7 687	7 347	7 231	6 399	6 311	6 909
Actifs non financiers	..	..	..	..	..	..	..	..
Fonds de pension								
Valeur nette financière	-502	1 324	1 623	1 979	2 183	3 153	2 687	3 337
Actifs financiers	147 561	151 190	160 302	162 662	156 918	156 811	156 848	158 514
Numéraire et dépôts	6 903	8 058	8 821	9 523	9 566	9 802	9 906	10 133
Titres de dette	39 097	43 451	44 869	43 626	42 037	41 181	41 411	41 875
Crédits	3 909	4 746	5 401	6 212	5 982	6 477	6 942	6 687
Actions et parts de fonds d'investissement	20 489	26 292	25 277	26 367	24 338	26 778	24 094	26 847
Actions	12 065	15 961	14 257	14 395	12 270	13 856	10 693	12 421
Parts de fonds d'investissement	8 424	10 331	11 020	11 972	12 067	12 922	13 401	14 426
Parts de fonds d'investissement monétaires	..	..	..	..	..	..	..	..
Parts de fonds d'investissement non monétaires	..	..	..	..	..	..	..	..
Systèmes d'assurance, de pensions et garanties standard	40 530	24 977	26 294	28 830	27 932	22 428	26 582	20 582
Produits financiers dérivés et options sur titres des salariés	606	579	1 061	923	913	750	907	1 021
Autres comptes à recevoir	36 028	43 087	48 578	47 181	46 150	49 395	47 006	51 369
Passifs financiers	148 064	149 866	158 679	160 683	154 734	153 657	154 162	155 177
Titres de dette	671	607	549	485	431	378	343	313
Titres de dette à court terme	..	..	..	..	..	..	..	..
Titres de dette à long terme	..	..	..	..	..	..	..	..
Crédits	1 297	1 382	959	1 487	1 448	1 333	1 688	1 340
Crédits à court terme	..	..	..	..	..	..	..	..
Crédits à long terme	..	..	..	..	..	..	..	..
Actions et parts de fonds d'investissement	16	16	16	16	16	16	16	16
Systèmes d'assurance, de pensions et garanties standard	145 325	147 103	155 833	157 527	151 672	150 959	150 937	152 339
Produits financiers dérivés et options sur titres des salariés	684	676	1 234	1 079	1 061	863	1 061	1 046
Autres comptes à payer	72	82	88	90	108	109	117	124
Actifs non financiers	..	..	..	..	..	..	..	..

Note : Voir les métadonnées détaillées sur : *http://metalinks.oecd.org/instinv/20200916/0196*

Tableau 4. Composition du portefeuille par type d'investisseur

En pourcentage des actifs financiers et des passifs financiers

Pour cent

	2012	2013	2014	2015	2016	2017	2018	2019
Fonds d'investissement								
Actifs financiers	100.0	100.0	100.0	100.0	100.0	100.0	100.0	100.0
Numéraire et dépôts	0.6	0.5	0.6	0.4	4.6	3.5	4.1	3.6
Titres de dettes	14.6	14.5	14.7	13.4	11.7	10.7	12.6	11.7
Crédits	5.3	5.8	5.7	7.4	4.7	5.2	5.8	5.8
Actions et parts de fonds d'investissement	18.7	22.8	21.7	24.6	24.4	28.0	27.6	29.8
Systèmes d'assurance de pensions et garanties standard	0.0	0.0	0.0	0.0	0.0	0.0	0.0	0.0
Produits financiers dérivés et options sur titres des salariés	0.2	0.2	0.3	0.3	0.2	0.1	0.1	0.1
Autres comptes à recevoir	60.5	56.1	57.0	53.9	54.4	52.5	49.8	49.0
Passifs financiers	100.0	100.0	100.0	100.0	100.0	100.0	100.0	100.0
Numéraire et dépôts	0.0	0.0	0.0	0.0	0.0	0.0	0.0	0.0
Titres de dettes	0.0	0.0	0.0	0.0	0.0	0.0	0.0	0.0
Crédits	0.0	0.0	0.0	0.0	0.0	0.0	0.6	0.0
Actions et parts de fonds d'investissement	94.1	93.2	93.5	92.7	93.5	94.6	91.6	92.9
Systèmes d'assurance de pensions et garanties standard	0.0	0.0	0.0	0.0	0.0	0.0	0.0	0.0
Produits financiers dérivés et options sur titres des salariés	0.6	0.4	0.4	0.4	0.5	0.3	0.3	0.3
Autres comptes à recevoir	5.3	6.4	6.0	6.9	6.0	5.1	7.5	6.8
Sociétés d'assurance								
Actifs financiers	100.0	100.0	100.0	100.0	100.0	100.0	100.0	100.0
Numéraire et dépôts	2.7	3.1	3.2	3.2	3.8	3.9	4.1	4.0
Titres de dettes	60.1	57.5	57.0	56.0	56.0	54.4	54.8	53.9
Crédits	12.1	10.9	10.4	10.2	8.7	8.3	8.3	7.7
Actions et parts de fonds d'investissement	8.6	9.9	9.5	9.6	9.0	9.9	8.9	9.4
Systèmes d'assurance de pensions et garanties standard	0.5	0.4	0.3	0.4	0.3	0.3	0.2	0.2
Produits financiers dérivés et options sur titres des salariés	0.4	0.1	0.1	0.2	0.5	0.1	0.1	0.3
Autres comptes à recevoir	15.7	18.1	19.4	20.4	21.7	23.1	23.6	24.5
Passifs financiers	100.0	100.0	100.0	100.0	100.0	100.0	100.0	100.0
Numéraire et dépôts	0.0	0.0	0.0	0.0	0.0	0.0	0.0	0.0
Titres de dettes	0.3	0.3	0.4	0.5	0.8	0.9	0.9	1.1
Crédits	3.3	3.7	3.7	3.3	3.8	3.4	3.9	4.4
Actions et parts de fonds d'investissement	3.6	4.4	4.6	5.2	4.9	5.2	4.8	5.0
Systèmes d'assurance de pensions et garanties standard	91.0	89.3	88.9	89.0	88.6	88.4	88.4	87.8
Produits financiers dérivés et options sur titres des salariés	0.2	0.3	0.5	0.3	0.2	0.5	0.4	0.2
Autres comptes à recevoir	1.7	2.0	1.9	1.8	1.7	1.5	1.5	1.6
Fonds de pension								
Actifs financiers	100.0	100.0	100.0	100.0	100.0	100.0	100.0	100.0
Numéraire et dépôts	4.7	5.3	5.5	5.9	6.1	6.3	6.3	6.4
Titres de dettes	26.5	28.7	28.0	26.8	26.8	26.3	26.4	26.4
Crédits	2.6	3.1	3.4	3.8	3.8	4.1	4.4	4.2
Actions et parts de fonds d'investissement	13.9	17.4	15.8	16.2	15.5	17.1	15.4	16.9
Systèmes d'assurance de pensions et garanties standard	27.5	16.5	16.4	17.7	17.8	14.3	16.9	13.0
Produits financiers dérivés et options sur titres des salariés	0.4	0.4	0.7	0.6	0.6	0.5	0.6	0.6
Autres comptes à recevoir	24.4	28.5	30.3	29.0	29.4	31.5	30.0	32.4
Passifs financiers	100.0	100.0	100.0	100.0	100.0	100.0	100.0	100.0
Numéraire et dépôts	0.0	0.0	0.0	0.0	0.0	0.0	0.0	0.0
Titres de dettes	0.5	0.4	0.3	0.3	0.3	0.2	0.2	0.2
Crédits	0.9	0.9	0.6	0.9	0.9	0.9	1.1	0.9
Actions et parts de fonds d'investissement	0.0	0.0	0.0	0.0	0.0	0.0	0.0	0.0
Systèmes d'assurance de pensions et garanties standard	98.2	98.2	98.2	98.0	98.0	98.2	97.9	98.2
Produits financiers dérivés et options sur titres des salariés	0.5	0.5	0.8	0.7	0.7	0.6	0.7	0.7
Autres comptes à recevoir	0.0	0.1	0.1	0.1	0.1	0.1	0.1	0.1

Note : Voir les métadonnées détaillées sur : *http://metalinks.oecd.org/instinv/20200916/649b*

CORÉE

Tableau 1. Actifs et passifs financiers des investisseurs institutionnels, 2018

Milliards KRW

	Total	Fonds d'investissement			
		Fonds d'investissement non-monétaire			Fonds d'investissement monétaires
		Total	Fonds d'investissement à capital variable, non monétaire	Fonds d'investissement à capital fixe, non monétaire	Total
Actifs financiers	588 104	497 620	..	..	90 484
Numéraire et dépôts	53 329	24 445	..	..	28 884
Titres de dette	247 303	192 051	..	..	55 252
Titres de dette à court terme	80 079	32 815	..	..	47 264
Titres de dette à long terme	167 223	159 236	..	..	7 987
Titres de dette émis par les résidents	209 738	154 487	..	..	55 252
Titres de dette émis par les non-résidents	37 564	37 564	..	..	0
Crédits	18 705	17 727	..	..	978
Crédits à court terme	2 383	1 405	..	..	978
Crédits à long terme	16 322	16 322	..	..	0
Crédits accordés aux résidents	..	..	..	..	..
Crédits accordés aux non-résidents	..	..	..	..	..
Actions et parts de fonds d'investissement	173 254	168 670	..	..	4 584
Actions et parts de fonds d'investissements émises par les résidents	101 776	97 192	..	..	4 584
Actions et part de fonds d'investissements émises par les non-résidents	71 478	71 478	..	..	0
Autres comptes à recevoir	81 267	80 480	..	..	787

	Total	Fonds d'investissement			
		Fonds d'investissement non-monétaire			Fonds d'investissement monétaires
		Total	Fonds d'investissement à capital variable, non monétaire	Fonds d'investissement à capital fixe, non monétaire	Total
Pasifs financiers	594 190	503 714	..	..	90 476
Numéraire et dépôts	26 356	26 287	..	..	69
Titres de dette	207	207	..	..	0
Titres de dette à court terme	0	0	..	..	0
Titres de dette à long terme	207	207	..	..	0
Crédits	1 140	1 140	..	..	0
Crédits à court terme	31	31	..	..	0
Crédits à long terme	1 109	1 109	..	..	0
Actions et parts de fonds d'investissement	540 299	450 024	..	..	90 275
Systèmes d'assurance, de pensions et garanties standard	0	0	..	..	0
Produits financiers dérivés et options sur titres des salariés	262	262	..	..	0
Autres comptes à payer	25 927	25 794	..	..	133

	Total	Sociétés d'assurance et fonds de pension autonomes			
		Sociétés d'assurance			Fonds de pension autonomes
		Total	Sociétés d'assurance vie	Sociétés d'assurance non-vie	Total
Actifs financiers	1 460 069	1 246 925	887 258	359 667	213 144
Numéraire et dépôts	134 566	49 492	23 456	26 035	85 075
Titres de dette	706 966	662 376	534 596	127 780	44 590
Titres de dette à court terme	6 585	4 932	3 681	1 252	1 653
Titres de dette à long terme	700 381	657 444	530 915	126 529	42 937
Titres de dette émis par les résidents	598 724	556 211	447 577	108 634	42 513
Titres de dette émis par les non-résidents	108 242	106 165	87 019	19 146	2 077
Crédits	238 967	223 461	142 362	81 099	15 505
Crédits à court terme	21 184	16 362	12 433	3 929	4 822
Crédits à long terme	217 783	207 100	129 930	77 170	10 684
Crédits accordés aux résidents	..	..	..	..	..
Crédits accordés aux non-résidents	..	..	..	..	..
Actions et parts de fonds d'investissement	251 084	228 303	146 844	81 459	22 781
Actions et parts de fonds d'investissement émises par les résidents	234 821	212 095	132 997	79 098	22 726
Actions et parts de fonds d'investissement émises par les non-résidents	16 263	16 208	13 847	2 361	55
Autrescomptes à recevoir	99 347	72 904	37 772	35 132	26 443

	Total	Sociétés d'assurance et fonds de pension autonomes			
		Sociétés d'assurance			Fonds de pension autonomes
		Total	Sociétés d'assurance vie	Sociétés d'assurance non-vie	Total
Pasifs financiers	1 414 928	1 201 700	849 162	352 650	213 228
Numéraire et dépôts	0	0	0	0	0
Titres de dette	8 374	8 374	4 586	3 788	0
Titres de dette à court terme	60	60	0	60	0
Titres de dette à long terme	8 314	8 314	4 586	3 728	0
Crédits	216	216	103	113	0
Crédits à court terme	0	0	0	0	0
Crédits à long terme	215	215	103	113	0
Actions et parts de fonds d'investissement	66 843	66 843	30 923	35 920	0
Systèmes d'assurance, de pensions et garanties standard	1 279 458	1 072 857	781 455	291 401	206 601
Produits financiers dérivés et options sur titres des salariés	1 931	1 858	1 442	416	73
Autres comptes à payer	58 107	51 553	30 654	21 011	6 554

Note : Voir les métadonnées détaillées sur : *http://metalinks.oecd.org/instinv/20200916/0196*

CORÉE

Tableau 2. Actifs et passifs financiers des fonds d'investissement

Milliards KRW

	2012	2013	2014	2015	2016	2017	2018	2019
Fonds d'investissement								
Valeur nette financière	-1 723	-1 715	-2 711	-2 007	1 876	-565	-6 086	-13 770
Actifs financiers	316 742	336 290	381 924	426 176	489 782	542 564	588 104	718 657
Numéraire et dépôts	24 937	22 391	30 627	38 934	40 877	49 362	53 329	69 541
Titres de dette	113 715	130 179	156 593	182 011	229 099	228 402	247 303	301 512
Crédits	23 138	21 280	15 997	17 059	18 571	18 426	18 705	20 588
Actions et parts de fonds d'investissement	114 341	118 247	116 741	119 276	124 091	162 157	173 254	212 738
Actions	112 499	115 279	114 730	117 865	121 598	159 263	166 617	204 287
Parts de fonds d'investissement	1 842	2 968	2 012	1 411	2 493	2 894	6 637	8 451
Parts de fonds d'investissement monétaires	..	..	..	..	..	..	..	..
Parts de fonds d'investissement non monétaires	..	..	..	..	..	..	..	..
Systèmes d'assurance, de pensions et garanties standard	0	0	0	0	0	0	0	0
Produits financiers dérivés et options sur titres des salariés	10 774	11 302	11 428	11 426	12 314	16 065	14 247	14 520
Autres comptes à recevoir	29 838	32 892	50 537	57 470	64 831	68 152	81 267	99 758
Passifs financiers	318 465	338 005	384 635	428 184	487 906	543 129	594 190	732 427
Titres de dette	282	343	258	257	242	230	207	226
Titres de dette à court terme	0	0	0	0	0	55	0	0
Titres de dette à long terme	282	343	258	257	242	175	207	226
Crédits	729	549	470	346	493	341	1 140	1 415
Crédits à court terme	214	276	291	216	31	31	31	31
Crédits à long terme	515	274	179	130	462	309	1 109	1 384
Actions et parts de fonds d'investissement	308 632	329 843	372 366	412 763	460 356	503 571	540 299	654 160
Systèmes d'assurance, de pensions et garanties standard	0	0	0	0	0	0	0	0
Produits financiers dérivés et options sur titres des salariés	0	0	0	0	260	20	262	541
Autres comptes à payer	8 163	5 401	7 385	8 876	8 467	17 962	25 927	36 281
Actifs non financiers	..	..	..	..	..	..	..	..
Fonds d'investissement monéaires								
Valeur nette financière	-240	-707	-1 091	-334	-512	-3	8	-144
Actifs financiers	64 183	66 742	82 422	94 080	104 777	98 286	90 484	105 947
Numéraire et dépôts	17 059	14 159	20 087	24 654	23 812	28 289	28 884	37 624
Titres de dette	42 570	48 285	59 874	66 617	78 215	66 727	55 252	61 522
Crédits	3 732	2 118	966	2 256	945	857	978	807
Actions et parts de fonds d'investissement	252	1 430	568	343	1 449	1 593	4 584	5 400
Actions	0	0	0	0	0	0	0	0
Parts de fonds d'investissement	252	1 430	568	343	1 449	1 593	4 584	5 400
Parts de fonds d'investissement monétaires	..	..	..	..	..	..	..	..
Parts de fonds d'investissement non monétaires	..	..	..	..	..	..	..	..
Systèmes d'assurance, de pensions et garanties standard	0	0	0	0	0	0	0	0
Produits financiers dérivés et options sur titres des salariés	0	0	0	0	0	0	0	0
Autres comptes à recevoir	570	750	929	209	355	820	787	594
Passifs financiers	64 424	67 448	83 514	94 414	105 288	98 289	90 476	106 091
Titres de dette	0	0	0	0	0	0	0	0
Titres de dette à court terme	0	0	0	0	0	0	0	0
Titres de dette à long terme	0	0	0	0	0	0	0	0
Crédits	0	0	0	0	0	0	0	0
Crédits à court terme	0	0	0	0	0	0	0	0
Crédits à long terme	0	0	0	0	0	0	0	0
Actions et parts de fonds d'investissement	63 985	67 089	83 234	94 073	104 996	97 963	90 275	105 588
Systèmes d'assurance, de pensions et garanties standard	0	0	0	0	0	0	0	0
Produits financiers dérivés et options sur titres des salariés	0	0	0	0	0	0	0	0
Autres comptes à payer	439	359	280	283	62	262	133	386
Actifs non financiers	..	..	..	..	..	..	..	..
Fonds d'investissement non monéaires								
Valeur nette financière	-1 482	-1 008	-1 620	-1 673	2 388	-561	-6 094	-13 627
Actifs financiers	252 559	269 548	299 501	332 096	385 006	444 279	497 620	612 710
Numéraire et dépôts	7 877	8 231	10 541	14 280	17 064	21 073	24 445	31 917
Titres de dette	71 145	81 895	96 720	115 394	150 884	161 675	192 051	239 990
Crédits	19 406	19 162	15 031	14 803	17 626	17 570	17 727	19 781
Actions et parts de fonds d'investissement	114 089	116 816	116 174	118 933	122 642	160 564	168 670	207 338
Actions	112 499	115 279	114 730	117 865	121 598	159 263	166 617	204 287
Parts de fonds d'investissement	1 591	1 537	1 444	1 068	1 043	1 301	2 053	3 051
Parts de fonds d'investissement monétaires	..	..	..	..	..	..	..	..
Parts de fonds d'investissement non monétaires	..	..	..	..	..	..	..	..
Systèmes d'assurance, de pensions et garanties standard	0	0	0	0	0	0	0	0
Produits financiers dérivés et options sur titres des salariés	10 774	11 302	11 428	11 426	12 314	16 065	14 247	14 520
Autres comptes à recevoir	29 268	32 143	49 608	57 261	64 476	67 332	80 480	99 164
Passifs financiers	254 041	270 556	301 121	333 769	382 618	444 840	503 714	626 336
Titres de dette	282	343	258	257	242	230	207	226
Titres de dette à court terme	0	0	0	0	0	55	0	0
Titres de dette à long terme	282	343	258	257	242	175	207	226
Crédits	729	549	470	346	493	341	1 140	1 415
Crédits à court terme	214	276	291	216	31	31	31	31
Crédits à long terme	515	274	179	130	462	309	1 109	1 384
Actions et parts de fonds d'investissement	244 647	262 754	289 132	318 691	355 361	405 609	450 024	548 572
Systèmes d'assurance, de pensions et garanties standard	0	0	0	0	0	0	0	0
Produits financiers dérivés et options sur titres des salariés	0	0	0	0	260	20	262	541
Autres comptes à payer	7 724	5 042	7 105	8 594	8 405	17 700	25 794	35 895
Actifs non financiers	..	..	..	..	..	..	..	..
Fonds d'investissement non monéaires à capital variable								
Valeur nette financière	..	..	..	..	..	..	..	..
Actifs financiers	..	..	..	..	..	..	..	..
Numéraire et dépôts	..	..	..	..	..	..	..	..

CORÉE

Tableau 2. Actifs et passifs financiers des fonds d'investissement *(suite)*

Milliards KRW

	2012	2013	2014	2015	2016	2017	2018	2019
Titres de dette	..	..	..	..	..	..	..	..
Crédits	..	..	..	..	..	..	..	..
Actions et parts de fonds d'investissement	..	..	..	..	..	..	..	..
Actions	..	..	..	..	..	..	..	..
Parts de fonds d'investissement	..	..	..	..	..	..	..	..
Parts de fonds d'investissement monétaires	..	..	..	..	..	..	..	..
Parts de fonds d'investissement non monétaires	..	..	..	..	..	..	..	..
Systèmes d'assurance, de pensions et garanties standard	..	..	..	..	..	..	..	..
Produits financiers dérivés et options sur titres des salariés	..	..	..	..	..	..	..	..
Autres comptes à recevoir	..	..	..	..	..	..	..	..
Passifs financiers	..	..	..	..	..	..	..	..
Titres de dette	..	..	..	..	..	..	..	..
Titres de dette à court terme	..	..	..	..	..	..	..	..
Titres de dette à long terme	..	..	..	..	..	..	..	..
Crédits	..	..	..	..	..	..	..	..
Crédits à court terme	..	..	..	..	..	..	..	..
Crédits à long terme	..	..	..	..	..	..	..	..
Actions et parts de fonds d'investissement	..	..	..	..	..	..	..	..
Systèmes d'assurance, de pensions et garanties standard	..	..	..	..	..	..	..	..
Produits financiers dérivés et options sur titres des salariés	..	..	..	..	..	..	..	..
Autres comptes à payer	..	..	..	..	..	..	..	..
Actifs non financiers	..	..	..	..	..	..	..	..
Fonds d'investissement à capital variable								
Valeur nette financière	..	..	..	..	..	..	..	..
Actifs financiers	..	..	..	..	..	..	..	..
Numéraire et dépôts	..	..	..	..	..	..	..	..
Titres de dette	..	..	..	..	..	..	..	..
Crédits	..	..	..	..	..	..	..	..
Actions et parts de fonds d'investissement	..	..	..	..	..	..	..	..
Actions	..	..	..	..	..	..	..	..
Parts de fonds d'investissement	..	..	..	..	..	..	..	..
Parts de fonds d'investissement monétaires	..	..	..	..	..	..	..	..
Parts de fonds d'investissement non monétaires	..	..	..	..	..	..	..	..
Systèmes d'assurance, de pensions et garanties standard	..	..	..	..	..	..	..	..
Produits financiers dérivés et options sur titres des salariés	..	..	..	..	..	..	..	..
Autres comptes à recevoir	..	..	..	..	..	..	..	..
Passifs financiers	..	..	..	..	..	..	..	..
Titres de dette	..	..	..	..	..	..	..	..
Titres de dette à court terme	..	..	..	..	..	..	..	..
Titres de dette à long terme	..	..	..	..	..	..	..	..
Crédits	..	..	..	..	..	..	..	..
Crédits à court terme	..	..	..	..	..	..	..	..
Crédits à long terme	..	..	..	..	..	..	..	..
Actions et parts de fonds d'investissement	..	..	..	..	..	..	..	..
Systèmes d'assurance, de pensions et garanties standard	..	..	..	..	..	..	..	..
Produits financiers dérivés et options sur titres des salariés	..	..	..	..	..	..	..	..
Autres comptes à payer	..	..	..	..	..	..	..	..
Actifs non financiers	..	..	..	..	..	..	..	..

Note : Voir les métadonnées détaillées sur : *http://metalinks.oecd.org/instinv/20200916/0196*

CORÉE

Tableau 3. Actifs et passifs financiers des sociétés d'assurance et fonds de pension

Milliards KRW

	2012	2013	2014	2015	2016	2017	2018	2019
Sociétés d'assurance et fonds de pension								
Valeur nette financière	2 281	-7 160	6 039	200	17 782	28 118	42 944	81 617
Actifs financiers	834 819	920 938	1 047 690	1 151 196	1 271 900	1 384 134	1 460 069	1 583 238
Numéraire et dépôts	88 807	87 363	106 019	109 622	114 762	122 039	134 566	147 254
Titres de dette	397 271	450 172	513 051	578 196	637 316	669 642	706 966	736 920
Crédits	129 919	144 703	161 657	181 328	205 064	223 340	238 967	250 826
Actions et parts de fonds d'investissement	140 967	156 595	172 577	180 170	200 872	239 595	251 084	303 742
Actions	67 072	73 378	79 874	80 409	93 850	110 397	97 537	119 614
Parts de fonds d'investissement	73 895	83 217	92 703	99 762	107 023	129 198	153 547	184 128
Parts de fonds d'investissement monétaires	..	..	..	..	..	..	..	..
Parts de fonds d'investissement non monétaires	..	..	..	..	..	..	..	..
Systèmes d'assurance, de pensions et garanties standard	5 739	7 015	11 261	14 449	18 337	23 989	26 861	31 829
Produits financiers dérivés et options sur titres des salariés	1 844	2 326	808	666	567	7 318	2 596	2 895
Autres comptes à recevoir	70 272	72 764	82 317	86 765	94 982	98 212	99 347	109 774
Passifs financiers	832 538	928 097	1 041 650	1 150 996	1 254 118	1 356 016	1 414 928	1 503 395
Titres de dette	1 660	2 124	2 107	2 730	3 301	6 289	8 374	11 749
Titres de dette à court terme	611	296	386	370	700	360	60	226
Titres de dette à long terme	1 049	1 828	1 721	2 360	2 601	5 929	8 314	11 523
Crédits	1 345	805	857	792	206	333	216	11
Crédits à court terme	343	63	9	16	0	112	0	0
Crédits à long terme	1 003	742	849	776	206	221	215	11
Actions et parts de fonds d'investissement	62 221	65 835	69 200	71 722	69 159	80 383	66 843	57 907
Systèmes d'assurance, de pensions et garanties standard	725 519	820 437	920 289	1 020 415	1 118 216	1 211 152	1 279 458	1 364 148
Produits financiers dérivés et options sur titres des salariés	1 348	1 215	2 405	4 042	6 787	432	1 931	2 364
Autres comptes à payer	40 140	37 662	46 792	51 234	56 450	57 427	58 107	67 186
Actifs non financiers	..	..	..	..	..	..	..	..
Sociétés d'assurance								
Valeur nette financière	2 618	-6 590	6 459	-21	18 456	28 395	43 028	81 328
Actifs financiers	764 577	834 616	932 883	1 014 221	1 110 612	1 195 353	1 246 925	1 334 724
Numéraire et dépôts	47 676	40 385	49 670	47 315	46 134	46 734	49 492	51 497
Titres de dette	383 966	432 224	490 346	550 551	603 958	628 939	662 376	688 346
Crédits	128 313	142 015	156 647	171 971	192 533	209 521	223 461	230 897
Actions et parts de fonds d'investissement	136 005	150 112	164 439	167 336	187 150	221 933	228 303	275 025
Actions	66 909	73 301	79 755	80 219	93 381	110 137	97 304	119 176
Parts de fonds d'investissement	69 096	76 811	84 684	87 117	93 769	111 796	130 999	155 849
Parts de fonds d'investissement monétaires	..	..	..	..	..	..	..	..
Parts de fonds d'investissement non monétaires	..	..	..	..	..	..	..	..
Systèmes d'assurance, de pensions et garanties standard	5 429	5 831	6 527	6 878	7 342	7 556	8 206	8 714
Produits financiers dérivés et options sur titres des salariés	1 811	2 288	787	654	551	6 961	2 501	2 824
Autres comptes à recevoir	61 378	61 762	64 467	69 517	72 944	73 710	72 904	77 423
Passifs financiers	761 959	841 206	926 424	1 014 242	1 092 155	1 166 959	1 201 700	1 255 170
Titres de dette	1 660	2 124	2 107	2 730	3 301	6 289	8 374	11 749
Titres de dette à court terme	611	296	386	370	700	360	60	226
Titres de dette à long terme	1 049	1 828	1 721	2 360	2 601	5 929	8 314	11 523
Crédits	1 342	805	857	792	206	333	216	11
Crédits à court terme	343	63	9	16	0	112	0	0
Crédits à long terme	999	742	849	776	206	221	215	11
Actions et parts de fonds d'investissement	62 221	65 835	69 200	71 722	69 159	80 383	66 843	57 907
Systèmes d'assurance, de pensions et garanties standard	656 952	735 656	809 993	887 130	961 026	1 027 653	1 072 857	1 123 399
Produits financiers dérivés et options sur titres des salariés	1 348	1 210	2 351	3 902	6 546	430	1 858	2 258
Autres comptes à payer	38 131	35 556	41 917	47 907	51 918	51 872	51 553	59 816
Actifs non financiers	..	..	..	..	..	..	..	..
Fonds de pension								
Valeur nette financière	-337	-570	-419	221	-674	-276	-83	289
Actifs financiers	70 242	86 322	114 807	136 974	161 289	188 781	213 144	248 515
Numéraire et dépôts	41 131	46 978	56 349	62 307	68 627	75 305	85 075	95 757
Titres de dette	13 305	17 949	22 706	27 645	33 359	40 703	44 590	48 574
Crédits	1 606	2 688	5 011	9 357	12 531	13 819	15 505	19 930
Actions et parts de fonds d'investissement	4 962	6 483	8 138	12 835	13 722	17 662	22 781	28 717
Actions	163	77	119	190	469	261	233	438
Parts de fonds d'investissement	4 799	6 407	8 019	12 645	13 253	17 402	22 548	28 279
Parts de fonds d'investissement monétaires	..	..	..	..	..	..	..	..
Parts de fonds d'investissement non monétaires	..	..	..	..	..	..	..	..
Systèmes d'assurance, de pensions et garanties standard	310	1 184	4 734	7 571	10 995	16 433	18 655	23 115
Produits financiers dérivés et options sur titres des salariés	33	38	21	11	16	357	95	71
Autres comptes à recevoir	8 894	11 002	17 849	17 249	22 039	24 502	26 443	32 351
Passifs financiers	70 579	86 892	115 226	136 753	161 963	189 057	213 228	248 226
Titres de dette	0	0	0	0	0	0	0	0
Titres de dette à court terme	0	0	0	0	0	0	0	0
Titres de dette à long terme	0	0	0	0	0	0	0	0
Crédits	4	0	0	0	0	0	0	0
Crédits à court terme	0	0	0	0	0	0	0	0
Crédits à long terme	4	0	0	0	0	0	0	0
Actions et parts de fonds d'investissement	0	0	0	0	0	0	0	0
Systèmes d'assurance, de pensions et garanties standard	68 567	84 781	110 296	133 286	157 189	183 500	206 601	240 750
Produits financiers dérivés et options sur titres des salariés	0	5	55	140	241	2	73	106
Autres comptes à payer	2 009	2 106	4 875	3 327	4 533	5 555	6 554	7 370
Actifs non financiers	..	..	..	..	..	..	..	..

Note : Voir les métadonnées détaillées sur : *http://metalinks.oecd.org/instinv/20200916/0196*

CORÉE

Tableau 4. Composition du portefeuille par type d'investisseur

En pourcentage des actifs financiers et des passifs financiers

Pour cent

	2012	2013	2014	2015	2016	2017	2018	2019
Fonds d'investissement								
Actifs financiers	100.0	100.0	100.0	100.0	100.0	100.0	100.0	100.0
Numéraire et dépôts	7.9	6.7	8.0	9.1	8.3	9.1	9.1	9.7
Titres de dettes	35.9	38.7	41.0	42.7	46.8	42.1	42.1	42.0
Crédits	7.3	6.3	4.2	4.0	3.8	3.4	3.2	2.9
Actions et parts de fonds d'investissement	36.1	35.2	30.6	28.0	25.3	29.9	29.5	29.6
Systèmes d'assurance de pensions et garanties standard	0.0	0.0	0.0	0.0	0.0	0.0	0.0	0.0
Produits financiers dérivés et options sur titres des salariés	3.4	3.4	3.0	2.7	2.5	3.0	2.4	2.0
Autres comptes à recevoir	9.4	9.8	13.2	13.5	13.2	12.6	13.8	13.9
Passifs financiers	100.0	100.0	100.0	100.0	100.0	100.0	100.0	100.0
Numéraire et dépôts	0.2	0.6	1.1	1.4	3.7	3.9	4.4	5.4
Titres de dettes	0.1	0.1	0.1	0.1	0.0	0.0	0.0	0.0
Crédits	0.2	0.2	0.1	0.1	0.1	0.1	0.2	0.2
Actions et parts de fonds d'investissement	96.9	97.6	96.8	96.4	94.4	92.7	90.9	89.3
Systèmes d'assurance de pensions et garanties standard	0.0	0.0	0.0	0.0	0.0	0.0	0.0	0.0
Produits financiers dérivés et options sur titres des salariés	0.0	0.0	0.0	0.0	0.1	0.0	0.0	0.1
Autres comptes à recevoir	2.6	1.6	1.9	2.1	1.7	3.3	4.4	5.0
Sociétés d'assurance								
Actifs financiers	100.0	100.0	100.0	100.0	100.0	100.0	100.0	100.0
Numéraire et dépôts	6.2	4.8	5.3	4.7	4.2	3.9	4.0	3.9
Titres de dettes	50.2	51.8	52.6	54.3	54.4	52.6	53.1	51.6
Crédits	16.8	17.0	16.8	17.0	17.3	17.5	17.9	17.3
Actions et parts de fonds d'investissement	17.8	18.0	17.6	16.5	16.9	18.6	18.3	20.6
Systèmes d'assurance de pensions et garanties standard	0.7	0.7	0.7	0.7	0.7	0.6	0.7	0.7
Produits financiers dérivés et options sur titres des salariés	0.2	0.3	0.1	0.1	0.0	0.6	0.2	0.2
Autres comptes à recevoir	8.0	7.4	6.9	6.9	6.6	6.2	5.8	5.8
Passifs financiers	100.0	100.0	100.0	100.0	100.0	100.0	100.0	100.0
Numéraire et dépôts	0.0	0.0	0.0	0.0	0.0	0.0	0.0	0.0
Titres de dettes	0.2	0.3	0.2	0.3	0.3	0.5	0.7	0.9
Crédits	0.2	0.1	0.1	0.1	0.0	0.0	0.0	0.0
Actions et parts de fonds d'investissement	8.2	7.8	7.5	7.1	6.3	6.9	5.6	4.6
Systèmes d'assurance de pensions et garanties standard	86.2	87.5	87.4	87.5	88.0	88.1	89.3	89.5
Produits financiers dérivés et options sur titres des salariés	0.2	0.1	0.3	0.4	0.6	0.0	0.2	0.2
Autres comptes à recevoir	5.0	4.2	4.5	4.7	4.8	4.4	4.3	4.8
Fonds de pension								
Actifs financiers	100.0	100.0	100.0	100.0	100.0	100.0	100.0	100.0
Numéraire et dépôts	58.6	54.4	49.1	45.5	42.5	39.9	39.9	38.5
Titres de dettes	18.9	20.8	19.8	20.2	20.7	21.6	20.9	19.5
Crédits	2.3	3.1	4.4	6.8	7.8	7.3	7.3	8.0
Actions et parts de fonds d'investissement	7.1	7.5	7.1	9.4	8.5	9.4	10.7	11.6
Systèmes d'assurance de pensions et garanties standard	0.4	1.4	4.1	5.5	6.8	8.7	8.8	9.3
Produits financiers dérivés et options sur titres des salariés	0.0	0.0	0.0	0.0	0.0	0.2	0.0	0.0
Autres comptes à recevoir	12.7	12.7	15.5	12.6	13.7	13.0	12.4	13.0
Passifs financiers	100.0	100.0	100.0	100.0	100.0	100.0	100.0	100.0
Numéraire et dépôts	0.0	0.0	0.0	0.0	0.0	0.0	0.0	0.0
Titres de dettes	0.0	0.0	0.0	0.0	0.0	0.0	0.0	0.0
Crédits	0.0	0.0	0.0	0.0	0.0	0.0	0.0	0.0
Actions et parts de fonds d'investissement	0.0	0.0	0.0	0.0	0.0	0.0	0.0	0.0
Systèmes d'assurance de pensions et garanties standard	97.1	97.6	95.7	97.5	97.1	97.1	96.9	97.0
Produits financiers dérivés et options sur titres des salariés	0.0	0.0	0.0	0.1	0.1	0.0	0.0	0.0
Autres comptes à recevoir	2.8	2.4	4.2	2.4	2.8	2.9	3.1	3.0

Note : Voir les métadonnées détaillées sur : *http://metalinks.oecd.org/instinv/20200916/649b*

LETTONIE

Tableau 1. Actifs et passifs financiers des investisseurs institutionnels, 2018

Millions EUR (2014 LVL euro)

	Total	Fonds d'investissement – Fonds d'investissement non-monétaire – Total	Fonds d'investissement à capital variable, non monétaire	Fonds d'investissement à capital fixe, non monétaire	Fonds d'investissement monétaires – Total
Actifs financiers	..	..	..	..	..
Numéraire et dépôts	..	..	..	..	..
Titres de dette	..	..	..	..	..
Titres de dette à court terme	..	..	..	..	..
Titres de dette à long terme	..	..	..	..	..
Titres de dette émis par les résidents	..	..	..	..	..
Titres de dette émis par les non-résidents	..	..	..	..	..
Crédits	..	..	..	..	..
Crédits à court terme	..	..	..	..	..
Crédits à long terme	..	..	..	..	..
Crédits accordés aux résidents	..	..	..	..	..
Crédits accordés aux non-résidents	..	..	..	..	..
Actions et parts de fonds d'investissement	..	..	..	..	..
Actions et parts de fonds d'investissements émises par les résidents	..	..	..	..	..
Actions et part de fonds d'investissements émises par les non-résidents	..	..	..	..	..
Autres comptes à recevoir	..	..	..	..	..

	Total	Fonds d'investissement – Fonds d'investissement non-monétaire – Total	Fonds d'investissement à capital variable, non monétaire	Fonds d'investissement à capital fixe, non monétaire	Fonds d'investissement monétaires – Total
Pasifs financiers	..	..	..	..	..
Numéraire et dépôts	..	..	..	..	..
Titres de dette	..	..	..	..	..
Titres de dette à court terme	..	..	..	..	..
Titres de dette à long terme	..	..	..	..	..
Crédits	..	..	..	..	..
Crédits à court terme	..	..	..	..	..
Crédits à long terme	..	..	..	..	..
Actions et parts de fonds d'investissement	..	..	..	..	..
Systèmes d'assurance, de pensions et garanties standard	..	..	..	..	..
Produits financiers dérivés et options sur titres des salariés	..	..	..	..	..
Autres comptes à payer	..	..	..	..	..

	Total	Sociétés d'assurance et fonds de pension autonomes – Sociétés d'assurance – Total	Sociétés d'assurance vie	Sociétés d'assurance non-vie	Fonds de pension autonomes – Total
Actifs financiers	..	..	..	..	4 000
Numéraire et dépôts	..	..	..	..	236
Titres de dette	..	..	..	..	1 693
Titres de dette à court terme	..	..	..	..	0
Titres de dette à long terme	..	..	..	..	1 693
Titres de dette émis par les résidents	..	..	..	..	471
Titres de dette émis par les non-résidents	..	..	..	..	1 222
Crédits	..	..	..	..	0
Crédits à court terme	..	..	..	..	0
Crédits à long terme	..	..	..	..	0
Crédits accordés aux résidents	..	..	..	..	0
Crédits accordés aux non-résidents	..	..	..	..	0
Actions et parts de fonds d'investissement	..	..	..	..	2 069
Actions et parts de fonds d'investissement émises par les résidents	..	..	..	..	47
Actions et parts de fonds d'investissement émises par les non-résidents	..	..	..	..	2 022
Autrescomptes à recevoir	..	..	..	..	1

	Total	Sociétés d'assurance et fonds de pension autonomes – Sociétés d'assurance – Total	Sociétés d'assurance vie	Sociétés d'assurance non-vie	Fonds de pension autonomes – Total
Pasifs financiers	..	..	..	..	4 012
Numéraire et dépôts	..	..	..	..	0
Titres de dette	..	..	..	..	0
Titres de dette à court terme	..	..	..	..	0
Titres de dette à long terme	..	..	..	..	0
Crédits	..	..	..	..	0
Crédits à court terme	..	..	..	..	0
Crédits à long terme	..	..	..	..	0
Actions et parts de fonds d'investissement	..	..	..	..	5
Systèmes d'assurance, de pensions et garanties standard	..	..	..	..	3 992
Produits financiers dérivés et options sur titres des salariés	..	..	..	..	0
Autres comptes à payer	..	..	..	..	14

Note : Voir les métadonnées détaillées sur : *http://metalinks.oecd.org/instinv/20200916/7c2e*

LETTONIE

Tableau 3. Actifs et passifs financiers des sociétés d'assurance et fonds de pension

Millions EUR

	2012	2013	2014	2015	2016	2017	2018	2019
Sociétés d'assurance et fonds de pension								
Valeur nette financière	-33	-30	-31	-65	-49	-82	-52	..
Actifs financiers	..	..	..	..	..	..	..	..
Numéraire et dépôts	..	..	..	..	..	..	..	..
Titres de dette	..	..	..	..	..	..	..	..
Crédits	..	..	..	..	..	..	..	..
Actions et parts de fonds d'investissement	..	..	..	..	..	..	..	..
Actions	..	..	..	..	..	..	..	..
Parts de fonds d'investissement	..	..	..	..	..	..	..	..
Parts de fonds d'investissement monétaires	..	..	..	..	..	..	..	..
Parts de fonds d'investissement non monétaires	..	..	..	..	..	..	..	..
Systèmes d'assurance, de pensions et garanties standard	..	..	..	..	..	..	..	..
Produits financiers dérivés et options sur titres des salariés	..	..	..	..	..	..	..	..
Autres comptes à recevoir	..	..	..	..	..	..	..	..
Passifs financiers	..	..	..	..	..	..	..	..
Titres de dette	..	..	..	..	..	..	..	..
Titres de dette à court terme	..	..	..	..	..	..	..	..
Titres de dette à long terme	..	..	..	..	..	..	..	..
Crédits	..	..	..	..	..	..	..	..
Crédits à court terme	..	..	..	..	..	..	..	..
Crédits à long terme	..	..	..	..	..	..	..	..
Actions et parts de fonds d'investissement	..	..	..	..	..	..	..	..
Systèmes d'assurance, de pensions et garanties standard	..	..	..	..	..	..	..	..
Produits financiers dérivés et options sur titres des salariés	..	..	..	..	..	..	..	..
Autres comptes à payer	..	..	..	..	..	..	..	..
Actifs non financiers	..	..	..	..	..	..	..	..
Sociétés d'assurance								
Valeur nette financière	-33	-30	-31	-70	4	-33	-40	..
Actifs financiers	..	..	..	..	..	..	..	..
Numéraire et dépôts	..	..	..	..	..	..	..	..
Titres de dette	..	..	..	..	..	..	..	..
Crédits	..	..	..	..	..	..	..	..
Actions et parts de fonds d'investissement	..	..	..	..	..	..	..	..
Actions	..	..	..	..	..	..	..	..
Parts de fonds d'investissement	..	..	..	..	..	..	..	..
Parts de fonds d'investissement monétaires	..	..	..	..	..	..	..	..
Parts de fonds d'investissement non monétaires	..	..	..	..	..	..	..	..
Systèmes d'assurance, de pensions et garanties standard	..	..	..	..	..	..	..	..
Produits financiers dérivés et options sur titres des salariés	..	..	..	..	..	..	..	..
Autres comptes à recevoir	..	..	..	..	..	..	..	..
Passifs financiers	..	..	..	..	..	..	..	..
Titres de dette	..	..	..	..	..	..	..	..
Titres de dette à court terme	..	..	..	..	..	..	..	..
Titres de dette à long terme	..	..	..	..	..	..	..	..
Crédits	..	..	..	..	..	..	..	..
Crédits à court terme	..	..	..	..	..	..	..	..
Crédits à long terme	..	..	..	..	..	..	..	..
Actions et parts de fonds d'investissement	..	..	..	..	..	..	..	..
Systèmes d'assurance, de pensions et garanties standard	..	..	..	..	..	..	..	..
Produits financiers dérivés et options sur titres des salariés	..	..	..	..	..	..	..	..
Autres comptes à payer	..	..	..	..	..	..	..	..
Actifs non financiers	..	..	..	..	..	..	..	..
Fonds de pension								
Valeur nette financière	0	0	0	5	-53	-49	-12	-21
Actifs financiers	1 670	1 925	2 323	2 679	3 109	3 712	4 000	4 941
Numéraire et dépôts	332	300	315	517	353	211	236	325
Titres de dette	685	887	1 090	1 229	1 499	1 600	1 693	1 835
Crédits	0	0	0	0	0	0	0	0
Actions et parts de fonds d'investissement	649	736	916	932	1 254	1 859	2 069	2 779
Actions	12	18	25	44	45	73	79	95
Parts de fonds d'investissement	637	719	891	888	1 209	1 786	1 990	2 684
Parts de fonds d'investissement monétaires	2	2	6	0	0	0	0	0
Parts de fonds d'investissement non monétaires	635	717	885	888	1 209	1 786	1 990	2 684
Systèmes d'assurance, de pensions et garanties standard	0	0	0	0	0	0	0	0
Produits financiers dérivés et options sur titres des salariés	1	0	0	0	2	1	1	2
Autres comptes à recevoir	3	1	1	1	1	42	1	1
Passifs financiers	1 671	1 926	2 323	2 674	3 162	3 762	4 012	4 962
Titres de dette	0	0	0	0	0	0	0	0
Titres de dette à court terme	0	0	0	0	0	0	0	0
Titres de dette à long terme	0	0	0	0	0	0	0	0
Crédits	0	0	0	0	0	0	0	0
Crédits à court terme	0	0	0	0	0	0	0	0
Crédits à long terme	0	0	0	0	0	0	0	0
Actions et parts de fonds d'investissement	3	2	3	5	5	5	5	3
Systèmes d'assurance, de pensions et garanties standard	1 664	1 917	2 292	2 656	3 133	3 719	3 992	4 954
Produits financiers dérivés et options sur titres des salariés	0	0	1	0	0	0	0	0
Autres comptes à payer	4	6	27	13	24	38	14	5
Actifs non financiers	..	..	..	..	..	..	..	..

Note : Voir les métadonnées détaillées sur : *http://metalinks.oecd.org/instinv/20200916/7c2e*

Tableau 4. Composition du portefeuille par type d'investisseur
En pourcentage des actifs financiers et des passifs financiers

Pour cent

	2012	2013	2014	2015	2016	2017	2018	2019
Fonds d'investissement								
Actifs financiers	100.0	100.0	100.0	..	..	..	..	..
Numéraire et dépôts	28.8	25.6	25.0	..	..	..	..	..
Titres de dettes	39.4	42.2	46.3	..	..	..	..	..
Crédits	0.0	0.0	0.0	..	..	..	..	..
Actions et parts de fonds d'investissement	22.4	20.2	20.2	..	..	..	..	..
Systèmes d'assurance de pensions et garanties standard	0.0	0.0	0.0	..	..	..	..	..
Produits financiers dérivés et options sur titres des salariés	0.1	0.1	0.0	..	..	..	..	..
Autres comptes à recevoir	9.4	11.8	8.4	..	..	..	..	..
Passifs financiers	100.0	100.0	100.0	..	..	..	..	..
Numéraire et dépôts	0.0	0.0	0.0	..	..	..	..	..
Titres de dettes	0.0	0.0	0.0	..	..	..	..	..
Crédits	1.4	0.0	0.0	..	..	..	..	..
Actions et parts de fonds d'investissement	98.2	93.5	96.7	..	..	..	..	..
Systèmes d'assurance de pensions et garanties standard	0.0	0.0	0.0	..	..	..	..	..
Produits financiers dérivés et options sur titres des salariés	0.0	0.0	0.3	..	..	..	..	..
Autres comptes à recevoir	0.3	6.5	3.0	..	..	..	..	..
Sociétés d'assurance								
Actifs financiers	..	..	..	..	..	..	..	..
Numéraire et dépôts	..	..	..	..	..	..	..	..
Titres de dettes	..	..	..	..	..	..	..	..
Crédits	..	..	..	..	..	..	..	..
Actions et parts de fonds d'investissement	..	..	..	..	..	..	..	..
Systèmes d'assurance de pensions et garanties standard	..	..	..	..	..	..	..	..
Produits financiers dérivés et options sur titres des salariés	..	..	..	..	..	..	..	..
Autres comptes à recevoir	..	..	..	..	..	..	..	..
Passifs financiers	..	..	..	..	..	..	..	..
Numéraire et dépôts	..	..	..	..	..	..	..	..
Titres de dettes	..	..	..	..	..	..	..	..
Crédits	..	..	..	..	..	..	..	..
Actions et parts de fonds d'investissement	..	..	..	..	..	..	..	..
Systèmes d'assurance de pensions et garanties standard	..	..	..	..	..	..	..	..
Produits financiers dérivés et options sur titres des salariés	..	..	..	..	..	..	..	..
Autres comptes à recevoir	..	..	..	..	..	..	..	..
Fonds de pension								
Actifs financiers	100.0	100.0	100.0	100.0	100.0	100.0	100.0	100.0
Numéraire et dépôts	19.9	15.6	13.6	19.3	11.4	5.7	5.9	6.6
Titres de dettes	41.0	46.1	46.9	45.9	48.2	43.1	42.3	37.1
Crédits	0.0	0.0	0.0	0.0	0.0	0.0	0.0	0.0
Actions et parts de fonds d'investissement	38.9	38.3	39.4	34.8	40.3	50.1	51.7	56.2
Systèmes d'assurance de pensions et garanties standard	0.0	0.0	0.0	0.0	0.0	0.0	0.0	0.0
Produits financiers dérivés et options sur titres des salariés	0.0	0.0	0.0	0.0	0.1	0.0	0.0	0.0
Autres comptes à recevoir	0.2	0.1	0.1	0.0	0.0	1.1	0.0	0.0
Passifs financiers	100.0	100.0	100.0	100.0	100.0	100.0	100.0	100.0
Numéraire et dépôts	0.0	0.0	0.0	0.0	0.0	0.0	0.0	0.0
Titres de dettes	0.0	0.0	0.0	0.0	0.0	0.0	0.0	0.0
Crédits	0.0	0.0	0.0	0.0	0.0	0.0	0.0	0.0
Actions et parts de fonds d'investissement	0.1	0.1	0.1	0.2	0.2	0.1	0.1	0.1
Systèmes d'assurance de pensions et garanties standard	99.6	99.6	98.7	99.3	99.1	98.9	99.5	99.8
Produits financiers dérivés et options sur titres des salariés	0.0	0.0	0.0	0.0	0.0	0.0	0.0	0.0
Autres comptes à recevoir	0.2	0.3	1.2	0.5	0.7	1.0	0.4	0.1

Note : Voir les métadonnées détaillées sur : *http://metalinks.oecd.org/instinv/20200916/649b*

LITHUANIALITUANIE

Tableau 1. Actifs et passifs financiers des investisseurs institutionnels, 2018

Millions EUR (2015 LTL euro)

	Total	Fonds d'investissement			
		Fonds d'investissement non-monétaire			Fonds d'investissement monétaires
		Total	Fonds d'investissement à capital variable, non monétaire	Fonds d'investissement à capital fixe, non monétaire	Total
Actifs financiers	837	837	213	624	0
Numéraire et dépôts	71	71	27	45	0
Titres de dette	234	234	67	168	0
Titres de dette à court terme	11	11	3	8	0
Titres de dette à long terme	223	223	63	160	0
Titres de dette émis par les résidents	186	186	53	133	0
Titres de dette émis par les non-résidents	49	49	14	35	0
Crédits	122	122	26	96	0
Crédits à court terme	28	28	6	22	0
Crédits à long terme	95	95	20	75	0
Crédits accordés aux résidents	25	25	5	19	0
Crédits accordés aux non-résidents	98	98	21	77	0
Actions et parts de fonds d'investissement	384	384	91	293	0
Actions et parts de fonds d'investissements émises par les résidents	253	253	60	193	0
Actions et part de fonds d'investissements émises par les non-résidents	132	132	31	101	0
Autres comptes à recevoir	23	23	3	20	0

	Total	Fonds d'investissement			
		Fonds d'investissement non-monétaire			Fonds d'investissement monétaires
		Total	Fonds d'investissement à capital variable, non monétaire	Fonds d'investissement à capital fixe, non monétaire	Total
Pasifs financiers	1 164	1 164	307	857	0
Numéraire et dépôts	0	0	..	..	0
Titres de dette	2	2	0	2	0
Titres de dette à court terme	0	0	..	..	0
Titres de dette à long terme	2	2	..	..	0
Crédits	201	201	38	163	0
Crédits à court terme	10	10	2	8	0
Crédits à long terme	191	191	36	155	0
Actions et parts de fonds d'investissement	913	913	248	666	0
Systèmes d'assurance, de pensions et garanties standard	0	0	..	..	0
Produits financiers dérivés et options sur titres des salariés	3	3	1	3	0
Autres comptes à payer	45	45	21	24	0

	Total	Sociétés d'assurance et fonds de pension autonomes			
		Sociétés d'assurance			Fonds de pension autonomes
		Total	Sociétés d'assurance vie	Sociétés d'assurance non-vie	Total
Actifs financiers	5 313	2 039	1 225	814	3 274
Numéraire et dépôts	340	103	43	60	236
Titres de dette	2 229	999	454	546	1 230
Titres de dette à court terme	0	0	0	0	0
Titres de dette à long terme	2 229	999	454	546	1 230
Titres de dette émis par les résidents	774	262	91	171	512
Titres de dette émis par les non-résidents	1 455	738	363	374	718
Crédits	10	10	6	4	0
Crédits à court terme	0	0	0	0	0
Crédits à long terme	10	10	6	4	0
Crédits accordés aux résidents	1	1	0	1	0
Crédits accordés aux non-résidents	9	9	6	4	0
Actions et parts de fonds d'investissement	2 564	765	705	60	1 800
Actions et parts de fonds d'investissement émises par les résidents	74	21	18	4	53
Actions et parts de fonds d'investissement émises par les non-résidents	2 490	743	687	56	1 747
Autrescomptes à recevoir	117	109	17	92	8

	Total	Sociétés d'assurance et fonds de pension autonomes			
		Sociétés d'assurance			Fonds de pension autonomes
		Total	Sociétés d'assurance vie	Sociétés d'assurance non-vie	Total
Pasifs financiers	5 352	2 078	1 221	857	3 274
Numéraire et dépôts	0	0	0	0	0
Titres de dette	0	0	0	0	0
Titres de dette à court terme	0	0	0	0	0
Titres de dette à long terme	0	0	0	0	0
Crédits	26	26	2	24	0
Crédits à court terme	5	5	0	5	0
Crédits à long terme	21	21	2	19	0
Actions et parts de fonds d'investissement	616	616	347	269	0
Systèmes d'assurance, de pensions et garanties standard	4 489	1 267	813	454	3 222
Produits financiers dérivés et options sur titres des salariés	0	0	0	0	0
Autres comptes à payer	221	169	59	110	52

Note : Voir les métadonnées détaillées sur : *http://metalinks.oecd.org/instinv/20200916/f52d*

LITHUANIALITUANIE

Tableau 2. Actifs et passifs financiers des fonds d'investissement

Millions EUR

	2012	2013	2014	2015	2016	2017	2018	2019
Fonds d'investissement								
Valeur nette financière	-4	-4	-18	-47	-289	-319	-327	-277
Actifs financiers	182	240	295	354	530	720	837	1 055
Numéraire et dépôts	11	27	39	45	87	71	71	79
Titres de dette	43	81	98	113	160	200	234	295
Crédits	1	4	11	11	11	105	122	171
Actions et parts de fonds d'investissement	126	129	143	178	233	328	384	476
Actions	47	52	61	86	200	277	322	371
Parts de fonds d'investissement	80	77	82	92	33	51	62	105
Parts de fonds d'investissement monétaires	0	0	1	0	0	0	0	0
Parts de fonds d'investissement non monétaires	80	77	81	92	33	51	62	105
Systèmes d'assurance, de pensions et garanties standard	0	0	0	0	0	0	0	0
Produits financiers dérivés et options sur titres des salariés	0	0	0	1	1	5	2	9
Autres comptes à recevoir	1	0	4	6	37	12	23	26
Passifs financiers	186	244	313	401	819	1 039	1 164	1 333
Titres de dette	0	0	0	0	2	2	2	5
Titres de dette à court terme	0	0	0	0	0	0	0	0
Titres de dette à long terme	0	0	0	0	2	2	2	5
Crédits	1	5	17	5	158	205	201	184
Crédits à court terme	0	5	0	0	28	13	10	17
Crédits à long terme	0	0	16	5	130	192	191	167
Actions et parts de fonds d'investissement	184	237	288	390	621	803	913	1 099
Systèmes d'assurance, de pensions et garanties standard	0	0	0	0	0	0	0	0
Produits financiers dérivés et options sur titres des salariés	0	0	0	0	1	3	3	5
Autres comptes à payer	2	2	9	5	36	26	45	40
Actifs non financiers	..	4	19	47	290	319	327	278
Fonds d'investissement monéaires								
Valeur nette financière	0	0	0	0	0	0	0	0
Actifs financiers	12	0	0	0	0	0	0	0
Numéraire et dépôts	4	0	0	0	0	0	0	0
Titres de dette	7	0	0	0	0	0	0	0
Crédits	0	0	0	0	0	0	0	0
Actions et parts de fonds d'investissement	0	0	0	0	0	0	0	0
Actions	0	0	0	0	0	0	0	0
Parts de fonds d'investissement	0	0	0	0	0	0	0	0
Parts de fonds d'investissement monétaires	0	0	0	0	0	0	0	0
Parts de fonds d'investissement non monétaires	0	0	0	0	0	0	0	0
Systèmes d'assurance, de pensions et garanties standard	0	0	0	0	0	0	0	0
Produits financiers dérivés et options sur titres des salariés	0	0	0	0	0	0	0	0
Autres comptes à recevoir	0	0	0	0	0	0	0	0
Passifs financiers	12	0	0	0	0	0	0	0
Titres de dette	0	0	0	0	0	0	0	0
Titres de dette à court terme	0	0	0	0	0	0	0	0
Titres de dette à long terme	0	0	0	0	0	0	0	0
Crédits	0	0	0	0	0	0	0	0
Crédits à court terme	0	0	0	0	0	0	0	0
Crédits à long terme	0	0	0	0	0	0	0	0
Actions et parts de fonds d'investissement	12	0	0	0	0	0	0	0
Systèmes d'assurance, de pensions et garanties standard	0	0	0	0	0	0	0	0
Produits financiers dérivés et options sur titres des salariés	0	0	0	0	0	0	0	0
Autres comptes à payer	0	0	0	0	0	0	0	0
Actifs non financiers	..	..	..	..	..	..	..	..
Fonds d'investissement non monéaires								
Valeur nette financière	-4	-4	-18	-47	-289	-319	-327	-277
Actifs financiers	170	240	295	354	530	720	837	1 055
Numéraire et dépôts	7	27	39	45	87	71	71	79
Titres de dette	35	81	98	113	160	200	234	295
Crédits	1	4	11	11	11	105	122	171
Actions et parts de fonds d'investissement	126	129	143	178	233	328	384	476
Actions	47	52	61	86	200	277	322	371
Parts de fonds d'investissement	80	77	82	92	33	51	62	105
Parts de fonds d'investissement monétaires	0	0	1	0	0	0	0	0
Parts de fonds d'investissement non monétaires	80	77	81	92	33	51	62	105
Systèmes d'assurance, de pensions et garanties standard	0	0	0	0	0	0	0	0
Produits financiers dérivés et options sur titres des salariés	0	0	0	1	1	5	2	9
Autres comptes à recevoir	1	0	4	6	37	12	23	26
Passifs financiers	174	244	313	401	819	1 039	1 164	1 333
Titres de dette	0	0	0	0	2	2	2	5
Titres de dette à court terme	0	0	0	0	0	0	0	0
Titres de dette à long terme	0	0	0	0	2	2	2	5
Crédits	1	5	17	5	158	205	201	184
Crédits à court terme	0	5	0	0	28	13	10	17
Crédits à long terme	0	0	16	5	130	192	191	167
Actions et parts de fonds d'investissement	172	237	288	390	621	803	913	1 099
Systèmes d'assurance, de pensions et garanties standard	0	0	0	0	0	0	0	0
Produits financiers dérivés et options sur titres des salariés	0	0	0	0	1	3	3	5
Autres comptes à payer	2	2	9	5	36	26	45	40
Actifs non financiers	4	4	19	47	290	319	327	278
Fonds d'investissement non monéaires à capital variable								
Valeur nette financière	0	0	0	-3	-89	-97	-94	-12
Actifs financiers	128	155	160	180	176	242	213	288
Numéraire et dépôts	4	22	26	31	36	42	27	26

Tableau 2. Actifs et passifs financiers des fonds d'investissement *(suite)*

Millions EUR

	2012	2013	2014	2015	2016	2017	2018	2019
Titres de dette	16	24	24	21	34	62	67	92
Crédits	0	0	0	0	0	14	26	36
Actions et parts de fonds d'investissement	108	109	110	126	99	118	91	124
Actions	40	44	47	61	85	99	76	97
Parts de fonds d'investissement	68	65	63	65	14	18	15	27
Parts de fonds d'investissement monétaires	0	0	1	0	0	0	0	0
Parts de fonds d'investissement non monétaires	68	65	62	65	14	18	15	27
Systèmes d'assurance, de pensions et garanties standard	..	..	..	..	..	..	..	..
Produits financiers dérivés et options sur titres des salariés	0	0	0	0	0	2	0	8
Autres comptes à recevoir	0	0	1	2	6	5	3	3
Passifs financiers	128	155	160	183	265	339	307	300
Titres de dette	0	0	0	0	0	0	0	0
Titres de dette à court terme	..	..	..	..	..	..	..	..
Titres de dette à long terme	..	..	..	..	..	..	..	..
Crédits	0	0	0	0	42	43	38	1
Crédits à court terme	0	0	0	0	7	3	2	0
Crédits à long terme	0	0	0	0	35	40	36	1
Actions et parts de fonds d'investissement	127	154	160	181	211	277	248	286
Systèmes d'assurance, de pensions et garanties standard	..	..	..	..	..	..	..	..
Produits financiers dérivés et options sur titres des salariés	0	0	0	0	1	0	1	2
Autres comptes à payer	2	1	0	2	10	19	21	10
Actifs non financiers	0	0	0	3	89	98	95	13
Fonds d'investissement à capital variable								
Valeur nette financière	..	0	0	-3	-89	-97	-94	-12
Actifs financiers	..	155	160	180	176	242	213	288
Numéraire et dépôts	..	22	26	31	36	42	27	26
Titres de dette	..	24	24	21	34	62	67	92
Crédits	..	0	0	0	0	14	26	36
Actions et parts de fonds d'investissement	..	109	110	126	99	118	91	124
Actions	..	44	47	61	85	99	76	97
Parts de fonds d'investissement	..	65	63	65	14	18	15	27
Parts de fonds d'investissement monétaires	..	0	1	0	0	0	0	0
Parts de fonds d'investissement non monétaires	..	65	62	65	14	18	15	27
Systèmes d'assurance, de pensions et garanties standard	..	..	..	..	..	..	..	..
Produits financiers dérivés et options sur titres des salariés	..	0	0	0	0	2	0	8
Autres comptes à recevoir	..	0	1	2	6	5	3	3
Passifs financiers	..	155	160	183	265	339	307	300
Titres de dette	..	0	0	0	0	0	0	0
Titres de dette à court terme	..	..	..	..	..	..	..	..
Titres de dette à long terme	..	..	..	..	..	..	..	..
Crédits	..	0	0	0	42	43	38	1
Crédits à court terme	..	0	0	0	7	3	2	0
Crédits à long terme	..	0	0	0	35	40	36	1
Actions et parts de fonds d'investissement	..	154	160	181	211	277	248	286
Systèmes d'assurance, de pensions et garanties standard	..	..	..	..	..	..	..	..
Produits financiers dérivés et options sur titres des salariés	..	0	0	0	1	0	1	2
Autres comptes à payer	..	1	0	2	10	19	21	10
Actifs non financiers	..	0	0	3	89	98	95	13

Note : Voir les métadonnées détaillées sur : *http://metalinks.oecd.org/instinv/20200916/f52d*

LITHUANIALITUANIE

Tableau 3. Actifs et passifs financiers des sociétés d'assurance et fonds de pension

Millions EUR

	2012	2013	2014	2015	2016	2017	2018	2019
Sociétés d'assurance et fonds de pension								
Valeur nette financière	-12	-52	13	72	-49	-36	-39	-60
Actifs financiers	2 343	2 507	3 089	3 513	4 312	4 899	5 313	6 355
Numéraire et dépôts	139	107	206	293	339	241	340	192
Titres de dette	1 015	1 079	1 277	1 480	1 771	2 001	2 229	1 697
Crédits	2	3	4	1	6	6	10	13
Actions et parts de fonds d'investissement	1 067	1 203	1 476	1 601	2 078	2 514	2 564	4 278
Actions	19	27	25	24	38	53	55	73
Parts de fonds d'investissement	1 048	1 176	1 451	1 577	2 040	2 461	2 509	4 205
Parts de fonds d'investissement monétaires	2	1	5	1	8	5	2	3
Parts de fonds d'investissement non monétaires	1 046	1 175	1 446	1 577	2 032	2 455	2 506	4 202
Systèmes d'assurance, de pensions et garanties standard	16	16	16	18	29	44	53	64
Produits financiers dérivés et options sur titres des salariés	0	0	0	0	0	1	1	0
Autres comptes à recevoir	103	98	109	120	89	93	117	110
Passifs financiers	2 355	2 559	3 076	3 441	4 361	4 935	5 352	6 414
Titres de dette	0	0	0	0	0	0	0	0
Titres de dette à court terme	0	0	0	0	0	0	0	0
Titres de dette à long terme	0	0	0	0	0	0	0	0
Crédits	9	14	62	37	45	23	26	37
Crédits à court terme	0	0	0	13	6	5	5	5
Crédits à long terme	9	14	62	24	38	18	21	31
Actions et parts de fonds d'investissement	192	175	210	197	502	565	616	682
Systèmes d'assurance, de pensions et garanties standard	2 094	2 303	2 732	3 121	3 697	4 219	4 489	5 511
Produits financiers dérivés et options sur titres des salariés	0	0	2	1	5	0	0	0
Autres comptes à payer	59	68	71	85	113	128	221	184
Actifs non financiers	..	..	..	..	..	..	..	..
Sociétés d'assurance								
Valeur nette financière	-12	-52	13	72	-49	-36	-39	-60
Actifs financiers	919	890	1 170	1 327	1 736	1 885	2 039	2 325
Numéraire et dépôts	85	56	88	89	107	94	103	104
Titres de dette	463	439	547	601	813	858	999	1 105
Crédits	2	3	4	1	6	6	10	13
Actions et parts de fonds d'investissement	251	279	410	499	695	792	765	938
Actions	7	9	10	9	26	32	28	44
Parts de fonds d'investissement	244	270	400	490	668	761	736	893
Parts de fonds d'investissement monétaires	2	1	1	1	8	5	2	3
Parts de fonds d'investissement non monétaires	243	269	398	489	661	755	734	891
Systèmes d'assurance, de pensions et garanties standard	16	16	16	18	29	44	53	64
Produits financiers dérivés et options sur titres des salariés	0	0	0	0	0	0	0	0
Autres comptes à recevoir	101	96	105	119	87	92	109	101
Passifs financiers	930	942	1 157	1 255	1 785	1 921	2 078	2 384
Titres de dette	0	0	0	0	0	0	0	0
Titres de dette à court terme	0	0	0	0	0	0	0	0
Titres de dette à long terme	0	0	0	0	0	0	0	0
Crédits	9	14	62	37	45	23	26	37
Crédits à court terme	0	0	0	13	6	5	5	5
Crédits à long terme	9	14	62	24	38	18	21	31
Actions et parts de fonds d'investissement	192	175	210	197	502	565	616	682
Systèmes d'assurance, de pensions et garanties standard	672	693	818	942	1 130	1 211	1 267	1 488
Produits financiers dérivés et options sur titres des salariés	0	0	1	1	2	0	0	0
Autres comptes à payer	56	60	67	78	107	121	169	177
Actifs non financiers	..	..	..	..	..	..	..	..
Fonds de pension								
Valeur nette financière	0	0	0	0	0	0	0	0
Actifs financiers	1 424	1 617	1 919	2 186	2 576	3 014	3 274	4 030
Numéraire et dépôts	55	51	118	204	233	148	236	89
Titres de dette	552	641	730	879	958	1 143	1 230	592
Crédits	0	0	0	0	0	0	0	0
Actions et parts de fonds d'investissement	816	923	1 066	1 101	1 384	1 722	1 800	3 341
Actions	12	18	15	14	12	21	27	29
Parts de fonds d'investissement	804	906	1 051	1 087	1 372	1 700	1 772	3 312
Parts de fonds d'investissement monétaires	0	0	4	0	0	0	0	0
Parts de fonds d'investissement non monétaires	804	906	1 047	1 087	1 372	1 700	1 772	3 312
Systèmes d'assurance, de pensions et garanties standard	0	0	0	0	0	0	0	0
Produits financiers dérivés et options sur titres des salariés	0	0	0	0	0	1	1	0
Autres comptes à recevoir	2	2	4	2	2	1	8	9
Passifs financiers	1 424	1 617	1 919	2 186	2 576	3 014	3 274	4 030
Titres de dette	0	0	0	0	0	0	0	0
Titres de dette à court terme	0	0	0	0	0	0	0	0
Titres de dette à long terme	0	0	0	0	0	0	0	0
Crédits	0	0	0	0	0	0	0	0
Crédits à court terme	0	0	0	0	0	0	0	0
Crédits à long terme	0	0	0	0	0	0	0	0
Actions et parts de fonds d'investissement	0	0	0	0	0	0	0	0
Systèmes d'assurance, de pensions et garanties standard	1 422	1 609	1 914	2 179	2 567	3 008	3 222	4 023
Produits financiers dérivés et options sur titres des salariés	0	0	1	0	3	0	0	0
Autres comptes à payer	2	8	3	6	6	6	52	7
Actifs non financiers	..	..	..	..	..	..	..	..

Note : Voir les métadonnées détaillées sur : *http://metalinks.oecd.org/instinv/20200916/f52d*

Tableau 4. Composition du portefeuille par type d'investisseur
En pourcentage des actifs financiers et des passifs financiers

Pour cent

	2012	2013	2014	2015	2016	2017	2018	2019
Fonds d'investissement								
Actifs financiers	100.0	100.0	100.0	100.0	100.0	100.0	100.0	100.0
Numéraire et dépôts	6.1	11.1	13.2	12.6	16.5	9.9	8.5	7.5
Titres de dettes	23.3	33.5	33.4	32.0	30.2	27.7	28.0	27.9
Crédits	0.7	1.7	3.7	3.2	2.1	14.5	14.6	16.2
Actions et parts de fonds d'investissement	69.4	53.5	48.5	50.3	44.0	45.5	45.9	45.1
Systèmes d'assurance de pensions et garanties standard	0.0	0.0	0.0	0.0	0.0	0.0	0.0	0.0
Produits financiers dérivés et options sur titres des salariés	0.2	0.1	0.0	0.3	0.2	0.7	0.2	0.9
Autres comptes à recevoir	0.3	0.1	1.4	1.7	7.1	1.7	2.7	2.5
Passifs financiers	100.0	100.0	100.0	100.0	100.0	100.0	100.0	100.0
Numéraire et dépôts	0.0	0.0	0.0	0.0	0.0	0.0	0.0	0.0
Titres de dettes	0.0	0.0	0.0	0.0	0.3	0.2	0.2	0.4
Crédits	0.3	2.0	5.3	1.3	19.3	19.7	17.3	13.8
Actions et parts de fonds d'investissement	98.6	97.1	91.9	97.3	75.9	77.3	78.4	82.4
Systèmes d'assurance de pensions et garanties standard	0.0	0.0	0.0	0.0	0.0	0.0	0.0	0.0
Produits financiers dérivés et options sur titres des salariés	0.0	0.0	0.1	0.1	0.1	0.3	0.3	0.4
Autres comptes à recevoir	1.1	0.9	2.7	1.2	4.4	2.5	3.8	3.0
Sociétés d'assurance								
Actifs financiers	100.0	100.0	100.0	100.0	100.0	100.0	100.0	100.0
Numéraire et dépôts	9.2	6.3	7.5	6.7	6.1	5.0	5.1	4.5
Titres de dettes	50.4	49.3	46.7	45.3	46.8	45.5	49.0	47.5
Crédits	0.2	0.3	0.3	0.1	0.3	0.3	0.5	0.6
Actions et parts de fonds d'investissement	27.3	31.4	35.0	37.6	40.0	42.0	37.5	40.3
Systèmes d'assurance de pensions et garanties standard	1.8	1.8	1.4	1.4	1.6	2.3	2.6	2.8
Produits financiers dérivés et options sur titres des salariés	0.0	0.0	0.0	0.0	0.0	0.0	0.0	0.0
Autres comptes à recevoir	11.0	10.8	9.0	8.9	5.0	4.9	5.3	4.3
Passifs financiers	100.0	100.0	100.0	100.0	100.0	100.0	100.0	100.0
Numéraire et dépôts	0.0	0.0	0.0	0.0	0.0	0.0	0.0	0.0
Titres de dettes	0.0	0.0	0.0	0.0	0.0	0.0	0.0	0.0
Crédits	1.0	1.5	5.4	2.9	2.5	1.2	1.3	1.5
Actions et parts de fonds d'investissement	20.7	18.6	18.1	15.7	28.1	29.4	29.6	28.6
Systèmes d'assurance de pensions et garanties standard	72.3	73.6	70.7	75.1	63.3	63.1	61.0	62.4
Produits financiers dérivés et options sur titres des salariés	0.0	0.0	0.1	0.0	0.1	0.0	0.0	0.0
Autres comptes à recevoir	6.1	6.3	5.8	6.2	6.0	6.3	8.1	7.4
Fonds de pension								
Actifs financiers	100.0	100.0	100.0	100.0	100.0	100.0	100.0	100.0
Numéraire et dépôts	3.8	3.2	6.2	9.3	9.0	4.9	7.2	2.2
Titres de dettes	38.8	39.6	38.0	40.2	37.2	37.9	37.6	14.7
Crédits	0.0	0.0	0.0	0.0	0.0	0.0	0.0	0.0
Actions et parts de fonds d'investissement	57.3	57.1	55.6	50.4	53.7	57.1	55.0	82.9
Systèmes d'assurance de pensions et garanties standard	0.0	0.0	0.0	0.0	0.0	0.0	0.0	0.0
Produits financiers dérivés et options sur titres des salariés	0.0	0.0	0.0	0.0	0.0	0.0	0.0	0.0
Autres comptes à recevoir	0.1	0.1	0.2	0.1	0.1	0.0	0.2	0.2
Passifs financiers	100.0	100.0	100.0	100.0	100.0	100.0	100.0	100.0
Numéraire et dépôts	0.0	0.0	0.0	0.0	0.0	0.0	0.0	0.0
Titres de dettes	0.0	0.0	0.0	0.0	0.0	0.0	0.0	0.0
Crédits	0.0	0.0	0.0	0.0	0.0	0.0	0.0	0.0
Actions et parts de fonds d'investissement	0.0	0.0	0.0	0.0	0.0	0.0	0.0	0.0
Systèmes d'assurance de pensions et garanties standard	99.8	99.5	99.8	99.7	99.6	99.8	98.4	99.8
Produits financiers dérivés et options sur titres des salariés	0.0	0.0	0.0	0.0	0.1	0.0	0.0	0.0
Autres comptes à recevoir	0.2	0.5	0.2	0.3	0.2	0.2	1.6	0.2

Note : Voir les métadonnées détaillées sur : *http://metalinks.oecd.org/instinv/20200916/649b*

Tableau 1. Actifs et passifs financiers des investisseurs institutionnels, 2018

Millions EUR (1999 LUF euro)

	Fonds d'investissement				
	Total	Fonds d'investissement non-monétaire			Fonds d'investissement monétaires
		Total	Fonds d'investissement à capital variable, non monétaire	Fonds d'investissement à capital fixe, non monétaire	Total
Actifs financiers	4 454 548	4 145 879	4 019 848	126 031	308 669
Numéraire et dépôts	361 409	276 007	259 858	16 149	85 402
Titres de dette	1 879 961	1 661 341	1 642 864	18 478	218 620
Titres de dette à court terme	280 699	128 487	128 373	114	152 212
Titres de dette à long terme	1 599 262	1 532 854	1 514 491	18 363	66 408
Titres de dette émis par les résidents	81 751	76 239	64 177	12 062	5 512
Titres de dette émis par les non-résidents	1 798 210	1 585 102	1 578 687	6 415	213 108
Crédits	0	0	0	0	0
Crédits à court terme	0	0	0	0	0
Crédits à long terme	0	0	0	0	0
Crédits accordés aux résidents	0	0	0	0	0
Crédits accordés aux non-résidents	0	0	0	0	0
Actions et parts de fonds d'investissement	1 988 571	1 987 218	1 903 082	84 136	1 353
Actions et parts de fonds d'investissements émises par les résidents	349 676	349 413	314 913	34 500	263
Actions et part de fonds d'investissements émises par les non-résidents	1 638 895	1 637 804	1 588 169	49 635	1 090
Autres comptes à recevoir	117 802	114 888	108 748	6 140	2 914

	Fonds d'investissement				
	Total	Fonds d'investissement non-monétaire			Fonds d'investissement monétaires
		Total	Fonds d'investissement à capital variable, non monétaire	Fonds d'investissement à capital fixe, non monétaire	Total
Pasifs financiers	4 472 175	4 163 506	4 037 184	126 322	308 669
Numéraire et dépôts	0	0	0	0	0
Titres de dette	1 145	1 145	1 145	0	0
Titres de dette à court terme	0	0	0	0	0
Titres de dette à long terme	1 145	1 145	1 145	0	0
Crédits	84 447	84 162	71 667	12 496	285
Crédits à court terme	71 978	71 693	62 413	9 280	285
Crédits à long terme	12 469	12 469	9 253	3 216	0
Actions et parts de fonds d'investissement	4 166 668	3 865 286	3 755 901	109 385	301 382
Systèmes d'assurance, de pensions et garanties standard	0	0	0	0	0
Produits financiers dérivés et options sur titres des salariés	93 362	92 996	92 923	73	367
Autres comptes à payer	126 553	119 917	115 549	4 368	6 636

	Sociétés d'assurance et fonds de pension autonomes				
	Total	Sociétés d'assurance			Fonds de pension autonomes
		Total	Sociétés d'assurance vie	Sociétés d'assurance non-vie	Total
Actifs financiers	204 544	202 476	174 080	28 397	2 068
Numéraire et dépôts	19 515	19 419	16 275	3 144	96
Titres de dette	44 317	43 590	35 316	8 274	727
Titres de dette à court terme	664	664	366	298	0
Titres de dette à long terme	43 653	42 925	34 950	7 976	727
Titres de dette émis par les résidents	3 610	3 291	2 856	436	318
Titres de dette émis par les non-résidents	40 707	40 298	32 461	7 838	409
Crédits	4 790	4 789	369	4 420	1
Crédits à court terme	3 913	3 912	2	3 911	1
Crédits à long terme	877	877	367	510	0
Crédits accordés aux résidents	1 739	1 738	116	1 622	1
Crédits accordés aux non-résidents	3 050	3 050	252	2 798	0
Actions et parts de fonds d'investissement	103 037	101 844	94 713	7 130	1 193
Actions et parts de fonds d'investissement émises par les résidents	45 409	44 452	39 914	4 538	957
Actions et parts de fonds d'investissement émises par les non-résidents	57 628	57 392	54 799	2 593	236
Autrescomptes à recevoir	9 942	9 892	6 544	3 348	50

	Sociétés d'assurance et fonds de pension autonomes				
	Total	Sociétés d'assurance			Fonds de pension autonomes
		Total	Sociétés d'assurance vie	Sociétés d'assurance non-vie	Total
Pasifs financiers	204 870	202 802	174 188	28 614	2 068
Numéraire et dépôts	0	0	0	0	0
Titres de dette	408	408	405	3	0
Titres de dette à court terme	0	0	0	0	0
Titres de dette à long terme	408	408	405	3	0
Crédits	887	887	481	406	0
Crédits à court terme	887	887	481	406	0
Crédits à long terme	0	0	0	0	0
Actions et parts de fonds d'investissement	5 205	5 205	2 071	3 134	0
Systèmes d'assurance, de pensions et garanties standard	181 864	179 820	165 534	14 286	2 044
Produits financiers dérivés et options sur titres des salariés	465	465	465	0	0
Autres comptes à payer	16 042	16 018	5 233	10 785	24

Note : Voir les métadonnées détaillées sur : *http://metalinks.oecd.org/instinv/20200916/abbb*

Tableau 2. Actifs et passifs financiers des fonds d'investissement

Millions EUR

	2012	2013	2014	2015	2016	2017	2018	2019
Fonds d'investissement								
Valeur nette financière	-7 776	-8 065	-10 597	-9 575	-10 652	-11 809	-17 628	-22 950
Actifs financiers	2 650 942	2 921 807	3 374 689	3 787 575	4 049 541	4 471 987	4 454 548	5 158 707
Numéraire et dépôts	204 793	230 406	271 231	268 529	319 519	338 232	361 409	376 610
Titres de dette	1 175 833	1 206 105	1 456 508	1 606 962	1 740 031	1 864 010	1 879 961	2 158 299
Crédits	0	0	0	0	0	0	0	0
Actions et parts de fonds d'investissement	993 919	1 196 586	1 457 501	1 702 708	1 775 210	2 040 650	1 988 571	2 403 456
Actions	724 696	876 831	1 061 281	1 237 861	1 282 200	1 499 961	1 460 380	1 807 970
Parts de fonds d'investissement	269 223	319 755	396 220	464 847	493 010	540 689	528 190	595 486
Parts de fonds d'investissement monétaires	11 651	17 142	22 090	35 935	36 228	39 676	47 085	43 818
Parts de fonds d'investissement non monétaires	257 572	302 614	374 130	428 912	456 782	501 013	481 105	551 668
Systèmes d'assurance, de pensions et garanties standard	0	0	0	0	0	0	0	0
Produits financiers dérivés et options sur titres des salariés	190 826	203 777	96 428	109 814	122 713	134 045	106 805	124 560
Autres comptes à recevoir	85 572	84 933	93 022	99 562	92 068	95 050	117 802	95 782
Passifs financiers	2 658 718	2 929 872	3 385 286	3 797 150	4 060 193	4 483 796	4 472 175	5 181 657
Titres de dette	1 583	2 449	3 307	3 440	3 417	1 115	1 145	1 297
Titres de dette à court terme	0	0	0	0	0	0	0	0
Titres de dette à long terme	1 583	2 449	3 307	3 440	3 417	1 115	1 145	1 297
Crédits	30 116	48 442	63 561	52 155	70 245	67 575	84 447	107 822
Crédits à court terme	27 255	45 167	60 606	45 512	63 731	60 052	71 978	84 196
Crédits à long terme	2 861	3 275	2 955	6 643	6 514	7 522	12 469	23 625
Actions et parts de fonds d'investissement	2 397 513	2 627 253	3 139 240	3 551 171	3 769 070	4 192 680	4 166 668	4 865 122
Systèmes d'assurance, de pensions et garanties standard	0	0	0	0	0	0	0	0
Produits financiers dérivés et options sur titres des salariés	142 402	161 744	61 803	90 203	103 540	107 363	93 362	107 834
Autres comptes à payer	87 103	89 984	117 375	100 182	113 922	115 064	126 553	99 584
Actifs non financiers	7 776	8 065	10 597	9 575	10 652	11 809	17 628	22 951
Fonds d'investissement monéaires								
Valeur nette financière	0	0	0	0	0	0	0	0
Actifs financiers	224 286	198 793	223 845	255 755	292 699	291 760	308 669	345 519
Numéraire et dépôts	52 086	43 604	34 814	41 611	60 581	65 670	85 402	79 920
Titres de dette	167 631	149 345	182 117	206 411	222 976	217 831	218 620	259 789
Crédits	0	0	0	0	0	0	0	0
Actions et parts de fonds d'investissement	647	3 555	4 152	5 156	6 486	5 482	1 353	2 028
Actions	0	5	0	0	0	0	0	0
Parts de fonds d'investissement	647	3 550	4 152	5 156	6 486	5 482	1 353	2 028
Parts de fonds d'investissement monétaires	549	3 547	4 152	5 156	6 478	5 475	1 353	1 995
Parts de fonds d'investissement non monétaires	98	3	0	0	7	7	0	33
Systèmes d'assurance, de pensions et garanties standard	0	0	0	0	0	0	0	0
Produits financiers dérivés et options sur titres des salariés	28	25	48	114	467	482	380	1 454
Autres comptes à recevoir	3 894	2 264	2 714	2 462	2 190	2 295	2 914	2 329
Passifs financiers	224 286	198 793	223 845	255 755	292 699	291 760	308 669	345 519
Titres de dette	0	0	0	0	0	0	0	0
Titres de dette à court terme	0	0	0	0	0	0	0	0
Titres de dette à long terme	0	0	0	0	0	0	0	0
Crédits	67	594	586	522	682	1 474	285	77
Crédits à court terme	67	594	586	522	682	1 474	285	77
Crédits à long terme	0	0	0	0	0	0	0	0
Actions et parts de fonds d'investissement	220 251	194 787	213 678	251 429	288 049	284 913	301 382	340 563
Systèmes d'assurance, de pensions et garanties standard	0	0	0	0	0	0	0	0
Produits financiers dérivés et options sur titres des salariés	32	5	7	98	316	504	367	1 465
Autres comptes à payer	3 937	3 407	9 575	3 706	3 652	4 868	6 636	3 415
Actifs non financiers	0	0	0	0	0	0	0	0
Fonds d'investissement non monéaires								
Valeur nette financière	-7 776	-8 065	-10 597	-9 575	-10 652	-11 809	-17 628	-22 950
Actifs financiers	2 426 656	2 723 014	3 150 845	3 531 820	3 756 842	4 180 227	4 145 879	4 813 187
Numéraire et dépôts	152 707	186 802	236 417	226 918	258 938	272 563	276 007	296 690
Titres de dette	1 008 202	1 056 761	1 274 391	1 400 551	1 517 055	1 646 179	1 661 341	1 898 510
Crédits	0	0	0	0	0	0	0	0
Actions et parts de fonds d'investissement	993 272	1 193 031	1 453 348	1 697 551	1 768 724	2 035 168	1 987 218	2 401 428
Actions	724 696	876 826	1 061 281	1 237 861	1 282 200	1 499 961	1 460 380	1 807 970
Parts de fonds d'investissement	268 576	316 205	392 067	459 691	486 524	535 207	526 837	593 458
Parts de fonds d'investissement monétaires	11 101	13 595	17 938	30 779	29 749	34 201	45 733	41 823
Parts de fonds d'investissement non monétaires	257 474	302 610	374 130	428 912	456 775	501 005	481 105	551 635
Systèmes d'assurance, de pensions et garanties standard	0	0	0	0	0	0	0	0
Produits financiers dérivés et options sur titres des salariés	190 798	203 752	96 381	109 700	122 247	133 563	106 425	123 106
Autres comptes à recevoir	81 678	82 669	90 308	97 100	89 878	92 755	114 888	93 453
Passifs financiers	2 434 432	2 731 079	3 161 442	3 541 395	3 767 494	4 192 036	4 163 506	4 836 138
Titres de dette	1 583	2 449	3 307	3 440	3 417	1 115	1 145	1 297
Titres de dette à court terme	0	0	0	0	0	0	0	0
Titres de dette à long terme	1 583	2 449	3 307	3 440	3 417	1 115	1 145	1 297
Crédits	30 050	47 848	62 976	51 633	69 563	66 100	84 162	107 744
Crédits à court terme	27 188	44 573	60 021	44 990	63 049	58 578	71 693	84 119
Crédits à long terme	2 861	3 275	2 955	6 643	6 514	7 522	12 469	23 625
Actions et parts de fonds d'investissement	2 177 262	2 432 465	2 925 562	3 299 743	3 481 021	3 907 768	3 865 286	4 524 559
Systèmes d'assurance, de pensions et garanties standard	0	0	0	0	0	0	0	0
Produits financiers dérivés et options sur titres des salariés	142 371	161 739	61 796	90 105	103 223	106 858	92 996	106 369
Autres comptes à payer	83 167	86 577	107 800	96 475	110 270	110 195	119 917	96 169
Actifs non financiers	7 776	8 065	10 597	9 575	10 652	11 809	17 628	22 951
Fonds d'investissement non monéaires à capital variable								
Valeur nette financière	-7 754	-8 037	-9 418	-9 058	-10 371	-11 604	-17 336	-20 338
Actifs financiers	2 412 370	2 706 977	3 094 833	3 465 218	3 681 591	4 095 473	4 019 848	4 671 830
Numéraire et dépôts	149 686	184 463	228 649	219 181	248 316	260 721	259 858	279 232

Tableau 2. Actifs et passifs financiers des fonds d'investissement (*suite*)

Millions EUR

	2012	2013	2014	2015	2016	2017	2018	2019
Titres de dette	1 005 479	1 054 245	1 267 711	1 392 026	1 507 933	1 636 511	1 642 864	1 876 257
Crédits	0	0	0	0	0	0	0	0
Actions et parts de fonds d'investissement	985 877	1 183 724	1 415 839	1 652 163	1 718 340	1 976 857	1 903 082	2 307 113
Actions	719 214	870 545	1 038 749	1 211 450	1 250 169	1 462 045	1 402 360	1 741 557
Parts de fonds d'investissement	266 663	313 179	377 090	440 713	468 171	514 812	500 723	565 556
Parts de fonds d'investissement monétaires	11 032	13 594	17 931	30 766	29 699	34 076	45 572	41 605
Parts de fonds d'investissement non monétaires	255 631	299 585	359 159	409 947	438 472	480 736	455 151	523 951
Systèmes d'assurance, de pensions et garanties standard	0	0	0	0	0	0	0	0
Produits financiers dérivés et options sur titres des salariés	190 796	203 752	96 094	109 030	121 728	133 029	105 296	122 076
Autres comptes à recevoir	80 531	80 794	86 541	92 818	85 275	88 355	108 748	87 152
Passifs financiers	2 420 124	2 715 015	3 104 251	3 474 277	3 691 963	4 107 077	4 037 184	4 692 168
Titres de dette	1 583	2 449	3 277	3 257	3 333	1 115	1 145	1 297
Titres de dette à court terme	0	0	0	0	0	0	0	0
Titres de dette à long terme	1 583	2 449	3 277	3 257	3 333	1 115	1 145	1 297
Crédits	29 135	47 282	60 977	48 137	65 895	60 775	71 667	95 496
Crédits à court terme	27 129	44 535	59 179	43 310	61 192	55 270	62 413	75 213
Crédits à long terme	2 006	2 747	1 798	4 827	4 703	5 505	9 253	20 283
Actions et parts de fonds d'investissement	2 164 687	2 417 568	2 872 857	3 239 299	3 413 083	3 832 004	3 755 901	4 398 255
Systèmes d'assurance, de pensions et garanties standard	0	0	0	0	0	0	0	0
Produits financiers dérivés et options sur titres des salariés	142 352	161 739	61 764	90 085	103 110	106 808	92 923	106 288
Autres comptes à payer	82 368	85 976	105 376	93 498	106 542	106 375	115 549	90 834
Actifs non financiers	7 755	8 037	9 418	9 059	10 372	11 604	17 336	20 338
Fonds d'investissement à capital variable								
Valeur nette financière	-7 754	-8 037	-9 418	-9 058	-10 371	-11 604	-17 336	-20 338
Actifs financiers	2 636 655	2 905 770	3 318 678	3 720 973	3 974 291	4 387 232	4 328 517	5 017 349
Numéraire et dépôts	201 772	228 067	263 463	260 792	308 897	326 391	345 260	359 152
Titres de dette	1 173 110	1 203 590	1 449 827	1 598 437	1 730 909	1 854 343	1 861 483	2 136 046
Crédits	0	0	0	0	0	0	0	0
Actions et parts de fonds d'investissement	986 525	1 187 279	1 419 991	1 657 319	1 724 826	1 982 339	1 904 435	2 309 141
Actions	719 214	870 550	1 038 749	1 211 450	1 250 169	1 462 045	1 402 360	1 741 557
Parts de fonds d'investissement	267 310	316 729	381 243	445 869	474 657	520 294	502 076	567 584
Parts de fonds d'investissement monétaires	11 581	17 141	22 084	35 923	36 178	39 551	46 924	43 600
Parts de fonds d'investissement non monétaires	255 729	299 589	359 159	409 947	438 479	480 743	455 151	523 984
Systèmes d'assurance, de pensions et garanties standard	0	0	0	0	0	0	0	0
Produits financiers dérivés et options sur titres des salariés	190 824	203 777	96 141	109 145	122 195	133 510	105 676	123 530
Autres comptes à recevoir	84 425	83 058	89 255	95 280	87 465	90 650	111 662	89 481
Passifs financiers	2 644 410	2 913 807	3 328 096	3 730 031	3 984 662	4 398 837	4 345 853	5 037 687
Titres de dette	1 583	2 449	3 277	3 257	3 333	1 115	1 145	1 297
Titres de dette à court terme	0	0	0	0	0	0	0	0
Titres de dette à long terme	1 583	2 449	3 277	3 257	3 333	1 115	1 145	1 297
Crédits	29 202	47 876	61 563	48 659	66 577	62 249	71 952	95 573
Crédits à court terme	27 196	45 129	59 765	43 832	61 874	56 744	62 698	75 290
Crédits à long terme	2 006	2 747	1 798	4 827	4 703	5 505	9 253	20 283
Actions et parts de fonds d'investissement	2 384 938	2 612 355	3 086 535	3 490 728	3 701 132	4 116 917	4 057 283	4 738 817
Systèmes d'assurance, de pensions et garanties standard	0	0	0	0	0	0	0	0
Produits financiers dérivés et options sur titres des salariés	142 384	161 744	61 770	90 183	103 427	107 312	93 289	107 753
Autres comptes à payer	86 305	89 383	114 951	97 204	110 194	111 244	122 185	94 249
Actifs non financiers	7 755	8 037	9 418	9 059	10 372	11 604	17 336	20 338

Note : Voir les métadonnées détaillées sur : *http://metalinks.oecd.org/instinv/20200916/abbb*

Tableau 3. Actifs et passifs financiers des sociétés d'assurance et fonds de pension

Millions EUR

	2012	2013	2014	2015	2016	2017	2018	2019
Sociétés d'assurance et fonds de pension								
Valeur nette financière	913	880	2 094	-178	-241	-254	-326	-389
Actifs financiers	135 052	143 835	164 411	184 315	187 673	193 478	204 544	232 642
Numéraire et dépôts	11 748	12 210	12 993	15 974	15 398	15 472	19 515	18 742
Titres de dette	40 096	39 994	44 641	41 990	42 279	41 691	44 317	49 199
Crédits	2 076	1 739	1 982	9 791	11 010	4 788	4 790	5 817
Actions et parts de fonds d'investissement	62 269	67 364	77 162	91 820	93 387	103 202	103 037	118 130
Actions	12 925	14 308	13 820	17 662	18 316	18 339	19 014	22 102
Parts de fonds d'investissement	49 343	53 056	63 343	74 158	75 071	84 864	84 023	96 028
Parts de fonds d'investissement monétaires	3 968	3 087	3 602	4 011	4 194	4 091	5 198	5 935
Parts de fonds d'investissement non monétaires	45 375	49 969	59 740	70 147	70 877	80 773	78 825	90 093
Systèmes d'assurance, de pensions et garanties standard	17 514	21 250	26 212	18 998	18 546	20 246	22 192	27 703
Produits financiers dérivés et options sur titres des salariés	0	0	0	348	281	498	751	517
Autres comptes à recevoir	1 350	1 279	1 421	5 396	6 773	7 581	9 942	12 534
Passifs financiers	134 139	142 955	162 317	184 493	187 914	193 732	204 870	233 031
Titres de dette	6	3	3	327	387	356	408	535
Titres de dette à court terme	0	0	0	0	0	0	0	0
Titres de dette à long terme	6	3	3	327	387	356	408	535
Crédits	6 204	6 284	7 764	7 772	8 261	889	887	914
Crédits à court terme	6 152	6 232	7 702	7 772	8 261	889	887	914
Crédits à long terme	52	53	62	0	0	0	0	0
Actions et parts de fonds d'investissement	10 635	9 507	10 170	5 461	5 191	5 042	5 205	5 649
Systèmes d'assurance, de pensions et garanties standard	116 546	126 414	143 409	155 018	158 297	171 480	181 864	205 508
Produits financiers dérivés et options sur titres des salariés	0	0	0	57	107	244	465	150
Autres comptes à payer	748	747	971	15 858	15 670	15 720	16 042	20 275
Actifs non financiers	230	236	335	183	241	255	326	389
Sociétés d'assurance								
Valeur nette financière	913	880	2 093	-183	-241	-255	-326	-389
Actifs financiers	133 963	142 654	162 648	182 478	185 735	191 463	202 476	230 522
Numéraire et dépôts	11 707	12 164	12 909	15 904	15 360	15 405	19 419	18 617
Titres de dette	39 554	39 419	43 868	41 233	41 515	40 945	43 590	48 490
Crédits	2 075	1 737	1 981	9 790	11 009	4 787	4 789	5 816
Actions et parts de fonds d'investissement	61 776	66 820	76 274	90 852	92 287	102 051	101 844	116 895
Actions	12 924	14 260	13 820	17 662	18 303	18 317	18 992	22 080
Parts de fonds d'investissement	48 852	52 560	62 454	73 190	73 983	83 734	82 851	94 814
Parts de fonds d'investissement monétaires	3 929	3 058	3 552	3 950	4 176	4 063	5 071	5 856
Parts de fonds d'investissement non monétaires	44 923	49 502	58 902	69 240	69 808	79 672	77 780	88 958
Systèmes d'assurance, de pensions et garanties standard	17 514	21 250	26 212	18 998	18 546	20 246	22 192	27 703
Produits financiers dérivés et options sur titres des salariés	0	0	0	348	281	498	751	517
Autres comptes à recevoir	1 338	1 264	1 405	5 354	6 739	7 531	9 892	12 484
Passifs financiers	133 050	141 775	160 554	182 661	185 976	191 717	202 802	230 911
Titres de dette	6	3	3	327	387	356	408	535
Titres de dette à court terme	0	0	0	0	0	0	0	0
Titres de dette à long terme	6	3	3	327	387	356	408	535
Crédits	6 204	6 284	7 764	7 772	8 261	889	887	914
Crédits à court terme	6 152	6 232	7 702	7 772	8 261	889	887	914
Crédits à long terme	52	53	62	0	0	0	0	0
Actions et parts de fonds d'investissement	10 635	9 507	10 170	5 461	5 191	5 042	5 205	5 649
Systèmes d'assurance, de pensions et garanties standard	115 462	125 241	141 689	153 215	156 384	169 489	179 820	203 412
Produits financiers dérivés et options sur titres des salariés	0	0	0	57	107	244	465	150
Autres comptes à payer	743	740	928	15 829	15 645	15 697	16 018	20 251
Actifs non financiers	230	236	335	183	241	255	326	389
Fonds de pension								
Valeur nette financière	0	0	0	5	1	0	0	0
Actifs financiers	1 089	1 181	1 763	1 837	1 939	2 015	2 068	2 120
Numéraire et dépôts	41	46	84	70	38	67	96	125
Titres de dette	542	575	773	757	764	746	727	709
Crédits	1	2	1	1	1	1	1	1
Actions et parts de fonds d'investissement	493	544	889	968	1 101	1 151	1 193	1 235
Actions	2	48	0	0	13	22	22	22
Parts de fonds d'investissement	491	496	889	968	1 088	1 130	1 172	1 214
Parts de fonds d'investissement monétaires	40	29	51	61	18	28	127	79
Parts de fonds d'investissement non monétaires	452	467	838	907	1 070	1 101	1 045	1 135
Systèmes d'assurance, de pensions et garanties standard	0	0	0	0	0	0	0	0
Produits financiers dérivés et options sur titres des salariés	0	0	0	0	0	0	0	0
Autres comptes à recevoir	12	15	17	42	34	50	50	50
Passifs financiers	1 089	1 180	1 763	1 832	1 938	2 015	2 068	2 120
Titres de dette	0	0	0	0	0	0	0	0
Titres de dette à court terme	0	0	0	0	0	0	0	0
Titres de dette à long terme	0	0	0	0	0	0	0	0
Crédits	0	0	0	0	0	0	0	0
Crédits à court terme	0	0	0	0	0	0	0	0
Crédits à long terme	0	0	0	0	0	0	0	0
Actions et parts de fonds d'investissement	0	0	0	0	0	0	0	0
Systèmes d'assurance, de pensions et garanties standard	1 084	1 173	1 720	1 803	1 913	1 991	2 044	2 096
Produits financiers dérivés et options sur titres des salariés	0	0	0	0	0	0	0	0
Autres comptes à payer	5	7	43	29	25	24	24	24
Actifs non financiers	0	0	0	0	0	0	0	0

Note : Voir les métadonnées détaillées sur : *http://metalinks.oecd.org/instinv/20200916/abbb*

Tableau 4. Composition du portefeuille par type d'investisseur

En pourcentage des actifs financiers et des passifs financiers

Pour cent

	2012	2013	2014	2015	2016	2017	2018	2019
Fonds d'investissement								
Actifs financiers	100.0	100.0	100.0	100.0	100.0	100.0	100.0	100.0
Numéraire et dépôts	7.7	7.9	8.0	7.1	7.9	7.6	8.1	7.3
Titres de dettes	44.4	41.3	43.2	42.4	43.0	41.7	42.2	41.8
Crédits	0.0	0.0	0.0	0.0	0.0	0.0	0.0	0.0
Actions et parts de fonds d'investissement	37.5	41.0	43.2	45.0	43.8	45.6	44.6	46.6
Systèmes d'assurance de pensions et garanties standard	0.0	0.0	0.0	0.0	0.0	0.0	0.0	0.0
Produits financiers dérivés et options sur titres des salariés	7.2	7.0	2.9	2.9	3.0	3.0	2.4	2.4
Autres comptes à recevoir	3.2	2.9	2.8	2.6	2.3	2.1	2.6	1.9
Passifs financiers	100.0	100.0	100.0	100.0	100.0	100.0	100.0	100.0
Numéraire et dépôts	0.0	0.0	0.0	0.0	0.0	0.0	0.0	0.0
Titres de dettes	0.1	0.1	0.1	0.1	0.1	0.0	0.0	0.0
Crédits	1.1	1.7	1.9	1.4	1.7	1.5	1.9	2.1
Actions et parts de fonds d'investissement	90.2	89.7	92.7	93.5	92.8	93.5	93.2	93.9
Systèmes d'assurance de pensions et garanties standard	0.0	0.0	0.0	0.0	0.0	0.0	0.0	0.0
Produits financiers dérivés et options sur titres des salariés	5.4	5.5	1.8	2.4	2.6	2.4	2.1	2.1
Autres comptes à recevoir	3.3	3.1	3.5	2.6	2.8	2.6	2.8	1.9
Sociétés d'assurance								
Actifs financiers	100.0	100.0	100.0	100.0	100.0	100.0	100.0	100.0
Numéraire et dépôts	8.7	8.5	7.9	8.7	8.3	8.0	9.6	8.1
Titres de dettes	29.5	27.6	27.0	22.6	22.4	21.4	21.5	21.0
Crédits	1.5	1.2	1.2	5.4	5.9	2.5	2.4	2.5
Actions et parts de fonds d'investissement	46.1	46.8	46.9	49.8	49.7	53.3	50.3	50.7
Systèmes d'assurance de pensions et garanties standard	13.1	14.9	16.1	10.4	10.0	10.6	11.0	12.0
Produits financiers dérivés et options sur titres des salariés	0.0	0.0	0.0	0.2	0.2	0.3	0.4	0.2
Autres comptes à recevoir	1.0	0.9	0.9	2.9	3.6	3.9	4.9	5.4
Passifs financiers	100.0	100.0	100.0	100.0	100.0	100.0	100.0	100.0
Numéraire et dépôts	0.0	0.0	0.0	0.0	0.0	0.0	0.0	0.0
Titres de dettes	0.0	0.0	0.0	0.2	0.2	0.2	0.2	0.2
Crédits	4.7	4.4	4.8	4.3	4.4	0.5	0.4	0.4
Actions et parts de fonds d'investissement	8.0	6.7	6.3	3.0	2.8	2.6	2.6	2.4
Systèmes d'assurance de pensions et garanties standard	86.8	88.3	88.2	83.9	84.1	88.4	88.7	88.1
Produits financiers dérivés et options sur titres des salariés	0.0	0.0	0.0	0.0	0.1	0.1	0.2	0.1
Autres comptes à recevoir	0.6	0.5	0.6	8.7	8.4	8.2	7.9	8.8
Fonds de pension								
Actifs financiers	100.0	100.0	100.0	100.0	100.0	100.0	100.0	100.0
Numéraire et dépôts	3.8	3.9	4.8	3.8	2.0	3.3	4.6	5.9
Titres de dettes	49.8	48.7	43.8	41.2	39.4	37.0	35.2	33.4
Crédits	0.1	0.1	0.1	0.1	0.1	0.0	0.0	0.0
Actions et parts de fonds d'investissement	45.3	46.1	50.4	52.7	56.8	57.1	57.7	58.3
Systèmes d'assurance de pensions et garanties standard	0.0	0.0	0.0	0.0	0.0	0.0	0.0	0.0
Produits financiers dérivés et options sur titres des salariés	0.0	0.0	0.0	0.0	0.0	0.0	0.0	0.0
Autres comptes à recevoir	1.1	1.3	0.9	2.3	1.8	2.5	2.4	2.3
Passifs financiers	100.0	100.0	100.0	100.0	100.0	100.0	100.0	100.0
Numéraire et dépôts	0.0	0.0	0.0	0.0	0.0	0.0	0.0	0.0
Titres de dettes	0.0	0.0	0.0	0.0	0.0	0.0	0.0	0.0
Crédits	0.0	0.0	0.0	0.0	0.0	0.0	0.0	0.0
Actions et parts de fonds d'investissement	0.0	0.0	0.0	0.0	0.0	0.0	0.0	0.0
Systèmes d'assurance de pensions et garanties standard	99.5	99.4	97.6	98.4	98.7	98.8	98.9	98.9
Produits financiers dérivés et options sur titres des salariés	0.0	0.0	0.0	0.0	0.0	0.0	0.0	0.0
Autres comptes à recevoir	0.5	0.6	2.4	1.6	1.3	1.2	1.1	1.1

Note : Voir les métadonnées détaillées sur : *http://metalinks.oecd.org/instinv/20200916/649b*

PAYS-BAS

Tableau 1. Actifs et passifs financiers des investisseurs institutionnels, 2018

Millions EUR (1999 NLD euro)

	Total	Fonds d'investissement – Fonds d'investissement non-monétaire – Total	Fonds d'investissement à capital variable, non monétaire	Fonds d'investissement à capital fixe, non monétaire	Fonds d'investissement monétaires – Total
Actifs financiers	..	821 648	..	..	..
Numéraire et dépôts	..	10 426	..	..	..
Titres de dette	..	211 560	..	..	..
Titres de dette à court terme	..	2 837	..	..	..
Titres de dette à long terme	..	208 723	..	..	..
Titres de dette émis par les résidents	..	17 078	..	..	..
Titres de dette émis par les non-résidents	..	194 482	..	..	..
Crédits	..	81 182	..	..	..
Crédits à court terme	..	29 592	..	..	..
Crédits à long terme	..	51 590	..	..	..
Crédits accordés aux résidents	..	71 055	..	..	..
Crédits accordés aux non-résidents	..	10 127	..	..	..
Actions et parts de fonds d'investissement	..	510 358	..	..	..
Actions et parts de fonds d'investissements émises par les résidents	..	69 179	..	..	..
Actions et part de fonds d'investissements émises par les non-résidents	..	441 179	..	..	..
Autres comptes à recevoir	..	6 205	..	..	..

	Total	Fonds d'investissement – Fonds d'investissement non-monétaire – Total	Fonds d'investissement à capital variable, non monétaire	Fonds d'investissement à capital fixe, non monétaire	Fonds d'investissement monétaires – Total
Pasifs financiers	..	861 051	..	..	..
Numéraire et dépôts	..	..	..	..	..
Titres de dette	..	626	..	..	..
Titres de dette à court terme	..	0	..	..	..
Titres de dette à long terme	..	626	..	..	..
Crédits	..	17 981	..	..	..
Crédits à court terme	..	8 030	..	..	..
Crédits à long terme	..	9 951	..	..	..
Actions et parts de fonds d'investissement	..	835 223	..	..	..
Systèmes d'assurance, de pensions et garanties standard	..	..	..	..	..
Produits financiers dérivés et options sur titres des salariés	..	1 665	..	..	..
Autres comptes à payer	..	5 556	..	..	..

	Total	Sociétés d'assurance et fonds de pension autonomes – Sociétés d'assurance – Total	Sociétés d'assurance vie	Sociétés d'assurance non-vie	Fonds de pension autonomes – Total
Actifs financiers	1 897 356	451 338	..	..	1 446 018
Numéraire et dépôts	25 032	10 403	..	..	14 629
Titres de dette	594 926	183 728	..	..	411 198
Titres de dette à court terme	12 920	4 695	..	..	8 225
Titres de dette à long terme	582 006	179 033	..	..	402 973
Titres de dette émis par les résidents	111 623	42 598	..	..	69 025
Titres de dette émis par les non-résidents	483 303	141 130	..	..	342 173
Crédits	126 030	97 005	..	..	29 025
Crédits à court terme	22 076	4 802	..	..	17 274
Crédits à long terme	103 954	92 203	..	..	11 751
Crédits accordés aux résidents	117 839	91 192	..	..	26 647
Crédits accordés aux non-résidents	8 191	5 813	..	..	2 378
Actions et parts de fonds d'investissement	997 525	113 887	..	..	883 638
Actions et parts de fonds d'investissement émises par les résidents	729 609	85 150	..	..	644 459
Actions et parts de fonds d'investissement émises par les non-résidents	267 916	28 737	..	..	239 179
Autrescomptes à recevoir	36 416	26 657	..	..	9 759

	Total	Sociétés d'assurance et fonds de pension autonomes – Sociétés d'assurance – Total	Sociétés d'assurance vie	Sociétés d'assurance non-vie	Fonds de pension autonomes – Total
Pasifs financiers	1 913 840	485 707	..	..	1 428 133
Numéraire et dépôts	..	..	..	..	..
Titres de dette	962	962	..	..	0
Titres de dette à court terme	0	0	..	..	0
Titres de dette à long terme	962	962	..	..	0
Crédits	48 133	15 504	..	..	32 629
Crédits à court terme	38 929	7 021	..	..	31 908
Crédits à long terme	9 204	8 483	..	..	721
Actions et parts de fonds d'investissement	60 219	60 219	..	..	0
Systèmes d'assurance, de pensions et garanties standard	1 681 490	370 525	..	..	1 310 965
Produits financiers dérivés et options sur titres des salariés	59 822	5 702	..	..	54 120
Autres comptes à payer	63 214	32 795	..	..	30 419

Note : Voir les métadonnées détaillées sur : *http://metalinks.oecd.org/instinv/20200916/0196*

PAYS-BAS

Tableau 2. Actifs et passifs financiers des fonds d'investissement

Millions EUR

	2012	2013	2014	2015	2016	2017	2018	2019
Fonds d'investissement								
Valeur nette financière	..	..	..	..	..	..	..	..
Actifs financiers	..	..	..	..	..	..	..	..
Numéraire et dépôts	..	..	..	..	..	..	..	..
Titres de dette	..	..	..	..	..	..	..	..
Crédits	..	..	..	..	..	..	..	..
Actions et parts de fonds d'investissement	..	..	..	..	..	..	..	..
Actions	..	..	..	..	..	..	..	..
Parts de fonds d'investissement	..	..	..	..	..	..	..	..
Parts de fonds d'investissement monétaires	..	..	..	..	..	..	..	..
Parts de fonds d'investissement non monétaires	..	..	..	..	..	..	..	..
Systèmes d'assurance, de pensions et garanties standard	..	..	..	..	..	..	..	..
Produits financiers dérivés et options sur titres des salariés	..	..	..	..	..	..	..	..
Autres comptes à recevoir	..	..	..	..	..	..	..	..
Passifs financiers	..	..	..	..	..	..	..	..
Titres de dette	..	..	..	..	..	..	..	..
Titres de dette à court terme	..	..	..	..	..	..	..	..
Titres de dette à long terme	..	..	..	..	..	..	..	..
Crédits	..	..	..	..	..	..	..	..
Crédits à court terme	..	..	..	..	..	..	..	..
Crédits à long terme	..	..	..	..	..	..	..	..
Actions et parts de fonds d'investissement	..	..	..	..	..	..	..	..
Systèmes d'assurance, de pensions et garanties standard	..	..	..	..	..	..	..	..
Produits financiers dérivés et options sur titres des salariés	..	..	..	..	..	..	..	..
Autres comptes à payer	..	..	..	..	..	..	..	..
Actifs non financiers	..	..	..	..	..	..	..	..
Fonds d'investissement monéaires								
Valeur nette financière	..	..	..	..	..	..	..	..
Actifs financiers	..	..	..	..	..	..	..	..
Numéraire et dépôts	..	..	..	..	..	..	..	..
Titres de dette	..	..	..	..	..	..	..	..
Crédits	..	..	..	..	..	..	..	..
Actions et parts de fonds d'investissement	..	..	..	..	..	..	..	..
Actions	..	..	..	..	..	..	..	..
Parts de fonds d'investissement	..	..	..	..	..	..	..	..
Parts de fonds d'investissement monétaires	..	..	..	..	..	..	..	..
Parts de fonds d'investissement non monétaires	..	..	..	..	..	..	..	..
Systèmes d'assurance, de pensions et garanties standard	..	..	..	..	..	..	..	..
Produits financiers dérivés et options sur titres des salariés	..	..	..	..	..	..	..	..
Autres comptes à recevoir	..	..	..	..	..	..	..	..
Passifs financiers	..	..	..	..	..	..	..	..
Titres de dette	..	..	..	..	..	..	..	..
Titres de dette à court terme	..	..	..	..	..	..	..	..
Titres de dette à long terme	..	..	..	..	..	..	..	..
Crédits	..	..	..	..	..	..	..	..
Crédits à court terme	..	..	..	..	..	..	..	..
Crédits à long terme	..	..	..	..	..	..	..	..
Actions et parts de fonds d'investissement	..	..	..	..	..	..	..	..
Systèmes d'assurance, de pensions et garanties standard	..	..	..	..	..	..	..	..
Produits financiers dérivés et options sur titres des salariés	..	..	..	..	..	..	..	..
Autres comptes à payer	..	..	..	..	..	..	..	..
Actifs non financiers	..	..	..	..	..	..	..	..
Fonds d'investissement non monéaires								
Valeur nette financière	-31 253	-30 317	-29 011	-31 844	-32 072	-34 733	-39 403	-42 913
Actifs financiers	569 052	629 342	745 859	747 324	814 017	858 883	821 648	933 594
Numéraire et dépôts	11 714	12 008	16 342	12 613	10 407	11 677	10 426	12 287
Titres de dette	198 060	210 846	233 436	245 004	249 216	220 522	211 560	184 186
Crédits	40 844	47 501	48 869	54 668	64 674	78 204	81 182	92 871
Actions et parts de fonds d'investissement	308 736	340 407	431 502	426 420	479 251	541 446	510 358	632 255
Actions	231 335	256 661	313 498	299 915	338 917	377 963	345 583	436 346
Parts de fonds d'investissement	77 401	83 746	118 004	126 505	140 334	163 483	164 775	195 909
Parts de fonds d'investissement monétaires	1 651	1 823	6 047	6 994	5 971	6 279	6 999	6 425
Parts de fonds d'investissement non monétaires	75 750	81 923	111 957	119 511	134 363	157 204	157 776	189 484
Systèmes d'assurance, de pensions et garanties standard	0	0	0	0	0	0	0	0
Produits financiers dérivés et options sur titres des salariés	4 805	2 511	4 256	3 530	2 423	2 080	1 917	3 115
Autres comptes à recevoir	4 893	16 069	11 454	5 089	8 046	4 954	6 205	8 880
Passifs financiers	600 305	659 659	774 870	779 168	846 089	893 616	861 051	976 507
Titres de dette	1 612	2 215	3 051	686	670	650	626	273
Titres de dette à court terme	0	128	413	0	0	0	0	0
Titres de dette à long terme	1 612	2 087	2 638	686	670	650	626	273
Crédits	19 334	15 315	20 686	19 428	16 110	15 034	17 981	16 668
Crédits à court terme	8 922	4 647	11 445	9 046	6 057	5 048	8 030	6 645
Crédits à long terme	10 412	10 668	9 241	10 382	10 053	9 986	9 951	10 023
Actions et parts de fonds d'investissement	570 143	623 704	734 385	747 997	818 966	870 962	835 223	949 487
Systèmes d'assurance, de pensions et garanties standard	..	..	..	..	..	..	..	..
Produits financiers dérivés et options sur titres des salariés	2 746	2 100	4 445	2 790	3 597	1 539	1 665	3 025
Autres comptes à payer	6 470	16 325	12 303	8 267	6 746	5 431	5 556	7 054
Actifs non financiers	30 676	29 574	28 353	30 387	31 717	34 810	39 595	43 433
Fonds d'investissement non monéaires à capital variable								
Valeur nette financière	..	..	..	..	..	..	..	..
Actifs financiers	..	..	..	..	..	..	..	..
Numéraire et dépôts	..	..	..	..	..	..	..	..

PAYS-BAS

Tableau 2. Actifs et passifs financiers des fonds d'investissement *(suite)*

Millions EUR

	2012	2013	2014	2015	2016	2017	2018	2019
Titres de dette	..	..	..	..	..	..	..	..
Crédits	..	..	..	..	..	..	..	..
Actions et parts de fonds d'investissement	..	..	..	..	..	..	..	..
Actions	..	..	..	..	..	..	..	..
Parts de fonds d'investissement	..	..	..	..	..	..	..	..
Parts de fonds d'investissement monétaires	..	..	..	..	..	..	..	..
Parts de fonds d'investissement non monétaires	..	..	..	..	..	..	..	..
Systèmes d'assurance, de pensions et garanties standard	..	..	..	..	..	..	..	..
Produits financiers dérivés et options sur titres des salariés	..	..	..	..	..	..	..	..
Autres comptes à recevoir	..	..	..	..	..	..	..	..
Passifs financiers	..	..	..	..	..	..	..	..
Titres de dette	..	..	..	..	..	..	..	..
Titres de dette à court terme	..	..	..	..	..	..	..	..
Titres de dette à long terme	..	..	..	..	..	..	..	..
Crédits	..	..	..	..	..	..	..	..
Crédits à court terme	..	..	..	..	..	..	..	..
Crédits à long terme	..	..	..	..	..	..	..	..
Actions et parts de fonds d'investissement	..	..	..	..	..	..	..	..
Systèmes d'assurance, de pensions et garanties standard	..	..	..	..	..	..	..	..
Produits financiers dérivés et options sur titres des salariés	..	..	..	..	..	..	..	..
Autres comptes à payer	..	..	..	..	..	..	..	..
Actifs non financiers	..	..	..	..	..	..	..	..
Fonds d'investissement à capital variable								
Valeur nette financière	..	..	..	..	..	..	..	..
Actifs financiers	..	..	..	..	..	..	..	..
Numéraire et dépôts	..	..	..	..	..	..	..	..
Titres de dette	..	..	..	..	..	..	..	..
Crédits	..	..	..	..	..	..	..	..
Actions et parts de fonds d'investissement	..	..	..	..	..	..	..	..
Actions	..	..	..	..	..	..	..	..
Parts de fonds d'investissement	..	..	..	..	..	..	..	..
Parts de fonds d'investissement monétaires	..	..	..	..	..	..	..	..
Parts de fonds d'investissement non monétaires	..	..	..	..	..	..	..	..
Systèmes d'assurance, de pensions et garanties standard	..	..	..	..	..	..	..	..
Produits financiers dérivés et options sur titres des salariés	..	..	..	..	..	..	..	..
Autres comptes à recevoir	..	..	..	..	..	..	..	..
Passifs financiers	..	..	..	..	..	..	..	..
Titres de dette	..	..	..	..	..	..	..	..
Titres de dette à court terme	..	..	..	..	..	..	..	..
Titres de dette à long terme	..	..	..	..	..	..	..	..
Crédits	..	..	..	..	..	..	..	..
Crédits à court terme	..	..	..	..	..	..	..	..
Crédits à long terme	..	..	..	..	..	..	..	..
Actions et parts de fonds d'investissement	..	..	..	..	..	..	..	..
Systèmes d'assurance, de pensions et garanties standard	..	..	..	..	..	..	..	..
Produits financiers dérivés et options sur titres des salariés	..	..	..	..	..	..	..	..
Autres comptes à payer	..	..	..	..	..	..	..	..
Actifs non financiers	..	..	..	..	..	..	..	..

Note : Voir les métadonnées détaillées sur : *http://metalinks.oecd.org/instinv/20200916/0196*

PAYS-BAS

Tableau 3. Actifs et passifs financiers des sociétés d'assurance et fonds de pension

Millions EUR

	2012	2013	2014	2015	2016	2017	2018	2019
Sociétés d'assurance et fonds de pension								
Valeur nette financière	-11 695	46 512	66 521	-11 759	-25 701	44 207	-16 484	-12 149
Actifs financiers	1 447 441	1 457 461	1 748 460	1 717 400	1 843 323	1 900 242	1 897 356	2 236 066
Numéraire et dépôts	31 509	19 829	26 770	22 630	24 483	24 227	25 032	28 786
Titres de dette	432 810	419 558	503 130	509 109	534 800	564 046	594 926	697 413
Crédits	107 114	106 358	114 413	112 070	119 016	137 848	126 030	134 814
Actions et parts de fonds d'investissement	723 287	789 743	898 696	919 395	1 009 934	1 044 254	997 525	1 146 517
Actions	149 423	159 258	179 213	193 657	212 040	213 269	193 301	243 079
Parts de fonds d'investissement	573 864	630 485	719 483	725 738	797 894	830 985	804 224	903 438
Parts de fonds d'investissement monétaires	11 199	10 532	12 080	11 166	12 491	22 276	25 809	29 212
Parts de fonds d'investissement non monétaires	562 665	619 953	707 403	714 572	785 403	808 709	778 415	874 226
Systèmes d'assurance, de pensions et garanties standard	22 852	25 781	23 022	20 922	14 828	11 298	9 282	9 173
Produits financiers dérivés et options sur titres des salariés	93 820	62 696	146 506	94 429	102 116	84 762	108 145	178 904
Autres comptes à recevoir	36 049	33 496	35 923	38 845	38 146	33 807	36 416	40 459
Passifs financiers	1 459 136	1 410 949	1 681 939	1 729 159	1 869 024	1 856 035	1 913 840	2 248 215
Titres de dette	809	1 088	1 359	1 113	1 167	1 233	962	968
Titres de dette à court terme	0	0	0	0	0	0	0	0
Titres de dette à long terme	809	1 088	1 359	1 113	1 167	1 233	962	968
Crédits	46 867	32 451	42 181	34 479	39 301	45 569	48 133	79 273
Crédits à court terme	25 791	16 340	25 189	21 073	29 389	37 805	38 929	67 888
Crédits à long terme	21 076	16 111	16 992	13 406	9 912	7 764	9 204	11 385
Actions et parts de fonds d'investissement	47 331	44 895	52 355	56 203	58 242	59 476	60 219	61 205
Systèmes d'assurance, de pensions et garanties standard	1 268 472	1 246 622	1 446 920	1 530 221	1 661 292	1 642 890	1 681 490	1 940 307
Produits financiers dérivés et options sur titres des salariés	27 344	32 298	68 413	43 805	48 239	36 207	59 822	83 000
Autres comptes à payer	68 313	53 595	70 711	63 338	60 783	70 660	63 214	83 462
Actifs non financiers	16 016	14 032	13 007	12 284	13 162	15 128	15 437	16 007
Sociétés d'assurance								
Valeur nette financière	-5 216	764	30	-25 044	-31 249	-38 047	-34 369	-41 614
Actifs financiers	447 694	441 296	501 036	473 097	476 439	458 038	451 338	507 250
Numéraire et dépôts	18 386	9 173	14 468	12 196	13 772	13 150	10 403	11 826
Titres de dette	201 579	182 020	206 233	198 448	202 357	186 314	183 728	199 194
Crédits	71 032	75 843	79 040	84 533	90 700	93 977	97 005	102 245
Actions et parts de fonds d'investissement	101 147	118 133	121 286	116 875	114 297	116 076	113 887	128 505
Actions	32 330	28 997	23 077	24 450	24 841	23 378	22 157	26 370
Parts de fonds d'investissement	68 817	89 136	98 209	92 425	89 456	92 698	91 730	102 135
Parts de fonds d'investissement monétaires	3 562	3 646	2 984	2 694	2 604	4 270	6 416	3 782
Parts de fonds d'investissement non monétaires	65 255	85 490	95 225	89 731	86 852	88 428	85 314	98 353
Systèmes d'assurance, de pensions et garanties standard	7 539	9 713	9 785	8 047	4 495	4 328	2 622	2 629
Produits financiers dérivés et options sur titres des salariés	17 809	18 850	40 590	19 446	19 519	15 423	17 036	33 520
Autres comptes à recevoir	30 202	27 564	29 634	33 552	31 299	28 770	26 657	29 331
Passifs financiers	452 910	440 532	501 006	498 141	507 688	496 085	485 707	548 864
Titres de dette	809	1 088	1 359	1 113	1 167	1 233	962	968
Titres de dette à court terme	0	0	0	0	0	0	0	0
Titres de dette à long terme	809	1 088	1 359	1 113	1 167	1 233	962	968
Crédits	28 352	20 841	23 181	19 562	17 503	13 183	15 504	23 553
Crédits à court terme	9 166	6 568	7 832	7 075	8 466	6 274	7 021	12 809
Crédits à long terme	19 186	14 273	15 349	12 487	9 037	6 909	8 483	10 744
Actions et parts de fonds d'investissement	47 331	44 895	52 355	56 203	58 242	59 476	60 219	61 205
Systèmes d'assurance, de pensions et garanties standard	333 199	324 485	362 086	377 305	389 612	381 046	370 525	409 031
Produits financiers dérivés et options sur titres des salariés	4 857	12 575	24 219	9 411	7 453	6 413	5 702	10 594
Autres comptes à payer	38 362	36 648	37 806	34 547	33 711	34 734	32 795	43 513
Actifs non financiers	7 372	5 609	5 364	4 840	5 367	6 527	6 047	6 290
Fonds de pension								
Valeur nette financière	-6 479	45 748	66 491	13 285	5 548	82 254	17 885	29 465
Actifs financiers	999 747	1 016 165	1 247 424	1 244 303	1 366 884	1 442 204	1 446 018	1 728 816
Numéraire et dépôts	13 123	10 656	12 302	10 434	10 711	11 077	14 629	16 960
Titres de dette	231 231	237 538	296 897	310 661	332 443	377 732	411 198	498 219
Crédits	36 082	30 515	35 373	27 537	28 316	43 871	29 025	32 569
Actions et parts de fonds d'investissement	622 140	671 610	777 410	802 520	895 637	928 178	883 638	1 018 012
Actions	117 093	130 261	156 136	169 207	187 199	189 891	171 144	216 709
Parts de fonds d'investissement	505 047	541 349	621 274	633 313	708 438	738 287	712 494	801 303
Parts de fonds d'investissement monétaires	7 637	6 886	9 096	8 472	9 887	18 006	19 393	25 430
Parts de fonds d'investissement non monétaires	497 410	534 463	612 178	624 841	698 551	720 281	693 101	775 873
Systèmes d'assurance, de pensions et garanties standard	15 313	16 068	13 237	12 875	10 333	6 970	6 660	6 544
Produits financiers dérivés et options sur titres des salariés	76 011	43 846	105 916	74 983	82 597	69 339	91 109	145 384
Autres comptes à recevoir	5 847	5 932	6 289	5 293	6 847	5 037	9 759	11 128
Passifs financiers	1 006 226	970 417	1 180 933	1 231 018	1 361 336	1 359 950	1 428 133	1 699 351
Titres de dette	0	0	0	0	0	0	0	0
Titres de dette à court terme	0	0	0	0	0	0	0	0
Titres de dette à long terme	0	0	0	0	0	0	0	0
Crédits	18 515	11 610	19 000	14 917	21 798	32 386	32 629	55 720
Crédits à court terme	16 625	9 772	17 357	13 998	20 923	31 531	31 908	55 079
Crédits à long terme	1 890	1 838	1 643	919	875	855	721	641
Actions et parts de fonds d'investissement	0	0	0	0	0	0	0	0
Systèmes d'assurance, de pensions et garanties standard	935 273	922 137	1 084 834	1 152 916	1 271 680	1 261 844	1 310 965	1 531 276
Produits financiers dérivés et options sur titres des salariés	22 487	19 723	44 194	34 394	40 786	29 794	54 120	72 406
Autres comptes à payer	29 951	16 947	32 905	28 791	27 072	35 926	30 419	39 949
Actifs non financiers	8 644	8 423	7 643	7 444	7 795	8 601	9 390	9 717

Note : Voir les métadonnées détaillées sur : *http://metalinks.oecd.org/instinv/20200916/0196*

Tableau 4. Composition du portefeuille par type d'investisseur

En pourcentage des actifs financiers et des passifs financiers

Pour cent

	2012	2013	2014	2015	2016	2017	2018	2019
Fonds d'investissement								
Actifs financiers	..	..	..	..	..	..	..	..
Numéraire et dépôts	..	..	..	..	..	..	..	..
Titres de dettes	..	..	..	..	..	..	..	..
Crédits	..	..	..	..	..	..	..	..
Actions et parts de fonds d'investissement	..	..	..	..	..	..	..	..
Systèmes d'assurance de pensions et garanties standard	..	..	..	..	..	..	..	..
Produits financiers dérivés et options sur titres des salariés	..	..	..	..	..	..	..	..
Autres comptes à recevoir	..	..	..	..	..	..	..	..
Passifs financiers	..	..	..	..	..	..	..	..
Numéraire et dépôts	..	..	..	..	..	..	..	..
Titres de dettes	..	..	..	..	..	..	..	..
Crédits	..	..	..	..	..	..	..	..
Actions et parts de fonds d'investissement	..	..	..	..	..	..	..	..
Systèmes d'assurance de pensions et garanties standard	..	..	..	..	..	..	..	..
Produits financiers dérivés et options sur titres des salariés	..	..	..	..	..	..	..	..
Autres comptes à recevoir	..	..	..	..	..	..	..	..
Sociétés d'assurance								
Actifs financiers	100.0	100.0	100.0	100.0	100.0	100.0	100.0	100.0
Numéraire et dépôts	4.1	2.1	2.9	2.6	2.9	2.9	2.3	2.3
Titres de dettes	45.0	41.2	41.2	41.9	42.5	40.7	40.7	39.3
Crédits	15.9	17.2	15.8	17.9	19.0	20.5	21.5	20.2
Actions et parts de fonds d'investissement	22.6	26.8	24.2	24.7	24.0	25.3	25.2	25.3
Systèmes d'assurance de pensions et garanties standard	1.7	2.2	2.0	1.7	0.9	0.9	0.6	0.5
Produits financiers dérivés et options sur titres des salariés	4.0	4.3	8.1	4.1	4.1	3.4	3.8	6.6
Autres comptes à recevoir	6.7	6.2	5.9	7.1	6.6	6.3	5.9	5.8
Passifs financiers	100.0	100.0	100.0	100.0	100.0	100.0	100.0	100.0
Numéraire et dépôts	0.0	0.0	0.0	0.0	0.0	0.0	0.0	0.0
Titres de dettes	0.2	0.2	0.3	0.2	0.2	0.2	0.2	0.2
Crédits	6.3	4.7	4.6	3.9	3.4	2.7	3.2	4.3
Actions et parts de fonds d'investissement	10.5	10.2	10.4	11.3	11.5	12.0	12.4	11.2
Systèmes d'assurance de pensions et garanties standard	73.6	73.7	72.3	75.7	76.7	76.8	76.3	74.5
Produits financiers dérivés et options sur titres des salariés	1.1	2.9	4.8	1.9	1.5	1.3	1.2	1.9
Autres comptes à recevoir	8.5	8.3	7.5	6.9	6.6	7.0	6.8	7.9
Fonds de pension								
Actifs financiers	100.0	100.0	100.0	100.0	100.0	100.0	100.0	100.0
Numéraire et dépôts	1.3	1.0	1.0	0.8	0.8	0.8	1.0	1.0
Titres de dettes	23.1	23.4	23.8	25.0	24.3	26.2	28.4	28.8
Crédits	3.6	3.0	2.8	2.2	2.1	3.0	2.0	1.9
Actions et parts de fonds d'investissement	62.2	66.1	62.3	64.5	65.5	64.4	61.1	58.9
Systèmes d'assurance de pensions et garanties standard	1.5	1.6	1.1	1.0	0.8	0.5	0.5	0.4
Produits financiers dérivés et options sur titres des salariés	7.6	4.3	8.5	6.0	6.0	4.8	6.3	8.4
Autres comptes à recevoir	0.6	0.6	0.5	0.4	0.5	0.3	0.7	0.6
Passifs financiers	100.0	100.0	100.0	100.0	100.0	100.0	100.0	100.0
Numéraire et dépôts	0.0	0.0	0.0	0.0	0.0	0.0	0.0	0.0
Titres de dettes	0.0	0.0	0.0	0.0	0.0	0.0	0.0	0.0
Crédits	1.8	1.2	1.6	1.2	1.6	2.4	2.3	3.3
Actions et parts de fonds d'investissement	0.0	0.0	0.0	0.0	0.0	0.0	0.0	0.0
Systèmes d'assurance de pensions et garanties standard	92.9	95.0	91.9	93.7	93.4	92.8	91.8	90.1
Produits financiers dérivés et options sur titres des salariés	2.2	2.0	3.7	2.8	3.0	2.2	3.8	4.3
Autres comptes à recevoir	3.0	1.7	2.8	2.3	2.0	2.6	2.1	2.4

Note : Voir les métadonnées détaillées sur : *http://metalinks.oecd.org/instinv/20200916/649b*

NOUVELLE-ZÉLANDE

Tableau 1. Actifs et passifs financiers des investisseurs institutionnels, 2018

Millions NZD

	Fonds d'investissement				
	Total	Fonds d'investissement non-monétaire			Fonds d'investissement monétaires
		Total	Fonds d'investissement à capital variable, non monétaire	Fonds d'investissement à capital fixe, non monétaire	Total
Actifs financiers	147 869	132 767	..	..	15 102
Numéraire et dépôts	29 275	19 683	..	..	9 593
Titres de dette	48 339	42 829	..	..	5 509
Titres de dette à court terme	8 644	4 039	..	..	4 605
Titres de dette à long terme	39 695	38 790	..	..	904
Titres de dette émis par les résidents	27 142	21 633	..	..	5 509
Titres de dette émis par les non-résidents	21 196	21 196	..	..	0
Crédits	10	10	..	..	0
Crédits à court terme	..	..	..	..	..
Crédits à long terme	..	..	..	..	..
Crédits accordés aux résidents	10	10	..	..	0
Crédits accordés aux non-résidents	0	0	..	..	0
Actions et parts de fonds d'investissement	69 309	69 309	..	..	0
Actions et parts de fonds d'investissements émises par les résidents	25 198	25 198	..	..	0
Actions et part de fonds d'investissements émises par les non-résidents	44 111	44 111	..	..	0
Autres comptes à recevoir	731	731	..	..	0

	Fonds d'investissement				
	Total	Fonds d'investissement non-monétaire			Fonds d'investissement monétaires
		Total	Fonds d'investissement à capital variable, non monétaire	Fonds d'investissement à capital fixe, non monétaire	Total
Pasifs financiers	..	..	..	..	..
Numéraire et dépôts	..	..	..	..	..
Titres de dette	..	..	..	..	..
Titres de dette à court terme	..	..	..	..	..
Titres de dette à long terme	..	..	..	..	..
Crédits	..	..	..	..	..
Crédits à court terme	..	..	..	..	..
Crédits à long terme	..	..	..	..	..
Actions et parts de fonds d'investissement	..	..	..	..	..
Systèmes d'assurance, de pensions et garanties standard	..	..	..	..	..
Produits financiers dérivés et options sur titres des salariés	..	..	..	..	..
Autres comptes à payer	..	..	..	..	..

	Sociétés d'assurance et fonds de pension autonomes				
	Total	Sociétés d'assurance			Fonds de pension autonomes
		Total	Sociétés d'assurance vie	Sociétés d'assurance non-vie	Total
Actifs financiers	..	..	..	..	80 819
Numéraire et dépôts	..	..	..	..	6 370
Titres de dette	..	..	..	..	19 603
Titres de dette à court terme	..	..	..	..	1 344
Titres de dette à long terme	..	..	..	..	18 259
Titres de dette émis par les résidents	..	..	..	..	8 039
Titres de dette émis par les non-résidents	..	..	..	..	11 564
Crédits	..	..	..	..	10
Crédits à court terme	..	..	..	..	..
Crédits à long terme	..	..	..	..	..
Crédits accordés aux résidents	..	..	..	..	10
Crédits accordés aux non-résidents	..	..	..	..	0
Actions et parts de fonds d'investissement	..	..	..	..	54 015
Actions et parts de fonds d'investissement émises par les résidents	..	..	..	..	26 182
Actions et parts de fonds d'investissement émises par les non-résidents	..	..	..	..	27 833
Autrescomptes à recevoir	..	..	..	..	646

	Sociétés d'assurance et fonds de pension autonomes				
	Total	Sociétés d'assurance			Fonds de pension autonomes
		Total	Sociétés d'assurance vie	Sociétés d'assurance non-vie	Total
Pasifs financiers	..	..	..	..	..
Numéraire et dépôts	..	..	..	..	..
Titres de dette	..	..	..	..	..
Titres de dette à court terme	..	..	..	..	..
Titres de dette à long terme	..	..	..	..	..
Crédits	..	..	..	..	..
Crédits à court terme	..	..	..	..	..
Crédits à long terme	..	..	..	..	..
Actions et parts de fonds d'investissement	..	..	..	..	..
Systèmes d'assurance, de pensions et garanties standard	..	..	..	..	..
Produits financiers dérivés et options sur titres des salariés	..	..	..	..	..
Autres comptes à payer	..	..	..	..	..

Note : Voir les métadonnées détaillées sur : *http://metalinks.oecd.org/instinv/20200916/0196*

NOUVELLE-ZÉLANDE

Tableau 2. Actifs et passifs financiers des fonds d'investissement

Millions NZD

	2012	2013	2014	2015	2016	2017	2018	2019
Fonds d'investissement								
Valeur nette financière	..	..	..	..	..	..	..	..
Actifs financiers	..	..	87 587	102 519	116 476	137 445	147 869	173 708
Numéraire et dépôts	..	..	20 404	21 957	24 382	26 765	29 275	31 086
Titres de dette	..	..	25 325	31 180	37 041	43 795	48 339	54 124
Crédits	..	..	75	47	4	8	10	31
Actions et parts de fonds d'investissement	..	..	40 943	48 286	54 049	65 544	69 309	86 174
Actions	..	..	22 431	26 452	32 818	44 223	46 019	60 779
Parts de fonds d'investissement	..	..	18 512	21 834	21 231	21 321	23 289	25 395
Parts de fonds d'investissement monétaires	..	..	..	..	..	..	..	..
Parts de fonds d'investissement non monétaires	..	..	..	..	..	..	..	..
Systèmes d'assurance, de pensions et garanties standard	..	..	..	..	..	..	..	..
Produits financiers dérivés et options sur titres des salariés	..	..	296	448	378	567	205	1 172
Autres comptes à recevoir	..	..	545	601	623	767	731	1 121
Passifs financiers	..	..	..	..	..	..	..	..
Titres de dette	..	..	..	..	..	..	..	..
Titres de dette à court terme	..	..	..	..	..	..	..	..
Titres de dette à long terme	..	..	..	..	..	..	..	..
Crédits	..	..	..	..	..	..	..	..
Crédits à court terme	..	..	..	..	..	..	..	..
Crédits à long terme	..	..	..	..	..	..	..	..
Actions et parts de fonds d'investissement	..	..	..	..	..	..	..	..
Systèmes d'assurance, de pensions et garanties standard	..	..	..	..	..	..	..	..
Produits financiers dérivés et options sur titres des salariés	..	..	..	..	..	..	..	..
Autres comptes à payer	..	..	..	..	..	..	..	..
Actifs non financiers	..	..	1	1	1	2	5	5
Fonds d'investissement monéaires								
Valeur nette financière	..	..	..	..	..	..	..	..
Actifs financiers	..	..	10 038	11 815	13 006	13 753	15 102	16 427
Numéraire et dépôts	..	..	7 816	8 168	8 157	8 752	9 593	10 754
Titres de dette	..	..	2 222	3 647	4 849	5 001	5 509	5 672
Crédits	..	..	0	0	0	0	0	0
Actions et parts de fonds d'investissement	..	..	0	0	0	0	0	0
Actions	..	..	0	0	0	0	0	0
Parts de fonds d'investissement	..	..	0	0	0	0	0	0
Parts de fonds d'investissement monétaires	..	..	..	..	..	..	..	..
Parts de fonds d'investissement non monétaires	..	..	..	..	..	..	..	..
Systèmes d'assurance, de pensions et garanties standard	..	..	..	..	..	..	..	..
Produits financiers dérivés et options sur titres des salariés	..	..	0	0	0	0	0	0
Autres comptes à recevoir	..	..	0	0	0	0	0	0
Passifs financiers	..	..	..	..	..	..	..	..
Titres de dette	..	..	..	..	..	..	..	..
Titres de dette à court terme	..	..	..	..	..	..	..	..
Titres de dette à long terme	..	..	..	..	..	..	..	..
Crédits	..	..	..	..	..	..	..	..
Crédits à court terme	..	..	..	..	..	..	..	..
Crédits à long terme	..	..	..	..	..	..	..	..
Actions et parts de fonds d'investissement	..	..	..	..	..	..	..	..
Systèmes d'assurance, de pensions et garanties standard	..	..	..	..	..	..	..	..
Produits financiers dérivés et options sur titres des salariés	..	..	..	..	..	..	..	..
Autres comptes à payer	..	..	..	..	..	..	..	..
Actifs non financiers	..	..	0	0	0	0	0	0
Fonds d'investissement non monéaires								
Valeur nette financière	..	..	..	..	..	..	..	..
Actifs financiers	..	..	77 549	90 704	103 471	123 692	132 767	157 281
Numéraire et dépôts	..	..	12 588	13 788	16 225	18 013	19 683	20 332
Titres de dette	..	..	23 103	27 534	32 192	38 794	42 829	48 451
Crédits	..	..	75	47	4	8	10	31
Actions et parts de fonds d'investissement	..	..	40 943	48 286	54 049	65 544	69 309	86 174
Actions	..	..	22 431	26 452	32 818	44 223	46 019	60 779
Parts de fonds d'investissement	..	..	18 512	21 834	21 231	21 321	23 289	25 395
Parts de fonds d'investissement monétaires	..	..	..	..	..	..	..	..
Parts de fonds d'investissement non monétaires	..	..	..	..	..	..	..	..
Systèmes d'assurance, de pensions et garanties standard	..	..	..	..	..	..	..	..
Produits financiers dérivés et options sur titres des salariés	..	..	296	448	378	567	205	1 172
Autres comptes à recevoir	..	..	545	601	623	767	731	1 121
Passifs financiers	..	..	..	..	..	..	..	..
Titres de dette	..	..	..	..	..	..	..	..
Titres de dette à court terme	..	..	..	..	..	..	..	..
Titres de dette à long terme	..	..	..	..	..	..	..	..
Crédits	..	..	..	..	..	..	..	..
Crédits à court terme	..	..	..	..	..	..	..	..
Crédits à long terme	..	..	..	..	..	..	..	..
Actions et parts de fonds d'investissement	..	..	..	..	..	..	..	..
Systèmes d'assurance, de pensions et garanties standard	..	..	..	..	..	..	..	..
Produits financiers dérivés et options sur titres des salariés	..	..	..	..	..	..	..	..
Autres comptes à payer	..	..	..	..	..	..	..	..
Actifs non financiers	..	..	1	1	1	2	5	5
Fonds d'investissement non monéaires à capital variable								
Valeur nette financière	..	..	..	..	..	..	..	..
Actifs financiers	..	..	..	..	..	..	..	..
Numéraire et dépôts	..	..	..	..	..	..	..	..

NOUVELLE-ZÉLANDE

Tableau 2. Actifs et passifs financiers des fonds d'investissement *(suite)*

Millions NZD

	2012	2013	2014	2015	2016	2017	2018	2019
Titres de dette	..	..	..	..	..	..	..	..
Crédits	..	..	..	..	..	..	..	..
Actions et parts de fonds d'investissement	..	..	..	..	..	..	..	..
Actions	..	..	..	..	..	..	..	..
Parts de fonds d'investissement	..	..	..	..	..	..	..	..
Parts de fonds d'investissement monétaires	..	..	..	..	..	..	..	..
Parts de fonds d'investissement non monétaires	..	..	..	..	..	..	..	..
Systèmes d'assurance, de pensions et garanties standard	..	..	..	..	..	..	..	..
Produits financiers dérivés et options sur titres des salariés	..	..	..	..	..	..	..	..
Autres comptes à recevoir	..	..	..	..	..	..	..	..
Passifs financiers	..	..	..	..	..	..	..	..
Titres de dette	..	..	..	..	..	..	..	..
Titres de dette à court terme	..	..	..	..	..	..	..	..
Titres de dette à long terme	..	..	..	..	..	..	..	..
Crédits	..	..	..	..	..	..	..	..
Crédits à court terme	..	..	..	..	..	..	..	..
Crédits à long terme	..	..	..	..	..	..	..	..
Actions et parts de fonds d'investissement	..	..	..	..	..	..	..	..
Systèmes d'assurance, de pensions et garanties standard	..	..	..	..	..	..	..	..
Produits financiers dérivés et options sur titres des salariés	..	..	..	..	..	..	..	..
Autres comptes à payer	..	..	..	..	..	..	..	..
Actifs non financiers	..	..	..	..	..	..	..	..
Fonds d'investissement à capital variable								
Valeur nette financière	..	..	..	..	..	..	..	..
Actifs financiers	..	..	..	..	..	..	..	..
Numéraire et dépôts	..	..	..	..	..	..	..	..
Titres de dette	..	..	..	..	..	..	..	..
Crédits	..	..	..	..	..	..	..	..
Actions et parts de fonds d'investissement	..	..	..	..	..	..	..	..
Actions	..	..	..	..	..	..	..	..
Parts de fonds d'investissement	..	..	..	..	..	..	..	..
Parts de fonds d'investissement monétaires	..	..	..	..	..	..	..	..
Parts de fonds d'investissement non monétaires	..	..	..	..	..	..	..	..
Systèmes d'assurance, de pensions et garanties standard	..	..	..	..	..	..	..	..
Produits financiers dérivés et options sur titres des salariés	..	..	..	..	..	..	..	..
Autres comptes à recevoir	..	..	..	..	..	..	..	..
Passifs financiers	..	..	..	..	..	..	..	..
Titres de dette	..	..	..	..	..	..	..	..
Titres de dette à court terme	..	..	..	..	..	..	..	..
Titres de dette à long terme	..	..	..	..	..	..	..	..
Crédits	..	..	..	..	..	..	..	..
Crédits à court terme	..	..	..	..	..	..	..	..
Crédits à long terme	..	..	..	..	..	..	..	..
Actions et parts de fonds d'investissement	..	..	..	..	..	..	..	..
Systèmes d'assurance, de pensions et garanties standard	..	..	..	..	..	..	..	..
Produits financiers dérivés et options sur titres des salariés	..	..	..	..	..	..	..	..
Autres comptes à payer	..	..	..	..	..	..	..	..
Actifs non financiers	..	..	..	..	..	..	..	..

Note : Voir les métadonnées détaillées sur : *http://metalinks.oecd.org/instinv/20200916/0196*

NOUVELLE-ZÉLANDE

Tableau 3. Actifs et passifs financiers des sociétés d'assurance et fonds de pension

Millions NZD

	2012	2013	2014	2015	2016	2017	2018	2019
Sociétés d'assurance et fonds de pension								
Valeur nette financière	..	..	..	..	..	..	..	..
Actifs financiers	..	..	..	..	..	..	..	..
Numéraire et dépôts	..	..	..	..	..	..	..	..
Titres de dette	..	..	..	..	..	..	..	..
Crédits	..	..	..	..	..	..	..	..
Actions et parts de fonds d'investissement	..	..	..	..	..	..	..	..
Actions	..	..	..	..	..	..	..	..
Parts de fonds d'investissement	..	..	..	..	..	..	..	..
Parts de fonds d'investissement monétaires	..	..	..	..	..	..	..	..
Parts de fonds d'investissement non monétaires	..	..	..	..	..	..	..	..
Systèmes d'assurance, de pensions et garanties standard	..	..	..	..	..	..	..	..
Produits financiers dérivés et options sur titres des salariés	..	..	..	..	..	..	..	..
Autres comptes à recevoir	..	..	..	..	..	..	..	..
Passifs financiers	..	..	..	..	..	..	..	..
Titres de dette	..	..	..	..	..	..	..	..
Titres de dette à court terme	..	..	..	..	..	..	..	..
Titres de dette à long terme	..	..	..	..	..	..	..	..
Crédits	..	..	..	..	..	..	..	..
Crédits à court terme	..	..	..	..	..	..	..	..
Crédits à long terme	..	..	..	..	..	..	..	..
Actions et parts de fonds d'investissement	..	..	..	..	..	..	..	..
Systèmes d'assurance, de pensions et garanties standard	..	..	..	..	..	..	..	..
Produits financiers dérivés et options sur titres des salariés	..	..	..	..	..	..	..	..
Autres comptes à payer	..	..	..	..	..	..	..	..
Actifs non financiers	..	..	..	..	..	..	..	..
Sociétés d'assurance								
Valeur nette financière	..	..	..	..	..	..	..	..
Actifs financiers	..	..	..	..	..	..	..	..
Numéraire et dépôts	..	..	..	..	..	..	..	..
Titres de dette	..	..	..	..	..	..	..	..
Crédits	..	..	..	..	..	..	..	..
Actions et parts de fonds d'investissement	..	..	..	..	..	..	..	..
Actions	..	..	..	..	..	..	..	..
Parts de fonds d'investissement	..	..	..	..	..	..	..	..
Parts de fonds d'investissement monétaires	..	..	..	..	..	..	..	..
Parts de fonds d'investissement non monétaires	..	..	..	..	..	..	..	..
Systèmes d'assurance, de pensions et garanties standard	..	..	..	..	..	..	..	..
Produits financiers dérivés et options sur titres des salariés	..	..	..	..	..	..	..	..
Autres comptes à recevoir	..	..	..	..	..	..	..	..
Passifs financiers	..	..	..	..	..	..	..	..
Titres de dette	..	..	..	..	..	..	..	..
Titres de dette à court terme	..	..	..	..	..	..	..	..
Titres de dette à long terme	..	..	..	..	..	..	..	..
Crédits	..	..	..	..	..	..	..	..
Crédits à court terme	..	..	..	..	..	..	..	..
Crédits à long terme	..	..	..	..	..	..	..	..
Actions et parts de fonds d'investissement	..	..	..	..	..	..	..	..
Systèmes d'assurance, de pensions et garanties standard	..	..	..	..	..	..	..	..
Produits financiers dérivés et options sur titres des salariés	..	..	..	..	..	..	..	..
Autres comptes à payer	..	..	..	..	..	..	..	..
Actifs non financiers	..	..	..	..	..	..	..	..
Fonds de pension								
Valeur nette financière	..	..	..	..	..	..	..	..
Actifs financiers	..	..	51 611	57 904	64 994	75 932	80 819	97 552
Numéraire et dépôts	..	..	3 775	3 957	4 556	5 125	6 370	7 098
Titres de dette	..	..	11 474	12 789	14 515	17 757	19 603	23 042
Crédits	..	..	22	10	7	12	10	25
Actions et parts de fonds d'investissement	..	..	35 790	40 296	45 157	51 977	54 015	65 605
Actions	..	..	14 121	15 399	18 979	24 881	25 710	35 300
Parts de fonds d'investissement	..	..	21 669	24 897	26 179	27 096	28 306	30 305
Parts de fonds d'investissement monétaires	..	..	..	..	..	..	..	..
Parts de fonds d'investissement non monétaires	..	..	..	..	..	..	..	..
Systèmes d'assurance, de pensions et garanties standard	..	..	..	..	..	..	..	..
Produits financiers dérivés et options sur titres des salariés	..	..	305	585	333	688	174	1 060
Autres comptes à recevoir	..	..	246	268	427	373	646	723
Passifs financiers	..	..	..	..	..	..	..	..
Titres de dette	..	..	..	..	..	..	..	..
Titres de dette à court terme	..	..	..	..	..	..	..	..
Titres de dette à long terme	..	..	..	..	..	..	..	..
Crédits	..	..	..	..	..	..	..	..
Crédits à court terme	..	..	..	..	..	..	..	..
Crédits à long terme	..	..	..	..	..	..	..	..
Actions et parts de fonds d'investissement	..	..	..	..	..	..	..	..
Systèmes d'assurance, de pensions et garanties standard	..	..	..	..	..	..	..	..
Produits financiers dérivés et options sur titres des salariés	..	..	..	..	..	..	..	..
Autres comptes à payer	..	..	..	..	..	..	..	..
Actifs non financiers	..	..	114	111	117	119	108	102

Note : Voir les métadonnées détaillées sur : *http://metalinks.oecd.org/instinv/20200916/0196*

NOUVELLE-ZÉLANDE

Tableau 4. Composition du portefeuille par type d'investisseur

En pourcentage des actifs financiers et des passifs financiers

Pour cent

	2012	2013	2014	2015	2016	2017	2018	2019
Fonds d'investissement								
Actifs financiers	..	..	100.0	100.0	100.0	100.0	100.0	100.0
Numéraire et dépôts	..	..	23.3	21.4	20.9	19.5	19.8	17.9
Titres de dettes	..	..	28.9	30.4	31.8	31.9	32.7	31.2
Crédits	..	..	0.1	0.0	0.0	0.0	0.0	0.0
Actions et parts de fonds d'investissement	..	..	46.7	47.1	46.4	47.7	46.9	49.6
Systèmes d'assurance de pensions et garanties standard	..	..	0.0	0.0	0.0	0.0	0.0	0.0
Produits financiers dérivés et options sur titres des salariés	..	..	0.3	0.4	0.3	0.4	0.1	0.7
Autres comptes à recevoir	..	..	0.6	0.6	0.5	0.6	0.5	0.6
Passifs financiers	..	..	..	..	..	..	..	..
Numéraire et dépôts	..	..	..	..	..	..	..	..
Titres de dettes	..	..	..	..	..	..	..	..
Crédits	..	..	..	..	..	..	..	..
Actions et parts de fonds d'investissement	..	..	..	..	..	..	..	..
Systèmes d'assurance de pensions et garanties standard	..	..	..	..	..	..	..	..
Produits financiers dérivés et options sur titres des salariés	..	..	..	..	..	..	..	..
Autres comptes à recevoir	..	..	..	..	..	..	..	..
Sociétés d'assurance								
Actifs financiers	..	..	..	..	..	..	..	..
Numéraire et dépôts	..	..	..	..	..	..	..	..
Titres de dettes	..	..	..	..	..	..	..	..
Crédits	..	..	..	..	..	..	..	..
Actions et parts de fonds d'investissement	..	..	..	..	..	..	..	..
Systèmes d'assurance de pensions et garanties standard	..	..	..	..	..	..	..	..
Produits financiers dérivés et options sur titres des salariés	..	..	..	..	..	..	..	..
Autres comptes à recevoir	..	..	..	..	..	..	..	..
Passifs financiers	..	..	..	..	..	..	..	..
Numéraire et dépôts	..	..	..	..	..	..	..	..
Titres de dettes	..	..	..	..	..	..	..	..
Crédits	..	..	..	..	..	..	..	..
Actions et parts de fonds d'investissement	..	..	..	..	..	..	..	..
Systèmes d'assurance de pensions et garanties standard	..	..	..	..	..	..	..	..
Produits financiers dérivés et options sur titres des salariés	..	..	..	..	..	..	..	..
Autres comptes à recevoir	..	..	..	..	..	..	..	..
Fonds de pension								
Actifs financiers	..	..	100.0	100.0	100.0	100.0	100.0	100.0
Numéraire et dépôts	..	..	7.3	6.8	7.0	6.7	7.9	7.3
Titres de dettes	..	..	22.2	22.1	22.3	23.4	24.3	23.6
Crédits	..	..	0.0	0.0	0.0	0.0	0.0	0.0
Actions et parts de fonds d'investissement	..	..	69.3	69.6	69.5	68.5	66.8	67.3
Systèmes d'assurance de pensions et garanties standard	..	..	0.0	0.0	0.0	0.0	0.0	0.0
Produits financiers dérivés et options sur titres des salariés	..	..	0.6	1.0	0.5	0.9	0.2	1.1
Autres comptes à recevoir	..	..	0.5	0.5	0.7	0.5	0.8	0.7
Passifs financiers	..	..	..	..	..	..	..	..
Numéraire et dépôts	..	..	..	..	..	..	..	..
Titres de dettes	..	..	..	..	..	..	..	..
Crédits	..	..	..	..	..	..	..	..
Actions et parts de fonds d'investissement	..	..	..	..	..	..	..	..
Systèmes d'assurance de pensions et garanties standard	..	..	..	..	..	..	..	..
Produits financiers dérivés et options sur titres des salariés	..	..	..	..	..	..	..	..
Autres comptes à recevoir	..	..	..	..	..	..	..	..

Note : Voir les métadonnées détaillées sur : *http://metalinks.oecd.org/instinv/20200916/649b*

NORVÈGE

Tableau 1. Actifs et passifs financiers des investisseurs institutionnels, 2018

Millions NOK

	Fonds d'investissement				
	Total	Fonds d'investissement non-monétaire			Fonds d'investissement monétaires
		Total	Fonds d'investissement à capital variable, non monétaire	Fonds d'investissement à capital fixe, non monétaire	Total
Actifs financiers	..	..	1 063 627	..	111 316
Numéraire et dépôts	..	..	25 226	..	13 152
Titres de dette	..	..	353 832	..	91 143
Titres de dette à court terme	..	..	13 142	..	10 573
Titres de dette à long terme	..	..	340 690	..	80 570
Titres de dette émis par les résidents	..	..	212 521	..	85 065
Titres de dette émis par les non-résidents	..	..	141 311	..	6 078
Crédits	..	..	0	..	..
Crédits à court terme	..	..	..	..	..
Crédits à long terme	..	..	0	..	..
Crédits accordés aux résidents	..	..	0	..	..
Crédits accordés aux non-résidents	..	..	..	..	..
Actions et parts de fonds d'investissement	..	..	670 843	..	6 604
Actions et parts de fonds d'investissements émises par les résidents	..	..	269 573	..	6 595
Actions et part de fonds d'investissements émises par les non-résidents	..	..	401 270	..	..
Autres comptes à recevoir	..	..	19 805	..	417

	Fonds d'investissement				
	Total	Fonds d'investissement non-monétaire			Fonds d'investissement monétaires
		Total	Fonds d'investissement à capital variable, non monétaire	Fonds d'investissement à capital fixe, non monétaire	Total
Pasifs financiers	..	..	1 063 220	..	111 248
Numéraire et dépôts	..	..	..	..	..
Titres de dette	..	..	..	..	..
Titres de dette à court terme	..	..	..	..	..
Titres de dette à long terme	..	..	..	..	..
Crédits	..	..	2 962	..	..
Crédits à court terme	..	..	2 962	..	..
Crédits à long terme	..	..	..	..	..
Actions et parts de fonds d'investissement	..	..	1 054 058	..	110 789
Systèmes d'assurance, de pensions et garanties standard	..	..	..	..	..
Produits financiers dérivés et options sur titres des salariés	..	..	..	..	..
Autres comptes à payer	..	..	6 200	..	459

	Sociétés d'assurance et fonds de pension autonomes				
	Total	Sociétés d'assurance			Fonds de pension autonomes
		Total	Sociétés d'assurance vie	Sociétés d'assurance non-vie	Total
Actifs financiers	2 167 327	1 772 193	1 536 160	236 033	395 134
Numéraire et dépôts	42 805	34 643	24 882	9 761	8 162
Titres de dette	814 438	673 307	579 536	93 771	141 131
Titres de dette à court terme	27 392	21 986	13 928	8 058	5 406
Titres de dette à long terme	787 046	651 321	565 608	85 713	135 725
Titres de dette émis par les résidents	433 287	315 875	251 568	64 307	117 412
Titres de dette émis par les non-résidents	381 151	357 432	327 968	29 464	23 719
Crédits	155 576	145 822	142 575	3 247	9 754
Crédits à court terme	0	0	0	0	..
Crédits à long terme	155 576	145 822	142 575	3 247	9 754
Crédits accordés aux résidents	144 733	135 095	131 848	3 247	9 638
Crédits accordés aux non-résidents	10 843	10 727	10 727	0	116
Actions et parts de fonds d'investissement	1 060 127	827 357	775 355	52 002	232 770
Actions et parts de fonds d'investissement émises par les résidents	766 906	611 353	582 451	28 902	155 553
Actions et parts de fonds d'investissement émises par les non-résidents	293 221	216 004	192 904	23 100	77 217
Autrescomptes à recevoir	68 169	64 920	9 281	55 639	3 249

	Sociétés d'assurance et fonds de pension autonomes				
	Total	Sociétés d'assurance			Fonds de pension autonomes
		Total	Sociétés d'assurance vie	Sociétés d'assurance non-vie	Total
Pasifs financiers	2 208 899	1 812 560	1 538 357	274 203	396 339
Numéraire et dépôts	..	..	..	..	..
Titres de dette	21 123	21 123	17 368	3 755	0
Titres de dette à court terme	..	..	..	..	..
Titres de dette à long terme	21 123	21 123	17 368	3 755	0
Crédits	12 488	12 013	11 734	279	475
Crédits à court terme	3	3	3	0	..
Crédits à long terme	12 485	12 010	11 731	279	475
Actions et parts de fonds d'investissement	279 644	236 687	105 454	131 233	42 957
Systèmes d'assurance, de pensions et garanties standard	1 850 347	1 499 227	1 378 403	120 824	351 120
Produits financiers dérivés et options sur titres des salariés	11 959	10 944	10 147	797	1 015
Autres comptes à payer	33 338	32 566	15 251	17 315	772

Note : Voir les métadonnées détaillées sur : *http://metalinks.oecd.org/instinv/20200916/0196*

NORVÈGE

Tableau 2. Actifs et passifs financiers des fonds d'investissement

Millions NOK

	2012	2013	2014	2015	2016	2017	2018	2019
Fonds d'investissement								
Valeur nette financière	..	..	..	..	..	..	..	..
Actifs financiers	..	..	..	..	..	..	..	..
Numéraire et dépôts	..	..	..	..	..	..	..	..
Titres de dette	..	..	..	..	..	..	..	..
Crédits	..	..	..	..	..	..	..	..
Actions et parts de fonds d'investissement	..	..	..	..	..	..	..	..
Actions	..	..	..	..	..	..	..	..
Parts de fonds d'investissement	..	..	..	..	..	..	..	..
Parts de fonds d'investissement monétaires	..	..	..	..	..	..	..	..
Parts de fonds d'investissement non monétaires	..	..	..	..	..	..	..	..
Systèmes d'assurance, de pensions et garanties standard	..	..	..	..	..	..	..	..
Produits financiers dérivés et options sur titres des salariés	..	..	..	..	..	..	..	..
Autres comptes à recevoir	..	..	..	..	..	..	..	..
Passifs financiers	..	..	..	..	..	..	..	..
Titres de dette	..	..	..	..	..	..	..	..
Titres de dette à court terme	..	..	..	..	..	..	..	..
Titres de dette à long terme	..	..	..	..	..	..	..	..
Crédits	..	..	..	..	..	..	..	..
Crédits à court terme	..	..	..	..	..	..	..	..
Crédits à long terme	..	..	..	..	..	..	..	..
Actions et parts de fonds d'investissement	..	..	..	..	..	..	..	..
Systèmes d'assurance, de pensions et garanties standard	..	..	..	..	..	..	..	..
Produits financiers dérivés et options sur titres des salariés	..	..	..	..	..	..	..	..
Autres comptes à payer	..	..	..	..	..	..	..	..
Actifs non financiers	..	..	..	..	..	..	..	..
Fonds d'investissement monéaires								
Valeur nette financière	573	745	48	58	61	-208	68	107
Actifs financiers	96 333	91 353	86 717	82 313	95 875	105 955	111 316	108 428
Numéraire et dépôts	10 993	12 715	13 422	10 216	10 187	12 125	13 152	11 851
Titres de dette	77 127	68 707	66 345	65 384	77 984	86 545	91 143	93 314
Crédits	..	..	..	..	..	..	..	..
Actions et parts de fonds d'investissement	7 605	8 614	6 505	6 377	7 288	6 939	6 604	2 848
Actions	..	..	..	..	..	..	..	..
Parts de fonds d'investissement	7 605	8 614	6 505	6 377	7 288	6 939	6 604	2 848
Parts de fonds d'investissement monétaires	7 592	8 560	6 468	6 364	7 282	6 923	6 595	2 839
Parts de fonds d'investissement non monétaires	13	54	37	13	6	16	9	9
Systèmes d'assurance, de pensions et garanties standard	..	..	..	..	..	..	..	..
Produits financiers dérivés et options sur titres des salariés	..	..	..	..	..	..	..	..
Autres comptes à recevoir	608	1 317	445	336	416	346	417	415
Passifs financiers	95 760	90 608	86 669	82 255	95 814	106 163	111 248	108 321
Titres de dette	..	..	..	..	..	..	..	..
Titres de dette à court terme	..	..	..	..	..	..	..	..
Titres de dette à long terme	..	..	..	..	..	..	..	..
Crédits	..	..	..	..	..	..	..	..
Crédits à court terme	..	..	..	..	..	..	..	..
Crédits à long terme	..	..	..	..	..	..	..	..
Actions et parts de fonds d'investissement	95 520	89 545	86 236	81 929	95 450	105 831	110 789	107 864
Systèmes d'assurance, de pensions et garanties standard	..	..	..	..	..	..	..	..
Produits financiers dérivés et options sur titres des salariés	..	..	..	..	..	..	..	..
Autres comptes à payer	240	1 063	433	326	364	332	459	457
Actifs non financiers	..	..	..	..	..	..	..	..
Fonds d'investissement non monéaires								
Valeur nette financière	..	..	..	..	..	..	..	..
Actifs financiers	..	..	..	..	..	..	..	..
Numéraire et dépôts	..	..	..	..	..	..	..	..
Titres de dette	..	..	..	..	..	..	..	..
Crédits	..	..	..	..	..	..	..	..
Actions et parts de fonds d'investissement	..	..	..	..	..	..	..	..
Actions	..	..	..	..	..	..	..	..
Parts de fonds d'investissement	..	..	..	..	..	..	..	..
Parts de fonds d'investissement monétaires	..	..	..	..	..	..	..	..
Parts de fonds d'investissement non monétaires	..	..	..	..	..	..	..	..
Systèmes d'assurance, de pensions et garanties standard	..	..	..	..	..	..	..	..
Produits financiers dérivés et options sur titres des salariés	..	..	..	..	..	..	..	..
Autres comptes à recevoir	..	..	..	..	..	..	..	..
Passifs financiers	..	..	..	..	..	..	..	..
Titres de dette	..	..	..	..	..	..	..	..
Titres de dette à court terme	..	..	..	..	..	..	..	..
Titres de dette à long terme	..	..	..	..	..	..	..	..
Crédits	..	..	..	..	..	..	..	..
Crédits à court terme	..	..	..	..	..	..	..	..
Crédits à long terme	..	..	..	..	..	..	..	..
Actions et parts de fonds d'investissement	..	..	..	..	..	..	..	..
Systèmes d'assurance, de pensions et garanties standard	..	..	..	..	..	..	..	..
Produits financiers dérivés et options sur titres des salariés	..	..	..	..	..	..	..	..
Autres comptes à payer	..	..	..	..	..	..	..	..
Actifs non financiers	..	..	..	..	..	..	..	..
Fonds d'investissement non monéaires à capital variable								
Valeur nette financière	-319	-821	-444	748	4 148	1 110	407	426
Actifs financiers	517 233	639 820	824 220	890 760	959 881	1 085 378	1 063 627	1 260 703
Numéraire et dépôts	16 293	18 721	26 214	32 916	25 724	29 550	25 226	31 989

Tableau 2. Actifs et passifs financiers des fonds d'investissement *(suite)*

Millions NOK

	2012	2013	2014	2015	2016	2017	2018	2019
Titres de dette	158 212	178 034	293 703	314 868	329 071	344 596	353 832	391 625
Crédits	0	0	0	0	0	0	0	0
Actions et parts de fonds d'investissement	330 059	437 547	498 160	536 473	596 411	697 020	670 843	808 533
Actions	259 667	341 971	378 923	398 798	436 979	524 363	502 145	623 029
Parts de fonds d'investissement	70 392	95 576	119 237	137 675	159 432	172 657	168 698	185 504
Parts de fonds d'investissement monétaires	6 274	4 895	5 977	6 372	6 816	3 742	2 902	3 479
Parts de fonds d'investissement non monétaires	64 118	90 681	113 260	131 303	152 616	168 915	165 796	182 025
Systèmes d'assurance, de pensions et garanties standard	..	..	..	..	..	..	..	..
Produits financiers dérivés et options sur titres des salariés	705	-190	-5 349	-5 523	-3 261	-1 971	-6 079	-6 079
Autres comptes à recevoir	11 964	5 708	11 492	12 026	11 936	16 183	19 805	34 635
Passifs financiers	517 552	640 641	824 664	890 012	955 733	1 084 268	1 063 220	1 260 277
Titres de dette	..	..	..	..	..	..	..	..
Titres de dette à court terme	..	..	..	..	..	..	..	..
Titres de dette à long terme	..	..	..	..	..	..	..	..
Crédits	1 109	645	1 960	9 849	435	1 427	2 962	1 975
Crédits à court terme	1 109	645	1 960	9 849	435	1 427	2 962	1 975
Crédits à long terme	..	..	..	..	..	..	..	..
Actions et parts de fonds d'investissement	513 910	636 305	818 518	876 168	950 878	1 077 483	1 054 058	1 252 103
Systèmes d'assurance, de pensions et garanties standard	..	..	..	..	..	..	..	..
Produits financiers dérivés et options sur titres des salariés	..	..	..	..	..	..	..	..
Autres comptes à payer	2 533	3 691	4 186	3 995	4 420	5 358	6 200	6 199
Actifs non financiers	..	..	..	..	..	..	..	..
Fonds d'investissement à capital variable								
Valeur nette financière	254	-76	-396	806	4 209	902	475	533
Actifs financiers	613 566	731 173	910 937	973 073	1 055 756	1 191 333	1 174 943	1 369 131
Numéraire et dépôts	27 286	31 436	39 636	43 132	35 911	41 675	38 378	43 840
Titres de dette	235 339	246 741	360 048	380 252	407 055	431 141	444 975	484 939
Crédits	0	0	0	0	0	0	0	0
Actions et parts de fonds d'investissement	337 664	446 161	504 665	542 850	603 699	703 959	677 447	811 381
Actions	259 667	341 971	378 923	398 798	436 979	524 363	502 145	623 029
Parts de fonds d'investissement	77 997	104 190	125 742	144 052	166 720	179 596	175 302	188 352
Parts de fonds d'investissement monétaires	13 866	13 455	12 445	12 736	14 098	10 665	9 497	6 318
Parts de fonds d'investissement non monétaires	64 131	90 735	113 297	131 316	152 622	168 931	165 805	182 034
Systèmes d'assurance, de pensions et garanties standard	..	..	..	..	..	..	..	..
Produits financiers dérivés et options sur titres des salariés	705	-190	-5 349	-5 523	-3 261	-1 971	-6 079	-6 079
Autres comptes à recevoir	12 572	7 025	11 937	12 362	12 352	16 529	20 222	35 050
Passifs financiers	613 312	731 249	911 333	972 267	1 051 547	1 190 431	1 174 468	1 368 598
Titres de dette	..	..	..	..	..	..	..	..
Titres de dette à court terme	..	..	..	..	..	..	..	..
Titres de dette à long terme	..	..	..	..	..	..	..	..
Crédits	1 109	645	1 960	9 849	435	1 427	2 962	1 975
Crédits à court terme	1 109	645	1 960	9 849	435	1 427	2 962	1 975
Crédits à long terme	..	..	..	..	..	..	..	..
Actions et parts de fonds d'investissement	609 430	725 850	904 754	958 097	1 046 328	1 183 314	1 164 847	1 359 967
Systèmes d'assurance, de pensions et garanties standard	..	..	..	..	..	..	..	..
Produits financiers dérivés et options sur titres des salariés	..	..	..	..	..	..	..	..
Autres comptes à payer	2 773	4 754	4 619	4 321	4 784	5 690	6 659	6 656
Actifs non financiers	..	..	..	..	..	..	..	..

Note : Voir les métadonnées détaillées sur : *http://metalinks.oecd.org/instinv/20200916/0196*

NORVÈGE

Tableau 3. Actifs et passifs financiers des sociétés d'assurance et fonds de pension

Millions NOK

	2012	2013	2014	2015	2016	2017	2018	2019
Sociétés d'assurance et fonds de pension								
Valeur nette financière	-20 605	-34 299	-29 980	-48 582	-33 689	-45 990	-41 572	-39 299
Actifs financiers	1 417 236	1 564 542	1 735 099	1 856 121	1 971 983	2 129 269	2 167 327	2 376 788
Numéraire et dépôts	45 463	56 016	46 243	49 170	43 437	43 749	42 805	54 962
Titres de dette	670 429	730 812	703 311	732 815	766 703	803 251	814 438	825 131
Crédits	55 997	67 407	88 072	98 399	115 107	126 641	155 576	160 200
Actions et parts de fonds d'investissement	569 317	631 939	813 141	887 265	960 598	1 070 506	1 060 127	1 239 619
Actions	244 114	252 345	281 429	305 739	325 557	348 443	330 907	379 827
Parts de fonds d'investissement	325 203	379 594	531 712	581 526	635 041	722 063	729 220	859 792
Parts de fonds d'investissement monétaires	36 833	32 472	30 393	26 770	27 492	26 221	29 572	28 964
Parts de fonds d'investissement non monétaires	288 370	347 122	501 319	554 756	607 549	695 842	699 648	830 828
Systèmes d'assurance, de pensions et garanties standard	14 209	15 624	16 147	19 446	18 157	21 125	22 836	22 486
Produits financiers dérivés et options sur titres des salariés	5 568	3 294	4 951	3 936	5 465	3 119	3 376	11 311
Autres comptes à recevoir	56 253	59 450	63 234	65 090	62 516	60 878	68 169	63 079
Passifs financiers	1 437 841	1 598 841	1 765 079	1 904 703	2 005 672	2 175 259	2 208 899	2 416 087
Titres de dette	11 016	11 381	13 162	20 190	20 022	21 980	21 123	22 707
Titres de dette à court terme	..	..	..	..	..	..	..	..
Titres de dette à long terme	11 016	11 381	13 162	20 190	20 022	21 980	21 123	22 707
Crédits	4 775	3 859	4 578	11 237	12 392	12 216	12 488	15 856
Crédits à court terme	37	25	31	375	1 099	1 149	3	4
Crédits à long terme	4 738	3 834	4 547	10 862	11 293	11 067	12 485	15 852
Actions et parts de fonds d'investissement	175 434	209 020	227 487	261 368	262 897	289 132	279 644	316 964
Systèmes d'assurance, de pensions et garanties standard	1 220 427	1 345 483	1 476 032	1 574 557	1 677 594	1 818 445	1 850 347	2 026 162
Produits financiers dérivés et options sur titres des salariés	2 392	4 153	18 398	12 398	7 658	6 708	11 959	2 446
Autres comptes à payer	23 797	24 945	25 422	24 953	25 109	26 778	33 338	31 952
Actifs non financiers	..	..	..	..	..	..	..	..
Sociétés d'assurance								
Valeur nette financière	-14 330	-30 743	-30 469	-52 220	-37 942	-50 301	-40 367	-58 379
Actifs financiers	1 186 091	1 296 668	1 428 226	1 517 267	1 609 934	1 731 868	1 772 193	1 948 548
Numéraire et dépôts	38 011	48 573	38 262	41 539	35 839	34 686	34 643	46 800
Titres de dette	555 667	607 376	571 529	595 015	628 548	660 010	673 307	683 184
Crédits	51 131	61 934	81 978	92 879	109 210	118 870	145 822	150 417
Actions et parts de fonds d'investissement	469 458	503 627	655 835	703 009	754 275	836 506	827 357	974 588
Actions	208 111	206 420	227 377	242 187	252 264	266 123	248 519	297 346
Parts de fonds d'investissement	261 347	297 207	428 458	460 822	502 011	570 383	578 838	677 242
Parts de fonds d'investissement monétaires	32 278	26 499	23 474	18 930	19 482	18 719	21 724	21 223
Parts de fonds d'investissement non monétaires	229 069	270 708	404 984	441 892	482 529	551 664	557 114	656 019
Systèmes d'assurance, de pensions et garanties standard	14 209	15 624	16 147	19 446	18 157	21 125	22 836	22 486
Produits financiers dérivés et options sur titres des salariés	4 996	3 050	4 612	3 660	5 169	2 957	3 308	11 243
Autres comptes à recevoir	52 619	56 484	59 863	61 719	58 736	57 714	64 920	59 830
Passifs financiers	1 200 421	1 327 411	1 458 695	1 569 487	1 647 876	1 782 169	1 812 560	2 006 927
Titres de dette	10 779	11 034	13 161	20 190	20 022	21 950	21 123	22 581
Titres de dette à court terme	..	..	..	..	..	..	..	..
Titres de dette à long terme	10 779	11 034	13 161	20 190	20 022	21 950	21 123	22 581
Crédits	4 280	3 347	4 118	10 813	11 957	11 781	12 013	15 381
Crédits à court terme	37	25	31	375	1 099	1 149	3	4
Crédits à long terme	4 243	3 322	4 087	10 438	10 858	10 632	12 010	15 377
Actions et parts de fonds d'investissement	153 763	184 586	200 521	230 210	227 378	248 395	236 687	274 007
Systèmes d'assurance, de pensions et garanties standard	1 006 622	1 100 470	1 200 506	1 273 072	1 357 195	1 468 469	1 499 227	1 662 312
Produits financiers dérivés et options sur titres des salariés	2 169	3 810	15 939	11 051	7 090	6 038	10 944	1 466
Autres comptes à payer	22 808	24 164	24 450	24 151	24 234	25 536	32 566	31 180
Actifs non financiers	..	..	..	..	..	..	..	..
Fonds de pension								
Valeur nette financière	-6 275	-3 556	489	3 638	4 253	4 311	-1 205	19 080
Actifs financiers	231 145	267 874	306 873	338 854	362 049	397 401	395 134	428 240
Numéraire et dépôts	7 452	7 443	7 981	7 631	7 598	9 063	8 162	8 162
Titres de dette	114 762	123 436	131 782	137 800	138 155	143 241	141 131	141 947
Crédits	4 866	5 473	6 094	5 520	5 897	7 771	9 754	9 783
Actions et parts de fonds d'investissement	99 859	128 312	157 306	184 256	206 323	234 000	232 770	265 031
Actions	36 003	45 925	54 052	63 552	73 293	82 320	82 388	82 481
Parts de fonds d'investissement	63 856	82 387	103 254	120 704	133 030	151 680	150 382	182 550
Parts de fonds d'investissement monétaires	4 555	5 973	6 919	7 840	8 010	7 502	7 848	7 741
Parts de fonds d'investissement non monétaires	59 301	76 414	96 335	112 864	125 020	144 178	142 534	174 809
Systèmes d'assurance, de pensions et garanties standard	..	..	..	..	..	..	..	..
Produits financiers dérivés et options sur titres des salariés	572	244	339	276	296	162	68	68
Autres comptes à recevoir	3 634	2 966	3 371	3 371	3 780	3 164	3 249	3 249
Passifs financiers	237 420	271 430	306 384	335 216	357 796	393 090	396 339	409 160
Titres de dette	237	347	1	0	0	30	0	126
Titres de dette à court terme	..	..	..	..	..	..	..	..
Titres de dette à long terme	237	347	1	0	0	30	0	126
Crédits	495	512	460	424	435	435	475	475
Crédits à court terme	..	..	..	..	..	..	..	..
Crédits à long terme	495	512	460	424	435	435	475	475
Actions et parts de fonds d'investissement	21 671	24 434	26 966	31 158	35 519	40 737	42 957	42 957
Systèmes d'assurance, de pensions et garanties standard	213 805	245 013	275 526	301 485	320 399	349 976	351 120	363 850
Produits financiers dérivés et options sur titres des salariés	223	343	2 459	1 347	568	670	1 015	980
Autres comptes à payer	989	781	972	802	875	1 242	772	772
Actifs non financiers	..	..	..	..	..	..	..	..

Note : Voir les métadonnées détaillées sur : *http://metalinks.oecd.org/instinv/20200916/0196*

NORVÈGE

Tableau 4. Composition du portefeuille par type d'investisseur

En pourcentage des actifs financiers et des passifs financiers

Pour cent

	2012	2013	2014	2015	2016	2017	2018	2019
Fonds d'investissement								
Actifs financiers	..	..	..	..	..	..	..	..
Numéraire et dépôts	..	..	..	..	..	..	..	..
Titres de dettes	..	..	..	..	..	..	..	..
Crédits	..	..	..	..	..	..	..	..
Actions et parts de fonds d'investissement	..	..	..	..	..	..	..	..
Systèmes d'assurance de pensions et garanties standard	..	..	..	..	..	..	..	..
Produits financiers dérivés et options sur titres des salariés	..	..	..	..	..	..	..	..
Autres comptes à recevoir	..	..	..	..	..	..	..	..
Passifs financiers	..	..	..	..	..	..	..	..
Numéraire et dépôts	..	..	..	..	..	..	..	..
Titres de dettes	..	..	..	..	..	..	..	..
Crédits	..	..	..	..	..	..	..	..
Actions et parts de fonds d'investissement	..	..	..	..	..	..	..	..
Systèmes d'assurance de pensions et garanties standard	..	..	..	..	..	..	..	..
Produits financiers dérivés et options sur titres des salariés	..	..	..	..	..	..	..	..
Autres comptes à recevoir	..	..	..	..	..	..	..	..
Sociétés d'assurance								
Actifs financiers	100.0	100.0	100.0	100.0	100.0	100.0	100.0	100.0
Numéraire et dépôts	3.2	3.7	2.7	2.7	2.2	2.0	2.0	2.4
Titres de dettes	46.8	46.8	40.0	39.2	39.0	38.1	38.0	35.1
Crédits	4.3	4.8	5.7	6.1	6.8	6.9	8.2	7.7
Actions et parts de fonds d'investissement	39.6	38.8	45.9	46.3	46.9	48.3	46.7	50.0
Systèmes d'assurance de pensions et garanties standard	1.2	1.2	1.1	1.3	1.1	1.2	1.3	1.2
Produits financiers dérivés et options sur titres des salariés	0.4	0.2	0.3	0.2	0.3	0.2	0.2	0.6
Autres comptes à recevoir	4.4	4.4	4.2	4.1	3.6	3.3	3.7	3.1
Passifs financiers	100.0	100.0	100.0	100.0	100.0	100.0	100.0	100.0
Numéraire et dépôts	0.0	0.0	0.0	0.0	0.0	0.0	0.0	0.0
Titres de dettes	0.9	0.8	0.9	1.3	1.2	1.2	1.2	1.1
Crédits	0.4	0.3	0.3	0.7	0.7	0.7	0.7	0.8
Actions et parts de fonds d'investissement	12.8	13.9	13.7	14.7	13.8	13.9	13.1	13.7
Systèmes d'assurance de pensions et garanties standard	83.9	82.9	82.3	81.1	82.4	82.4	82.7	82.8
Produits financiers dérivés et options sur titres des salariés	0.2	0.3	1.1	0.7	0.4	0.3	0.6	0.1
Autres comptes à recevoir	1.9	1.8	1.7	1.5	1.5	1.4	1.8	1.6
Fonds de pension								
Actifs financiers	100.0	100.0	100.0	100.0	100.0	100.0	100.0	100.0
Numéraire et dépôts	3.2	2.8	2.6	2.3	2.1	2.3	2.1	1.9
Titres de dettes	49.6	46.1	42.9	40.7	38.2	36.0	35.7	33.1
Crédits	2.1	2.0	2.0	1.6	1.6	2.0	2.5	2.3
Actions et parts de fonds d'investissement	43.2	47.9	51.3	54.4	57.0	58.9	58.9	61.9
Systèmes d'assurance de pensions et garanties standard	0.0	0.0	0.0	0.0	0.0	0.0	0.0	0.0
Produits financiers dérivés et options sur titres des salariés	0.2	0.1	0.1	0.1	0.1	0.0	0.0	0.0
Autres comptes à recevoir	1.6	1.1	1.1	1.0	1.0	0.8	0.8	0.8
Passifs financiers	100.0	100.0	100.0	100.0	100.0	100.0	100.0	100.0
Numéraire et dépôts	0.0	0.0	0.0	0.0	0.0	0.0	0.0	0.0
Titres de dettes	0.1	0.1	0.0	0.0	0.0	0.0	0.0	0.0
Crédits	0.2	0.2	0.2	0.1	0.1	0.1	0.1	0.1
Actions et parts de fonds d'investissement	9.1	9.0	8.8	9.3	9.9	10.4	10.8	10.5
Systèmes d'assurance de pensions et garanties standard	90.1	90.3	89.9	89.9	89.5	89.0	88.6	88.9
Produits financiers dérivés et options sur titres des salariés	0.1	0.1	0.8	0.4	0.2	0.2	0.3	0.2
Autres comptes à recevoir	0.4	0.3	0.3	0.2	0.2	0.3	0.2	0.2

Note : Voir les métadonnées détaillées sur : *http://metalinks.oecd.org/instinv/20200916/649b*

POLOGNE

Tableau 1. Actifs et passifs financiers des investisseurs institutionnels, 2018

Millions PLN

	Total	Fonds d'investissement			
		Fonds d'investissement non-monétaire			Fonds d'investissement monétaires
		Total	Fonds d'investissement à capital variable, non monétaire	Fonds d'investissement à capital fixe, non monétaire	Total
Actifs financiers	..	311 168	164 204	146 964	..
Numéraire et dépôts	..	29 692	15 758	13 934	..
Titres de dette	..	142 306	106 676	35 630	..
Titres de dette à court terme	..	5 499	3 657	1 842	..
Titres de dette à long terme	..	136 807	103 019	33 788	..
Titres de dette émis par les résidents	..	118 172	93 367	24 805	..
Titres de dette émis par les non-résidents	..	24 133	13 308	10 825	..
Crédits	..	9 622	..	8 422	..
Crédits à court terme	..	..	..	754	..
Crédits à long terme	..	..	..	7 668	..
Crédits accordés aux résidents	..	..	..	6 936	..
Crédits accordés aux non-résidents	..	..	..	1 487	..
Actions et parts de fonds d'investissement	..	..	39 339	65 537	..
Actions et parts de fonds d'investissements émises par les résidents	..	49 204	22 765	26 439	..
Actions et part de fonds d'investissements émises par les non-résidents	..	..	16 574	..	..
Autres comptes à recevoir	..	24 437	1 123	23 314	..

	Total	Fonds d'investissement			
		Fonds d'investissement non-monétaire			Fonds d'investissement monétaires
		Total	Fonds d'investissement à capital variable, non monétaire	Fonds d'investissement à capital fixe, non monétaire	Total
Pasifs financiers	..	..	164 203	148 357	..
Numéraire et dépôts	..	..	..	..	..
Titres de dette	..	..	..	..	..
Titres de dette à court terme	..	..	..	..	..
Titres de dette à long terme	..	..	..	..	..
Crédits	..	3 776	3 193	583	..
Crédits à court terme	..	3 405	3 193	212	..
Crédits à long terme	..	371	0	371	..
Actions et parts de fonds d'investissement	..	291 038	151 819	139 219	..
Systèmes d'assurance, de pensions et garanties standard	..	..	..	..	..
Produits financiers dérivés et options sur titres des salariés	..	286	208	78	..
Autres comptes à payer	..	17 460	8 983	8 477	..

	Total	Sociétés d'assurance et fonds de pension autonomes			
		Sociétés d'assurance			Fonds de pension autonomes
		Total	Sociétés d'assurance vie	Sociétés d'assurance non-vie	Total
Actifs financiers	..	..	..	..	159 322
Numéraire et dépôts	..	..	..	..	9 774
Titres de dette	..	..	..	..	14 719
Titres de dette à court terme	..	..	..	..	290
Titres de dette à long terme	..	..	..	..	14 429
Titres de dette émis par les résidents	..	..	..	..	13 087 e
Titres de dette émis par les non-résidents	..	..	..	..	1 632 e
Crédits	..	..	..	..	0
Crédits à court terme	..	..	..	..	0
Crédits à long terme	..	..	..	..	0
Crédits accordés aux résidents	..	..	..	..	0
Crédits accordés aux non-résidents	..	..	..	..	0
Actions et parts de fonds d'investissement	..	..	..	..	134 600
Actions et parts de fonds d'investissement émises par les résidents	..	..	..	..	121 834 e
Actions et parts de fonds d'investissement émises par les non-résidents	..	..	..	..	12 766 e
Autrescomptes à recevoir	..	..	..	..	230

	Total	Sociétés d'assurance et fonds de pension autonomes			
		Sociétés d'assurance			Fonds de pension autonomes
		Total	Sociétés d'assurance vie	Sociétés d'assurance non-vie	Total
Pasifs financiers	..	..	..	..	159 322
Numéraire et dépôts	..	..	..	..	0
Titres de dette	..	..	..	..	0
Titres de dette à court terme	..	..	..	..	0
Titres de dette à long terme	..	..	..	..	0
Crédits	..	..	..	..	0
Crédits à court terme	..	..	..	..	0
Crédits à long terme	..	..	..	..	0
Actions et parts de fonds d'investissement	..	..	..	..	0
Systèmes d'assurance, de pensions et garanties standard	..	..	..	..	159 134
Produits financiers dérivés et options sur titres des salariés	..	..	..	..	0
Autres comptes à payer	..	..	..	..	188

Note : Voir les métadonnées détaillées sur : *http://metalinks.oecd.org/instinv/20200916/cc63*

POLOGNE

Tableau 2. Actifs et passifs financiers des fonds d'investissement

Millions PLN

	2012	2013	2014	2015	2016	2017	2018	2019
Fonds d'investissement								
Valeur nette financière	..	..	..	..	..	..	..	..
Actifs financiers	..	..	..	..	..	..	..	..
Numéraire et dépôts	..	..	..	..	..	..	..	..
Titres de dette	..	..	..	..	..	..	..	..
Crédits	..	..	..	..	..	..	..	..
Actions et parts de fonds d'investissement	..	..	..	..	..	..	..	..
Actions	..	..	..	..	..	..	..	..
Parts de fonds d'investissement	..	..	..	..	..	..	..	..
Parts de fonds d'investissement monétaires	..	..	..	..	..	..	..	..
Parts de fonds d'investissement non monétaires	..	..	..	..	..	..	..	..
Systèmes d'assurance, de pensions et garanties standard	..	..	..	..	..	..	..	..
Produits financiers dérivés et options sur titres des salariés	..	..	..	..	..	..	..	..
Autres comptes à recevoir	..	..	..	..	..	..	..	..
Passifs financiers	..	..	..	..	..	..	..	..
Titres de dette	..	..	..	..	..	..	..	..
Titres de dette à court terme	..	..	..	..	..	..	..	..
Titres de dette à long terme	..	..	..	..	..	..	..	..
Crédits	..	..	..	..	..	..	..	..
Crédits à court terme	..	..	..	..	..	..	..	..
Crédits à long terme	..	..	..	..	..	..	..	..
Actions et parts de fonds d'investissement	..	..	..	..	..	..	..	..
Systèmes d'assurance, de pensions et garanties standard	..	..	..	..	..	..	..	..
Produits financiers dérivés et options sur titres des salariés	..	..	..	..	..	..	..	..
Autres comptes à payer	..	..	..	..	..	..	..	..
Actifs non financiers	..	..	..	..	..	..	..	..
Fonds d'investissement monéaires								
Valeur nette financière	..	..	..	..	..	..	..	..
Actifs financiers	..	..	..	..	..	..	..	..
Numéraire et dépôts	..	..	..	..	..	..	..	..
Titres de dette	..	..	..	..	..	..	..	..
Crédits	..	..	..	..	..	..	..	..
Actions et parts de fonds d'investissement	..	..	..	..	..	..	..	..
Actions	..	..	..	..	..	..	..	..
Parts de fonds d'investissement	..	..	..	..	..	..	..	..
Parts de fonds d'investissement monétaires	..	..	..	..	..	..	..	..
Parts de fonds d'investissement non monétaires	..	..	..	..	..	..	..	..
Systèmes d'assurance, de pensions et garanties standard	..	..	..	..	..	..	..	..
Produits financiers dérivés et options sur titres des salariés	..	..	..	..	..	..	..	..
Autres comptes à recevoir	..	..	..	..	..	..	..	..
Passifs financiers	..	..	..	..	..	..	..	..
Titres de dette	..	..	..	..	..	..	..	..
Titres de dette à court terme	..	..	..	..	..	..	..	..
Titres de dette à long terme	..	..	..	..	..	..	..	..
Crédits	..	..	..	..	..	..	..	..
Crédits à court terme	..	..	..	..	..	..	..	..
Crédits à long terme	..	..	..	..	..	..	..	..
Actions et parts de fonds d'investissement	..	..	..	..	..	..	..	..
Systèmes d'assurance, de pensions et garanties standard	..	..	..	..	..	..	..	..
Produits financiers dérivés et options sur titres des salariés	..	..	..	..	..	..	..	..
Autres comptes à payer	..	..	..	..	..	..	..	..
Actifs non financiers	..	..	..	..	..	..	..	..
Fonds d'investissement non monéaires								
Valeur nette financière	-3	-749	-2 498	-2 533	-4 121	-4 762	-1 392	-1 262
Actifs financiers	158 821	209 923	237 992	290 227	285 975	316 463	311 168	321 687
Numéraire et dépôts	12 150	18 749	17 330	21 771	20 358	21 000	29 692	14 731
Titres de dette	66 395	86 207	107 560	109 602	119 317	139 954	142 306	152 468
Crédits	402	895	3 796	14 139	14 581	8 077	9 622	..
Actions et parts de fonds d'investissement	67 500	88 632	90 023	119 453	..	117 655	..	..
Actions	59 602	79 090	74 532	102 432	86 089	97 248	86 168	93 111
Parts de fonds d'investissement	7 898	9 542	15 491	17 021	17 679	20 407	18 708	17 264
Parts de fonds d'investissement monétaires	0	0	2	6	..	0	0	0
Parts de fonds d'investissement non monétaires	7 898	9 542	15 489	17 015	17 679	20 407	18 708	17 264
Systèmes d'assurance, de pensions et garanties standard	..	..	..	..	..	..	..	..
Produits financiers dérivés et options sur titres des salariés	119	279	297	360	349	668	235	1 075
Autres comptes à recevoir	12 255	15 161	18 986	24 902	27 602	29 109	24 437	24 406
Passifs financiers	158 824	210 672	240 490	292 760	..	..	..	322 949
Titres de dette	..	..	..	..	..	..	..	..
Titres de dette à court terme	..	..	..	..	..	..	..	..
Titres de dette à long terme	..	..	..	..	..	..	..	..
Crédits	3 627	6 240	11 106	9 777	7 369	4 539	3 776	10 969
Crédits à court terme	3 627	6 166	11 012	9 660	7 099	4 329	3 405	10 686
Crédits à long terme	0	74	94	117	270	210	371	283
Actions et parts de fonds d'investissement	150 428	192 273	216 134	269 914	271 720	302 531	291 038	304 356
Systèmes d'assurance, de pensions et garanties standard	..	..	..	..	..	..	..	..
Produits financiers dérivés et options sur titres des salariés	144	120	534	141	179	118	286	542
Autres comptes à payer	4 627	12 038	12 715	12 928	10 827	14 036	17 460	7 082
Actifs non financiers	0	748	2 496	2 535	4 121	4 762	1 391	1 261
Fonds d'investissement non monéaires à capital variable								
Valeur nette financière	-1	-1	-2	1	0	0	1	0
Actifs financiers	106 075	128 591	142 814	144 289	137 573	159 502	164 204	173 831
Numéraire et dépôts	8 777	13 373	12 328	11 685	9 713	11 925	15 758	5 862

POLOGNE

Tableau 2. Actifs et passifs financiers des fonds d'investissement *(suite)*

Millions PLN

	2012	2013	2014	2015	2016	2017	2018	2019
Titres de dette	60 927	69 103	84 334	84 718	81 034	94 280	106 676	120 668
Crédits	2	3	2	2	..	..	..	5 940
Actions et parts de fonds d'investissement	34 143	44 069	43 700	45 919	45 312	51 303	39 339	39 989
Actions	28 172	35 747	32 304	30 991	30 825	35 633	25 840	26 196
Parts de fonds d'investissement	5 971	8 322	11 396	14 928	14 487	15 670	13 499	13 793
Parts de fonds d'investissement monétaires	0	0	2	6	..	0	0	0
Parts de fonds d'investissement non monétaires	5 971	8 322	11 394	14 922	14 487	15 670	13 499	13 793
Systèmes d'assurance, de pensions et garanties standard	..	..	..	..	..	..	..	..
Produits financiers dérivés et options sur titres des salariés	70	185	69	182	114	408	108	572
Autres comptes à recevoir	2 156	1 858	2 381	1 783	1 398	1 495	1 123	800
Passifs financiers	106 076	128 592	142 816	144 288	137 573	159 502	164 203	173 831
Titres de dette	..	..	..	..	..	..	..	..
Titres de dette à court terme	..	..	..	..	..	..	..	..
Titres de dette à long terme	..	..	..	..	..	..	..	..
Crédits	3 539	5 442	8 137	8 392	6 679	3 906	3 193	10 316
Crédits à court terme	3 539	5 416	8 137	8 392	6 679	3 906	3 193	10 316
Crédits à long terme	0	26	0	0	0	0	0	0
Actions et parts de fonds d'investissement	99 293	115 358	127 583	129 829	126 206	150 578	151 819	161 711
Systèmes d'assurance, de pensions et garanties standard	..	..	..	..	..	..	..	..
Produits financiers dérivés et options sur titres des salariés	67	55	420	113	116	38	208	284
Autres comptes à payer	3 178	7 737	6 675	5 953	4 572	4 979	8 983	1 520
Actifs non financiers	0	0	0	0	0	0	0	0
Fonds d'investissement à capital variable								
Valeur nette financière	..	..	..	..	..	..	..	..
Actifs financiers	..	..	..	..	..	..	..	..
Numéraire et dépôts	..	..	..	..	..	..	..	..
Titres de dette	..	..	..	..	..	..	..	..
Crédits	..	..	..	..	..	..	..	..
Actions et parts de fonds d'investissement	..	..	..	..	..	..	..	..
Actions	..	..	..	..	..	..	..	..
Parts de fonds d'investissement	..	..	..	..	..	..	..	..
Parts de fonds d'investissement monétaires	..	..	..	..	..	..	..	..
Parts de fonds d'investissement non monétaires	..	..	..	..	..	..	..	..
Systèmes d'assurance, de pensions et garanties standard	..	..	..	..	..	..	..	..
Produits financiers dérivés et options sur titres des salariés	..	..	..	..	..	..	..	..
Autres comptes à recevoir	..	..	..	..	..	..	..	..
Passifs financiers	..	..	..	..	..	..	..	..
Titres de dette	..	..	..	..	..	..	..	..
Titres de dette à court terme	..	..	..	..	..	..	..	..
Titres de dette à long terme	..	..	..	..	..	..	..	..
Crédits	..	..	..	..	..	..	..	..
Crédits à court terme	..	..	..	..	..	..	..	..
Crédits à long terme	..	..	..	..	..	..	..	..
Actions et parts de fonds d'investissement	..	..	..	..	..	..	..	..
Systèmes d'assurance, de pensions et garanties standard	..	..	..	..	..	..	..	..
Produits financiers dérivés et options sur titres des salariés	..	..	..	..	..	..	..	..
Autres comptes à payer	..	..	..	..	..	..	..	..
Actifs non financiers	..	..	..	..	..	..	..	..

Note : Voir les métadonnées détaillées sur : *http://metalinks.oecd.org/instinv/20200916/cc63*

POLOGNE

Tableau 3. Actifs et passifs financiers des sociétés d'assurance et fonds de pension

Millions PLN

	2012	2013	2014	2015	2016	2017	2018	2019
Sociétés d'assurance et fonds de pension								
Valeur nette financière	-2 340	-2 496	-2 831	-3 045	..	..	..	..
Actifs financiers	441 731	474 234	334 184	329 381	339 497	..	..	..
Numéraire et dépôts	36 249	29 340	24 153	21 380	22 265	..	..	..
Titres de dette	223 591	222 296	80 118	79 760	87 830	..	..	..
Crédits	3 410	5 116	5 347	3 976	2 850	..	..	..
Actions et parts de fonds d'investissement	155 137	192 442	197 425	194 438	192 936	..	..	..
Actions	110 518	137 230	138 276	133 099	142 091	..	..	..
Parts de fonds d'investissement	44 620	55 212	59 150	61 339	50 845	..	..	..
Parts de fonds d'investissement monétaires	..	..	..	..	..	..	..	..
Parts de fonds d'investissement non monétaires	..	..	..	..	..	..	..	..
Systèmes d'assurance, de pensions et garanties standard	7 024	6 271	7 194	9 715	6 447	..	..	..
Produits financiers dérivés et options sur titres des salariés	641	653	915	853	611	..	..	..
Autres comptes à recevoir	15 678	18 118	19 030	19 259	26 558	..	..	..
Passifs financiers	444 071	476 730	337 015	332 425	341 148	..	..	..
Titres de dette	..	..	..	..	..	..	..	..
Titres de dette à court terme	..	..	..	..	..	..	..	..
Titres de dette à long terme	..	..	..	..	..	..	..	..
Crédits	..	..	..	..	..	..	..	..
Crédits à court terme	..	..	..	..	..	..	..	..
Crédits à long terme	..	..	..	..	..	..	..	..
Actions et parts de fonds d'investissement	..	..	..	..	..	..	..	..
Systèmes d'assurance, de pensions et garanties standard	392 259	428 089	283 800	279 398	297 935	..	..	..
Produits financiers dérivés et options sur titres des salariés	..	..	..	..	..	..	..	..
Autres comptes à payer	..	..	..	..	..	..	..	..
Actifs non financiers	2 340	2 496	2 839	3 045	1 651	..	..	..
Sociétés d'assurance								
Valeur nette financière	-2 340	-2 496	-2 831	-3 045	-1 651 e	..	..	..
Actifs financiers	167 538	171 365	182 993	186 680	183 715	..	..	..
Numéraire et dépôts	16 575	12 995	13 281	11 590	9 844	..	..	..
Titres de dette	66 380	62 893	64 883	65 008	72 813	..	..	..
Crédits	3 410	5 116	5 347	3 976	2 850	..	..	..
Actions et parts de fonds d'investissement	58 074	66 157	72 842	76 711	65 202	..	..	..
Actions	14 520	11 575	13 992	15 587	14 458	..	..	..
Parts de fonds d'investissement	43 555	54 582	58 851	61 124	50 744	..	..	..
Parts de fonds d'investissement monétaires	..	..	..	..	..	..	..	..
Parts de fonds d'investissement non monétaires	..	..	..	..	..	..	..	..
Systèmes d'assurance, de pensions et garanties standard	7 024	6 271	7 194	9 715	6 447	..	..	..
Produits financiers dérivés et options sur titres des salariés	639	651	911	852	611	..	..	..
Autres comptes à recevoir	15 434	17 284	18 534	18 827	25 947	..	..	..
Passifs financiers	169 878	173 861	185 824	189 724	185 366	..	..	..
Titres de dette	..	..	..	..	..	..	..	..
Titres de dette à court terme	..	..	..	..	..	..	..	..
Titres de dette à long terme	..	..	..	..	..	..	..	..
Crédits	..	..	..	..	..	..	..	..
Crédits à court terme	..	..	..	..	..	..	..	..
Crédits à long terme	..	..	..	..	..	..	..	..
Actions et parts de fonds d'investissement	..	..	..	..	..	..	..	..
Systèmes d'assurance, de pensions et garanties standard	120 780	126 778	132 971	137 107	142 729	..	..	..
Produits financiers dérivés et options sur titres des salariés	..	..	..	..	..	..	..	..
Autres comptes à payer	..	..	..	..	..	..	..	..
Actifs non financiers	2 340	2 496	2 839	3 045	1 651	..	..	..
Fonds de pension								
Valeur nette financière	0	0	0	0	0	0	0	0
Actifs financiers	274 193	302 869	151 191	142 701	155 782	181 845	159 322	156 854
Numéraire et dépôts	19 674	16 345	10 872	9 790	12 421	12 019	9 774	12 573
Titres de dette	157 211	159 403	15 235	14 752	15 017	15 737	14 719	16 031
Crédits	0	0	0	0	0	0	0	0
Actions et parts de fonds d'investissement	97 063	126 285	124 583	117 727	127 734	153 778	134 600	128 041
Actions	95 998	125 655	124 284	117 512	127 633	153 752	134 595	128 040
Parts de fonds d'investissement	1 065	630	299	215	101	26	5	1
Parts de fonds d'investissement monétaires	..	..	..	..	..	0	0	0
Parts de fonds d'investissement non monétaires	..	..	..	..	..	26	5	1
Systèmes d'assurance, de pensions et garanties standard	0	0	0	0	0	0	0	0
Produits financiers dérivés et options sur titres des salariés	2	2	4	1	0	0	0	6
Autres comptes à recevoir	244	834	496	432	611	311	230	203
Passifs financiers	274 193	302 869	151 191	142 701	155 782	181 845	159 322	156 854
Titres de dette	0	0	0	0	0	0	0	0
Titres de dette à court terme	0	0	0	0	0	0	0	0
Titres de dette à long terme	0	0	0	0	0	0	0	0
Crédits	2 116	759	0	0	0	0	0	0
Crédits à court terme	..	..	0	0	0	0	0	0
Crédits à long terme	..	..	0	0	0	0	0	0
Actions et parts de fonds d'investissement	0	0	0	0	0	0	0	0
Systèmes d'assurance, de pensions et garanties standard	271 479	301 311	150 829	142 291	155 206	181 393	159 134	156 694
Produits financiers dérivés et options sur titres des salariés	0	0	0	0	0	0	0	0
Autres comptes à payer	598	798	362	410	576	452	188	160
Actifs non financiers	0	0	0	0	0	0	0	0

Note : Voir les métadonnées détaillées sur : *http://metalinks.oecd.org/instinv/20200916/cc63*

POLOGNE

Tableau 4. Composition du portefeuille par type d'investisseur

En pourcentage des actifs financiers et des passifs financiers

Pour cent

	2012	2013	2014	2015	2016	2017	2018	2019
Fonds d'investissement								
Actifs financiers	..	..	..	..	..	..	..	..
Numéraire et dépôts	..	..	..	..	..	..	..	..
Titres de dettes	..	..	..	..	..	..	..	..
Crédits	..	..	..	..	..	..	..	..
Actions et parts de fonds d'investissement	..	..	..	..	..	..	..	..
Systèmes d'assurance de pensions et garanties standard	..	..	..	..	..	..	..	..
Produits financiers dérivés et options sur titres des salariés	..	..	..	..	..	..	..	..
Autres comptes à recevoir	..	..	..	..	..	..	..	..
Passifs financiers	..	..	..	..	..	..	..	..
Numéraire et dépôts	..	..	..	..	..	..	..	..
Titres de dettes	..	..	..	..	..	..	..	..
Crédits	..	..	..	..	..	..	..	..
Actions et parts de fonds d'investissement	..	..	..	..	..	..	..	..
Systèmes d'assurance de pensions et garanties standard	..	..	..	..	..	..	..	..
Produits financiers dérivés et options sur titres des salariés	..	..	..	..	..	..	..	..
Autres comptes à recevoir	..	..	..	..	..	..	..	..
Sociétés d'assurance								
Actifs financiers	100.0	100.0	100.0	100.0	100.0	..	..	..
Numéraire et dépôts	9.9	7.6	7.3	6.2	5.4	..	..	..
Titres de dettes	39.6	36.7	35.5	34.8	39.6	..	..	..
Crédits	2.0	3.0	2.9	2.1	1.6	..	..	..
Actions et parts de fonds d'investissement	34.7	38.6	39.8	41.1	35.5	..	..	..
Systèmes d'assurance de pensions et garanties standard	4.2	3.7	3.9	5.2	3.5	..	..	..
Produits financiers dérivés et options sur titres des salariés	0.4	0.4	0.5	0.5	0.3	..	..	..
Autres comptes à recevoir	9.2	10.1	10.1	10.1	14.1	..	..	..
Passifs financiers	100.0	100.0	100.0	100.0	100.0	..	..	..
Numéraire et dépôts	1.5	1.1	0.8	0.7	0.9	..	..	..
Titres de dettes	..	..	..	..	..	..	..	..
Crédits	..	..	..	..	..	..	..	..
Actions et parts de fonds d'investissement	..	..	..	..	..	..	..	..
Systèmes d'assurance de pensions et garanties standard	71.1	72.9	71.6	72.3	77.0	..	..	..
Produits financiers dérivés et options sur titres des salariés	..	..	..	..	..	..	..	..
Autres comptes à recevoir	..	..	..	..	..	..	..	..
Fonds de pension								
Actifs financiers	100.0	100.0	100.0	100.0	100.0	100.0	100.0	100.0
Numéraire et dépôts	7.2	5.4	7.2	6.9	8.0	6.6	6.1	8.0
Titres de dettes	57.3	52.6	10.1	10.3	9.6	8.7	9.2	10.2
Crédits	0.0	0.0	0.0	0.0	0.0	0.0	0.0	0.0
Actions et parts de fonds d'investissement	35.4	41.7	82.4	82.5	82.0	84.6	84.5	81.6
Systèmes d'assurance de pensions et garanties standard	0.0	0.0	0.0	0.0	0.0	0.0	0.0	0.0
Produits financiers dérivés et options sur titres des salariés	0.0	0.0	0.0	0.0	0.0	0.0	0.0	0.0
Autres comptes à recevoir	0.1	0.3	0.3	0.3	0.4	0.2	0.1	0.1
Passifs financiers	100.0	100.0	100.0	100.0	100.0	100.0	100.0	100.0
Numéraire et dépôts	0.0	0.0	0.0	0.0	0.0	0.0	0.0	0.0
Titres de dettes	0.0	0.0	0.0	0.0	0.0	0.0	0.0	0.0
Crédits	0.8	0.3	0.0	0.0	0.0	0.0	0.0	0.0
Actions et parts de fonds d'investissement	0.0	0.0	0.0	0.0	0.0	0.0	0.0	0.0
Systèmes d'assurance de pensions et garanties standard	99.0	99.5	99.8	99.7	99.6	99.8	99.9	99.9
Produits financiers dérivés et options sur titres des salariés	0.0	0.0	0.0	0.0	0.0	0.0	0.0	0.0
Autres comptes à recevoir	0.2	0.3	0.2	0.3	0.4	0.2	0.1	0.1

Note : Voir les métadonnées détaillées sur : *http://metalinks.oecd.org/instinv/20200916/649b*

PORTUGAL

Tableau 1. Actifs et passifs financiers des investisseurs institutionnels, 2018

Millions EUR (1999 PTE euro)

	Total	Fonds d'investissement – Fonds d'investissement non-monétaire – Total	Fonds d'investissement non-monétaire – Fonds d'investissement à capital variable, non monétaire	Fonds d'investissement non-monétaire – Fonds d'investissement à capital fixe, non monétaire	Fonds d'investissement monétaires – Total
Actifs financiers	..	..	..	..	..
Numéraire et dépôts	..	..	..	..	..
Titres de dette	..	4 457	..	..	..
Titres de dette à court terme	..	..	..	..	..
Titres de dette à long terme	..	..	..	..	..
Titres de dette émis par les résidents	..	731	..	..	..
Titres de dette émis par les non-résidents	..	3 726	..	..	..
Crédits	..	..	..	..	..
Crédits à court terme	..	..	..	..	..
Crédits à long terme	..	..	..	..	..
Crédits accordés aux résidents	..	..	..	..	..
Crédits accordés aux non-résidents	..	..	..	..	..
Actions et parts de fonds d'investissement	..	..	..	..	..
Actions et parts de fonds d'investissements émises par les résidents	..	1 551	..	..	..
Actions et part de fonds d'investissements émises par les non-résidents	..	4 378	..	..	..
Autres comptes à recevoir	..	..	..	..	..

	Total	Fonds d'investissement – Fonds d'investissement non-monétaire – Total	Fonds d'investissement non-monétaire – Fonds d'investissement à capital variable, non monétaire	Fonds d'investissement non-monétaire – Fonds d'investissement à capital fixe, non monétaire	Fonds d'investissement monétaires – Total
Pasifs financiers	..	..	..	..	..
Numéraire et dépôts	..	..	..	..	..
Titres de dette	..	..	..	..	..
Titres de dette à court terme	..	..	..	..	..
Titres de dette à long terme	..	..	..	..	..
Crédits	..	1 690	..	..	..
Crédits à court terme	..	..	..	..	..
Crédits à long terme	..	..	..	..	..
Actions et parts de fonds d'investissement	25 655	25 299	..	..	356
Systèmes d'assurance, de pensions et garanties standard	..	..	..	..	..
Produits financiers dérivés et options sur titres des salariés	..	..	..	..	..
Autres comptes à payer	..	..	..	..	..

	Total	Sociétés d'assurance et fonds de pension autonomes – Sociétés d'assurance – Total	Sociétés d'assurance – Sociétés d'assurance vie	Sociétés d'assurance – Sociétés d'assurance non-vie	Fonds de pension autonomes – Total
Actifs financiers	..	..	..	..	..
Numéraire et dépôts	7 264	..	..	..	..
Titres de dette	46 793	..	..	..	..
Titres de dette à court terme	988	..	..	..	..
Titres de dette à long terme	45 805	..	..	..	..
Titres de dette émis par les résidents	..	..	..	..	..
Titres de dette émis par les non-résidents	..	..	..	..	..
Crédits	654	..	..	..	..
Crédits à court terme	527	..	..	..	..
Crédits à long terme	127	..	..	..	..
Crédits accordés aux résidents	..	..	..	..	..
Crédits accordés aux non-résidents	..	..	..	..	..
Actions et parts de fonds d'investissement	17 554	..	..	..	..
Actions et parts de fonds d'investissement émises par les résidents	..	..	..	..	..
Actions et parts de fonds d'investissement émises par les non-résidents	..	..	..	..	..
Autrescomptes à recevoir	2 396	..	..	..	..

	Total	Sociétés d'assurance et fonds de pension autonomes – Sociétés d'assurance – Total	Sociétés d'assurance – Sociétés d'assurance vie	Sociétés d'assurance – Sociétés d'assurance non-vie	Fonds de pension autonomes – Total
Pasifs financiers	..	..	..	..	..
Numéraire et dépôts	..	..	..	..	..
Titres de dette	158	..	..	..	..
Titres de dette à court terme	0	..	..	..	..
Titres de dette à long terme	158	..	..	..	..
Crédits	685	..	..	..	..
Crédits à court terme	344	..	..	..	..
Crédits à long terme	341	..	..	..	..
Actions et parts de fonds d'investissement	6 306	..	..	..	..
Systèmes d'assurance, de pensions et garanties standard	70 365	..	..	..	..
Produits financiers dérivés et options sur titres des salariés	..	..	..	..	..
Autres comptes à payer	1 280	..	..	..	..

Note : Voir les métadonnées détaillées sur : *http://metalinks.oecd.org/instinv/20200916/0196*

PORTUGAL

Tableau 2. Actifs et passifs financiers des fonds d'investissement

Millions EUR

	2012	2013	2014	2015	2016	2017	2018	2019
Fonds d'investissement								
Valeur nette financière	..	..	..	..	..	..	..	..
Actifs financiers	..	..	..	..	..	..	..	..
Numéraire et dépôts	..	..	..	..	..	..	..	..
Titres de dette	..	..	..	..	..	..	..	..
Crédits	..	..	..	..	..	..	..	..
Actions et parts de fonds d'investissement	..	..	..	..	..	..	..	..
Actions	..	..	..	..	..	..	..	..
Parts de fonds d'investissement	..	..	..	..	..	..	..	..
Parts de fonds d'investissement monétaires	..	..	..	..	..	..	..	..
Parts de fonds d'investissement non monétaires	..	..	..	..	..	..	..	..
Systèmes d'assurance, de pensions et garanties standard	..	..	..	..	..	..	..	..
Produits financiers dérivés et options sur titres des salariés	..	..	..	..	..	..	..	..
Autres comptes à recevoir	..	..	..	..	..	..	..	..
Passifs financiers	..	..	..	..	..	..	..	..
Titres de dette	..	..	..	..	..	..	..	..
Titres de dette à court terme	..	..	..	..	..	..	..	..
Titres de dette à long terme	..	..	..	..	..	..	..	..
Crédits	..	..	..	..	..	..	..	..
Crédits à court terme	..	..	..	..	..	..	..	..
Crédits à long terme	..	..	..	..	..	..	..	..
Actions et parts de fonds d'investissement	26 914	28 398	27 117	27 003	25 392	26 924	25 655	27 362
Systèmes d'assurance, de pensions et garanties standard	..	..	..	..	..	..	..	..
Produits financiers dérivés et options sur titres des salariés	..	..	..	..	..	..	..	..
Autres comptes à payer	..	..	..	..	..	..	..	..
Actifs non financiers	..	..	..	..	..	..	..	..
Fonds d'investissement monéaires								
Valeur nette financière	..	..	..	..	..	..	..	..
Actifs financiers	..	..	..	..	..	..	..	..
Numéraire et dépôts	..	..	..	..	..	..	..	..
Titres de dette	..	..	..	..	..	..	..	..
Crédits	..	..	..	..	..	..	..	..
Actions et parts de fonds d'investissement	..	..	..	..	..	..	..	..
Actions	..	..	..	..	..	..	..	..
Parts de fonds d'investissement	..	..	..	..	..	..	..	..
Parts de fonds d'investissement monétaires	..	..	..	..	..	..	..	..
Parts de fonds d'investissement non monétaires	..	..	..	..	..	..	..	..
Systèmes d'assurance, de pensions et garanties standard	..	..	..	..	..	..	..	..
Produits financiers dérivés et options sur titres des salariés	..	..	..	..	..	..	..	..
Autres comptes à recevoir	..	..	..	..	..	..	..	..
Passifs financiers	..	..	..	..	..	..	..	..
Titres de dette	..	..	..	..	..	..	..	..
Titres de dette à court terme	..	..	..	..	..	..	..	..
Titres de dette à long terme	..	..	..	..	..	..	..	..
Crédits	..	..	..	..	..	..	..	..
Crédits à court terme	..	..	..	..	..	..	..	..
Crédits à long terme	..	..	..	..	..	..	..	..
Actions et parts de fonds d'investissement	1 308	2 383	2 497	3 053	2 336	432	356	248
Systèmes d'assurance, de pensions et garanties standard	..	..	..	..	..	..	..	..
Produits financiers dérivés et options sur titres des salariés	..	..	..	..	..	..	..	..
Autres comptes à payer	..	..	..	..	..	..	..	..
Actifs non financiers	..	..	..	..	..	..	..	..
Fonds d'investissement non monéaires								
Valeur nette financière	..	..	..	..	..	..	..	..
Actifs financiers	..	..	..	..	..	..	..	..
Numéraire et dépôts	..	..	..	..	..	..	..	..
Titres de dette	6 773	5 634	4 442	3 757	3 566	4 846	4 457	5 377
Crédits	..	..	..	..	..	..	..	..
Actions et parts de fonds d'investissement	..	..	..	..	..	..	..	..
Actions	2 576	2 484	2 597	2 584	2 508	2 851	2 778	3 230
Parts de fonds d'investissement	1 688	1 963	2 308	2 927	2 710	3 439	3 151	4 231
Parts de fonds d'investissement monétaires	..	..	..	..	..	..	..	..
Parts de fonds d'investissement non monétaires	..	..	..	..	..	..	..	..
Systèmes d'assurance, de pensions et garanties standard	..	..	..	..	..	..	..	..
Produits financiers dérivés et options sur titres des salariés	..	..	..	..	..	..	..	..
Autres comptes à recevoir	..	..	..	..	..	..	..	..
Passifs financiers	..	..	..	..	..	..	..	..
Titres de dette	..	..	..	..	..	..	..	..
Titres de dette à court terme	..	..	..	..	..	..	..	..
Titres de dette à long terme	..	..	..	..	..	..	..	..
Crédits	3 193	2 737	2 383	1 930	1 804	1 654	1 690	1 582
Crédits à court terme	..	..	..	..	..	..	..	..
Crédits à long terme	..	..	..	..	..	..	..	..
Actions et parts de fonds d'investissement	25 606	26 015	24 620	23 950	23 057	26 492	25 299	27 115
Systèmes d'assurance, de pensions et garanties standard	..	..	..	..	..	..	..	..
Produits financiers dérivés et options sur titres des salariés	..	..	..	..	..	..	..	..
Autres comptes à payer	..	..	..	..	..	..	..	..
Actifs non financiers	14 651	14 572	13 476	12 083	11 329	11 193	10 925	10 579
Fonds d'investissement non monéaires à capital variable								
Valeur nette financière	..	..	..	..	..	..	..	..
Actifs financiers	..	..	..	..	..	..	..	..
Numéraire et dépôts	..	..	..	..	..	..	..	..

PORTUGAL

Tableau 2. Actifs et passifs financiers des fonds d'investissement *(suite)*

Millions EUR

	2012	2013	2014	2015	2016	2017	2018	2019
Titres de dette	..	..	..	..	..	..	..	..
Crédits	..	..	..	..	..	..	..	..
Actions et parts de fonds d'investissement	..	..	..	..	..	..	..	..
Actions	..	..	..	..	..	..	..	..
Parts de fonds d'investissement	..	..	..	..	..	..	..	..
Parts de fonds d'investissement monétaires	..	..	..	..	..	..	..	..
Parts de fonds d'investissement non monétaires	..	..	..	..	..	..	..	..
Systèmes d'assurance, de pensions et garanties standard	..	..	..	..	..	..	..	..
Produits financiers dérivés et options sur titres des salariés	..	..	..	..	..	..	..	..
Autres comptes à recevoir	..	..	..	..	..	..	..	..
Passifs financiers	..	..	..	..	..	..	..	..
Titres de dette	..	..	..	..	..	..	..	..
Titres de dette à court terme	..	..	..	..	..	..	..	..
Titres de dette à long terme	..	..	..	..	..	..	..	..
Crédits	..	..	..	..	..	..	..	..
Crédits à court terme	..	..	..	..	..	..	..	..
Crédits à long terme	..	..	..	..	..	..	..	..
Actions et parts de fonds d'investissement	..	..	..	..	..	..	..	..
Systèmes d'assurance, de pensions et garanties standard	..	..	..	..	..	..	..	..
Produits financiers dérivés et options sur titres des salariés	..	..	..	..	..	..	..	..
Autres comptes à payer	..	..	..	..	..	..	..	..
Actifs non financiers	..	..	..	..	..	..	..	..
Fonds d'investissement à capital variable								
Valeur nette financière	..	..	..	..	..	..	..	..
Actifs financiers	..	..	..	..	..	..	..	..
Numéraire et dépôts	..	..	..	..	..	..	..	..
Titres de dette	..	..	..	..	..	..	..	..
Crédits	..	..	..	..	..	..	..	..
Actions et parts de fonds d'investissement	..	..	..	..	..	..	..	..
Actions	..	..	..	..	..	..	..	..
Parts de fonds d'investissement	..	..	..	..	..	..	..	..
Parts de fonds d'investissement monétaires	..	..	..	..	..	..	..	..
Parts de fonds d'investissement non monétaires	..	..	..	..	..	..	..	..
Systèmes d'assurance, de pensions et garanties standard	..	..	..	..	..	..	..	..
Produits financiers dérivés et options sur titres des salariés	..	..	..	..	..	..	..	..
Autres comptes à recevoir	..	..	..	..	..	..	..	..
Passifs financiers	..	..	..	..	..	..	..	..
Titres de dette	..	..	..	..	..	..	..	..
Titres de dette à court terme	..	..	..	..	..	..	..	..
Titres de dette à long terme	..	..	..	..	..	..	..	..
Crédits	..	..	..	..	..	..	..	..
Crédits à court terme	..	..	..	..	..	..	..	..
Crédits à long terme	..	..	..	..	..	..	..	..
Actions et parts de fonds d'investissement	..	..	..	..	..	..	..	..
Systèmes d'assurance, de pensions et garanties standard	..	..	..	..	..	..	..	..
Produits financiers dérivés et options sur titres des salariés	..	..	..	..	..	..	..	..
Autres comptes à payer	..	..	..	..	..	..	..	..
Actifs non financiers	..	..	..	..	..	..	..	..

Note : Voir les métadonnées détaillées sur : *http://metalinks.oecd.org/instinv/20200916/0196*

Tableau 3. Actifs et passifs financiers des sociétés d'assurance et fonds de pension

Millions EUR

	2012	2013	2014	2015	2016	2017	2018	2019
Sociétés d'assurance et fonds de pension								
Valeur nette financière	..	..	..	..	..	..	..	..
Actifs financiers	..	..	..	..	..	..	..	..
Numéraire et dépôts	9 742	8 896	9 488	8 334	6 116	5 623	7 264	5 771
Titres de dette	45 667	44 680	48 391	46 861	46 202	47 312	46 793	51 088
Crédits	396	88	265	282	341	493	654	851
Actions et parts de fonds d'investissement	12 374	13 578	15 297	16 398	16 785	19 033	17 554	20 097
Actions	4 364	4 554	5 637	6 885	6 392	6 781	5 885	6 211
Parts de fonds d'investissement	8 010	9 024	9 660	9 513	10 392	12 253	11 669	13 886
Parts de fonds d'investissement monétaires	16	11	8	6	6	2	5	0
Parts de fonds d'investissement non monétaires	7 994	9 013	9 652	9 507	10 387	12 250	11 665	13 886
Systèmes d'assurance, de pensions et garanties standard	802	716	816	760	1 222	974	1 108	1 086
Produits financiers dérivés et options sur titres des salariés	..	..	..	..	..	..	..	..
Autres comptes à recevoir	1 983	2 103	2 230	2 004	2 233	2 114	2 396	2 287
Passifs financiers	..	..	..	..	..	..	..	..
Titres de dette	196	186	193	223	201	207	158	166
Titres de dette à court terme	0	0	0	0	0	0	0	0
Titres de dette à long terme	196	186	193	223	201	207	158	166
Crédits	1 666	341	508	434	554	668	685	732
Crédits à court terme	1 458	75	125	88	175	305	344	403
Crédits à long terme	208	266	383	346	379	363	341	329
Actions et parts de fonds d'investissement	5 945	5 795	5 618	5 529	5 639	6 814	6 306	7 192
Systèmes d'assurance, de pensions et garanties standard	64 605	66 381	71 262	69 972	68 107	70 212	70 365	74 099
Produits financiers dérivés et options sur titres des salariés	..	..	..	..	..	..	..	..
Autres comptes à payer	1 613	1 421	898	1 043	1 241	1 185	1 280	1 340
Actifs non financiers	..	..	..	..	..	..	..	..
Sociétés d'assurance								
Valeur nette financière	..	..	..	..	..	..	..	..
Actifs financiers	..	..	..	..	..	..	..	..
Numéraire et dépôts	..	..	..	..	..	..	..	..
Titres de dette	..	..	..	..	..	..	..	..
Crédits	..	..	..	..	..	..	..	..
Actions et parts de fonds d'investissement	..	..	..	..	..	..	..	..
Actions	..	..	..	..	..	..	..	..
Parts de fonds d'investissement	..	..	..	..	..	..	..	..
Parts de fonds d'investissement monétaires	..	..	..	..	..	..	..	..
Parts de fonds d'investissement non monétaires	..	..	..	..	..	..	..	..
Systèmes d'assurance, de pensions et garanties standard	..	..	..	..	..	..	..	..
Produits financiers dérivés et options sur titres des salariés	..	..	..	..	..	..	..	..
Autres comptes à recevoir	..	..	..	..	..	..	..	..
Passifs financiers	..	..	..	..	..	..	..	..
Titres de dette	..	..	..	..	..	..	..	..
Titres de dette à court terme	..	..	..	..	..	..	..	..
Titres de dette à long terme	..	..	..	..	..	..	..	..
Crédits	..	..	..	..	..	..	..	..
Crédits à court terme	..	..	..	..	..	..	..	..
Crédits à long terme	..	..	..	..	..	..	..	..
Actions et parts de fonds d'investissement	..	..	..	..	..	..	..	..
Systèmes d'assurance, de pensions et garanties standard	..	..	..	..	..	..	..	..
Produits financiers dérivés et options sur titres des salariés	..	..	..	..	..	..	..	..
Autres comptes à payer	..	..	..	..	..	..	..	..
Actifs non financiers	..	..	..	..	..	..	..	..
Fonds de pension								
Valeur nette financière	..	..	..	..	..	..	..	..
Actifs financiers	..	..	..	..	..	..	..	..
Numéraire et dépôts	..	..	..	..	..	..	..	..
Titres de dette	..	..	..	..	..	..	..	..
Crédits	..	..	..	..	..	..	..	..
Actions et parts de fonds d'investissement	..	..	..	..	..	..	..	..
Actions	..	..	..	..	..	..	..	..
Parts de fonds d'investissement	..	..	..	..	..	..	..	..
Parts de fonds d'investissement monétaires	..	..	..	..	..	..	..	..
Parts de fonds d'investissement non monétaires	..	..	..	..	..	..	..	..
Systèmes d'assurance, de pensions et garanties standard	..	..	..	..	..	..	..	..
Produits financiers dérivés et options sur titres des salariés	..	..	..	..	..	..	..	..
Autres comptes à recevoir	..	..	..	..	..	..	..	..
Passifs financiers	..	..	..	..	..	..	..	..
Titres de dette	..	..	..	..	..	..	..	..
Titres de dette à court terme	..	..	..	..	..	..	..	..
Titres de dette à long terme	..	..	..	..	..	..	..	..
Crédits	..	..	..	..	..	..	..	..
Crédits à court terme	..	..	..	..	..	..	..	..
Crédits à long terme	..	..	..	..	..	..	..	..
Actions et parts de fonds d'investissement	..	..	..	..	..	..	..	..
Systèmes d'assurance, de pensions et garanties standard	..	..	..	..	..	..	..	..
Produits financiers dérivés et options sur titres des salariés	..	..	..	..	..	..	..	..
Autres comptes à payer	..	..	..	..	..	..	..	..
Actifs non financiers	..	..	..	..	..	..	..	..

Note : Voir les métadonnées détaillées sur : *http://metalinks.oecd.org/instinv/20200916/0196*

RÉPUBLIQUE SLOVAQUE

Tableau 1. Actifs et passifs financiers des investisseurs institutionnels, 2018

Millions EUR (2009 SKK euro)

	Total	Fonds d'investissement			
		Fonds d'investissement non-monétaire			Fonds d'investissement monétaires
		Total	Fonds d'investissement à capital variable, non monétaire	Fonds d'investissement à capital fixe, non monétaire	Total
Actifs financiers	..	6 745	..	..	..
Numéraire et dépôts	..	1 474	..	..	..
Titres de dette	..	1 180	..	..	..
Titres de dette à court terme	..	36	..	..	..
Titres de dette à long terme	..	1 144	..	..	..
Titres de dette émis par les résidents	..	..	..	..	..
Titres de dette émis par les non-résidents	..	..	..	..	..
Crédits	..	283	..	..	..
Crédits à court terme	..	0	..	..	..
Crédits à long terme	..	283	..	..	..
Crédits accordés aux résidents	..	..	..	..	..
Crédits accordés aux non-résidents	..	..	..	..	..
Actions et parts de fonds d'investissement	..	3 763	..	..	..
Actions et parts de fonds d'investissements émises par les résidents	..	..	..	..	..
Actions et part de fonds d'investissements émises par les non-résidents	..	..	..	..	..
Autres comptes à recevoir	..	36	..	..	..

	Total	Fonds d'investissement			
		Fonds d'investissement non-monétaire			Fonds d'investissement monétaires
		Total	Fonds d'investissement à capital variable, non monétaire	Fonds d'investissement à capital fixe, non monétaire	Total
Pasifs financiers	..	6 865	..	..	..
Numéraire et dépôts	..	..	..	..	..
Titres de dette	..	0	..	..	..
Titres de dette à court terme	..	0	..	..	..
Titres de dette à long terme	..	0	..	..	..
Crédits	..	0	..	..	..
Crédits à court terme	..	0	..	..	..
Crédits à long terme	..	0	..	..	..
Actions et parts de fonds d'investissement	..	6 771	..	..	..
Systèmes d'assurance, de pensions et garanties standard	..	0	..	..	..
Produits financiers dérivés et options sur titres des salariés	..	6	..	..	..
Autres comptes à payer	..	89	..	..	..

	Total	Sociétés d'assurance et fonds de pension autonomes			
		Sociétés d'assurance			Fonds de pension autonomes
		Total	Sociétés d'assurance vie	Sociétés d'assurance non-vie	Total
Actifs financiers	17 320	7 677	..	..	9 643
Numéraire et dépôts	1 440	259	..	..	1 181
Titres de dette	10 907	4 753	..	..	6 154
Titres de dette à court terme	16	0	..	..	16
Titres de dette à long terme	10 891	4 753	..	..	6 138
Titres de dette émis par les résidents	..	..	..	..	..
Titres de dette émis par les non-résidents	..	..	..	..	..
Crédits	42	41	..	..	1
Crédits à court terme	11	10	..	..	1
Crédits à long terme	32	32	..	..	0
Crédits accordés aux résidents	..	..	..	..	..
Crédits accordés aux non-résidents	..	..	..	..	..
Actions et parts de fonds d'investissement	4 166	1 875	..	..	2 291
Actions et parts de fonds d'investissement émises par les résidents	..	..	..	..	..
Actions et parts de fonds d'investissement émises par les non-résidents	..	..	..	..	..
Autrescomptes à recevoir	392	379	..	..	13

	Total	Sociétés d'assurance et fonds de pension autonomes			
		Sociétés d'assurance			Fonds de pension autonomes
		Total	Sociétés d'assurance vie	Sociétés d'assurance non-vie	Total
Pasifs financiers	17 116	7 027	..	..	10 089
Numéraire et dépôts	..	..	..	..	..
Titres de dette	0	0	..	..	0
Titres de dette à court terme	0	0	..	..	0
Titres de dette à long terme	0	0	..	..	0
Crédits	142	142	..	..	0
Crédits à court terme	0	0	..	..	0
Crédits à long terme	142	142	..	..	0
Actions et parts de fonds d'investissement	279	279	..	..	0
Systèmes d'assurance, de pensions et garanties standard	16 004	5 934	..	..	10 069
Produits financiers dérivés et options sur titres des salariés	9	2	..	..	8
Autres comptes à payer	683	671	..	..	12

Note : Voir les métadonnées détaillées sur : *http://metalinks.oecd.org/instinv/20200916/86e8*

RÉPUBLIQUE SLOVAQUE

Tableau 2. Actifs et passifs financiers des fonds d'investissement

Millions EUR

	2012	2013	2014	2015	2016	2017	2018	2019
Fonds d'investissement								
Valeur nette financière	..	..	..	..	..	..	..	..
Actifs financiers	..	..	..	..	..	..	..	..
Numéraire et dépôts	..	..	..	..	..	..	..	..
Titres de dette	..	..	..	..	..	..	..	..
Crédits	..	..	..	..	..	..	..	..
Actions et parts de fonds d'investissement	..	..	..	..	..	..	..	..
Actions	..	..	..	..	..	..	..	..
Parts de fonds d'investissement	..	..	..	..	..	..	..	..
Parts de fonds d'investissement monétaires	..	..	..	..	..	..	..	..
Parts de fonds d'investissement non monétaires	..	..	..	..	..	..	..	..
Systèmes d'assurance, de pensions et garanties standard	..	..	..	..	..	..	..	..
Produits financiers dérivés et options sur titres des salariés	..	..	..	..	..	..	..	..
Autres comptes à recevoir	..	..	..	..	..	..	..	..
Passifs financiers	..	..	..	..	..	..	..	..
Titres de dette	..	..	..	..	..	..	..	..
Titres de dette à court terme	..	..	..	..	..	..	..	..
Titres de dette à long terme	..	..	..	..	..	..	..	..
Crédits	..	..	..	..	..	..	..	..
Crédits à court terme	..	..	..	..	..	..	..	..
Crédits à long terme	..	..	..	..	..	..	..	..
Actions et parts de fonds d'investissement	..	..	..	..	..	..	..	..
Systèmes d'assurance, de pensions et garanties standard	..	..	..	..	..	..	..	..
Produits financiers dérivés et options sur titres des salariés	..	..	..	..	..	..	..	..
Autres comptes à payer	..	..	..	..	..	..	..	..
Actifs non financiers	..	..	..	..	..	..	..	..
Fonds d'investissement monéaires								
Valeur nette financière	..	..	..	..	..	..	..	..
Actifs financiers	..	..	..	..	..	..	..	..
Numéraire et dépôts	..	..	..	..	..	..	..	..
Titres de dette	..	..	..	..	..	..	..	..
Crédits	..	..	..	..	..	..	..	..
Actions et parts de fonds d'investissement	..	..	..	..	..	..	..	..
Actions	..	..	..	..	..	..	..	..
Parts de fonds d'investissement	..	..	..	..	..	..	..	..
Parts de fonds d'investissement monétaires	..	..	..	..	..	..	..	..
Parts de fonds d'investissement non monétaires	..	..	..	..	..	..	..	..
Systèmes d'assurance, de pensions et garanties standard	..	..	..	..	..	..	..	..
Produits financiers dérivés et options sur titres des salariés	..	..	..	..	..	..	..	..
Autres comptes à recevoir	..	..	..	..	..	..	..	..
Passifs financiers	..	..	..	..	..	..	..	..
Titres de dette	..	..	..	..	..	..	..	..
Titres de dette à court terme	..	..	..	..	..	..	..	..
Titres de dette à long terme	..	..	..	..	..	..	..	..
Crédits	..	..	..	..	..	..	..	..
Crédits à court terme	..	..	..	..	..	..	..	..
Crédits à long terme	..	..	..	..	..	..	..	..
Actions et parts de fonds d'investissement	..	..	..	..	..	..	..	..
Systèmes d'assurance, de pensions et garanties standard	..	..	..	..	..	..	..	..
Produits financiers dérivés et options sur titres des salariés	..	..	..	..	..	..	..	..
Autres comptes à payer	..	..	..	..	..	..	..	..
Actifs non financiers	..	..	..	..	..	..	..	..
Fonds d'investissement non monéaires								
Valeur nette financière	..	..	..	..	..	..	..	..
Actifs financiers	3 665	4 062	4 755	5 652	5 991	6 572	6 745	..
Numéraire et dépôts	1 407	1 906	1 999	1 717	1 575	1 698	1 474	..
Titres de dette	1 090	1 045	1 348	1 271	1 233	1 071	1 180	..
Crédits	181	223	184	131	138	168	283	..
Actions et parts de fonds d'investissement	987	831	1 176	2 464	2 955	3 611	3 763	..
Actions	0	387	377	802	906	993	1 136	..
Parts de fonds d'investissement	0	444	799	1 662	2 049	2 618	2 628	..
Parts de fonds d'investissement monétaires	..	..	..	..	..	..	..	..
Parts de fonds d'investissement non monétaires	..	..	..	..	..	..	..	..
Systèmes d'assurance, de pensions et garanties standard	0	2	0	0	0	0	0	..
Produits financiers dérivés et options sur titres des salariés	0	0	0	0	0	5	9	..
Autres comptes à recevoir	0	54	48	70	90	18	36	..
Passifs financiers	3 793	4 412	5 413	5 973	6 174	6 776	6 865	..
Titres de dette	0	0	0	0	0	0	0	..
Titres de dette à court terme	0	0	0	0	0	0	0	..
Titres de dette à long terme	0	0	0	0	0	0	0	..
Crédits	0	0	0	0	3	1	0	..
Crédits à court terme	0	0	0	0	3	1	0	..
Crédits à long terme	0	0	0	0	0	0	0	..
Actions et parts de fonds d'investissement	3 793	4 356	5 399	5 889	6 091	6 722	6 771	..
Systèmes d'assurance, de pensions et garanties standard	0	0	0	0	0	0	0	..
Produits financiers dérivés et options sur titres des salariés	0	0	0	2	2	2	6	..
Autres comptes à payer	0	56	14	82	77	51	89	..
Actifs non financiers	..	..	..	..	..	..	..	..
Fonds d'investissement non monéaires à capital variable								
Valeur nette financière	..	..	..	..	..	..	..	..
Actifs financiers	..	..	..	..	..	..	..	..
Numéraire et dépôts	..	..	..	..	..	..	..	..

RÉPUBLIQUE SLOVAQUE

Tableau 2. Actifs et passifs financiers des fonds d'investissement *(suite)*

Millions EUR

	2012	2013	2014	2015	2016	2017	2018	2019
Titres de dette	..	..	..	..	..	..	..	..
Crédits	..	..	..	..	..	..	..	..
Actions et parts de fonds d'investissement	..	..	..	..	..	..	..	..
Actions	..	..	..	..	..	..	..	..
Parts de fonds d'investissement	..	..	..	..	..	..	..	..
Parts de fonds d'investissement monétaires	..	..	..	..	..	..	..	..
Parts de fonds d'investissement non monétaires	..	..	..	..	..	..	..	..
Systèmes d'assurance, de pensions et garanties standard	..	..	..	..	..	..	..	..
Produits financiers dérivés et options sur titres des salariés	..	..	..	..	..	..	..	..
Autres comptes à recevoir	..	..	..	..	..	..	..	..
Passifs financiers	..	..	..	..	..	..	..	..
Titres de dette	..	..	..	..	..	..	..	..
Titres de dette à court terme	..	..	..	..	..	..	..	..
Titres de dette à long terme	..	..	..	..	..	..	..	..
Crédits	..	..	..	..	..	..	..	..
Crédits à court terme	..	..	..	..	..	..	..	..
Crédits à long terme	..	..	..	..	..	..	..	..
Actions et parts de fonds d'investissement	..	..	..	..	..	..	..	..
Systèmes d'assurance, de pensions et garanties standard	..	..	..	..	..	..	..	..
Produits financiers dérivés et options sur titres des salariés	..	..	..	..	..	..	..	..
Autres comptes à payer	..	..	..	..	..	..	..	..
Actifs non financiers	..	..	..	..	..	..	..	..
Fonds d'investissement à capital variable								
Valeur nette financière	..	..	..	..	..	..	..	..
Actifs financiers	..	..	..	..	..	..	..	..
Numéraire et dépôts	..	..	..	..	..	..	..	..
Titres de dette	..	..	..	..	..	..	..	..
Crédits	..	..	..	..	..	..	..	..
Actions et parts de fonds d'investissement	..	..	..	..	..	..	..	..
Actions	..	..	..	..	..	..	..	..
Parts de fonds d'investissement	..	..	..	..	..	..	..	..
Parts de fonds d'investissement monétaires	..	..	..	..	..	..	..	..
Parts de fonds d'investissement non monétaires	..	..	..	..	..	..	..	..
Systèmes d'assurance, de pensions et garanties standard	..	..	..	..	..	..	..	..
Produits financiers dérivés et options sur titres des salariés	..	..	..	..	..	..	..	..
Autres comptes à recevoir	..	..	..	..	..	..	..	..
Passifs financiers	..	..	..	..	..	..	..	..
Titres de dette	..	..	..	..	..	..	..	..
Titres de dette à court terme	..	..	..	..	..	..	..	..
Titres de dette à long terme	..	..	..	..	..	..	..	..
Crédits	..	..	..	..	..	..	..	..
Crédits à court terme	..	..	..	..	..	..	..	..
Crédits à long terme	..	..	..	..	..	..	..	..
Actions et parts de fonds d'investissement	..	..	..	..	..	..	..	..
Systèmes d'assurance, de pensions et garanties standard	..	..	..	..	..	..	..	..
Produits financiers dérivés et options sur titres des salariés	..	..	..	..	..	..	..	..
Autres comptes à payer	..	..	..	..	..	..	..	..
Actifs non financiers	..	..	..	..	..	..	..	..

Note : Voir les métadonnées détaillées sur : *http://metalinks.oecd.org/instinv/20200916/86e8*

RÉPUBLIQUE SLOVAQUE

Tableau 3. Actifs et passifs financiers des sociétés d'assurance et fonds de pension

Millions EUR

	2012	2013	2014	2015	2016	2017	2018	2019
Sociétés d'assurance et fonds de pension								
Valeur nette financière	..	..	..	..	..	..	..	..
Actifs financiers	13 173	14 210	15 029	14 847	16 237	17 358	17 320	..
Numéraire et dépôts	2 034	1 838	1 639	1 428	1 165	1 518	1 440	..
Titres de dette	8 828	9 624	10 216	9 953	10 898	10 719	10 907	..
Crédits	87	28	46	37	24	26	42	..
Actions et parts de fonds d'investissement	1 522	2 054	2 424	2 799	3 355	4 273	4 166	..
Actions	0	361	332	338	399	365	342	..
Parts de fonds d'investissement	0	1 693	2 092	2 462	2 957	3 908	3 824	..
Parts de fonds d'investissement monétaires	..	..	..	..	..	..	..	..
Parts de fonds d'investissement non monétaires	..	..	..	..	..	..	..	..
Systèmes d'assurance, de pensions et garanties standard	344	325	372	319	445	412	366	..
Produits financiers dérivés et options sur titres des salariés	4	6	5	6	8	9	7	..
Autres comptes à recevoir	355	335	326	305	343	402	392	..
Passifs financiers	12 648	12 953	14 225	13 610	15 004	16 466	17 116	..
Titres de dette	0	0	0	1	1	1	0	..
Titres de dette à court terme	0	0	0	0	0	0	0	..
Titres de dette à long terme	0	0	0	1	1	1	0	..
Crédits	94	135	145	89	90	126	142	..
Crédits à court terme	0	0	0	0	0	1	0	..
Crédits à long terme	93	135	145	89	90	125	142	..
Actions et parts de fonds d'investissement	485	405	462	453	472	322	279	..
Systèmes d'assurance, de pensions et garanties standard	11 659	11 990	13 218	12 629	13 992	15 443	16 004	..
Produits financiers dérivés et options sur titres des salariés	6	8	9	4	9	6	9	..
Autres comptes à payer	404	414	391	433	441	568	683	..
Actifs non financiers	..	..	..	..	..	..	..	..
Sociétés d'assurance								
Valeur nette financière	..	..	..	..	..	..	..	..
Actifs financiers	6 700	6 889	7 043	6 934	7 814	8 073	7 677	..
Numéraire et dépôts	513	360	296	267	257	316	259	..
Titres de dette	4 368	4 720	4 748	4 727	5 160	4 923	4 753	..
Crédits	87	28	46	37	24	26	41	..
Actions et parts de fonds d'investissement	1 031	1 127	1 256	1 287	1 586	1 996	1 875	..
Actions	0	179	168	170	218	173	116	..
Parts de fonds d'investissement	0	948	1 088	1 117	1 368	1 824	1 760	..
Parts de fonds d'investissement monétaires	..	..	..	..	..	..	..	..
Parts de fonds d'investissement non monétaires	..	..	..	..	..	..	..	..
Systèmes d'assurance, de pensions et garanties standard	344	325	372	319	445	412	366	..
Produits financiers dérivés et options sur titres des salariés	4	5	5	6	3	3	3	..
Autres comptes à recevoir	355	324	320	292	339	396	379	..
Passifs financiers	5 852	5 838	6 344	5 731	6 328	6 913	7 027	..
Titres de dette	0	0	0	1	1	1	0	..
Titres de dette à court terme	0	0	0	0	0	0	0	..
Titres de dette à long terme	0	0	0	1	1	1	0	..
Crédits	94	135	145	89	90	125	142	..
Crédits à court terme	0	0	0	0	0	0	0	..
Crédits à long terme	93	135	145	89	90	125	142	..
Actions et parts de fonds d'investissement	485	405	462	453	472	322	279	..
Systèmes d'assurance, de pensions et garanties standard	4 880	4 901	5 348	4 782	5 341	5 921	5 934	..
Produits financiers dérivés et options sur titres des salariés	6	5	8	2	4	2	2	..
Autres comptes à payer	387	393	381	404	421	543	671	..
Actifs non financiers	..	..	..	..	..	..	..	..
Fonds de pension								
Valeur nette financière	..	..	..	..	..	..	..	..
Actifs financiers	6 473	7 321	7 986	7 913	8 423	9 286	9 643	..
Numéraire et dépôts	1 521	1 479	1 344	1 161	908	1 202	1 181	..
Titres de dette	4 460	4 904	5 469	5 226	5 737	5 796	6 154	..
Crédits	0	0	0	0	0	0	1	..
Actions et parts de fonds d'investissement	492	926	1 168	1 513	1 769	2 277	2 291	..
Actions	0	181	165	167	181	193	226	..
Parts de fonds d'investissement	0	745	1 004	1 345	1 589	2 085	2 064	..
Parts de fonds d'investissement monétaires	..	..	..	..	..	..	..	..
Parts de fonds d'investissement non monétaires	..	..	..	..	..	..	..	..
Systèmes d'assurance, de pensions et garanties standard	0	0	0	0	0	0	0	..
Produits financiers dérivés et options sur titres des salariés	0	1	0	1	5	5	4	..
Autres comptes à recevoir	0	11	5	13	4	5	13	..
Passifs financiers	6 796	7 115	7 882	7 878	8 676	9 553	10 089	..
Titres de dette	0	0	0	0	0	0	0	..
Titres de dette à court terme	0	0	0	0	0	0	0	..
Titres de dette à long terme	0	0	0	0	0	0	0	..
Crédits	0	0	0	0	0	1	0	..
Crédits à court terme	0	0	0	0	0	1	0	..
Crédits à long terme	0	0	0	0	0	0	0	..
Actions et parts de fonds d'investissement	0	0	0	0	0	0	0	..
Systèmes d'assurance, de pensions et garanties standard	6 779	7 089	7 870	7 847	8 651	9 522	10 069	..
Produits financiers dérivés et options sur titres des salariés	0	4	2	3	5	4	8	..
Autres comptes à payer	17	22	10	29	20	25	12	..
Actifs non financiers	..	..	..	..	..	..	..	..

Note : Voir les métadonnées détaillées sur : *http://metalinks.oecd.org/instinv/20200916/86e8*

RÉPUBLIQUE SLOVAQUE

Tableau 4. Composition du portefeuille par type d'investisseur

En pourcentage des actifs financiers et des passifs financiers

Pour cent

	2012	2013	2014	2015	2016	2017	2018	2019
Fonds d'investissement								
Actifs financiers	..	..	..	..	..	..	..	..
Numéraire et dépôts	..	..	..	..	..	..	..	..
Titres de dettes	..	..	..	..	..	..	..	..
Crédits	..	..	..	..	..	..	..	..
Actions et parts de fonds d'investissement	..	..	..	..	..	..	..	..
Systèmes d'assurance de pensions et garanties standard	..	..	..	..	..	..	..	..
Produits financiers dérivés et options sur titres des salariés	..	..	..	..	..	..	..	..
Autres comptes à recevoir	..	..	..	..	..	..	..	..
Passifs financiers	..	..	..	..	..	..	..	..
Numéraire et dépôts	..	..	..	..	..	..	..	..
Titres de dettes	..	..	..	..	..	..	..	..
Crédits	..	..	..	..	..	..	..	..
Actions et parts de fonds d'investissement	..	..	..	..	..	..	..	..
Systèmes d'assurance de pensions et garanties standard	..	..	..	..	..	..	..	..
Produits financiers dérivés et options sur titres des salariés	..	..	..	..	..	..	..	..
Autres comptes à recevoir	..	..	..	..	..	..	..	..
Sociétés d'assurance								
Actifs financiers	100.0	100.0	100.0	100.0	100.0	100.0	100.0	..
Numéraire et dépôts	7.7	5.2	4.2	3.8	3.3	3.9	3.4	..
Titres de dettes	65.2	68.5	67.4	68.2	66.0	61.0	61.9	..
Crédits	1.3	0.4	0.7	0.5	0.3	0.3	0.5	..
Actions et parts de fonds d'investissement	15.4	16.4	17.8	18.6	20.3	24.7	24.4	..
Systèmes d'assurance de pensions et garanties standard	5.1	4.7	5.3	4.6	5.7	5.1	4.8	..
Produits financiers dérivés et options sur titres des salariés	0.1	0.1	0.1	0.1	0.0	0.0	0.0	..
Autres comptes à recevoir	5.3	4.7	4.5	4.2	4.3	4.9	4.9	..
Passifs financiers	100.0	100.0	100.0	100.0	100.0	100.0	100.0	..
Numéraire et dépôts	0.0	0.0	0.0	0.0	0.0	0.0	0.0	..
Titres de dettes	0.0	0.0	0.0	0.0	0.0	0.0	0.0	..
Crédits	1.6	2.3	2.3	1.5	1.4	1.8	2.0	..
Actions et parts de fonds d'investissement	8.3	6.9	7.3	7.9	7.5	4.7	4.0	..
Systèmes d'assurance de pensions et garanties standard	83.4	83.9	84.3	83.4	84.4	85.7	84.4	..
Produits financiers dérivés et options sur titres des salariés	0.1	0.1	0.1	0.0	0.1	0.0	0.0	..
Autres comptes à recevoir	6.6	6.7	6.0	7.1	6.7	7.9	9.5	..
Fonds de pension								
Actifs financiers	100.0	100.0	100.0	100.0	100.0	100.0	100.0	..
Numéraire et dépôts	23.5	20.2	16.8	14.7	10.8	12.9	12.2	..
Titres de dettes	68.9	67.0	68.5	66.0	68.1	62.4	63.8	..
Crédits	0.0	0.0	0.0	0.0	0.0	0.0	0.0	..
Actions et parts de fonds d'investissement	7.6	12.7	14.6	19.1	21.0	24.5	23.8	..
Systèmes d'assurance de pensions et garanties standard	0.0	0.0	0.0	0.0	0.0	0.0	0.0	..
Produits financiers dérivés et options sur titres des salariés	0.0	0.0	0.0	0.0	0.1	0.1	0.0	..
Autres comptes à recevoir	0.0	0.1	0.1	0.2	0.0	0.1	0.1	..
Passifs financiers	100.0	100.0	100.0	100.0	100.0	100.0	100.0	..
Numéraire et dépôts	0.0	0.0	0.0	0.0	0.0	0.0	0.0	..
Titres de dettes	0.0	0.0	0.0	0.0	0.0	0.0	0.0	..
Crédits	0.0	0.0	0.0	0.0	0.0	0.0	0.0	..
Actions et parts de fonds d'investissement	0.0	0.0	0.0	0.0	0.0	0.0	0.0	..
Systèmes d'assurance de pensions et garanties standard	99.7	99.6	99.9	99.6	99.7	99.7	99.8	..
Produits financiers dérivés et options sur titres des salariés	0.0	0.1	0.0	0.0	0.1	0.0	0.1	..
Autres comptes à recevoir	0.3	0.3	0.1	0.4	0.2	0.3	0.1	..

Note : Voir les métadonnées détaillées sur : *http://metalinks.oecd.org/instinv/20200916/649b*

SLOVÉNIE

Tableau 1. Actifs et passifs financiers des investisseurs institutionnels, 2018

Millions EUR (2007 SIT euro)

	Fonds d'investissement				
	Total	Fonds d'investissement non-monétaire			Fonds d'investissement monétaires
		Total	Fonds d'investissement à capital variable, non monétaire	Fonds d'investissement à capital fixe, non monétaire	Total
Actifs financiers	2 478	2 399	2 399	..	80
Numéraire et dépôts	187	140	140	..	46
Titres de dette	465	434	434	..	32
Titres de dette à court terme	39	10	10	..	30
Titres de dette à long terme	426	424	424	..	2
Titres de dette émis par les résidents	46	38	38	..	7
Titres de dette émis par les non-résidents	420	396	396	..	24
Crédits	..	..	..	..	..
Crédits à court terme	..	..	..	..	..
Crédits à long terme	..	..	..	..	..
Crédits accordés aux résidents	..	..	..	..	..
Crédits accordés aux non-résidents	..	..	..	..	..
Actions et parts de fonds d'investissement	1 821	1 820	1 820	..	..
Actions et parts de fonds d'investissements émises par les résidents	84	84	84	..	..
Actions et part de fonds d'investissements émises par les non-résidents	1 737	1 736	1 736	..	..
Autres comptes à recevoir	6	4	4	..	1

	Fonds d'investissement				
	Total	Fonds d'investissement non-monétaire			Fonds d'investissement monétaires
		Total	Fonds d'investissement à capital variable, non monétaire	Fonds d'investissement à capital fixe, non monétaire	Total
Pasifs financiers	2 478	2 399	2 399	..	80
Numéraire et dépôts	..	..	..	..	..
Titres de dette	..	..	..	..	..
Titres de dette à court terme	..	..	..	..	..
Titres de dette à long terme	..	..	..	..	..
Crédits	0	0	0	..	..
Crédits à court terme	0	0	0	..	..
Crédits à long terme	..	..	..	..	..
Actions et parts de fonds d'investissement	2 470	2 390	2 390	..	79
Systèmes d'assurance, de pensions et garanties standard	..	..	..	..	..
Produits financiers dérivés et options sur titres des salariés	0	0	0	..	..
Autres comptes à payer	9	9	9	..	0

	Sociétés d'assurance et fonds de pension autonomes				
	Total	Sociétés d'assurance			Fonds de pension autonomes
		Total	Sociétés d'assurance vie	Sociétés d'assurance non-vie	Total
Actifs financiers	10 408	7 667	..	..	2 741
Numéraire et dépôts	538	243	..	..	295
Titres de dette	6 155	4 594	..	..	1 561
Titres de dette à court terme	87	43	..	..	43
Titres de dette à long terme	6 068	4 550	..	..	1 518
Titres de dette émis par les résidents	1 716	1 040	..	..	676
Titres de dette émis par les non-résidents	4 439	3 554	..	..	885
Crédits	131	122	..	..	9
Crédits à court terme	46	37	..	..	9
Crédits à long terme	85	85	..	..	0
Crédits accordés aux résidents	95	86	..	..	9
Crédits accordés aux non-résidents	36	36	..	..	0
Actions et parts de fonds d'investissement	2 922	2 048	..	..	874
Actions et parts de fonds d'investissement émises par les résidents	1 458	1 362	..	..	96
Actions et parts de fonds d'investissement émises par les non-résidents	1 464	686	..	..	778
Autrescomptes à recevoir	461	460	..	..	2

	Sociétés d'assurance et fonds de pension autonomes				
	Total	Sociétés d'assurance			Fonds de pension autonomes
		Total	Sociétés d'assurance vie	Sociétés d'assurance non-vie	Total
Pasifs financiers	10 406	7 573	..	..	2 834
Numéraire et dépôts	0	0	..	..	0
Titres de dette	84	84	..	..	0
Titres de dette à court terme	0	0	..	..	0
Titres de dette à long terme	84	84	..	..	0
Crédits	3	3	..	..	0
Crédits à court terme	0	0	..	..	0
Crédits à long terme	3	3	..	..	0
Actions et parts de fonds d'investissement	1 912	1 864	..	..	48
Systèmes d'assurance, de pensions et garanties standard	8 161	5 383	..	..	2 778
Produits financiers dérivés et options sur titres des salariés	0	0	..	..	0
Autres comptes à payer	247	240	..	..	7

Note : Voir les métadonnées détaillées sur : *http://metalinks.oecd.org/instinv/20200916/8e57*

SLOVÉNIE

Tableau 2. Actifs et passifs financiers des fonds d'investissement

Millions EUR

	2012	2013	2014	2015	2016	2017	2018	2019
Fonds d'investissement								
Valeur nette financière	..	..	..	..	..	..	..	..
Actifs financiers	1 831	1 856	2 151	2 319	2 474	2 665	2 478	3 020
Numéraire et dépôts	136	110	136	166	192	171	187	165
Titres de dette	250	221	263	351	425	448	465	551
Crédits	..	..	..	..	..	..	..	..
Actions et parts de fonds d'investissement	1 433	1 516	1 746	1 795	1 846	2 043	1 821	2 297
Actions	1 280	1 348	1 598	1 641	1 690	1 875	1 667	2 079
Parts de fonds d'investissement	153	168	149	154	156	168	154	218
Parts de fonds d'investissement monétaires	0	0	0	0	2	2	1	1
Parts de fonds d'investissement non monétaires	153	168	149	154	154	166	152	217
Systèmes d'assurance, de pensions et garanties standard	..	..	..	..	..	..	..	..
Produits financiers dérivés et options sur titres des salariés	0	0	0	1	1	0	0	0
Autres comptes à recevoir	12	9	6	5	11	4	6	7
Passifs financiers	1 831	1 856	2 151	2 319	2 474	2 665	2 478	3 020
Titres de dette	..	..	..	..	..	..	..	..
Titres de dette à court terme	..	..	..	..	..	..	..	..
Titres de dette à long terme	..	..	..	..	..	..	..	..
Crédits	0	0	0	0	0	0	0	0
Crédits à court terme	0	0	0	0	0	0	0	0
Crédits à long terme	..	..	..	..	..	..	..	..
Actions et parts de fonds d'investissement	1 817	1 840	2 143	2 309	2 464	2 657	2 470	3 009
Systèmes d'assurance, de pensions et garanties standard	..	..	..	..	..	..	..	..
Produits financiers dérivés et options sur titres des salariés	0	0	0	0	0	0	0	0
Autres comptes à payer	14	16	8	10	11	8	9	11
Actifs non financiers	..	..	..	..	..	..	..	..
Fonds d'investissement monéaires								
Valeur nette financière	..	..	..	..	..	..	..	..
Actifs financiers	26	37	37	58	100	55	80	57
Numéraire et dépôts	15	23	25	32	68	36	46	29
Titres de dette	10	14	13	25	32	19	32	28
Crédits	..	..	..	..	..	..	..	..
Actions et parts de fonds d'investissement	..	..	..	..	..	..	..	..
Actions	..	..	..	..	..	..	..	..
Parts de fonds d'investissement	..	..	..	..	..	..	..	..
Parts de fonds d'investissement monétaires	..	..	..	..	..	..	..	..
Parts de fonds d'investissement non monétaires	..	..	..	..	..	..	..	..
Systèmes d'assurance, de pensions et garanties standard	..	..	..	..	..	..	..	..
Produits financiers dérivés et options sur titres des salariés	..	..	..	..	..	..	..	..
Autres comptes à recevoir	0	0	0	0	0	0	1	0
Passifs financiers	26	37	37	58	100	55	80	57
Titres de dette	..	..	..	..	..	..	..	..
Titres de dette à court terme	..	..	..	..	..	..	..	..
Titres de dette à long terme	..	..	..	..	..	..	..	..
Crédits	..	..	..	..	..	..	..	..
Crédits à court terme	..	..	..	..	..	..	..	..
Crédits à long terme	..	..	..	..	..	..	..	..
Actions et parts de fonds d'investissement	24	36	37	56	99	55	79	56
Systèmes d'assurance, de pensions et garanties standard	..	..	..	..	..	..	..	..
Produits financiers dérivés et options sur titres des salariés	..	..	..	..	..	..	..	..
Autres comptes à payer	2	0	1	1	1	0	0	1
Actifs non financiers	..	..	..	..	..	..	..	..
Fonds d'investissement non monéaires								
Valeur nette financière	..	..	..	..	..	..	..	..
Actifs financiers	1 805	1 819	2 113	2 261	2 374	2 610	2 399	2 963
Numéraire et dépôts	121	87	111	134	124	135	140	136
Titres de dette	239	206	250	326	393	429	434	524
Crédits	..	..	..	..	..	..	..	..
Actions et parts de fonds d'investissement	1 433	1 516	1 746	1 795	1 846	2 042	1 820	2 297
Actions	1 280	1 348	1 598	1 641	1 690	1 875	1 667	2 079
Parts de fonds d'investissement	153	168	149	154	156	168	153	218
Parts de fonds d'investissement monétaires	0	0	0	0	2	2	1	1
Parts de fonds d'investissement non monétaires	153	168	149	154	154	166	152	217
Systèmes d'assurance, de pensions et garanties standard	..	..	..	..	..	..	..	..
Produits financiers dérivés et options sur titres des salariés	0	0	0	1	1	0	0	0
Autres comptes à recevoir	12	9	6	5	11	4	4	7
Passifs financiers	1 805	1 819	2 113	2 261	2 374	2 610	2 399	2 963
Titres de dette	..	..	..	..	..	..	..	..
Titres de dette à court terme	..	..	..	..	..	..	..	..
Titres de dette à long terme	..	..	..	..	..	..	..	..
Crédits	0	0	0	0	0	0	0	0
Crédits à court terme	0	0	0	0	0	0	0	0
Crédits à long terme	..	..	..	..	..	..	..	..
Actions et parts de fonds d'investissement	1 794	1 803	2 106	2 253	2 364	2 603	2 390	2 953
Systèmes d'assurance, de pensions et garanties standard	..	..	..	..	..	..	..	..
Produits financiers dérivés et options sur titres des salariés	0	0	0	0	0	0	0	0
Autres comptes à payer	11	16	7	9	9	7	9	10
Actifs non financiers	..	..	..	..	..	..	..	..
Fonds d'investissement non monéaires à capital variable								
Valeur nette financière	..	..	..	..	..	..	..	..
Actifs financiers	1 805	1 819	2 113	2 261	2 374	2 610	2 399	2 963
Numéraire et dépôts	121	87	111	134	124	135	140	136

SLOVÉNIE

Tableau 2. Actifs et passifs financiers des fonds d'investissement *(suite)*

Millions EUR

	2012	2013	2014	2015	2016	2017	2018	2019
Titres de dette	239	206	250	326	393	429	434	524
Crédits	..	..	..	..	..	..	..	..
Actions et parts de fonds d'investissement	1 433	1 516	1 746	1 795	1 846	2 042	1 820	2 297
Actions	1 280	1 348	1 598	1 641	1 690	1 875	1 667	2 079
Parts de fonds d'investissement	153	168	149	154	156	168	153	218
Parts de fonds d'investissement monétaires	0	0	0	0	2	2	1	1
Parts de fonds d'investissement non monétaires	153	168	149	154	154	166	152	217
Systèmes d'assurance, de pensions et garanties standard	..	..	..	..	..	..	..	..
Produits financiers dérivés et options sur titres des salariés	0	0	0	1	1	0	0	0
Autres comptes à recevoir	12	9	6	5	11	4	4	7
Passifs financiers	1 805	1 819	2 113	2 261	2 374	2 610	2 399	2 963
Titres de dette	..	..	..	..	..	..	..	..
Titres de dette à court terme	..	..	..	..	..	..	..	..
Titres de dette à long terme	..	..	..	..	..	..	..	..
Crédits	0	0	0	0	0	0	0	0
Crédits à court terme	0	0	0	0	0	0	0	0
Crédits à long terme	..	..	..	..	..	..	..	..
Actions et parts de fonds d'investissement	1 794	1 803	2 106	2 253	2 364	2 603	2 390	2 953
Systèmes d'assurance, de pensions et garanties standard	..	..	..	..	..	..	..	..
Produits financiers dérivés et options sur titres des salariés	0	0	0	0	0	0	0	0
Autres comptes à payer	11	16	7	9	9	7	9	10
Actifs non financiers	..	..	..	..	..	..	..	..
Fonds d'investissement à capital variable								
Valeur nette financière	..	..	..	..	..	..	..	..
Actifs financiers	1 831	1 856	2 151	2 319	2 474	2 665	2 478	3 020
Numéraire et dépôts	136	110	136	166	192	171	187	165
Titres de dette	250	221	263	351	425	448	465	551
Crédits	..	..	..	..	..	..	..	..
Actions et parts de fonds d'investissement	1 433	1 516	1 746	1 795	1 846	2 043	1 821	2 297
Actions	1 280	1 348	1 598	1 641	1 690	1 875	1 667	2 079
Parts de fonds d'investissement	153	168	149	154	156	168	154	218
Parts de fonds d'investissement monétaires	0	0	0	0	2	2	1	1
Parts de fonds d'investissement non monétaires	153	168	149	154	154	166	152	217
Systèmes d'assurance, de pensions et garanties standard	..	..	..	..	..	..	..	..
Produits financiers dérivés et options sur titres des salariés	0	0	0	1	1	0	0	0
Autres comptes à recevoir	12	9	6	5	11	4	6	7
Passifs financiers	1 831	1 856	2 151	2 319	2 474	2 665	2 478	3 020
Titres de dette	..	..	..	..	..	..	..	..
Titres de dette à court terme	..	..	..	..	..	..	..	..
Titres de dette à long terme	..	..	..	..	..	..	..	..
Crédits	0	0	0	0	0	0	0	0
Crédits à court terme	0	0	0	0	0	0	0	0
Crédits à long terme	..	..	..	..	..	..	..	..
Actions et parts de fonds d'investissement	1 817	1 840	2 143	2 309	2 464	2 657	2 470	3 009
Systèmes d'assurance, de pensions et garanties standard	..	..	..	..	..	..	..	..
Produits financiers dérivés et options sur titres des salariés	0	0	0	0	0	0	0	0
Autres comptes à payer	14	16	8	10	11	8	9	11
Actifs non financiers	..	..	..	..	..	..	..	..

Note : Voir les métadonnées détaillées sur : *http://metalinks.oecd.org/instinv/20200916/8e57*

SLOVÉNIE

Tableau 3. Actifs et passifs financiers des sociétés d'assurance et fonds de pension

Millions EUR

	2012	2013	2014	2015	2016	2017	2018	2019
Sociétés d'assurance et fonds de pension								
Valeur nette financière	164	213	182	42	132	54	2	28
Actifs financiers	8 275	8 614	9 370	9 486	9 980	10 373	10 408	11 455
Numéraire et dépôts	950	686	781	670	660	627	538	640
Titres de dette	4 440	4 882	5 345	5 693	6 026	6 083	6 155	6 616
Crédits	174	166	150	113	124	132	131	74
Actions et parts de fonds d'investissement	2 153	2 307	2 597	2 581	2 677	2 976	2 922	3 405
Actions	827	858	929	840	775	873	939	1 020
Parts de fonds d'investissement	1 326	1 449	1 667	1 741	1 902	2 103	1 983	2 385
Parts de fonds d'investissement monétaires	..	..	..	..	..	..	..	..
Parts de fonds d'investissement non monétaires	..	..	..	..	..	..	..	..
Systèmes d'assurance, de pensions et garanties standard	225	201	216	177	182	192	199	212
Produits financiers dérivés et options sur titres des salariés	4	2	0	0	0	0	2	1
Autres comptes à recevoir	330	370	282	253	311	362	461	508
Passifs financiers	8 111	8 401	9 189	9 444	9 849	10 319	10 406	11 427
Titres de dette	45	37	38	35	84	84	84	209
Titres de dette à court terme	0	0	0	0	0	0	0	0
Titres de dette à long terme	45	37	38	35	84	84	84	209
Crédits	37	31	26	26	26	2	3	2
Crédits à court terme	3	5	0	0	1	0	0	0
Crédits à long terme	34	26	26	26	25	2	3	2
Actions et parts de fonds d'investissement	1 215	1 348	1 690	1 659	1 696	1 908	1 912	2 130
Systèmes d'assurance, de pensions et garanties standard	6 553	6 684	7 209	7 498	7 810	8 074	8 161	8 813
Produits financiers dérivés et options sur titres des salariés	0	0	0	0	0	0	0	0
Autres comptes à payer	262	301	226	227	233	251	247	273
Actifs non financiers	..	..	..	..	..	..	..	..
Sociétés d'assurance								
Valeur nette financière	175	207	180	34	140	84	95	116
Actifs financiers	6 197	6 476	7 031	6 999	7 416	7 688	7 667	8 396
Numéraire et dépôts	488	365	327	314	286	248	243	328
Titres de dette	3 256	3 590	4 083	4 157	4 486	4 567	4 594	4 886
Crédits	121	112	112	87	99	109	122	71
Actions et parts de fonds d'investissement	1 779	1 852	2 019	2 016	2 060	2 215	2 048	2 392
Actions	754	794	830	775	711	809	858	936
Parts de fonds d'investissement	1 025	1 058	1 189	1 241	1 350	1 406	1 191	1 456
Parts de fonds d'investissement monétaires	..	..	..	..	..	..	..	..
Parts de fonds d'investissement non monétaires	..	..	..	..	..	..	..	..
Systèmes d'assurance, de pensions et garanties standard	225	201	216	177	182	192	199	212
Produits financiers dérivés et options sur titres des salariés	4	2	0	0	0	0	2	1
Autres comptes à recevoir	324	355	273	249	303	357	460	507
Passifs financiers	6 023	6 268	6 851	6 965	7 276	7 604	7 573	8 280
Titres de dette	45	37	38	35	84	84	84	209
Titres de dette à court terme	0	0	0	0	0	0	0	0
Titres de dette à long terme	45	37	38	35	84	84	84	209
Crédits	37	31	26	26	26	2	3	2
Crédits à court terme	3	5	0	0	1	0	0	0
Crédits à long terme	34	26	26	26	25	2	3	2
Actions et parts de fonds d'investissement	1 176	1 308	1 648	1 615	1 651	1 861	1 864	2 079
Systèmes d'assurance, de pensions et garanties standard	4 512	4 599	4 927	5 070	5 301	5 413	5 383	5 724
Produits financiers dérivés et options sur titres des salariés	0	0	0	0	0	0	0	0
Autres comptes à payer	252	294	213	220	214	245	240	266
Actifs non financiers	..	..	..	..	..	..	..	..
Fonds de pension								
Valeur nette financière	-10	6	2	8	-8	-31	-93	-88
Actifs financiers	2 078	2 139	2 339	2 487	2 564	2 685	2 741	3 058
Numéraire et dépôts	462	322	454	356	375	379	295	312
Titres de dette	1 184	1 292	1 261	1 537	1 540	1 516	1 561	1 730
Crédits	53	54	37	27	25	23	9	3
Actions et parts de fonds d'investissement	374	455	578	565	616	761	874	1 013
Actions	73	64	99	64	64	64	81	84
Parts de fonds d'investissement	301	391	479	500	552	697	793	929
Parts de fonds d'investissement monétaires	..	..	..	..	..	..	..	..
Parts de fonds d'investissement non monétaires	..	..	..	..	..	..	..	..
Systèmes d'assurance, de pensions et garanties standard	0	0	0	0	0	0	0	0
Produits financiers dérivés et options sur titres des salariés	0	0	0	0	0	0	0	0
Autres comptes à recevoir	6	15	9	4	8	6	2	1
Passifs financiers	2 089	2 133	2 337	2 479	2 572	2 715	2 834	3 147
Titres de dette	0	0	0	0	0	0	0	0
Titres de dette à court terme	0	0	0	0	0	0	0	0
Titres de dette à long terme	0	0	0	0	0	0	0	0
Crédits	0	0	0	0	0	0	0	0
Crédits à court terme	0	0	0	0	0	0	0	0
Crédits à long terme	0	0	0	0	0	0	0	0
Actions et parts de fonds d'investissement	39	40	43	44	45	47	48	51
Systèmes d'assurance, de pensions et garanties standard	2 041	2 085	2 281	2 428	2 509	2 662	2 778	3 089
Produits financiers dérivés et options sur titres des salariés	0	0	0	0	0	0	0	0
Autres comptes à payer	10	8	13	7	18	6	7	7
Actifs non financiers	..	..	..	..	..	..	..	..

Note : Voir les métadonnées détaillées sur : *http://metalinks.oecd.org/instinv/20200916/8e57*

SLOVÉNIE

Tableau 4. Composition du portefeuille par type d'investisseur

En pourcentage des actifs financiers et des passifs financiers

Pour cent

	2012	2013	2014	2015	2016	2017	2018	2019
Fonds d'investissement								
Actifs financiers	100.0	100.0	100.0	100.0	100.0	100.0	100.0	100.0
Numéraire et dépôts	7.4	5.9	6.3	7.1	7.8	6.4	7.5	5.5
Titres de dettes	13.6	11.9	12.2	15.2	17.2	16.8	18.8	18.3
Crédits	0.0	0.0	0.0	0.0	0.0	0.0	0.0	0.0
Actions et parts de fonds d'investissement	78.3	81.7	81.2	77.4	74.6	76.7	73.5	76.0
Systèmes d'assurance de pensions et garanties standard	0.0	0.0	0.0	0.0	0.0	0.0	0.0	0.0
Produits financiers dérivés et options sur titres des salariés	0.0	0.0	0.0	0.0	0.0	0.0	0.0	0.0
Autres comptes à recevoir	0.7	0.5	0.3	0.2	0.4	0.1	0.2	0.2
Passifs financiers	100.0	100.0	100.0	100.0	100.0	100.0	100.0	100.0
Numéraire et dépôts	0.0	0.0	0.0	0.0	0.0	0.0	0.0	0.0
Titres de dettes	0.0	0.0	0.0	0.0	0.0	0.0	0.0	0.0
Crédits	0.0	0.0	0.0	0.0	0.0	0.0	0.0	0.0
Actions et parts de fonds d'investissement	99.3	99.1	99.6	99.6	99.6	99.7	99.6	99.6
Systèmes d'assurance de pensions et garanties standard	0.0	0.0	0.0	0.0	0.0	0.0	0.0	0.0
Produits financiers dérivés et options sur titres des salariés	0.0	0.0	0.0	0.0	0.0	0.0	0.0	0.0
Autres comptes à recevoir	0.7	0.9	0.4	0.4	0.4	0.3	0.4	0.4
Sociétés d'assurance								
Actifs financiers	100.0	100.0	100.0	100.0	100.0	100.0	100.0	100.0
Numéraire et dépôts	7.9	5.6	4.7	4.5	3.9	3.2	3.2	3.9
Titres de dettes	52.5	55.4	58.1	59.4	60.5	59.4	59.9	58.2
Crédits	2.0	1.7	1.6	1.2	1.3	1.4	1.6	0.8
Actions et parts de fonds d'investissement	28.7	28.6	28.7	28.8	27.8	28.8	26.7	28.5
Systèmes d'assurance de pensions et garanties standard	3.6	3.1	3.1	2.5	2.5	2.5	2.6	2.5
Produits financiers dérivés et options sur titres des salariés	0.1	0.0	0.0	0.0	0.0	0.0	0.0	0.0
Autres comptes à recevoir	5.2	5.5	3.9	3.6	4.1	4.6	6.0	6.0
Passifs financiers	100.0	100.0	100.0	100.0	100.0	100.0	100.0	100.0
Numéraire et dépôts	0.0	0.0	0.0	0.0	0.0	0.0	0.0	0.0
Titres de dettes	0.8	0.6	0.6	0.5	1.2	1.1	1.1	2.5
Crédits	0.6	0.5	0.4	0.4	0.4	0.0	0.0	0.0
Actions et parts de fonds d'investissement	19.5	20.9	24.0	23.2	22.7	24.5	24.6	25.1
Systèmes d'assurance de pensions et garanties standard	74.9	73.4	71.9	72.8	72.8	71.2	71.1	69.1
Produits financiers dérivés et options sur titres des salariés	0.0	0.0	0.0	0.0	0.0	0.0	0.0	0.0
Autres comptes à recevoir	4.2	4.7	3.1	3.2	2.9	3.2	3.2	3.2
Fonds de pension								
Actifs financiers	100.0	100.0	100.0	100.0	100.0	100.0	100.0	100.0
Numéraire et dépôts	22.2	15.0	19.4	14.3	14.6	14.1	10.8	10.2
Titres de dettes	57.0	60.4	53.9	61.8	60.1	56.5	57.0	56.5
Crédits	2.5	2.5	1.6	1.1	1.0	0.9	0.3	0.1
Actions et parts de fonds d'investissement	18.0	21.3	24.7	22.7	24.0	28.4	31.9	33.1
Systèmes d'assurance de pensions et garanties standard	0.0	0.0	0.0	0.0	0.0	0.0	0.0	0.0
Produits financiers dérivés et options sur titres des salariés	0.0	0.0	0.0	0.0	0.0	0.0	0.0	0.0
Autres comptes à recevoir	0.3	0.7	0.4	0.2	0.3	0.2	0.1	0.0
Passifs financiers	100.0	100.0	100.0	100.0	100.0	100.0	100.0	100.0
Numéraire et dépôts	0.0	0.0	0.0	0.0	0.0	0.0	0.0	0.0
Titres de dettes	0.0	0.0	0.0	0.0	0.0	0.0	0.0	0.0
Crédits	0.0	0.0	0.0	0.0	0.0	0.0	0.0	0.0
Actions et parts de fonds d'investissement	1.8	1.9	1.8	1.8	1.7	1.7	1.7	1.6
Systèmes d'assurance de pensions et garanties standard	97.7	97.7	97.6	97.9	97.5	98.0	98.0	98.2
Produits financiers dérivés et options sur titres des salariés	0.0	0.0	0.0	0.0	0.0	0.0	0.0	0.0
Autres comptes à recevoir	0.5	0.4	0.6	0.3	0.7	0.2	0.3	0.2

Note : Voir les métadonnées détaillées sur : *http://metalinks.oecd.org/instinv/20200916/649b*

ESPAGNE

Tableau 1. Actifs et passifs financiers des investisseurs institutionnels, 2018

Millions EUR (1999 ESP euro)

	Fonds d'investissement				
	Total	Fonds d'investissement non-monétaire			Fonds d'investissement monétaires
		Total	Fonds d'investissement à capital variable, non monétaire	Fonds d'investissement à capital fixe, non monétaire	Total
Actifs financiers	297 960	291 142	285 248	5 894	6 818
Numéraire et dépôts	33 574	31 920	31 205	715	1 654
Titres de dette	124 350	119 239	119 239	1	5 111
Titres de dette à court terme	17 184	12 074	12 074	0	5 111
Titres de dette à long terme	107 165	107 165	107 165	1	0
Titres de dette émis par les résidents	51 480	50 128	50 128	1	1 351
Titres de dette émis par les non-résidents	72 870	69 111	69 111	0	3 759
Crédits	0	0	..	0	0
Crédits à court terme	0	..	..	0	0
Crédits à long terme	0	..	..	0	0
Crédits accordés aux résidents	0	..	..	0	0
Crédits accordés aux non-résidents	0	..	..	0	0
Actions et parts de fonds d'investissement	135 571	135 516	130 689	4 828	55
Actions et parts de fonds d'investissements émises par les résidents	24 066	24 066	21 210	2 856	0
Actions et part de fonds d'investissements émises par les non-résidents	111 506	111 451	109 479	1 972	55
Autres comptes à recevoir	3 645	3 646	3 296	350	-1

	Fonds d'investissement				
	Total	Fonds d'investissement non-monétaire			Fonds d'investissement monétaires
		Total	Fonds d'investissement à capital variable, non monétaire	Fonds d'investissement à capital fixe, non monétaire	Total
Pasifs financiers	299 959	293 141	285 248	7 893	6 818
Numéraire et dépôts	0	..	..	0	0
Titres de dette	0	0	..	0	0
Titres de dette à court terme	0	0	..	0	0
Titres de dette à long terme	0	0	..	0	0
Crédits	556	548	1	547	8
Crédits à court terme	556	548	1	547	8
Crédits à long terme	0	..	..	0	0
Actions et parts de fonds d'investissement	297 052	290 243	282 991	7 252	6 810
Systèmes d'assurance, de pensions et garanties standard	0	0	..	0	0
Produits financiers dérivés et options sur titres des salariés	397	397	397	0	0
Autres comptes à payer	1 954	1 954	1 860	94	0

	Sociétés d'assurance et fonds de pension autonomes				
	Total	Sociétés d'assurance			Fonds de pension autonomes
		Total	Sociétés d'assurance vie	Sociétés d'assurance non-vie	Total
Actifs financiers	449 939	310 482	..	..	139 457
Numéraire et dépôts	34 347	22 539	..	..	11 809
Titres de dette	294 407	227 538	..	..	66 869
Titres de dette à court terme	5 031	1 618	..	..	3 413
Titres de dette à long terme	289 376	225 920	..	..	63 456
Titres de dette émis par les résidents	191 742	157 697	..	..	34 045
Titres de dette émis par les non-résidents	102 665	69 842	..	..	32 824
Crédits	4 109	4 094	..	..	15
Crédits à court terme	1 673	1 673	..	..	0
Crédits à long terme	2 436	2 421	..	..	15
Crédits accordés aux résidents	3 170	3 155	..	..	15
Crédits accordés aux non-résidents	938	938	..	..	..
Actions et parts de fonds d'investissement	84 394	37 153	..	..	47 241
Actions et parts de fonds d'investissement émises par les résidents	..	..	..	..	..
Actions et parts de fonds d'investissement émises par les non-résidents	..	..	..	..	..
Autrescomptes à recevoir	7 043	6 885	..	..	158

	Sociétés d'assurance et fonds de pension autonomes				
	Total	Sociétés d'assurance			Fonds de pension autonomes
		Total	Sociétés d'assurance vie	Sociétés d'assurance non-vie	Total
Pasifs financiers	469 537	329 004	..	..	140 533
Numéraire et dépôts	..	..	..	..	..
Titres de dette	169	169	..	..	0
Titres de dette à court terme	0	0	..	..	0
Titres de dette à long terme	169	169	..	..	0
Crédits	8 013	7 891	..	..	122
Crédits à court terme	4 118	4 065	..	..	53
Crédits à long terme	3 894	3 826	..	..	68
Actions et parts de fonds d'investissement	63 930	63 930	..	..	0
Systèmes d'assurance, de pensions et garanties standard	372 730	232 826	..	..	139 904
Produits financiers dérivés et options sur titres des salariés	13 194	13 141	..	..	53
Autres comptes à payer	11 501	11 047	..	..	454

Note : Voir les métadonnées détaillées sur : *http://metalinks.oecd.org/instinv/20200916/c1e7*

ESPAGNE

Tableau 2. Actifs et passifs financiers des fonds d'investissement

Millions EUR

	2012	2013	2014	2015	2016	2017	2018	2019
Fonds d'investissement								
Valeur nette financière	-4 248	-4 536	-472	-311	-26	-1 417	-1 999	-1 594
Actifs financiers	153 287	190 235	237 116	263 299	278 825	307 254	297 960	321 496
Numéraire et dépôts	27 633	39 780	43 901	46 809	44 578	37 483	33 574	37 791
Titres de dette	87 273	98 663	119 003	110 939	123 593	125 296	124 350	127 460
Crédits	23	1	0	0	0	0	0	0
Actions et parts de fonds d'investissement	35 579	48 208	70 501	101 626	106 767	139 865	135 571	152 173
Actions	19 208	26 439	33 463	40 675	41 267	51 431	50 488	56 640
Parts de fonds d'investissement	16 371	21 769	37 038	60 952	65 500	88 434	85 084	95 534
Parts de fonds d'investissement monétaires	875	722	563	1 330	1 464	1 538	2 225	2 200
Parts de fonds d'investissement non monétaires	15 497	21 047	36 475	59 621	64 036	86 896	82 859	93 334
Systèmes d'assurance, de pensions et garanties standard	0	0	0	0	0	0	0	0
Produits financiers dérivés et options sur titres des salariés	1 159	1 440	1 327	1 123	1 340	1 381	820	1 058
Autres comptes à recevoir	1 621	2 142	2 384	2 801	2 547	3 229	3 645	3 014
Passifs financiers	157 535	194 770	237 588	263 609	278 851	308 671	299 959	323 090
Titres de dette	0	0	0	0	0	0	0	0
Titres de dette à court terme	0	0	0	0	0	0	0	0
Titres de dette à long terme	0	0	0	0	0	0	0	0
Crédits	534	864	591	665	667	539	556	745
Crédits à court terme	534	864	591	665	667	539	556	745
Crédits à long terme	0	0	0	0	0	0	0	0
Actions et parts de fonds d'investissement	155 617	192 364	235 207	261 294	275 969	305 660	297 052	320 109
Systèmes d'assurance, de pensions et garanties standard	0	0	0	0	0	0	0	0
Produits financiers dérivés et options sur titres des salariés	521	363	417	377	413	390	397	495
Autres comptes à payer	863	1 180	1 372	1 273	1 803	2 083	1 954	1 741
Actifs non financiers	4 939	5 258	1 479	1 434	1 287	906	1 085	1 374
Fonds d'investissement monéaires								
Valeur nette financière	0	0	0	0	0	0	0	0
Actifs financiers	6 992	8 432	7 309	8 328	9 731	7 129	6 818	3 790
Numéraire et dépôts	1 825	2 695	2 559	3 510	2 726	1 372	1 654	880
Titres de dette	5 055	5 644	4 702	4 784	6 964	5 695	5 111	2 914
Crédits	23	1	0	0	0	0	0	0
Actions et parts de fonds d'investissement	1	3	6	3	34	54	55	0
Actions	..	..	..	..	..	..	..	..
Parts de fonds d'investissement	1	3	6	3	34	54	55	0
Parts de fonds d'investissement monétaires	1	3	4	3	34	54	55	0
Parts de fonds d'investissement non monétaires	0	0	2	0	0	0	0	0
Systèmes d'assurance, de pensions et garanties standard	0	0	0	0	0	0	0	0
Produits financiers dérivés et options sur titres des salariés	0	0	0	0	0	0	0	0
Autres comptes à recevoir	89	89	42	32	8	9	-1	-3
Passifs financiers	6 992	8 432	7 309	8 328	9 731	7 129	6 818	3 790
Titres de dette	0	0	0	0	0	0	0	0
Titres de dette à court terme	0	0	0	0	0	0	0	0
Titres de dette à long terme	0	0	0	0	0	0	0	0
Crédits	9	11	9	9	9	6	8	2
Crédits à court terme	9	11	9	9	9	6	8	2
Crédits à long terme	0	0	0	0	0	0	0	0
Actions et parts de fonds d'investissement	6 979	8 420	7 299	8 320	9 722	7 122	6 810	3 788
Systèmes d'assurance, de pensions et garanties standard	0	0	0	0	0	0	0	0
Produits financiers dérivés et options sur titres des salariés	0	0	0	0	0	0	0	0
Autres comptes à payer	4	1	1	0	0	1	0	0
Actifs non financiers	0	0	0	0	0	0	0	..
Fonds d'investissement non monéaires								
Valeur nette financière	-4 248	-4 536	-472	-311	-26	-1 417	-1 999	-1 594
Actifs financiers	146 295	181 803	229 807	254 971	269 094	300 125	291 142	317 706
Numéraire et dépôts	25 808	37 085	41 342	43 299	41 852	36 112	31 920	36 911
Titres de dette	82 218	93 019	114 301	106 156	116 629	119 601	119 239	124 546
Crédits	0	0	0	0	0	0	0	0
Actions et parts de fonds d'investissement	35 578	48 205	70 495	101 624	106 734	139 812	135 516	152 173
Actions	19 208	26 439	33 463	40 675	41 267	51 431	50 488	56 640
Parts de fonds d'investissement	16 371	21 766	37 033	60 949	65 466	88 380	85 029	95 534
Parts de fonds d'investissement monétaires	874	719	559	1 327	1 430	1 484	2 170	2 200
Parts de fonds d'investissement non monétaires	15 497	21 047	36 473	59 621	64 036	86 896	82 859	93 334
Systèmes d'assurance, de pensions et garanties standard	0	..	..	..	..	..	..	..
Produits financiers dérivés et options sur titres des salariés	1 159	1 440	1 327	1 123	1 340	1 381	820	1 058
Autres comptes à recevoir	1 532	2 054	2 342	2 770	2 539	3 220	3 646	3 017
Passifs financiers	150 542	186 338	230 279	255 281	269 119	301 542	293 141	319 300
Titres de dette	0	0	0	0	0	0	0	0
Titres de dette à court terme	0	0	0	0	0	0	0	0
Titres de dette à long terme	0	0	0	0	0	0	0	0
Crédits	525	853	582	656	658	533	548	742
Crédits à court terme	525	853	582	656	658	533	548	742
Crédits à long terme	..	..	..	..	..	..	..	..
Actions et parts de fonds d'investissement	148 638	183 944	227 908	252 975	266 247	298 537	290 243	316 321
Systèmes d'assurance, de pensions et garanties standard	0	0	0	0	0	0	0	0
Produits financiers dérivés et options sur titres des salariés	521	363	417	377	413	390	397	495
Autres comptes à payer	859	1 179	1 372	1 273	1 802	2 082	1 954	1 741
Actifs non financiers	4 939	5 258	1 479	1 434	1 287	906	1 085	1 374
Fonds d'investissement non monéaires à capital variable								
Valeur nette financière	0	0	0	0	0	-1	0	0
Actifs financiers	143 078	178 394	226 056	250 971	264 376	294 567	285 248	309 452
Numéraire et dépôts	25 421	36 555	40 928	42 893	41 322	35 469	31 205	35 540

ESPAGNE

Tableau 2. Actifs et passifs financiers des fonds d'investissement *(suite)*

Millions EUR

	2012	2013	2014	2015	2016	2017	2018	2019
Titres de dette	82 218	93 018	114 297	106 155	116 628	119 600	119 239	124 545
Crédits	..	..	..	..	..	..	..	..
Actions et parts de fonds d'investissement	32 810	45 416	67 393	98 253	102 881	135 252	130 689	145 662
Actions	16 440	23 656	30 371	37 315	37 418	46 872	45 660	50 128
Parts de fonds d'investissement	16 371	21 760	37 021	60 938	65 463	88 380	85 029	95 534
Parts de fonds d'investissement monétaires	874	719	559	1 327	1 430	1 484	2 170	2 200
Parts de fonds d'investissement non monétaires	15 497	21 041	36 462	59 611	64 032	86 896	82 859	93 334
Systèmes d'assurance, de pensions et garanties standard	..	..	..	..	..	..	..	..
Produits financiers dérivés et options sur titres des salariés	1 159	1 440	1 327	1 123	1 340	1 381	820	1 057
Autres comptes à recevoir	1 469	1 965	2 111	2 548	2 205	2 865	3 296	2 649
Passifs financiers	143 078	178 394	226 056	250 971	264 376	294 568	285 248	309 452
Titres de dette	..	..	..	..	..	..	..	..
Titres de dette à court terme	..	..	..	..	..	..	..	..
Titres de dette à long terme	..	..	..	..	..	..	..	..
Crédits	37	3	5	4	0	1	1	1
Crédits à court terme	37	3	5	4	0	1	1	1
Crédits à long terme	..	..	..	..	..	..	..	..
Actions et parts de fonds d'investissement	141 831	177 072	224 346	249 404	262 252	292 158	282 991	307 410
Systèmes d'assurance, de pensions et garanties standard	..	..	..	..	..	..	..	..
Produits financiers dérivés et options sur titres des salariés	521	363	417	377	413	390	397	495
Autres comptes à payer	689	956	1 288	1 186	1 712	2 020	1 860	1 545
Actifs non financiers	0	0	0	0	0	1	1	1
Fonds d'investissement à capital variable								
Valeur nette financière	0	0	0	0	0	-1	0	0
Actifs financiers	150 070	186 826	233 364	259 299	274 107	301 696	292 066	313 242
Numéraire et dépôts	27 246	39 250	43 487	46 403	44 048	36 840	32 859	36 419
Titres de dette	87 273	98 662	118 999	110 939	123 592	125 295	124 349	127 459
Crédits	23	1	0	0	0	0	0	0
Actions et parts de fonds d'investissement	32 811	45 418	67 398	98 256	102 914	135 306	130 744	145 662
Actions	16 440	23 656	30 371	37 315	37 418	46 872	45 660	50 128
Parts de fonds d'investissement	16 371	21 763	37 027	60 941	65 496	88 434	85 084	95 534
Parts de fonds d'investissement monétaires	875	722	563	1 330	1 464	1 538	2 225	2 200
Parts de fonds d'investissement non monétaires	15 497	21 041	36 464	59 611	64 032	86 896	82 859	93 334
Systèmes d'assurance, de pensions et garanties standard	0	0	0	0	0	0	0	0
Produits financiers dérivés et options sur titres des salariés	1 159	1 440	1 327	1 123	1 340	1 381	820	1 057
Autres comptes à recevoir	1 558	2 054	2 153	2 579	2 213	2 874	3 295	2 645
Passifs financiers	150 070	186 826	233 365	259 300	274 108	301 697	292 066	313 242
Titres de dette	0	0	0	0	0	0	0	0
Titres de dette à court terme	0	0	0	0	0	0	0	0
Titres de dette à long terme	0	0	0	0	0	0	0	0
Crédits	46	14	14	13	9	7	9	3
Crédits à court terme	46	14	14	13	9	7	9	3
Crédits à long terme	0	0	0	0	0	0	0	0
Actions et parts de fonds d'investissement	148 810	185 492	231 645	257 723	271 974	299 280	289 801	311 198
Systèmes d'assurance, de pensions et garanties standard	0	0	0	0	0	0	0	0
Produits financiers dérivés et options sur titres des salariés	521	363	417	377	413	390	397	495
Autres comptes à payer	693	957	1 288	1 186	1 712	2 020	1 860	1 545
Actifs non financiers	0	0	0	0	0	1	1	1

Note : Voir les métadonnées détaillées sur : *http://metalinks.oecd.org/instinv/20200916/c1e7*

ESPAGNE

Tableau 3. Actifs et passifs financiers des sociétés d'assurance et fonds de pension

Millions EUR

	2012	2013	2014	2015	2016	2017	2018	2019
Sociétés d'assurance et fonds de pension								
Valeur nette financière	-9 632	-25 424	-16 835	-9 442	-21 335	-20 605	-19 598	-20 954
Actifs financiers	370 781	379 238	422 717	432 790	436 384	448 282	449 939	469 596
Numéraire et dépôts	63 177	63 157	59 695	59 088	40 012	39 594	34 347	29 826
Titres de dette	217 165	220 781	262 854	279 163	290 547	287 489	294 407	302 703
Crédits	7 742	7 356	5 441	5 242	2 995	3 581	4 109	3 421
Actions et parts de fonds d'investissement	46 330	52 496	59 066	62 665	72 570	83 439	84 394	99 850
Actions	26 650	29 329	30 360	28 834	33 131	35 067	35 081	40 106
Parts de fonds d'investissement	19 680	23 167	28 706	33 831	39 439	48 373	49 313	59 744
Parts de fonds d'investissement monétaires	..	..	..	..	..	..	..	..
Parts de fonds d'investissement non monétaires	..	..	..	..	..	..	..	..
Systèmes d'assurance, de pensions et garanties standard	16 366	16 415	16 548	14 965	14 116	18 645	19 467	21 158
Produits financiers dérivés et options sur titres des salariés	1 247	915	1 895	1 771	7 555	7 585	6 172	6 407
Autres comptes à recevoir	18 754	18 120	17 219	9 896	8 588	7 949	7 043	6 232
Passifs financiers	380 413	404 662	439 552	442 232	457 719	468 887	469 537	490 550
Titres de dette	146	146	0	0	169	169	169	169
Titres de dette à court terme	0	0	0	0	0	0	0	0
Titres de dette à long terme	146	146	0	0	169	169	169	169
Crédits	17 579	17 320	19 181	18 149	6 330	7 329	8 013	6 173
Crédits à court terme	16 547	16 139	17 497	16 501	4 440	4 640	4 118	1 809
Crédits à long terme	1 031	1 181	1 683	1 647	1 889	2 690	3 894	4 365
Actions et parts de fonds d'investissement	48 125	55 780	60 333	61 437	66 145	63 321	63 930	55 504
Systèmes d'assurance, de pensions et garanties standard	307 549	324 732	352 371	355 616	359 275	372 930	372 730	404 365
Produits financiers dérivés et options sur titres des salariés	0	0	971	1 071	11 603	12 338	13 194	13 735
Autres comptes à payer	7 013	6 684	6 699	5 958	14 197	12 800	11 501	10 602
Actifs non financiers	10 241	10 582	10 705	11 066	11 462	11 483	11 903	12 442
Sociétés d'assurance								
Valeur nette financière	-7 969	-23 216	-16 165	-4 603	-19 936	-17 310	-18 522	-16 038
Actifs financiers	263 458	265 547	297 624	307 423	304 552	307 311	310 482	321 125
Numéraire et dépôts	48 179	49 049	45 406	43 281	25 711	26 502	22 539	18 576
Titres de dette	155 979	155 415	191 102	210 898	221 012	220 546	227 538	236 780
Crédits	7 704	7 325	5 433	5 211	2 986	3 562	4 094	3 409
Actions et parts de fonds d'investissement	24 561	27 484	30 185	30 479	34 038	35 414	37 153	42 966
Actions	15 630	18 319	18 618	16 389	18 947	17 742	18 346	20 559
Parts de fonds d'investissement	8 931	9 166	11 567	14 091	15 091	17 672	18 807	22 407
Parts de fonds d'investissement monétaires	..	..	..	..	..	..	..	..
Parts de fonds d'investissement non monétaires	..	..	..	..	..	..	..	..
Systèmes d'assurance, de pensions et garanties standard	7 226	7 429	6 587	6 218	5 020	6 040	6 164	6 917
Produits financiers dérivés et options sur titres des salariés	1 247	915	1 882	1 745	7 506	7 524	6 109	6 378
Autres comptes à recevoir	18 561	17 930	17 029	9 590	8 279	7 724	6 885	6 101
Passifs financiers	271 427	288 763	313 789	312 026	324 488	324 621	329 004	337 163
Titres de dette	146	146	0	0	169	169	169	169
Titres de dette à court terme	0	0	0	0	0	0	0	0
Titres de dette à long terme	146	146	0	0	169	169	169	169
Crédits	17 579	17 320	19 158	17 652	6 304	7 266	7 891	6 145
Crédits à court terme	16 547	16 139	17 488	16 256	4 428	4 609	4 065	1 803
Crédits à long terme	1 031	1 181	1 670	1 395	1 876	2 657	3 826	4 343
Actions et parts de fonds d'investissement	48 125	55 780	60 333	61 437	66 145	63 321	63 930	55 504
Systèmes d'assurance, de pensions et garanties standard	198 779	209 080	227 042	226 306	226 674	229 232	232 826	251 249
Produits financiers dérivés et options sur titres des salariés	0	0	959	1 064	11 589	12 316	13 141	13 731
Autres comptes à payer	6 797	6 437	6 298	5 566	13 607	12 317	11 047	10 364
Actifs non financiers	10 012	10 382	10 527	10 906	11 299	11 317	11 735	12 270
Fonds de pension								
Valeur nette financière	-1 663	-2 208	-670	-4 839	-1 400	-3 295	-1 076	-4 916
Actifs financiers	107 323	113 691	125 093	125 367	131 831	140 971	139 457	148 471
Numéraire et dépôts	14 997	14 108	14 289	15 807	14 301	13 093	11 809	11 250
Titres de dette	61 186	65 366	71 752	68 265	69 535	66 943	66 869	65 923
Crédits	38	31	8	31	10	19	15	13
Actions et parts de fonds d'investissement	21 769	25 011	28 881	32 185	38 532	48 025	47 241	56 884
Actions	11 020	11 010	11 742	12 445	14 184	17 325	16 735	19 547
Parts de fonds d'investissement	10 749	14 001	17 139	19 740	24 348	30 701	30 506	37 337
Parts de fonds d'investissement monétaires	..	..	..	..	..	..	..	..
Parts de fonds d'investissement non monétaires	..	..	..	..	..	..	..	..
Systèmes d'assurance, de pensions et garanties standard	9 140	8 986	9 961	8 747	9 096	12 605	13 303	14 241
Produits financiers dérivés et options sur titres des salariés	0	0	13	26	49	61	63	29
Autres comptes à recevoir	193	190	190	306	309	225	158	131
Passifs financiers	108 986	115 899	125 763	130 206	133 231	144 266	140 533	153 387
Titres de dette	0	0	0	0	0	0	0	0
Titres de dette à court terme	0	0	0	0	0	0	0	0
Titres de dette à long terme	0	0	0	0	0	0	0	0
Crédits	0	0	23	497	26	63	122	28
Crédits à court terme	0	0	9	245	12	31	53	6
Crédits à long terme	0	0	13	252	13	33	68	22
Actions et parts de fonds d'investissement	0	0	0	0	0	0	0	0
Systèmes d'assurance, de pensions et garanties standard	108 770	115 652	125 329	129 310	132 601	143 698	139 904	153 116
Produits financiers dérivés et options sur titres des salariés	0	0	12	7	14	22	53	4
Autres comptes à payer	216	247	401	392	590	483	454	238
Actifs non financiers	229	200	178	159	163	167	168	172

Note : Voir les métadonnées détaillées sur : *http://metalinks.oecd.org/instinv/20200916/c1e7*

ESPAGNE

Tableau 4. Composition du portefeuille par type d'investisseur
En pourcentage des actifs financiers et des passifs financiers

Pour cent

	2012	2013	2014	2015	2016	2017	2018	2019
Fonds d'investissement								
Actifs financiers	100.0	100.0	100.0	100.0	100.0	100.0	100.0	100.0
Numéraire et dépôts	18.0	20.9	18.5	17.8	16.0	12.2	11.3	11.8
Titres de dettes	56.9	51.9	50.2	42.1	44.3	40.8	41.7	39.6
Crédits	0.0	0.0	0.0	0.0	0.0	0.0	0.0	0.0
Actions et parts de fonds d'investissement	23.2	25.3	29.7	38.6	38.3	45.5	45.5	47.3
Systèmes d'assurance de pensions et garanties standard	0.0	0.0	0.0	0.0	0.0	0.0	0.0	0.0
Produits financiers dérivés et options sur titres des salariés	0.8	0.8	0.6	0.4	0.5	0.4	0.3	0.3
Autres comptes à recevoir	1.1	1.1	1.0	1.1	0.9	1.1	1.2	0.9
Passifs financiers	100.0	100.0	100.0	100.0	100.0	100.0	100.0	100.0
Numéraire et dépôts	0.0	0.0	0.0	0.0	0.0	0.0	0.0	0.0
Titres de dettes	0.0	0.0	0.0	0.0	0.0	0.0	0.0	0.0
Crédits	0.3	0.4	0.2	0.3	0.2	0.2	0.2	0.2
Actions et parts de fonds d'investissement	98.8	98.8	99.0	99.1	99.0	99.0	99.0	99.1
Systèmes d'assurance de pensions et garanties standard	0.0	0.0	0.0	0.0	0.0	0.0	0.0	0.0
Produits financiers dérivés et options sur titres des salariés	0.3	0.2	0.2	0.1	0.1	0.1	0.1	0.2
Autres comptes à recevoir	0.5	0.6	0.6	0.5	0.6	0.7	0.7	0.5
Sociétés d'assurance								
Actifs financiers	100.0	100.0	100.0	100.0	100.0	100.0	100.0	100.0
Numéraire et dépôts	18.3	18.5	15.3	14.1	8.4	8.6	7.3	5.8
Titres de dettes	59.2	58.5	64.2	68.6	72.6	71.8	73.3	73.7
Crédits	2.9	2.8	1.8	1.7	1.0	1.2	1.3	1.1
Actions et parts de fonds d'investissement	9.3	10.3	10.1	9.9	11.2	11.5	12.0	13.4
Systèmes d'assurance de pensions et garanties standard	2.7	2.8	2.2	2.0	1.6	2.0	2.0	2.2
Produits financiers dérivés et options sur titres des salariés	0.5	0.3	0.6	0.6	2.5	2.4	2.0	2.0
Autres comptes à recevoir	7.0	6.8	5.7	3.1	2.7	2.5	2.2	1.9
Passifs financiers	100.0	100.0	100.0	100.0	100.0	100.0	100.0	100.0
Numéraire et dépôts	0.0	0.0	0.0	0.0	0.0	0.0	0.0	0.0
Titres de dettes	0.1	0.1	0.0	0.0	0.1	0.1	0.1	0.1
Crédits	6.5	6.0	6.1	5.7	1.9	2.2	2.4	1.8
Actions et parts de fonds d'investissement	17.7	19.3	19.2	19.7	20.4	19.5	19.4	16.5
Systèmes d'assurance de pensions et garanties standard	73.2	72.4	72.4	72.5	69.9	70.6	70.8	74.5
Produits financiers dérivés et options sur titres des salariés	0.0	0.0	0.3	0.3	3.6	3.8	4.0	4.1
Autres comptes à recevoir	2.5	2.2	2.0	1.8	4.2	3.8	3.4	3.1
Fonds de pension								
Actifs financiers	100.0	100.0	100.0	100.0	100.0	100.0	100.0	100.0
Numéraire et dépôts	14.0	12.4	11.4	12.6	10.8	9.3	8.5	7.6
Titres de dettes	57.0	57.5	57.4	54.5	52.7	47.5	47.9	44.4
Crédits	0.0	0.0	0.0	0.0	0.0	0.0	0.0	0.0
Actions et parts de fonds d'investissement	20.3	22.0	23.1	25.7	29.2	34.1	33.9	38.3
Systèmes d'assurance de pensions et garanties standard	8.5	7.9	8.0	7.0	6.9	8.9	9.5	9.6
Produits financiers dérivés et options sur titres des salariés	0.0	0.0	0.0	0.0	0.0	0.0	0.0	0.0
Autres comptes à recevoir	0.2	0.2	0.2	0.2	0.2	0.2	0.1	0.1
Passifs financiers	100.0	100.0	100.0	100.0	100.0	100.0	100.0	100.0
Numéraire et dépôts	0.0	0.0	0.0	0.0	0.0	0.0	0.0	0.0
Titres de dettes	0.0	0.0	0.0	0.0	0.0	0.0	0.0	0.0
Crédits	0.0	0.0	0.0	0.4	0.0	0.0	0.1	0.0
Actions et parts de fonds d'investissement	0.0	0.0	0.0	0.0	0.0	0.0	0.0	0.0
Systèmes d'assurance de pensions et garanties standard	99.8	99.8	99.7	99.3	99.5	99.6	99.6	99.8
Produits financiers dérivés et options sur titres des salariés	0.0	0.0	0.0	0.0	0.0	0.0	0.0	0.0
Autres comptes à recevoir	0.2	0.2	0.3	0.3	0.4	0.3	0.3	0.2

Note : Voir les métadonnées détaillées sur : *http://metalinks.oecd.org/instinv/20200916/649b*

SUÈDE

Tableau 1. Actifs et passifs financiers des investisseurs institutionnels, 2018

Millions SEK

	Fonds d'investissement				
	Total	Fonds d'investissement non-monétaire			Fonds d'investissement monétaires
		Total	Fonds d'investissement à capital variable, non monétaire	Fonds d'investissement à capital fixe, non monétaire	Total
Actifs financiers	3 970 864	3 951 182	..	..	19 682
Numéraire et dépôts	130 791	129 586	..	..	1 205
Titres de dette	852 419	833 943	..	..	18 476
Titres de dette à court terme	49 417	47 438	..	..	1 979
Titres de dette à long terme	803 002	786 505	..	..	16 497
Titres de dette émis par les résidents	693 910	675 434	..	..	18 476
Titres de dette émis par les non-résidents	158 509	158 509	..	..	..
Crédits	..	..	..	..	..
Crédits à court terme	..	..	..	..	..
Crédits à long terme	..	..	..	..	..
Crédits accordés aux résidents	..	..	..	..	..
Crédits accordés aux non-résidents	..	..	..	..	..
Actions et parts de fonds d'investissement	2 900 468	2 900 468	..	..	..
Actions et parts de fonds d'investissements émises par les résidents	1 128 380	1 128 380	..	..	..
Actions et part de fonds d'investissements émises par les non-résidents	1 772 088	1 772 088	..	..	..
Autres comptes à recevoir	69 543	69 543	..	..	..

	Fonds d'investissement				
	Total	Fonds d'investissement non-monétaire			Fonds d'investissement monétaires
		Total	Fonds d'investissement à capital variable, non monétaire	Fonds d'investissement à capital fixe, non monétaire	Total
Pasifs financiers	3 970 864	3 951 182	..	..	19 682
Numéraire et dépôts	..	..	..	..	..
Titres de dette	..	..	..	..	..
Titres de dette à court terme	..	..	..	..	..
Titres de dette à long terme	..	..	..	..	..
Crédits	23 991	23 991	..	..	..
Crédits à court terme	23 974	23 974	..	..	..
Crédits à long terme	17	17	..	..	..
Actions et parts de fonds d'investissement	3 796 738	3 777 695	..	..	19 043
Systèmes d'assurance, de pensions et garanties standard	..	..	..	..	..
Produits financiers dérivés et options sur titres des salariés	17 592	17 591	..	..	1
Autres comptes à payer	132 543	131 905	..	..	638

	Sociétés d'assurance et fonds de pension autonomes				
	Total	Sociétés d'assurance			Fonds de pension autonomes
		Total	Sociétés d'assurance vie	Sociétés d'assurance non-vie	Total
Actifs financiers	5 989 785	1 520 636	..	..	4 469 149
Numéraire et dépôts	190 517	50 625	..	..	139 892
Titres de dette	1 577 580	407 681	..	..	1 169 899
Titres de dette à court terme	48 844	11 502	..	..	37 342
Titres de dette à long terme	1 528 736	396 179	..	..	1 132 557
Titres de dette émis par les résidents	1 103 389	300 157	..	..	803 232
Titres de dette émis par les non-résidents	474 191	107 524	..	..	366 667
Crédits	95 833	31 233	..	..	64 600
Crédits à court terme	17 254	0	..	..	17 254
Crédits à long terme	78 579	31 233	..	..	47 346
Crédits accordés aux résidents	79 095	24 888	..	..	54 207
Crédits accordés aux non-résidents	16 738	6 345	..	..	10 393
Actions et parts de fonds d'investissement	4 033 605	989 987	..	..	3 043 618
Actions et parts de fonds d'investissement émises par les résidents	2 748 867	776 241	..	..	1 972 626
Actions et parts de fonds d'investissement émises par les non-résidents	1 284 738	213 746	..	..	1 070 992
Autrescomptes à recevoir	40 090	11 635	..	..	28 455

	Sociétés d'assurance et fonds de pension autonomes				
	Total	Sociétés d'assurance			Fonds de pension autonomes
		Total	Sociétés d'assurance vie	Sociétés d'assurance non-vie	Total
Pasifs financiers	5 279 955	1 160 601	..	..	4 119 354
Numéraire et dépôts	..	..	..	..	..
Titres de dette	2 653	2 553	..	..	100
Titres de dette à court terme	0	0	..	..	..
Titres de dette à long terme	2 653	2 553	..	..	100
Crédits	47 230	17 071	..	..	30 159
Crédits à court terme	37 822	15 144	..	..	22 678
Crédits à long terme	9 408	1 927	..	..	7 481
Actions et parts de fonds d'investissement	386 590	119 366	..	..	267 224
Systèmes d'assurance, de pensions et garanties standard	4 810 215	1 014 066	..	..	3 796 149
Produits financiers dérivés et options sur titres des salariés	18 556	525	..	..	18 031
Autres comptes à payer	14 711	7 020	..	..	7 691

Note : Voir les métadonnées détaillées sur : *http://metalinks.oecd.org/instinv/20200916/06f6*

SUÈDE

Tableau 2. Actifs et passifs financiers des fonds d'investissement

Millions SEK

	2012	2013	2014	2015	2016	2017	2018	2019
Fonds d'investissement								
Valeur nette financière	0	0	0	0	0	0	0	0
Actifs financiers	1 898 888	2 370 648	3 013 996	3 201 560	3 602 738	4 014 763	3 970 864	4 944 102
Numéraire et dépôts	64 412	68 292	83 751	94 600	100 631	130 560	130 791	136 605
Titres de dette	401 403	488 305	756 278	747 892	827 527	802 858	852 419	938 537
Crédits	..	..	..	..	..	..	..	..
Actions et parts de fonds d'investissement	1 327 329	1 698 569	2 062 603	2 256 773	2 539 086	2 933 958	2 900 468	3 789 770
Actions	1 053 080	1 315 861	1 588 209	1 729 009	1 982 252	2 307 481	2 279 955	3 086 170
Parts de fonds d'investissement	274 249	382 708	474 394	527 764	556 834	626 477	620 513	703 600
Parts de fonds d'investissement monétaires	5 591	5 478	17 058	13 130	10 987	8 903	9 950	10 977
Parts de fonds d'investissement non monétaires	268 658	377 230	457 336	514 634	545 847	617 574	610 563	692 623
Systèmes d'assurance, de pensions et garanties standard	..	..	..	..	..	..	..	..
Produits financiers dérivés et options sur titres des salariés	14 974	20 993	28 746	31 136	40 441	19 585	17 643	23 770
Autres comptes à recevoir	90 770	94 489	82 618	71 159	95 053	127 802	69 543	55 420
Passifs financiers	1 898 888	2 370 648	3 013 996	3 201 560	3 602 738	4 014 763	3 970 864	4 944 102
Titres de dette	..	..	..	..	..	..	..	..
Titres de dette à court terme	..	..	..	..	..	..	..	..
Titres de dette à long terme	..	..	..	..	..	..	..	..
Crédits	6 623	6 543	15 106	9 649	18 916	23 333	23 991	40 357
Crédits à court terme	6 600	6 528	15 087	9 639	18 899	23 311	23 974	40 330
Crédits à long terme	23	15	19	10	17	22	17	27
Actions et parts de fonds d'investissement	1 737 409	2 158 151	2 769 988	3 039 287	3 345 569	3 762 546	3 796 738	4 786 404
Systèmes d'assurance, de pensions et garanties standard	..	..	..	..	..	..	..	..
Produits financiers dérivés et options sur titres des salariés	13 204	14 892	29 678	27 826	28 459	17 087	17 592	18 869
Autres comptes à payer	141 652	191 062	199 224	124 798	209 794	211 797	132 543	98 472
Actifs non financiers	0	0	0	0	0	0	0	0
Fonds d'investissement monéaires								
Valeur nette financière	0	0	0	0	0	0	0	..
Actifs financiers	22 192	19 439	22 983	23 636	18 898	17 118	19 682	..
Numéraire et dépôts	167	237	563	793	658	412	1 205	..
Titres de dette	21 580	18 759	22 346	22 773	18 173	16 628	18 476	..
Crédits	..	..	..	..	..	..	..	..
Actions et parts de fonds d'investissement	..	..	..	..	..	..	..	..
Actions	..	..	..	..	..	..	..	..
Parts de fonds d'investissement	..	..	..	..	..	..	..	..
Parts de fonds d'investissement monétaires	..	..	..	..	..	..	..	..
Parts de fonds d'investissement non monétaires	..	..	..	..	..	..	..	..
Systèmes d'assurance, de pensions et garanties standard	..	..	..	..	..	..	..	..
Produits financiers dérivés et options sur titres des salariés	6	..	1	..	..	..	1	..
Autres comptes à recevoir	439	443	73	70	67	78	..	..
Passifs financiers	22 192	19 439	22 983	23 636	18 898	17 118	19 682	..
Titres de dette	..	..	..	..	..	..	..	..
Titres de dette à court terme	..	..	..	..	..	..	..	..
Titres de dette à long terme	..	..	..	..	..	..	..	..
Crédits	..	..	..	..	..	..	..	..
Crédits à court terme	..	..	..	..	..	..	..	..
Crédits à long terme	..	..	..	..	..	..	..	..
Actions et parts de fonds d'investissement	22 103	19 349	22 715	23 572	18 831	17 051	19 043	..
Systèmes d'assurance, de pensions et garanties standard	..	..	..	..	..	..	..	..
Produits financiers dérivés et options sur titres des salariés	5	..	1	..	..	..	1	..
Autres comptes à payer	84	90	267	64	67	67	638	..
Actifs non financiers	0	0	0	0	0	0	0	..
Fonds d'investissement non monéaires								
Valeur nette financière	0	0	0	0	0	0	0	0
Actifs financiers	1 876 696	2 351 209	2 991 013	3 177 924	3 583 840	3 997 645	3 951 182	4 944 102
Numéraire et dépôts	64 245	68 055	83 188	93 807	99 973	130 148	129 586	136 605
Titres de dette	379 823	469 546	733 932	725 119	809 354	786 230	833 943	938 537
Crédits	..	..	..	..	..	..	..	..
Actions et parts de fonds d'investissement	1 327 329	1 698 569	2 062 603	2 256 773	2 539 086	2 933 958	2 900 468	3 789 770
Actions	1 053 080	1 315 861	1 588 209	1 729 009	1 982 252	2 307 481	2 279 955	3 086 170
Parts de fonds d'investissement	274 249	382 708	474 394	527 764	556 834	626 477	620 513	703 600
Parts de fonds d'investissement monétaires	5 591	5 478	17 058	13 130	10 987	8 903	9 950	10 977
Parts de fonds d'investissement non monétaires	268 658	377 230	457 336	514 634	545 847	617 574	610 563	692 623
Systèmes d'assurance, de pensions et garanties standard	..	..	..	..	..	..	..	..
Produits financiers dérivés et options sur titres des salariés	14 968	20 993	28 745	31 136	40 441	19 585	17 642	23 770
Autres comptes à recevoir	90 331	94 046	82 545	71 089	94 986	127 724	69 543	55 420
Passifs financiers	1 876 696	2 351 209	2 991 013	3 177 924	3 583 840	3 997 645	3 951 182	4 944 102
Titres de dette	..	..	..	..	..	..	..	..
Titres de dette à court terme	..	..	..	..	..	..	..	..
Titres de dette à long terme	..	..	..	..	..	..	..	..
Crédits	6 623	6 543	15 106	9 649	18 916	23 333	23 991	40 357
Crédits à court terme	6 600	6 528	15 087	9 639	18 899	23 311	23 974	40 330
Crédits à long terme	23	15	19	10	17	22	17	27
Actions et parts de fonds d'investissement	1 715 306	2 138 802	2 747 273	3 015 715	3 326 738	3 745 495	3 777 695	4 786 404
Systèmes d'assurance, de pensions et garanties standard	..	..	..	..	..	..	..	..
Produits financiers dérivés et options sur titres des salariés	13 199	14 892	29 677	27 826	28 459	17 087	17 591	18 869
Autres comptes à payer	141 568	190 972	198 957	124 734	209 727	211 730	131 905	98 472
Actifs non financiers	0	0	0	0	0	0	0	0
Fonds d'investissement non monéaires à capital variable								
Valeur nette financière	..	..	..	..	..	..	..	..
Actifs financiers	..	..	..	..	..	..	..	..
Numéraire et dépôts	..	..	..	..	..	..	..	..

SUÈDE

Tableau 2. Actifs et passifs financiers des fonds d'investissement *(suite)*

Millions SEK

	2012	2013	2014	2015	2016	2017	2018	2019
Titres de dette	..	..	..	..	..	..	..	..
Crédits	..	..	..	..	..	..	..	..
Actions et parts de fonds d'investissement	..	..	..	..	..	..	..	..
Actions	..	..	..	..	..	..	..	..
Parts de fonds d'investissement	..	..	..	..	..	..	..	..
Parts de fonds d'investissement monétaires	..	..	..	..	..	..	..	..
Parts de fonds d'investissement non monétaires	..	..	..	..	..	..	..	..
Systèmes d'assurance, de pensions et garanties standard	..	..	..	..	..	..	..	..
Produits financiers dérivés et options sur titres des salariés	..	..	..	..	..	..	..	..
Autres comptes à recevoir	..	..	..	..	..	..	..	..
Passifs financiers	..	..	..	..	..	..	..	..
Titres de dette	..	..	..	..	..	..	..	..
Titres de dette à court terme	..	..	..	..	..	..	..	..
Titres de dette à long terme	..	..	..	..	..	..	..	..
Crédits	..	..	..	..	..	..	..	..
Crédits à court terme	..	..	..	..	..	..	..	..
Crédits à long terme	..	..	..	..	..	..	..	..
Actions et parts de fonds d'investissement	..	..	..	..	..	..	..	..
Systèmes d'assurance, de pensions et garanties standard	..	..	..	..	..	..	..	..
Produits financiers dérivés et options sur titres des salariés	..	..	..	..	..	..	..	..
Autres comptes à payer	..	..	..	..	..	..	..	..
Actifs non financiers	..	..	..	..	..	..	..	..
Fonds d'investissement à capital variable								
Valeur nette financière	..	..	..	..	..	..	..	..
Actifs financiers	..	..	..	..	..	..	..	..
Numéraire et dépôts	..	..	..	..	..	..	..	..
Titres de dette	..	..	..	..	..	..	..	..
Crédits	..	..	..	..	..	..	..	..
Actions et parts de fonds d'investissement	..	..	..	..	..	..	..	..
Actions	..	..	..	..	..	..	..	..
Parts de fonds d'investissement	..	..	..	..	..	..	..	..
Parts de fonds d'investissement monétaires	..	..	..	..	..	..	..	..
Parts de fonds d'investissement non monétaires	..	..	..	..	..	..	..	..
Systèmes d'assurance, de pensions et garanties standard	..	..	..	..	..	..	..	..
Produits financiers dérivés et options sur titres des salariés	..	..	..	..	..	..	..	..
Autres comptes à recevoir	..	..	..	..	..	..	..	..
Passifs financiers	..	..	..	..	..	..	..	..
Titres de dette	..	..	..	..	..	..	..	..
Titres de dette à court terme	..	..	..	..	..	..	..	..
Titres de dette à long terme	..	..	..	..	..	..	..	..
Crédits	..	..	..	..	..	..	..	..
Crédits à court terme	..	..	..	..	..	..	..	..
Crédits à long terme	..	..	..	..	..	..	..	..
Actions et parts de fonds d'investissement	..	..	..	..	..	..	..	..
Systèmes d'assurance, de pensions et garanties standard	..	..	..	..	..	..	..	..
Produits financiers dérivés et options sur titres des salariés	..	..	..	..	..	..	..	..
Autres comptes à payer	..	..	..	..	..	..	..	..
Actifs non financiers	..	..	..	..	..	..	..	..

Note : Voir les métadonnées détaillées sur : *http://metalinks.oecd.org/instinv/20200916/06f6*

SUÈDE

Tableau 3. Actifs et passifs financiers des sociétés d'assurance et fonds de pension

Millions SEK

	2012	2013	2014	2015	2016	2017	2018	2019
Sociétés d'assurance et fonds de pension								
Valeur nette financière	271 791	354 766	476 716	579 521	669 268	804 933	709 830	1 024 060
Actifs financiers	3 843 477	4 241 278	4 927 214	5 168 153	5 556 009	6 059 181	5 989 785	7 183 837
Numéraire et dépôts	136 481	136 304	155 936	161 080	166 730	177 028	190 517	232 240
Titres de dette	1 381 916	1 349 259	1 455 501	1 468 583	1 461 490	1 518 255	1 577 580	1 616 898
Crédits	71 437	84 818	90 821	81 059	90 439	94 225	95 833	102 261
Actions et parts de fonds d'investissement	2 137 674	2 577 396	3 101 827	3 358 170	3 739 313	4 179 738	4 033 605	5 116 074
Actions	838 644	980 480	1 125 909	1 197 838	1 322 010	1 441 218	1 361 833	1 697 585
Parts de fonds d'investissement	1 299 030	1 596 916	1 975 918	2 160 332	2 417 303	2 738 520	2 671 772	3 418 489
Parts de fonds d'investissement monétaires	53 856	65 825	65 887	70 756	69 846	78 582	93 856	93 646
Parts de fonds d'investissement non monétaires	1 245 174	1 531 091	1 910 031	2 089 576	2 347 457	2 659 938	2 577 916	3 324 843
Systèmes d'assurance, de pensions et garanties standard	32 157	29 225	31 230	27 481	24 967	25 534	26 795	27 463
Produits financiers dérivés et options sur titres des salariés	36 680	16 155	29 737	29 196	27 909	22 825	25 365	40 241
Autres comptes à recevoir	47 132	48 121	62 162	42 584	45 161	41 576	40 090	48 660
Passifs financiers	3 571 686	3 886 512	4 450 498	4 588 632	4 886 741	5 254 248	5 279 955	6 159 777
Titres de dette	5 347	5 422	4 659	3 231	2 574	2 607	2 653	2 575
Titres de dette à court terme	0	0	0	0	0	0	0	0
Titres de dette à long terme	5 347	5 422	4 659	3 231	2 574	2 607	2 653	2 575
Crédits	54 943	24 504	62 124	49 505	53 294	50 821	47 230	93 688
Crédits à court terme	37 911	20 012	37 571	33 183	39 210	42 363	37 822	77 291
Crédits à long terme	17 032	4 492	24 553	16 322	14 084	8 458	9 408	16 397
Actions et parts de fonds d'investissement	368 208	377 082	376 041	379 374	381 702	388 680	386 590	389 400
Systèmes d'assurance, de pensions et garanties standard	3 118 483	3 457 868	3 963 857	4 128 827	4 416 129	4 778 233	4 810 215	5 633 375
Produits financiers dérivés et options sur titres des salariés	14 023	11 428	32 531	14 744	20 490	19 790	18 556	25 146
Autres comptes à payer	10 682	10 208	11 286	12 951	12 552	14 117	14 711	15 593
Actifs non financiers	..	..	..	..	..	..	..	..
Sociétés d'assurance								
Valeur nette financière	195 381	235 190	264 771	336 741	349 475	370 958	360 035	427 956
Actifs financiers	1 106 064	1 163 486	1 333 473	1 375 672	1 432 113	1 550 302	1 520 636	1 771 609
Numéraire et dépôts	65 228	46 692	71 912	65 483	56 366	55 568	50 625	68 257
Titres de dette	393 959	372 587	393 474	393 450	388 598	402 775	407 681	403 413
Crédits	23 984	28 351	32 581	25 678	26 855	32 328	31 233	34 487
Actions et parts de fonds d'investissement	569 447	666 614	780 646	845 738	921 926	1 020 021	989 987	1 223 192
Actions	214 100	249 457	281 100	296 229	319 248	331 281	321 311	379 211
Parts de fonds d'investissement	355 347	417 157	499 546	549 509	602 678	688 740	668 676	843 981
Parts de fonds d'investissement monétaires	21 277	26 011	25 286	26 263	27 158	29 637	36 762	39 650
Parts de fonds d'investissement non monétaires	334 070	391 146	474 260	523 246	575 520	659 103	631 914	804 331
Systèmes d'assurance, de pensions et garanties standard	32 157	29 225	31 230	27 481	24 967	25 534	26 795	27 463
Produits financiers dérivés et options sur titres des salariés	6 213	2 428	5 130	3 220	1 994	2 548	2 680	4 081
Autres comptes à recevoir	15 076	17 589	18 500	14 622	11 407	11 528	11 635	10 716
Passifs financiers	910 683	928 296	1 068 702	1 038 931	1 082 638	1 179 344	1 160 601	1 343 653
Titres de dette	3 647	3 722	3 862	2 433	2 474	2 507	2 553	2 575
Titres de dette à court terme	0	0	0	0	0	0	0	0
Titres de dette à long terme	3 647	3 722	3 862	2 433	2 474	2 507	2 553	2 575
Crédits	36 854	19 561	46 438	21 187	20 937	23 804	17 071	56 120
Crédits à court terme	34 726	18 216	36 409	18 664	18 736	22 880	15 144	54 576
Crédits à long terme	2 128	1 345	10 029	2 523	2 201	924	1 927	1 544
Actions et parts de fonds d'investissement	118 646	118 646	118 646	118 646	118 646	118 646	119 366	119 366
Systèmes d'assurance, de pensions et garanties standard	743 679	779 345	890 825	888 822	931 438	1 026 125	1 014 066	1 157 470
Produits financiers dérivés et options sur titres des salariés	1 340	969	2 806	1 298	2 108	1 168	525	747
Autres comptes à payer	6 517	6 053	6 125	6 545	7 035	7 094	7 020	7 375
Actifs non financiers	..	..	..	..	..	..	..	..
Fonds de pension								
Valeur nette financière	76 410	119 576	211 945	242 780	319 793	433 975	349 795	596 104
Actifs financiers	2 737 413	3 077 792	3 593 741	3 792 481	4 123 896	4 508 879	4 469 149	5 412 228
Numéraire et dépôts	71 253	89 612	84 024	95 597	110 364	121 460	139 892	163 983
Titres de dette	987 957	976 672	1 062 027	1 075 133	1 072 892	1 115 480	1 169 899	1 213 485
Crédits	47 453	56 467	58 240	55 381	63 584	61 897	64 600	67 774
Actions et parts de fonds d'investissement	1 568 227	1 910 782	2 321 181	2 512 432	2 817 387	3 159 717	3 043 618	3 892 882
Actions	624 544	731 023	844 809	901 609	1 002 762	1 109 937	1 040 522	1 318 374
Parts de fonds d'investissement	943 683	1 179 759	1 476 372	1 610 823	1 814 625	2 049 780	2 003 096	2 574 508
Parts de fonds d'investissement monétaires	32 579	39 814	40 601	44 493	42 688	48 945	57 094	53 996
Parts de fonds d'investissement non monétaires	911 104	1 139 945	1 435 771	1 566 330	1 771 937	2 000 835	1 946 002	2 520 512
Systèmes d'assurance, de pensions et garanties standard	..	..	..	..	..	..	..	..
Produits financiers dérivés et options sur titres des salariés	30 467	13 727	24 607	25 976	25 915	20 277	22 685	36 160
Autres comptes à recevoir	32 056	30 532	43 662	27 962	33 754	30 048	28 455	37 944
Passifs financiers	2 661 003	2 958 216	3 381 796	3 549 701	3 804 103	4 074 904	4 119 354	4 816 124
Titres de dette	1 700	1 700	797	798	100	100	100	..
Titres de dette à court terme	..	..	..	..	..	..	..	..
Titres de dette à long terme	1 700	1 700	797	798	100	100	100	..
Crédits	18 089	4 943	15 686	28 318	32 357	27 017	30 159	37 568
Crédits à court terme	3 185	1 796	1 162	14 519	20 474	19 483	22 678	22 715
Crédits à long terme	14 904	3 147	14 524	13 799	11 883	7 534	7 481	14 853
Actions et parts de fonds d'investissement	249 562	258 436	257 395	260 728	263 056	270 034	267 224	270 034
Systèmes d'assurance, de pensions et garanties standard	2 374 804	2 678 523	3 073 032	3 240 005	3 484 691	3 752 108	3 796 149	4 475 905
Produits financiers dérivés et options sur titres des salariés	12 683	10 459	29 725	13 446	18 382	18 622	18 031	24 399
Autres comptes à payer	4 165	4 155	5 161	6 406	5 517	7 023	7 691	8 218
Actifs non financiers	..	..	..	..	..	..	..	..

Note : Voir les métadonnées détaillées sur : *http://metalinks.oecd.org/instinv/20200916/06f6*

SUÈDE

Tableau 4. Composition du portefeuille par type d'investisseur
En pourcentage des actifs financiers et des passifs financiers

Pour cent

	2012	2013	2014	2015	2016	2017	2018	2019
Fonds d'investissement								
Actifs financiers	100.0	100.0	100.0	100.0	100.0	100.0	100.0	100.0
Numéraire et dépôts	3.4	2.9	2.8	3.0	2.8	3.3	3.3	2.8
Titres de dettes	21.1	20.6	25.1	23.4	23.0	20.0	21.5	19.0
Crédits	0.0	0.0	0.0	0.0	0.0	0.0	0.0	0.0
Actions et parts de fonds d'investissement	69.9	71.6	68.4	70.5	70.5	73.1	73.0	76.7
Systèmes d'assurance de pensions et garanties standard	0.0	0.0	0.0	0.0	0.0	0.0	0.0	0.0
Produits financiers dérivés et options sur titres des salariés	0.8	0.9	1.0	1.0	1.1	0.5	0.4	0.5
Autres comptes à recevoir	4.8	4.0	2.7	2.2	2.6	3.2	1.8	1.1
Passifs financiers	100.0	100.0	100.0	100.0	100.0	100.0	100.0	100.0
Numéraire et dépôts	0.0	0.0	0.0	0.0	0.0	0.0	0.0	0.0
Titres de dettes	0.0	0.0	0.0	0.0	0.0	0.0	0.0	0.0
Crédits	0.3	0.3	0.5	0.3	0.5	0.6	0.6	0.8
Actions et parts de fonds d'investissement	91.5	91.0	91.9	94.9	92.9	93.7	95.6	96.8
Systèmes d'assurance de pensions et garanties standard	0.0	0.0	0.0	0.0	0.0	0.0	0.0	0.0
Produits financiers dérivés et options sur titres des salariés	0.7	0.6	1.0	0.9	0.8	0.4	0.4	0.4
Autres comptes à recevoir	7.5	8.1	6.6	3.9	5.8	5.3	3.3	2.0
Sociétés d'assurance								
Actifs financiers	100.0	100.0	100.0	100.0	100.0	100.0	100.0	100.0
Numéraire et dépôts	5.9	4.0	5.4	4.8	3.9	3.6	3.3	3.9
Titres de dettes	35.6	32.0	29.5	28.6	27.1	26.0	26.8	22.8
Crédits	2.2	2.4	2.4	1.9	1.9	2.1	2.1	1.9
Actions et parts de fonds d'investissement	51.5	57.3	58.5	61.5	64.4	65.8	65.1	69.0
Systèmes d'assurance de pensions et garanties standard	2.9	2.5	2.3	2.0	1.7	1.6	1.8	1.6
Produits financiers dérivés et options sur titres des salariés	0.6	0.2	0.4	0.2	0.1	0.2	0.2	0.2
Autres comptes à recevoir	1.4	1.5	1.4	1.1	0.8	0.7	0.8	0.6
Passifs financiers	100.0	100.0	100.0	100.0	100.0	100.0	100.0	100.0
Numéraire et dépôts	0.0	0.0	0.0	0.0	0.0	0.0	0.0	0.0
Titres de dettes	0.4	0.4	0.4	0.2	0.2	0.2	0.2	0.2
Crédits	4.0	2.1	4.3	2.0	1.9	2.0	1.5	4.2
Actions et parts de fonds d'investissement	13.0	12.8	11.1	11.4	11.0	10.1	10.3	8.9
Systèmes d'assurance de pensions et garanties standard	81.7	84.0	83.4	85.6	86.0	87.0	87.4	86.1
Produits financiers dérivés et options sur titres des salariés	0.1	0.1	0.3	0.1	0.2	0.1	0.0	0.1
Autres comptes à recevoir	0.7	0.7	0.6	0.6	0.6	0.6	0.6	0.5
Fonds de pension								
Actifs financiers	100.0	100.0	100.0	100.0	100.0	100.0	100.0	100.0
Numéraire et dépôts	2.6	2.9	2.3	2.5	2.7	2.7	3.1	3.0
Titres de dettes	36.1	31.7	29.6	28.3	26.0	24.7	26.2	22.4
Crédits	1.7	1.8	1.6	1.5	1.5	1.4	1.4	1.3
Actions et parts de fonds d'investissement	57.3	62.1	64.6	66.2	68.3	70.1	68.1	71.9
Systèmes d'assurance de pensions et garanties standard	0.0	0.0	0.0	0.0	0.0	0.0	0.0	0.0
Produits financiers dérivés et options sur titres des salariés	1.1	0.4	0.7	0.7	0.6	0.4	0.5	0.7
Autres comptes à recevoir	1.2	1.0	1.2	0.7	0.8	0.7	0.6	0.7
Passifs financiers	100.0	100.0	100.0	100.0	100.0	100.0	100.0	100.0
Numéraire et dépôts	0.0	0.0	0.0	0.0	0.0	0.0	0.0	0.0
Titres de dettes	0.1	0.1	0.0	0.0	0.0	0.0	0.0	0.0
Crédits	0.7	0.2	0.5	0.8	0.9	0.7	0.7	0.8
Actions et parts de fonds d'investissement	9.4	8.7	7.6	7.3	6.9	6.6	6.5	5.6
Systèmes d'assurance de pensions et garanties standard	89.2	90.5	90.9	91.3	91.6	92.1	92.2	92.9
Produits financiers dérivés et options sur titres des salariés	0.5	0.4	0.9	0.4	0.5	0.5	0.4	0.5
Autres comptes à recevoir	0.2	0.1	0.2	0.2	0.1	0.2	0.2	0.2

Note : Voir les métadonnées détaillées sur : *http://metalinks.oecd.org/instinv/20200916/649b*

SUISSE

Tableau 1. Actifs et passifs financiers des investisseurs institutionnels, 2017

Millions CHF

	Fonds d'investissement				
	Total	Fonds d'investissement non-monétaire			Fonds d'investissement monétaires
		Total	Fonds d'investissement à capital variable, non monétaire	Fonds d'investissement à capital fixe, non monétaire	Total
Actifs financiers	..	..	756 477	..	30 473
Numéraire et dépôts	..	..	20 535	..	2 226
Titres de dette	..	..	334 875	..	28 057
Titres de dette à court terme	..	..	2 092	..	15 371
Titres de dette à long terme	..	..	332 783	..	12 686
Titres de dette émis par les résidents	..	..	106 850	..	4 906
Titres de dette émis par les non-résidents	..	..	228 025	..	23 151
Crédits	..	..	..	..	..
Crédits à court terme	..	..	..	..	..
Crédits à long terme	..	..	..	..	..
Crédits accordés aux résidents	..	..	..	..	..
Crédits accordés aux non-résidents	..	..	..	..	..
Actions et parts de fonds d'investissement	..	..	401 067	..	190
Actions et parts de fonds d'investissements émises par les résidents	..	..	200 288	..	60
Actions et part de fonds d'investissements émises par les non-résidents	..	..	200 779	..	130
Autres comptes à recevoir	..	..	..	..	..

	Fonds d'investissement				
	Total	Fonds d'investissement non-monétaire			Fonds d'investissement monétaires
		Total	Fonds d'investissement à capital variable, non monétaire	Fonds d'investissement à capital fixe, non monétaire	Total
Pasifs financiers	..	..	871 974	..	32 836
Numéraire et dépôts	..	..	..	..	..
Titres de dette	..	..	..	..	..
Titres de dette à court terme	..	..	..	..	..
Titres de dette à long terme	..	..	..	..	..
Crédits	..	..	16 594	..	205
Crédits à court terme	..	..	..	..	..
Crédits à long terme	..	..	..	..	..
Actions et parts de fonds d'investissement	..	..	855 380	..	32 631
Systèmes d'assurance, de pensions et garanties standard	..	..	..	..	..
Produits financiers dérivés et options sur titres des salariés	..	..	..	..	..
Autres comptes à payer	..	..	..	..	..

	Sociétés d'assurance et fonds de pension autonomes				
	Total	Sociétés d'assurance			Fonds de pension autonomes
		Total	Sociétés d'assurance vie	Sociétés d'assurance non-vie	Total
Actifs financiers	1 455 192	640 202	..	..	814 990
Numéraire et dépôts	98 834	56 258	..	..	42 576
Titres de dette	305 502	195 971	..	..	109 531
Titres de dette à court terme	5 256	3 994	..	..	1 262
Titres de dette à long terme	300 246	191 977	..	..	108 269
Titres de dette émis par les résidents	139 263	77 172	..	..	62 091
Titres de dette émis par les non-résidents	166 239	118 799	..	..	47 440
Crédits	106 533	93 723	..	..	12 810
Crédits à court terme	..	..	..	..	..
Crédits à long terme	..	..	..	..	..
Crédits accordés aux résidents	51 068	38 258	..	..	12 810
Crédits accordés aux non-résidents	55 465	55 465	..	..	..
Actions et parts de fonds d'investissement	942 800	294 250	..	..	648 550
Actions et parts de fonds d'investissement émises par les résidents	694 008	148 706	..	..	545 302
Actions et parts de fonds d'investissement émises par les non-résidents	248 792	145 544	..	..	103 248
Autrescomptes à recevoir	..	..	..	..	..

	Sociétés d'assurance et fonds de pension autonomes				
	Total	Sociétés d'assurance			Fonds de pension autonomes
		Total	Sociétés d'assurance vie	Sociétés d'assurance non-vie	Total
Pasifs financiers	..	..	..	..	776 940
Numéraire et dépôts	..	..	..	..	..
Titres de dette	10 509	10 509	..	..	..
Titres de dette à court terme	..	..	..	..	..
Titres de dette à long terme	10 509	10 509	..	..	..
Crédits	65 810	63 604	..	..	2 206
Crédits à court terme	..	..	..	..	..
Crédits à long terme	..	..	..	..	..
Actions et parts de fonds d'investissement	..	..	..	..	..
Systèmes d'assurance, de pensions et garanties standard	1 159 775	385 041	..	..	774 734
Produits financiers dérivés et options sur titres des salariés	..	..	..	..	..
Autres comptes à payer	..	..	..	..	..

SUISSE

Tableau 2. Actifs et passifs financiers des fonds d'investissement

Millions CHF

	2012	2013	2014	2015	2016	2017	2018	2019
Fonds d'investissement								
Valeur nette financière	..	..	..	..	..	..	..	..
Actifs financiers	..	..	..	..	..	..	..	..
Numéraire et dépôts	..	..	..	..	..	..	..	..
Titres de dette	..	..	..	..	..	..	..	..
Crédits	..	..	..	..	..	..	..	..
Actions et parts de fonds d'investissement	..	..	..	..	..	..	..	..
Actions	..	..	..	..	..	..	..	..
Parts de fonds d'investissement	..	..	..	..	..	..	..	..
Parts de fonds d'investissement monétaires	..	..	..	..	..	..	..	..
Parts de fonds d'investissement non monétaires	..	..	..	..	..	..	..	..
Systèmes d'assurance, de pensions et garanties standard	..	..	..	..	..	..	..	..
Produits financiers dérivés et options sur titres des salariés	..	..	..	..	..	..	..	..
Autres comptes à recevoir	..	..	..	..	..	..	..	..
Passifs financiers	..	..	..	..	..	..	..	..
Titres de dette	..	..	..	..	..	..	..	..
Titres de dette à court terme	..	..	..	..	..	..	..	..
Titres de dette à long terme	..	..	..	..	..	..	..	..
Crédits	..	..	..	..	..	..	..	..
Crédits à court terme	..	..	..	..	..	..	..	..
Crédits à long terme	..	..	..	..	..	..	..	..
Actions et parts de fonds d'investissement	..	..	..	..	..	..	..	..
Systèmes d'assurance, de pensions et garanties standard	..	..	..	..	..	..	..	..
Produits financiers dérivés et options sur titres des salariés	..	..	..	..	..	..	..	..
Autres comptes à payer	..	..	..	..	..	..	..	..
Actifs non financiers	..	..	..	..	..	..	..	..
Fonds d'investissement monéaires								
Valeur nette financière	-2 372	-236	-272	-1 765	-593	-2 363	-341	..
Actifs financiers	33 845	36 075	36 595	30 548	31 298	30 473	31 026	..
Numéraire et dépôts	2 514	2 562	2 630	2 234	1 710	2 226	2 419	..
Titres de dette	31 120	33 284	33 783	28 245	29 469	28 057	27 892	..
Crédits	..	..	..	..	..	..	..	..
Actions et parts de fonds d'investissement	211	229	182	69	119	190	715	..
Actions	22	29	34	34	35	55	448	..
Parts de fonds d'investissement	189	200	148	35	84	135	267	..
Parts de fonds d'investissement monétaires	..	..	..	..	..	..	..	..
Parts de fonds d'investissement non monétaires	..	..	..	..	..	..	..	..
Systèmes d'assurance, de pensions et garanties standard	..	..	..	..	..	..	..	..
Produits financiers dérivés et options sur titres des salariés	..	..	..	..	..	..	..	..
Autres comptes à recevoir	..	..	..	..	..	..	..	..
Passifs financiers	36 217	36 311	36 867	32 313	31 891	32 836	31 367	..
Titres de dette	..	..	..	..	..	..	..	..
Titres de dette à court terme	..	..	..	..	..	..	..	..
Titres de dette à long terme	..	..	..	..	..	..	..	..
Crédits	89	64	37	259	64	205	182	..
Crédits à court terme	..	..	..	..	..	..	..	..
Crédits à long terme	..	..	..	..	..	..	..	..
Actions et parts de fonds d'investissement	36 128	36 247	36 830	32 054	31 827	32 631	31 185	..
Systèmes d'assurance, de pensions et garanties standard	..	..	..	..	..	..	..	..
Produits financiers dérivés et options sur titres des salariés	..	..	..	..	..	..	..	..
Autres comptes à payer	..	..	..	..	..	..	..	..
Actifs non financiers	..	..	..	..	..	..	..	..
Fonds d'investissement non monéaires								
Valeur nette financière	..	..	..	..	..	..	..	..
Actifs financiers	..	..	..	..	..	..	..	..
Numéraire et dépôts	..	..	..	..	..	..	..	..
Titres de dette	..	..	..	..	..	..	..	..
Crédits	..	..	..	..	..	..	..	..
Actions et parts de fonds d'investissement	..	..	..	..	..	..	..	..
Actions	..	..	..	..	..	..	..	..
Parts de fonds d'investissement	..	..	..	..	..	..	..	..
Parts de fonds d'investissement monétaires	..	..	..	..	..	..	..	..
Parts de fonds d'investissement non monétaires	..	..	..	..	..	..	..	..
Systèmes d'assurance, de pensions et garanties standard	..	..	..	..	..	..	..	..
Produits financiers dérivés et options sur titres des salariés	..	..	..	..	..	..	..	..
Autres comptes à recevoir	..	..	..	..	..	..	..	..
Passifs financiers	..	..	..	..	..	..	..	..
Titres de dette	..	..	..	..	..	..	..	..
Titres de dette à court terme	..	..	..	..	..	..	..	..
Titres de dette à long terme	..	..	..	..	..	..	..	..
Crédits	..	..	..	..	..	..	..	..
Crédits à court terme	..	..	..	..	..	..	..	..
Crédits à long terme	..	..	..	..	..	..	..	..
Actions et parts de fonds d'investissement	..	..	..	..	..	..	..	..
Systèmes d'assurance, de pensions et garanties standard	..	..	..	..	..	..	..	..
Produits financiers dérivés et options sur titres des salariés	..	..	..	..	..	..	..	..
Autres comptes à payer	..	..	..	..	..	..	..	..
Actifs non financiers	..	..	..	..	..	..	..	..
Fonds d'investissement non monéaires à capital variable								
Valeur nette financière	-72 780	-57 435	-59 597	-69 103	-68 191	-115 497	-88 256	..
Actifs financiers	455 826	512 314	598 345	648 819	704 808	756 477	761 723	..
Numéraire et dépôts	14 427	13 342	14 041	16 215	18 438	20 535	19 418	..

SUISSE

Tableau 2. Actifs et passifs financiers des fonds d'investissement *(suite)*

Millions CHF

	2012	2013	2014	2015	2016	2017	2018	2019
Titres de dette	236 940	247 866	290 117	313 460	336 642	334 875	343 812	..
Crédits	..	..	..	..	..	..	..	..
Actions et parts de fonds d'investissement	204 459	251 106	294 187	319 144	349 728	401 067	398 493	..
Actions	149 956	180 666	207 477	219 330	246 329	273 916	273 556	..
Parts de fonds d'investissement	54 503	70 440	86 710	99 814	103 399	127 151	124 937	..
Parts de fonds d'investissement monétaires	..	..	..	..	..	..	..	..
Parts de fonds d'investissement non monétaires	..	..	..	..	..	..	..	..
Systèmes d'assurance, de pensions et garanties standard	..	..	..	..	..	..	..	..
Produits financiers dérivés et options sur titres des salariés	..	..	..	..	..	..	..	..
Autres comptes à recevoir	..	..	..	..	..	..	..	..
Passifs financiers	528 606	569 749	657 942	717 922	772 999	871 974	849 979	..
Titres de dette	..	..	..	..	..	..	..	..
Titres de dette à court terme	..	..	..	..	..	..	..	..
Titres de dette à long terme	..	..	..	..	..	..	..	..
Crédits	8 171	7 440	10 672	10 948	12 691	16 594	17 748	..
Crédits à court terme	..	..	..	..	..	..	..	..
Crédits à long terme	..	..	..	..	..	..	..	..
Actions et parts de fonds d'investissement	520 435	562 309	647 270	706 974	760 308	855 380	832 231	..
Systèmes d'assurance, de pensions et garanties standard	..	..	..	..	..	..	..	..
Produits financiers dérivés et options sur titres des salariés	..	..	..	..	..	..	..	..
Autres comptes à payer	..	..	..	..	..	..	..	..
Actifs non financiers	36 202	39 884	45 810	49 340	53 460	60 606	70 052	..
Fonds d'investissement à capital variable								
Valeur nette financière	-75 152	-57 671	-59 869	-70 868	-68 784	-117 860	-88 597	..
Actifs financiers	489 671	548 389	634 940	679 367	736 106	786 950	792 749	..
Numéraire et dépôts	16 941	15 904	16 671	18 449	20 148	22 761	21 837	..
Titres de dette	268 060	281 150	323 900	341 705	366 111	362 932	371 704	..
Crédits	..	..	..	..	..	..	..	..
Actions et parts de fonds d'investissement	204 670	251 335	294 369	319 213	349 847	401 257	399 208	..
Actions	149 978	180 695	207 511	219 364	246 364	273 971	274 004	..
Parts de fonds d'investissement	54 692	70 640	86 858	99 849	103 483	127 286	125 204	..
Parts de fonds d'investissement monétaires	..	..	..	..	..	..	..	..
Parts de fonds d'investissement non monétaires	..	..	..	..	..	..	..	..
Systèmes d'assurance, de pensions et garanties standard	..	..	..	..	..	..	..	..
Produits financiers dérivés et options sur titres des salariés	..	..	..	..	..	..	..	..
Autres comptes à recevoir	..	..	..	..	..	..	..	..
Passifs financiers	564 823	606 060	694 809	750 235	804 890	904 810	881 346	..
Titres de dette	..	..	..	..	..	..	..	..
Titres de dette à court terme	..	..	..	..	..	..	..	..
Titres de dette à long terme	..	..	..	..	..	..	..	..
Crédits	8 260	7 504	10 709	11 207	12 755	16 799	17 930	..
Crédits à court terme	..	..	..	..	..	..	..	..
Crédits à long terme	..	..	..	..	..	..	..	..
Actions et parts de fonds d'investissement	556 563	598 556	684 100	739 028	792 135	888 011	863 416	..
Systèmes d'assurance, de pensions et garanties standard	..	..	..	..	..	..	..	..
Produits financiers dérivés et options sur titres des salariés	..	..	..	..	..	..	..	..
Autres comptes à payer	..	..	..	..	..	..	..	..
Actifs non financiers	36 202	39 884	45 810	49 340	53 460	60 606	70 052	..

SUISSE

Tableau 3. Actifs et passifs financiers des sociétés d'assurance et fonds de pension

Millions CHF

	2012	2013	2014	2015	2016	2017	2018	2019
Sociétés d'assurance et fonds de pension								
Valeur nette financière	..	..	..	..	..	..	..	..
Actifs financiers	1 168 010	1 201 078	1 279 585 |	1 289 578	1 369 608	1 455 192	1 436 123	..
Numéraire et dépôts	100 222	103 725	102 031	94 765	93 583	98 834	110 063	..
Titres de dette	351 568	331 313	340 745 |	311 554	316 073	305 502	294 788	..
Crédits	42 882	44 284	84 160 |	84 891	99 827	106 533	102 047	..
Actions et parts de fonds d'investissement	665 912	712 491	749 387 |	796 202	857 344	942 800	925 589	..
Actions	245 948	240 732	186 659 |	192 692	199 928	207 688	199 771	..
Parts de fonds d'investissement	419 964	471 759	562 728	603 510	657 416	735 112	725 818	..
Parts de fonds d'investissement monétaires	..	..	..	..	..	..	..	..
Parts de fonds d'investissement non monétaires	..	..	..	..	..	..	..	..
Systèmes d'assurance, de pensions et garanties standard	7 426	9 265	3 262	2 166	2 781	1 523	3 636	..
Produits financiers dérivés et options sur titres des salariés	..	..	..	..	..	..	..	..
Autres comptes à recevoir	..	..	..	..	..	..	..	..
Passifs financiers	..	..	..	..	..	..	..	..
Titres de dette	9 255	9 258	13 447	13 482	13 263	10 509	10 607	..
Titres de dette à court terme	..	..	..	..	..	..	..	..
Titres de dette à long terme	9 255	9 258	13 447	13 482	13 263	10 509	10 607	..
Crédits	14 306	15 574	60 060	56 074	61 396	65 810	68 213	..
Crédits à court terme	..	..	..	..	..	..	..	..
Crédits à long terme	..	..	..	..	..	..	..	..
Actions et parts de fonds d'investissement	..	..	..	..	..	..	..	..
Systèmes d'assurance, de pensions et garanties standard	964 261	1 001 221	1 040 436	1 078 988	1 121 804	1 159 775	1 183 830	..
Produits financiers dérivés et options sur titres des salariés	..	..	..	..	..	..	..	..
Autres comptes à payer	..	..	..	..	..	..	..	..
Actifs non financiers	107 523	110 279	115 227	115 407	121 469	128 468	..	..
Sociétés d'assurance								
Valeur nette financière	..	..	..	..	..	..	..	..
Actifs financiers	559 596	546 872	574 517 |	571 361	616 660	640 202	633 894	..
Numéraire et dépôts	55 240	50 634	50 932	51 575	53 728	56 258	66 101	..
Titres de dette	212 350	200 018	206 604 |	189 549	196 386	195 971	187 311	..
Crédits	32 376	33 419	72 368 |	72 778	87 507	93 723	88 143	..
Actions et parts de fonds d'investissement	259 630	262 801	244 613 |	257 459	279 039	294 250	292 339	..
Actions	156 019	152 373	110 981 |	114 242	126 717	136 433	135 801	..
Parts de fonds d'investissement	103 611	110 428	133 632	143 217	152 322	157 817	156 538	..
Parts de fonds d'investissement monétaires	..	..	..	..	..	..	..	..
Parts de fonds d'investissement non monétaires	..	..	..	..	..	..	..	..
Systèmes d'assurance, de pensions et garanties standard	..	..	..	..	..	..	..	..
Produits financiers dérivés et options sur titres des salariés	..	..	..	..	..	..	..	..
Autres comptes à recevoir	..	..	..	..	..	..	..	..
Passifs financiers	..	..	..	..	..	..	..	..
Titres de dette	9 255	9 258	13 447	13 482	13 263	10 509	10 607	..
Titres de dette à court terme	..	..	..	..	..	..	..	..
Titres de dette à long terme	9 255	9 258	13 447	13 482	13 263	10 509	10 607	..
Crédits	12 444	12 661	58 160	54 573	59 621	63 604	66 594	..
Crédits à court terme	..	..	..	..	..	..	..	..
Crédits à long terme	..	..	..	..	..	..	..	..
Actions et parts de fonds d'investissement	..	..	..	..	..	..	..	..
Systèmes d'assurance, de pensions et garanties standard	342 370	352 040	361 927	371 735	380 206	385 041	383 404	..
Produits financiers dérivés et options sur titres des salariés	..	..	..	..	..	..	..	..
Autres comptes à payer	..	..	..	..	..	..	..	..
Actifs non financiers	40 792	41 703	43 111	44 933	47 703	49 749	51 393	..
Fonds de pension								
Valeur nette financière	-15 339	2 112	24 659	9 463	9 575	38 050	184	..
Actifs financiers	608 414	654 206	705 068	718 217	752 948	814 990	802 229	..
Numéraire et dépôts	44 982	53 091	51 099	43 190	39 855	42 576	43 962	..
Titres de dette	139 218	131 295	134 141	122 005	119 687	109 531	107 477	..
Crédits	10 506	10 865	11 792	12 113	12 320	12 810	13 904	..
Actions et parts de fonds d'investissement	406 282	449 690	504 774	538 743	578 305	648 550	633 250	..
Actions	89 929	88 359	75 678	78 450	73 211	71 255	63 970	..
Parts de fonds d'investissement	316 353	361 331	429 096	460 293	505 094	577 295	569 280	..
Parts de fonds d'investissement monétaires	..	..	..	..	..	..	..	..
Parts de fonds d'investissement non monétaires	..	..	..	..	..	..	..	..
Systèmes d'assurance, de pensions et garanties standard	7 426	9 265	3 262	2 166	2 781	1 523	3 636	..
Produits financiers dérivés et options sur titres des salariés	..	..	..	..	..	..	..	..
Autres comptes à recevoir	..	..	..	..	..	..	..	..
Passifs financiers	623 753	652 094	680 409	708 754	743 373	776 940	802 045	..
Titres de dette	..	..	..	..	..	..	..	..
Titres de dette à court terme	..	..	..	..	..	..	..	..
Titres de dette à long terme	..	..	..	..	..	..	..	..
Crédits	1 862	2 913	1 900	1 501	1 775	2 206	1 619	..
Crédits à court terme	..	..	..	..	..	..	..	..
Crédits à long terme	..	..	..	..	..	..	..	..
Actions et parts de fonds d'investissement	..	..	..	..	..	..	..	..
Systèmes d'assurance, de pensions et garanties standard	621 891	649 181	678 509	707 253	741 598	774 734	800 426	..
Produits financiers dérivés et options sur titres des salariés	..	..	..	..	..	..	..	..
Autres comptes à payer	..	..	..	..	..	..	..	..
Actifs non financiers	66 731	68 576	72 116	70 474	73 766	78 719	..	..

Tableau 4. Composition du portefeuille par type d'investisseur
En pourcentage des actifs financiers et des passifs financiers

Pour cent

	2012	2013	2014	2015	2016	2017	2018	2019
Fonds d'investissement								
Actifs financiers	..	..	..	..	..	..	..	..
Numéraire et dépôts	..	..	..	..	..	..	..	..
Titres de dettes	..	..	..	..	..	..	..	..
Crédits	..	..	..	..	..	..	..	..
Actions et parts de fonds d'investissement	..	..	..	..	..	..	..	..
Systèmes d'assurance de pensions et garanties standard	..	..	..	..	..	..	..	..
Produits financiers dérivés et options sur titres des salariés	..	..	..	..	..	..	..	..
Autres comptes à recevoir	..	..	..	..	..	..	..	..
Passifs financiers	..	..	..	..	..	..	..	..
Numéraire et dépôts	..	..	..	..	..	..	..	..
Titres de dettes	..	..	..	..	..	..	..	..
Crédits	..	..	..	..	..	..	..	..
Actions et parts de fonds d'investissement	..	..	..	..	..	..	..	..
Systèmes d'assurance de pensions et garanties standard	..	..	..	..	..	..	..	..
Produits financiers dérivés et options sur titres des salariés	..	..	..	..	..	..	..	..
Autres comptes à recevoir	..	..	..	..	..	..	..	..
Sociétés d'assurance								
Actifs financiers	100.0	100.0	100.0	100.0	100.0	100.0	100.0	..
Numéraire et dépôts	9.9	9.3	8.9	9.0	8.7	8.8	10.4	..
Titres de dettes	37.9	36.6	36.0	33.2	31.8	30.6	29.5	..
Crédits	5.8	6.1	12.6	12.7	14.2	14.6	13.9	..
Actions et parts de fonds d'investissement	46.4	48.1	42.6	45.1	45.3	46.0	46.1	..
Systèmes d'assurance de pensions et garanties standard	0.0	0.0	0.0	0.0	0.0	0.0	0.0	..
Produits financiers dérivés et options sur titres des salariés	0.0	0.0	0.0	0.0	0.0	0.0	0.0	..
Autres comptes à recevoir	0.0	0.0	0.0	0.0	0.0	0.0	0.0	..
Passifs financiers	..	..	..	..	..	..	..	..
Numéraire et dépôts	..	..	..	..	..	..	..	..
Titres de dettes	..	..	..	..	..	..	..	..
Crédits	..	..	..	..	..	..	..	..
Actions et parts de fonds d'investissement	..	..	..	..	..	..	..	..
Systèmes d'assurance de pensions et garanties standard	..	..	..	..	..	..	..	..
Produits financiers dérivés et options sur titres des salariés	..	..	..	..	..	..	..	..
Autres comptes à recevoir	..	..	..	..	..	..	..	..
Fonds de pension								
Actifs financiers	100.0	100.0	100.0	100.0	100.0	100.0	100.0	..
Numéraire et dépôts	7.4	8.1	7.2	6.0	5.3	5.2	5.5	..
Titres de dettes	22.9	20.1	19.0	17.0	15.9	13.4	13.4	..
Crédits	1.7	1.7	1.7	1.7	1.6	1.6	1.7	..
Actions et parts de fonds d'investissement	66.8	68.7	71.6	75.0	76.8	79.6	78.9	..
Systèmes d'assurance de pensions et garanties standard	1.2	1.4	0.5	0.3	0.4	0.2	0.5	..
Produits financiers dérivés et options sur titres des salariés	0.0	0.0	0.0	0.0	0.0	0.0	0.0	..
Autres comptes à recevoir	0.0	0.0	0.0	0.0	0.0	0.0	0.0	..
Passifs financiers	100.0	100.0	100.0	100.0	100.0	100.0	100.0	..
Numéraire et dépôts	0.0	0.0	0.0	0.0	0.0	0.0	0.0	..
Titres de dettes	0.0	0.0	0.0	0.0	0.0	0.0	0.0	..
Crédits	0.3	0.4	0.3	0.2	0.2	0.3	0.2	..
Actions et parts de fonds d'investissement	0.0	0.0	0.0	0.0	0.0	0.0	0.0	..
Systèmes d'assurance de pensions et garanties standard	99.7	99.6	99.7	99.8	99.8	99.7	99.8	..
Produits financiers dérivés et options sur titres des salariés	0.0	0.0	0.0	0.0	0.0	0.0	0.0	..
Autres comptes à recevoir	0.0	0.0	0.0	0.0	0.0	0.0	0.0	..

TURQUIE

Tableau 1. Actifs et passifs financiers des investisseurs institutionnels, 2018

Millions TRY

	Fonds d'investissement				
	Total	Fonds d'investissement non-monétaire			Fonds d'investissement monétaires
		Total	Fonds d'investissement à capital variable, non monétaire	Fonds d'investissement à capital fixe, non monétaire	Total
Actifs financiers	50 423	37 589	34 923	2 666	12 834
Numéraire et dépôts	14 205	5 215	4 609	606	8 991
Titres de dette	29 396	25 552	24 236	1 316	3 844
Titres de dette à court terme	15 041	11 384	11 173	211	3 657
Titres de dette à long terme	14 355	14 168	13 063	1 105	187
Titres de dette émis par les résidents	29 321	25 477	24 161	1 316	3 844
Titres de dette émis par les non-résidents	75	75	75	0	0
Crédits	..	..	..	..	..
Crédits à court terme	..	..	..	..	..
Crédits à long terme	..	..	..	..	..
Crédits accordés aux résidents	..	..	..	..	..
Crédits accordés aux non-résidents	..	..	..	..	..
Actions et parts de fonds d'investissement	6 823	6 823	6 079	744	0
Actions et parts de fonds d'investissements émises par les résidents	4 933	4 933	4 190	744	0
Actions et part de fonds d'investissements émises par les non-résidents	1 889	1 889	1 889	0	0
Autres comptes à recevoir	..	..	..	..	..

	Fonds d'investissement				
	Total	Fonds d'investissement non-monétaire			Fonds d'investissement monétaires
		Total	Fonds d'investissement à capital variable, non monétaire	Fonds d'investissement à capital fixe, non monétaire	Total
Pasifs financiers	..	..	..	..	..
Numéraire et dépôts	..	..	..	..	..
Titres de dette	..	..	..	..	..
Titres de dette à court terme	..	..	..	..	..
Titres de dette à long terme	..	..	..	..	..
Crédits	..	..	..	..	..
Crédits à court terme	..	..	..	..	..
Crédits à long terme	..	..	..	..	..
Actions et parts de fonds d'investissement	..	..	..	..	..
Systèmes d'assurance, de pensions et garanties standard	..	..	..	..	..
Produits financiers dérivés et options sur titres des salariés	..	..	..	..	..
Autres comptes à payer	..	..	..	..	..

	Sociétés d'assurance et fonds de pension autonomes				
	Total	Sociétés d'assurance			Fonds de pension autonomes
		Total	Sociétés d'assurance vie	Sociétés d'assurance non-vie	Total
Actifs financiers	216 810	92 801	19 152	73 649	124 009
Numéraire et dépôts	69 477	37 696	9 504	28 192	31 781
Titres de dette	101 254	24 684	6 233	18 451	76 570
Titres de dette à court terme	24 680	24 680	6 232	18 448	0
Titres de dette à long terme	76 574	4	2	3	76 570
Titres de dette émis par les résidents	..	..	..	..	..
Titres de dette émis par les non-résidents	..	..	..	..	..
Crédits	4 745	314	314	0	4 431
Crédits à court terme	150	150	150	..	0
Crédits à long terme	4 595	164	164	..	4 431
Crédits accordés aux résidents	..	..	..	..	..
Crédits accordés aux non-résidents	..	..	..	..	..
Actions et parts de fonds d'investissement	13 504	4 114	326	3 788	9 390
Actions et parts de fonds d'investissement émises par les résidents	..	..	..	..	..
Actions et parts de fonds d'investissement émises par les non-résidents	..	..	..	..	..
Autrescomptes à recevoir	27 831	25 993	2 774	23 219	1 838

	Sociétés d'assurance et fonds de pension autonomes				
	Total	Sociétés d'assurance			Fonds de pension autonomes
		Total	Sociétés d'assurance vie	Sociétés d'assurance non-vie	Total
Pasifs financiers	220 041	88 606	18 184	70 422	131 434
Numéraire et dépôts	..	..	..	..	0
Titres de dette	0	0	0	..	0
Titres de dette à court terme	..	..	..	..	..
Titres de dette à long terme	..	..	..	..	..
Crédits	322	322	11	311	0
Crédits à court terme	322	322	11	311	..
Crédits à long terme	0	0	0	0	..
Actions et parts de fonds d'investissement	65 051	30 124	7 458	22 666	34 927
Systèmes d'assurance, de pensions et garanties standard	142 966	50 169	10 351	39 818	92 797
Produits financiers dérivés et options sur titres des salariés	..	..	..	..	..
Autres comptes à payer	11 702	7 992	364	7 628	3 710

Note : Voir les métadonnées détaillées sur : *http://metalinks.oecd.org/instinv/20200916/0196*

TURQUIE

Tableau 2. Actifs et passifs financiers des fonds d'investissement

Millions TRY

	2012	2013	2014	2015	2016	2017	2018	2019
Fonds d'investissement								
Valeur nette financière	..	..	..	..	..	..	..	..
Actifs financiers	..	..	45 383	40 267	46 865	55 885	50 423	116 618
Numéraire et dépôts	..	..	23 058	11 524	13 202	17 067	14 205	53 063
Titres de dette	..	..	19 979	25 353	29 823	31 924	29 396	51 279
Crédits	..	..	..	..	..	..	..	..
Actions et parts de fonds d'investissement	..	..	2 346	3 390	3 840	6 894	6 823	12 276
Actions	..	..	2 244	3 250	3 510	5 447	5 412	9 909
Parts de fonds d'investissement	..	..	102	140	330	1 447	1 411	2 367
Parts de fonds d'investissement monétaires	..	..	56	30	3	15	4	1
Parts de fonds d'investissement non monétaires	..	..	46	110	328	1 432	1 407	2 366
Systèmes d'assurance, de pensions et garanties standard	..	..	..	..	..	..	..	..
Produits financiers dérivés et options sur titres des salariés	..	..	..	..	..	..	..	..
Autres comptes à recevoir	..	..	..	..	..	..	..	..
Passifs financiers	..	..	..	..	..	..	..	..
Titres de dette	..	..	..	..	..	..	..	..
Titres de dette à court terme	..	..	..	..	..	..	..	..
Titres de dette à long terme	..	..	..	..	..	..	..	..
Crédits	..	..	..	..	..	..	..	..
Crédits à court terme	..	..	..	..	..	..	..	..
Crédits à long terme	..	..	..	..	..	..	..	..
Actions et parts de fonds d'investissement	..	..	..	..	..	..	..	..
Systèmes d'assurance, de pensions et garanties standard	..	..	..	..	..	..	..	..
Produits financiers dérivés et options sur titres des salariés	..	..	..	..	..	..	..	..
Autres comptes à payer	..	..	..	..	..	..	..	..
Actifs non financiers	..	..	32 264	41 236	50 710	59 143	70 147	79 578
Fonds d'investissement monéaires								
Valeur nette financière	..	..	..	..	..	..	..	..
Actifs financiers	..	..	12 622	11 933	12 625	13 814	12 834	39 921
Numéraire et dépôts	..	..	8 901	7 378	7 441	9 754	8 991	35 559
Titres de dette	..	..	3 721	4 555	5 184	4 060	3 844	4 362
Crédits	..	..	..	..	..	..	..	..
Actions et parts de fonds d'investissement	..	..	0	0	0	0	0	0
Actions	..	..	0	0	0	0	0	0
Parts de fonds d'investissement	..	..	0	0	0	0	0	0
Parts de fonds d'investissement monétaires	..	..	0	0	0	0	0	0
Parts de fonds d'investissement non monétaires	..	..	0	0	0	0	0	0
Systèmes d'assurance, de pensions et garanties standard	..	..	..	..	..	..	..	..
Produits financiers dérivés et options sur titres des salariés	..	..	..	..	..	..	..	..
Autres comptes à recevoir	..	..	..	..	..	..	..	..
Passifs financiers	..	..	..	..	..	..	..	..
Titres de dette	..	..	..	..	..	..	..	..
Titres de dette à court terme	..	..	..	..	..	..	..	..
Titres de dette à long terme	..	..	..	..	..	..	..	..
Crédits	..	..	..	..	..	..	..	..
Crédits à court terme	..	..	..	..	..	..	..	..
Crédits à long terme	..	..	..	..	..	..	..	..
Actions et parts de fonds d'investissement	..	..	..	..	..	..	..	..
Systèmes d'assurance, de pensions et garanties standard	..	..	..	..	..	..	..	..
Produits financiers dérivés et options sur titres des salariés	..	..	..	..	..	..	..	..
Autres comptes à payer	..	..	..	..	..	..	..	..
Actifs non financiers	..	..	0	0	0	0	0	0
Fonds d'investissement non monéaires								
Valeur nette financière	..	..	..	..	..	..	..	..
Actifs financiers	..	..	32 761	28 334	34 240	42 071	37 589	76 697
Numéraire et dépôts	..	..	14 157	4 145	5 761	7 312	5 215	17 504
Titres de dette	..	..	16 258	20 798	24 639	27 865	25 552	46 916
Crédits	..	..	..	..	..	..	..	..
Actions et parts de fonds d'investissement	..	..	2 346	3 390	3 840	6 894	6 823	12 276
Actions	..	..	2 244	3 250	3 510	5 447	5 412	9 909
Parts de fonds d'investissement	..	..	102	140	330	1 447	1 411	2 367
Parts de fonds d'investissement monétaires	..	..	56	30	3	15	4	1
Parts de fonds d'investissement non monétaires	..	..	46	110	328	1 432	1 407	2 366
Systèmes d'assurance, de pensions et garanties standard	..	..	..	..	..	..	..	..
Produits financiers dérivés et options sur titres des salariés	..	..	..	..	..	..	..	..
Autres comptes à recevoir	..	..	..	..	..	..	..	..
Passifs financiers	..	..	..	..	..	..	..	..
Titres de dette	..	..	..	..	..	..	..	..
Titres de dette à court terme	..	..	..	..	..	..	..	..
Titres de dette à long terme	..	..	..	..	..	..	..	..
Crédits	..	..	..	..	..	..	..	..
Crédits à court terme	..	..	..	..	..	..	..	..
Crédits à long terme	..	..	..	..	..	..	..	..
Actions et parts de fonds d'investissement	..	..	..	..	..	..	..	..
Systèmes d'assurance, de pensions et garanties standard	..	..	..	..	..	..	..	..
Produits financiers dérivés et options sur titres des salariés	..	..	..	..	..	..	..	..
Autres comptes à payer	..	..	..	..	..	..	..	..
Actifs non financiers	..	..	32 264	41 236	50 710	59 143	70 147	79 578
Fonds d'investissement non monéaires à capital variable								
Valeur nette financière	..	..	..	..	..	..	..	..
Actifs financiers	..	..	31 676	26 822	32 346	40 058	34 923	73 408
Numéraire et dépôts	..	..	13 983	3 920	5 259	6 835	4 609	16 203

TURQUIE

Tableau 2. Actifs et passifs financiers des fonds d'investissement *(suite)*

Millions TRY

	2012	2013	2014	2015	2016	2017	2018	2019
Titres de dette	..	..	15 509	20 072	23 810	26 919	24 236	45 591
Crédits	..	..	..	..	..	..	..	..
Actions et parts de fonds d'investissement	..	..	2 184	2 829	3 277	6 304	6 079	11 614
Actions	..	..	2 138	2 719	2 949	4 872	4 672	9 247
Parts de fonds d'investissement	..	..	46	110	328	1 432	1 407	2 367
Parts de fonds d'investissement monétaires	..	..	0	0	0	1	0	0
Parts de fonds d'investissement non monétaires	..	..	46	110	328	1 432	1 407	2 366
Systèmes d'assurance, de pensions et garanties standard	..	..	..	..	..	..	..	..
Produits financiers dérivés et options sur titres des salariés	..	..	..	..	..	..	..	..
Autres comptes à recevoir	..	..	..	..	..	..	..	..
Passifs financiers	..	..	..	..	..	..	..	..
Titres de dette	..	..	..	..	..	..	..	..
Titres de dette à court terme	..	..	..	..	..	..	..	..
Titres de dette à long terme	..	..	..	..	..	..	..	..
Crédits	..	..	..	..	..	..	..	..
Crédits à court terme	..	..	..	..	..	..	..	..
Crédits à long terme	..	..	..	..	..	..	..	..
Actions et parts de fonds d'investissement	..	..	..	..	..	..	..	..
Systèmes d'assurance, de pensions et garanties standard	..	..	..	..	..	..	..	..
Produits financiers dérivés et options sur titres des salariés	..	..	..	..	..	..	..	..
Autres comptes à payer	..	..	..	..	..	..	..	..
Actifs non financiers	..	..	0	0	0	0	0	0
Fonds d'investissement à capital variable								
Valeur nette financière	..	..	..	..	..	..	..	..
Actifs financiers	..	..	44 298	38 755	44 970	53 872	47 757	113 330
Numéraire et dépôts	..	..	22 884	11 299	12 700	16 589	13 599	51 762
Titres de dette	..	..	19 230	24 627	28 994	30 979	28 079	49 953
Crédits	..	..	..	..	..	..	..	..
Actions et parts de fonds d'investissement	..	..	2 184	2 829	3 277	6 304	6 079	11 614
Actions	..	..	2 138	2 719	2 949	4 872	4 672	9 247
Parts de fonds d'investissement	..	..	46	110	328	1 432	1 407	2 367
Parts de fonds d'investissement monétaires	..	..	0	0	0	1	0	0
Parts de fonds d'investissement non monétaires	..	..	46	110	328	1 432	1 407	2 366
Systèmes d'assurance, de pensions et garanties standard	..	..	..	..	..	..	..	..
Produits financiers dérivés et options sur titres des salariés	..	..	..	..	..	..	..	..
Autres comptes à recevoir	..	..	..	..	..	..	..	..
Passifs financiers	..	..	..	..	..	..	..	..
Titres de dette	..	..	..	..	..	..	..	..
Titres de dette à court terme	..	..	..	..	..	..	..	..
Titres de dette à long terme	..	..	..	..	..	..	..	..
Crédits	..	..	..	..	..	..	..	..
Crédits à court terme	..	..	..	..	..	..	..	..
Crédits à long terme	..	..	..	..	..	..	..	..
Actions et parts de fonds d'investissement	..	..	..	..	..	..	..	..
Systèmes d'assurance, de pensions et garanties standard	..	..	..	..	..	..	..	..
Produits financiers dérivés et options sur titres des salariés	..	..	..	..	..	..	..	..
Autres comptes à payer	..	..	..	..	..	..	..	..
Actifs non financiers	..	..	0	0	0	0	0	0

Note : Voir les métadonnées détaillées sur : *http://metalinks.oecd.org/instinv/20200916/0196*

TURQUIE

Tableau 3. Actifs et passifs financiers des sociétés d'assurance et fonds de pension

Millions TRY

	2012	2013	2014	2015	2016	2017	2018	2019
Sociétés d'assurance et fonds de pension								
Valeur nette financière	..	..	-4 420	-4 895	-3 774	-4 071	-3 230	-7 408
Actifs financiers	..	..	103 720	122 899	146 341	181 714	216 810	265 257
Numéraire et dépôts	..	..	37 675	48 486	59 158	78 543	69 477	95 140
Titres de dette	..	..	41 395	43 840	51 896	63 632	101 254	104 172
Crédits	..	..	2 635	3 142	4 316	3 533	4 745	10 985
Actions et parts de fonds d'investissement	..	..	7 475	9 816	10 574	13 391	13 504	21 515
Actions	..	..	6 890	9 170	9 637	11 824	12 482	19 207
Parts de fonds d'investissement	..	..	585	646	936	1 567	1 022	2 308
Parts de fonds d'investissement monétaires	..	..	..	..	..	..	..	..
Parts de fonds d'investissement non monétaires	..	..	..	..	..	..	..	..
Systèmes d'assurance, de pensions et garanties standard	..	..	..	..	..	..	..	..
Produits financiers dérivés et options sur titres des salariés	..	..	..	..	..	..	..	..
Autres comptes à recevoir	..	..	14 541	17 616	20 401	22 616	27 831	33 445
Passifs financiers	..	..	108 140	127 794	150 115	185 785	220 041	272 665
Titres de dette	..	..	0	0	0	0	0	0
Titres de dette à court terme	..	..	..	..	..	..	..	..
Titres de dette à long terme	..	..	..	..	..	..	..	..
Crédits	..	..	352	993	667	285	322	682
Crédits à court terme	..	..	351	993	667	285	322	361
Crédits à long terme	..	..	1	1	0	0	0	320
Actions et parts de fonds d'investissement	..	..	37 116	39 908	42 423	52 429	65 051	75 244
Systèmes d'assurance, de pensions et garanties standard	..	..	62 723	78 312	97 832	122 062	142 966	182 564
Produits financiers dérivés et options sur titres des salariés	..	..	..	..	..	..	..	..
Autres comptes à payer	..	..	7 950	8 581	9 193	11 009	11 702	14 176
Actifs non financiers	..	..	77 733	49 286	61 451	80 002	93 414	127 928
Sociétés d'assurance								
Valeur nette financière	..	..	663	416	1 536	1 767	4 195	17
Actifs financiers	..	..	46 061	53 756	64 303	78 866	92 801	115 001
Numéraire et dépôts	..	..	16 997	20 476	25 562	32 239	37 696	43 463
Titres de dette	..	..	13 112	13 497	15 826	20 755	24 684	33 618
Crédits	..	..	169	186	214	246	314	362
Actions et parts de fonds d'investissement	..	..	2 389	3 166	3 487	4 117	4 114	5 952
Actions	..	..	1 804	2 520	2 551	2 550	3 092	3 643
Parts de fonds d'investissement	..	..	585	646	936	1 567	1 022	2 308
Parts de fonds d'investissement monétaires	..	..	..	..	..	..	..	..
Parts de fonds d'investissement non monétaires	..	..	..	..	..	..	..	..
Systèmes d'assurance, de pensions et garanties standard	..	..	..	..	..	..	..	..
Produits financiers dérivés et options sur titres des salariés	..	..	..	..	..	..	..	..
Autres comptes à recevoir	..	..	13 394	16 431	19 217	21 508	25 993	31 607
Passifs financiers	..	..	45 398	53 341	62 767	77 098	88 606	114 984
Titres de dette	..	..	0	0	0	0	0	1
Titres de dette à court terme	..	..	..	..	..	..	..	..
Titres de dette à long terme	..	..	..	..	..	..	..	..
Crédits	..	..	352	993	667	285	322	682
Crédits à court terme	..	..	351	993	667	285	322	361
Crédits à long terme	..	..	1	0	0	0	0	320
Actions et parts de fonds d'investissement	..	..	16 002	16 823	19 338	26 721	30 124	40 317
Systèmes d'assurance, de pensions et garanties standard	..	..	25 000	30 394	37 018	42 532	50 169	63 520
Produits financiers dérivés et options sur titres des salariés	..	..	..	..	..	..	..	..
Autres comptes à payer	..	..	4 044	5 131	5 744	7 560	7 992	10 465
Actifs non financiers	..	..	38 787	49 286	61 451	80 002	93 414	127 928
Fonds de pension								
Valeur nette financière	..	..	-5 084	-5 310	-5 310	-5 838	-7 425	-7 425
Actifs financiers	..	..	57 659	69 143	82 038	102 849	124 009	150 256
Numéraire et dépôts	..	..	20 678	28 010	33 596	46 304	31 781	51 677
Titres de dette	..	..	28 282	30 342	36 070	42 877	76 570	70 554
Crédits	..	..	2 466	2 956	4 102	3 287	4 431	10 623
Actions et parts de fonds d'investissement	..	..	5 086	6 650	7 087	9 274	9 390	15 564
Actions	..	..	5 086	6 650	7 087	9 274	9 390	15 564
Parts de fonds d'investissement	..	..	0	0	0	0	0	0
Parts de fonds d'investissement monétaires	..	..	..	..	..	..	..	..
Parts de fonds d'investissement non monétaires	..	..	..	..	..	..	..	..
Systèmes d'assurance, de pensions et garanties standard	..	..	0	0	0	0	0	0
Produits financiers dérivés et options sur titres des salariés	..	..	0	0	0	0	0	0
Autres comptes à recevoir	..	..	1 147	1 184	1 184	1 107	1 838	1 838
Passifs financiers	..	..	62 742	74 453	87 349	108 687	131 434	157 681
Titres de dette	..	..	0	0	0	0	0	0
Titres de dette à court terme	..	..	..	..	..	..	..	..
Titres de dette à long terme	..	..	..	..	..	..	..	..
Crédits	..	..	0	0	0	0	0	0
Crédits à court terme	..	..	..	..	..	..	..	..
Crédits à long terme	..	..	..	..	..	..	..	..
Actions et parts de fonds d'investissement	..	..	21 114	23 085	23 085	25 709	34 927	34 927
Systèmes d'assurance, de pensions et garanties standard	..	..	37 723	47 918	60 814	79 530	92 797	119 044
Produits financiers dérivés et options sur titres des salariés	..	..	..	..	..	..	..	..
Autres comptes à payer	..	..	3 906	3 450	3 450	3 449	3 710	3 710
Actifs non financiers	..	..	38 946	..	..	..	..	..

Note : Voir les métadonnées détaillées sur : *http://metalinks.oecd.org/instinv/20200916/0196*

TURQUIE

Tableau 4. Composition du portefeuille par type d'investisseur
En pourcentage des actifs financiers et des passifs financiers

Pour cent

	2012	2013	2014	2015	2016	2017	2018	2019
Fonds d'investissement								
Actifs financiers	..	..	100.0	100.0	100.0	100.0	100.0	100.0
Numéraire et dépôts	..	..	50.8	28.6	28.2	30.5	28.2	45.5
Titres de dettes	..	..	44.0	63.0	63.6	57.1	58.3	44.0
Crédits	..	..	0.0	0.0	0.0	0.0	0.0	0.0
Actions et parts de fonds d'investissement	..	..	5.2	8.4	8.2	12.3	13.5	10.5
Systèmes d'assurance de pensions et garanties standard	..	..	0.0	0.0	0.0	0.0	0.0	0.0
Produits financiers dérivés et options sur titres des salariés	..	..	0.0	0.0	0.0	0.0	0.0	0.0
Autres comptes à recevoir	..	..	0.0	0.0	0.0	0.0	0.0	0.0
Passifs financiers	..	..	..	..	..	..	..	..
Numéraire et dépôts	..	..	..	..	..	..	..	..
Titres de dettes	..	..	..	..	..	..	..	..
Crédits	..	..	..	..	..	..	..	..
Actions et parts de fonds d'investissement	..	..	..	..	..	..	..	..
Systèmes d'assurance de pensions et garanties standard	..	..	..	..	..	..	..	..
Produits financiers dérivés et options sur titres des salariés	..	..	..	..	..	..	..	..
Autres comptes à recevoir	..	..	..	..	..	..	..	..
Sociétés d'assurance								
Actifs financiers	..	..	100.0	100.0	100.0	100.0	100.0	100.0
Numéraire et dépôts	..	..	36.9	38.1	39.8	40.9	40.6	37.8
Titres de dettes	..	..	28.5	25.1	24.6	26.3	26.6	29.2
Crédits	..	..	0.4	0.3	0.3	0.3	0.3	0.3
Actions et parts de fonds d'investissement	..	..	5.2	5.9	5.4	5.2	4.4	5.2
Systèmes d'assurance de pensions et garanties standard	..	..	0.0	0.0	0.0	0.0	0.0	0.0
Produits financiers dérivés et options sur titres des salariés	..	..	0.0	0.0	0.0	0.0	0.0	0.0
Autres comptes à recevoir	..	..	29.1	30.6	29.9	27.3	28.0	27.5
Passifs financiers	..	..	100.0	100.0	100.0	100.0	100.0	100.0
Numéraire et dépôts	..	..	0.0	0.0	0.0	0.0	0.0	0.0
Titres de dettes	..	..	0.0	0.0	0.0	0.0	0.0	0.0
Crédits	..	..	0.8	1.9	1.1	0.4	0.4	0.6
Actions et parts de fonds d'investissement	..	..	35.2	31.5	30.8	34.7	34.0	35.1
Systèmes d'assurance de pensions et garanties standard	..	..	55.1	57.0	59.0	55.2	56.6	55.2
Produits financiers dérivés et options sur titres des salariés	..	..	0.0	0.0	0.0	0.0	0.0	0.0
Autres comptes à recevoir	..	..	8.9	9.6	9.2	9.8	9.0	9.1
Fonds de pension								
Actifs financiers	..	..	100.0	100.0	100.0	100.0	100.0	100.0
Numéraire et dépôts	..	..	35.9	40.5	41.0	45.0	25.6	34.4
Titres de dettes	..	..	49.1	43.9	44.0	41.7	61.7	47.0
Crédits	..	..	4.3	4.3	5.0	3.2	3.6	7.1
Actions et parts de fonds d'investissement	..	..	8.8	9.6	8.6	9.0	7.6	10.4
Systèmes d'assurance de pensions et garanties standard	..	..	0.0	0.0	0.0	0.0	0.0	0.0
Produits financiers dérivés et options sur titres des salariés	..	..	0.0	0.0	0.0	0.0	0.0	0.0
Autres comptes à recevoir	..	..	2.0	1.7	1.4	1.1	1.5	1.2
Passifs financiers	..	..	100.0	100.0	100.0	100.0	100.0	100.0
Numéraire et dépôts	..	..	0.0	0.0	0.0	0.0	0.0	0.0
Titres de dettes	..	..	0.0	0.0	0.0	0.0	0.0	0.0
Crédits	..	..	0.0	0.0	0.0	0.0	0.0	0.0
Actions et parts de fonds d'investissement	..	..	33.7	31.0	26.4	23.7	26.6	22.2
Systèmes d'assurance de pensions et garanties standard	..	..	60.1	64.4	69.6	73.2	70.6	75.5
Produits financiers dérivés et options sur titres des salariés	..	..	0.0	0.0	0.0	0.0	0.0	0.0
Autres comptes à recevoir	..	..	6.2	4.6	3.9	3.2	2.8	2.4

Note : Voir les métadonnées détaillées sur : *http://metalinks.oecd.org/instinv/20200916/649b*

ROYAUME-UNI

Tableau 1. Actifs et passifs financiers des investisseurs institutionnels, 2018

Millions GBP

	Total	Fonds d'investissement			
		Fonds d'investissement non-monétaire			Fonds d'investissement monétaires
		Total	Fonds d'investissement à capital variable, non monétaire	Fonds d'investissement à capital fixe, non monétaire	Total
Actifs financiers	..	1 197 766	..	..	..
Numéraire et dépôts	..	42 106	..	..	..
Titres de dette	..	299 466	..	..	..
Titres de dette à court terme	..	..	..	..	..
Titres de dette à long terme	..	..	..	..	..
Titres de dette émis par les résidents	..	..	..	..	..
Titres de dette émis par les non-résidents	..	..	..	..	..
Crédits	..	..	..	..	..
Crédits à court terme	..	..	..	..	..
Crédits à long terme	..	..	..	..	..
Crédits accordés aux résidents	..	..	..	..	..
Crédits accordés aux non-résidents	..	..	..	..	..
Actions et parts de fonds d'investissement	..	821 041	..	..	..
Actions et parts de fonds d'investissements émises par les résidents	..	..	..	..	..
Actions et part de fonds d'investissements émises par les non-résidents	..	..	..	..	..
Autres comptes à recevoir	..	3 201	..	..	..

	Total	Fonds d'investissement			
		Fonds d'investissement non-monétaire			Fonds d'investissement monétaires
		Total	Fonds d'investissement à capital variable, non monétaire	Fonds d'investissement à capital fixe, non monétaire	Total
Pasifs financiers	..	1 258 469	..	..	..
Numéraire et dépôts	..	..	..	..	..
Titres de dette	..	1 432	..	..	..
Titres de dette à court terme	..	..	..	..	..
Titres de dette à long terme	..	..	..	..	..
Crédits	..	9 774	..	..	..
Crédits à court terme	..	..	..	..	..
Crédits à long terme	..	..	..	..	..
Actions et parts de fonds d'investissement	..	1 221 851	..	..	..
Systèmes d'assurance, de pensions et garanties standard	..	552	..	..	..
Produits financiers dérivés et options sur titres des salariés	..	24 832	..	..	..
Autres comptes à payer	..	28	..	..	..

	Total	Sociétés d'assurance et fonds de pension autonomes			
		Sociétés d'assurance			Fonds de pension autonomes
		Total	Sociétés d'assurance vie	Sociétés d'assurance non-vie	Total
Actifs financiers	4 156 337	..	..	..	..
Numéraire et dépôts	169 957	..	..	..	..
Titres de dette	1 292 467	..	..	..	..
Titres de dette à court terme	17 187	..	..	..	..
Titres de dette à long terme	1 275 280	..	..	..	..
Titres de dette émis par les résidents	915 040	..	..	..	..
Titres de dette émis par les non-résidents	377 427	..	..	..	..
Crédits	215 089	..	..	..	..
Crédits à court terme	..	..	..	..	..
Crédits à long terme	..	..	..	..	..
Crédits accordés aux résidents	..	..	..	..	..
Crédits accordés aux non-résidents	..	..	..	..	..
Actions et parts de fonds d'investissement	1 555 348	..	..	..	..
Actions et parts de fonds d'investissement émises par les résidents	872 889	..	..	..	..
Actions et parts de fonds d'investissement émises par les non-résidents	682 459	..	..	..	..
Autrescomptes à recevoir	31 539	..	..	..	..

	Total	Sociétés d'assurance et fonds de pension autonomes			
		Sociétés d'assurance			Fonds de pension autonomes
		Total	Sociétés d'assurance vie	Sociétés d'assurance non-vie	Total
Pasifs financiers	4 175 752	..	..	..	..
Numéraire et dépôts	..	..	..	..	..
Titres de dette	32 147	..	..	..	..
Titres de dette à court terme	..	..	..	..	..
Titres de dette à long terme	..	..	..	..	..
Crédits	102 365	..	..	..	..
Crédits à court terme	86 092	..	..	..	..
Crédits à long terme	16 273	..	..	..	..
Actions et parts de fonds d'investissement	118 458	..	..	..	..
Systèmes d'assurance, de pensions et garanties standard	3 747 139	..	..	..	..
Produits financiers dérivés et options sur titres des salariés	73 437	..	..	..	..
Autres comptes à payer	102 206	..	..	..	..

Note : Voir les métadonnées détaillées sur : *http://metalinks.oecd.org/instinv/20200916/0196*

ROYAUME-UNI

Tableau 3. Actifs et passifs financiers des sociétés d'assurance et fonds de pension

Millions GBP

	2012	2013	2014	2015	2016	2017	2018	2019
Sociétés d'assurance et fonds de pension								
Valeur nette financière	136 281	152 679	184 364	131 045	91 966	75 467	-19 415	56 921
Actifs financiers	3 493 794	3 486 467	4 017 059	3 926 604	4 336 030	4 373 917	4 156 337	4 479 930
Numéraire et dépôts	130 659	146 098	146 465	136 653	142 383	160 869	169 957	174 088
Titres de dette	1 002 101	1 002 513	1 096 507	1 098 289	1 230 826	1 270 882	1 292 467	1 396 130
Crédits	176 481	205 884	167 890	173 908	203 678	218 898	215 089	226 235
Actions et parts de fonds d'investissement	1 318 816	1 415 456	1 490 745	1 511 042	1 633 114	1 700 663	1 555 348	1 668 485
Actions	616 964	634 043	657 635	635 353	698 404	695 328	541 458	595 394
Parts de fonds d'investissement	701 852	781 413	833 110	875 689	934 710	1 005 335	1 013 890	1 073 091
Parts de fonds d'investissement monétaires	..	..	..	..	..	..	..	..
Parts de fonds d'investissement non monétaires	..	..	..	..	..	..	..	..
Systèmes d'assurance, de pensions et garanties standard	708 187	556 066	929 862	871 527	965 979	882 205	819 995	879 658
Produits financiers dérivés et options sur titres des salariés	126 284	126 134	151 147	104 091	132 502	112 849	71 942	100 942
Autres comptes à recevoir	31 266	34 316	34 443	31 094	27 548	27 551	31 539	34 392
Passifs financiers	3 357 513	3 333 788	3 832 695	3 795 559	4 244 064	4 298 450	4 175 752	4 423 009
Titres de dette	26 222	23 878	28 652	24 759	31 688	33 508	32 147	34 272
Titres de dette à court terme	..	..	..	..	..	..	..	..
Titres de dette à long terme	..	..	..	..	..	..	..	..
Crédits	62 078	68 328	53 325	62 000	75 882	90 481	102 365	107 075
Crédits à court terme	37 140	42 750	35 142	42 306	57 579	73 772	86 092	98 702
Crédits à long terme	24 938	25 578	18 183	19 694	18 303	16 709	16 273	8 373
Actions et parts de fonds d'investissement	74 313	95 947	114 366	123 925	125 839	143 842	118 458	121 256
Systèmes d'assurance, de pensions et garanties standard	2 982 139	2 930 029	3 380 788	3 392 547	3 762 238	3 810 276	3 747 139	3 949 398
Produits financiers dérivés et options sur titres des salariés	125 219	125 410	149 266	102 718	130 520	111 807	73 437	101 816
Autres comptes à payer	87 542	90 196	106 298	89 610	117 897	108 536	102 206	109 192
Actifs non financiers	..	..	..	..	..	..	..	..
Sociétés d'assurance								
Valeur nette financière	..	..	..	..	..	..	..	..
Actifs financiers	..	..	..	..	..	..	..	..
Numéraire et dépôts	..	..	..	..	..	..	..	..
Titres de dette	..	..	..	..	..	..	..	..
Crédits	..	..	..	..	..	..	..	..
Actions et parts de fonds d'investissement	..	..	..	..	..	..	..	..
Actions	..	..	..	..	..	..	..	..
Parts de fonds d'investissement	..	..	..	..	..	..	..	..
Parts de fonds d'investissement monétaires	..	..	..	..	..	..	..	..
Parts de fonds d'investissement non monétaires	..	..	..	..	..	..	..	..
Systèmes d'assurance, de pensions et garanties standard	..	..	..	..	..	..	..	..
Produits financiers dérivés et options sur titres des salariés	..	..	..	..	..	..	..	..
Autres comptes à recevoir	..	..	..	..	..	..	..	..
Passifs financiers	..	..	..	..	..	..	..	..
Titres de dette	..	..	..	..	..	..	..	..
Titres de dette à court terme	..	..	..	..	..	..	..	..
Titres de dette à long terme	..	..	..	..	..	..	..	..
Crédits	..	..	..	..	..	..	..	..
Crédits à court terme	..	..	..	..	..	..	..	..
Crédits à long terme	..	..	..	..	..	..	..	..
Actions et parts de fonds d'investissement	..	..	..	..	..	..	..	..
Systèmes d'assurance, de pensions et garanties standard	..	..	..	..	..	..	..	..
Produits financiers dérivés et options sur titres des salariés	..	..	..	..	..	..	..	..
Autres comptes à payer	..	..	..	..	..	..	..	..
Actifs non financiers	..	..	..	..	..	..	..	..
Fonds de pension								
Valeur nette financière	..	..	..	..	..	..	..	..
Actifs financiers	..	..	..	..	..	..	..	..
Numéraire et dépôts	..	..	..	..	..	..	..	..
Titres de dette	..	..	..	..	..	..	..	..
Crédits	..	..	..	..	..	..	..	..
Actions et parts de fonds d'investissement	..	..	..	..	..	..	..	..
Actions	..	..	..	..	..	..	..	..
Parts de fonds d'investissement	..	..	..	..	..	..	..	..
Parts de fonds d'investissement monétaires	..	..	..	..	..	..	..	..
Parts de fonds d'investissement non monétaires	..	..	..	..	..	..	..	..
Systèmes d'assurance, de pensions et garanties standard	..	..	..	..	..	..	..	..
Produits financiers dérivés et options sur titres des salariés	..	..	..	..	..	..	..	..
Autres comptes à recevoir	..	..	..	..	..	..	..	..
Passifs financiers	..	..	..	..	..	..	..	..
Titres de dette	..	..	..	..	..	..	..	..
Titres de dette à court terme	..	..	..	..	..	..	..	..
Titres de dette à long terme	..	..	..	..	..	..	..	..
Crédits	..	..	..	..	..	..	..	..
Crédits à court terme	..	..	..	..	..	..	..	..
Crédits à long terme	..	..	..	..	..	..	..	..
Actions et parts de fonds d'investissement	..	..	..	..	..	..	..	..
Systèmes d'assurance, de pensions et garanties standard	..	..	..	..	..	..	..	..
Produits financiers dérivés et options sur titres des salariés	..	..	..	..	..	..	..	..
Autres comptes à payer	..	..	..	..	..	..	..	..
Actifs non financiers	..	..	..	..	..	..	..	..

Note : Voir les métadonnées détaillées sur : *http://metalinks.oecd.org/instinv/20200916/0196*

ÉTATS-UNIS

Tableau 1. Actifs et passifs financiers des investisseurs institutionnels, 2018

Milliards USD

	Fonds d'investissement				
	Total	Fonds d'investissement non-monétaire			Fonds d'investissement monétaires
		Total	Fonds d'investissement à capital variable, non monétaire	Fonds d'investissement à capital fixe, non monétaire	Total
Actifs financiers	22 152	19 114	18 041	1 073	3 038
Numéraire et dépôts	184	36	..	36	148
Titres de dette	7 526	5 663	5 178	485	1 862
Titres de dette à court terme	959	175	175	..	785
Titres de dette à long terme	6 566	5 488	5 003	485	1 078
Titres de dette émis par les résidents	..	..	..	..	..
Titres de dette émis par les non-résidents	..	..	..	..	..
Crédits	1 519	500	245	255	1 019
Crédits à court terme	1 264	245	245	..	1 019
Crédits à long terme	255	255	..	255	..
Crédits accordés aux résidents	..	..	..	..	..
Crédits accordés aux non-résidents	..	..	..	..	..
Actions et parts de fonds d'investissement	12 418	12 418	12 327	92	..
Actions et parts de fonds d'investissements émises par les résidents	..	..	..	..	..
Actions et part de fonds d'investissements émises par les non-résidents	..	..	..	..	..
Autres comptes à recevoir	504	496	292	205	8

	Fonds d'investissement				
	Total	Fonds d'investissement non-monétaire			Fonds d'investissement monétaires
		Total	Fonds d'investissement à capital variable, non monétaire	Fonds d'investissement à capital fixe, non monétaire	Total
Pasifs financiers	22 502	19 464	18 041	1 423	3 038
Numéraire et dépôts	..	..	..	..	..
Titres de dette	470	470	..	470	..
Titres de dette à court terme	0	0	..	0	..
Titres de dette à long terme	470	470	..	470	..
Crédits	583	583	..	583	..
Crédits à court terme	357	357	..	357	..
Crédits à long terme	226	226	..	226	..
Actions et parts de fonds d'investissement	21 331	18 293	18 041	252	3 038
Systèmes d'assurance, de pensions et garanties standard	..	..	..	..	..
Produits financiers dérivés et options sur titres des salariés	..	..	..	..	..
Autres comptes à payer	118	118	..	118	..

	Sociétés d'assurance et fonds de pension autonomes				
	Total	Sociétés d'assurance			Fonds de pension autonomes
		Total	Sociétés d'assurance vie	Sociétés d'assurance non-vie	Total
Actifs financiers	32 669	9 979	7 566	2 412	22 690
Numéraire et dépôts	213	121	91	30	92
Titres de dette	9 183	4 621	3 503	1 119	4 562
Titres de dette à court terme	194	97	42	55	97
Titres de dette à long terme	8 988	4 524	3 461	1 063	4 464
Titres de dette émis par les résidents	..	..	..	..	..
Titres de dette émis par les non-résidents	..	..	..	..	..
Crédits	811	761	739	22	49
Crédits à court terme	180	173	171	1	8
Crédits à long terme	630	589	568	20	42
Crédits accordés aux résidents	..	..	..	..	..
Crédits accordés aux non-résidents	..	..	..	..	..
Actions et parts de fonds d'investissement	12 117	2 623	2 060	563	9 495
Actions et parts de fonds d'investissement émises par les résidents	..	..	..	..	..
Actions et parts de fonds d'investissement émises par les non-résidents	..	..	..	..	..
Autrescomptes à recevoir	2 034	994	623	371	1 040

	Sociétés d'assurance et fonds de pension autonomes				
	Total	Sociétés d'assurance			Fonds de pension autonomes
		Total	Sociétés d'assurance vie	Sociétés d'assurance non-vie	Total
Pasifs financiers	32 375	9 579	7 442	2 136	22 797
Numéraire et dépôts	86	86	86	..	92
Titres de dette	..	..	..	..	..
Titres de dette à court terme	..	..	..	..	..
Titres de dette à long terme	..	..	..	..	..
Crédits	109	109	105	4	..
Crédits à court terme	109	109	105	4	..
Crédits à long terme	..	..	..	..	..
Actions et parts de fonds d'investissement	879	879	347	532	..
Systèmes d'assurance, de pensions et garanties standard	30 499	7 702	6 408	1 294	22 797
Produits financiers dérivés et options sur titres des salariés	..	..	..	..	..
Autres comptes à payer	803	803	496	307	..

Note : Voir les métadonnées détaillées sur : *http://metalinks.oecd.org/instinv/20200916/0196*

ÉTATS-UNIS

Tableau 2. Actifs et passifs financiers des fonds d'investissement

Milliards USD

	2012	2013	2014	2015	2016	2017	2018	2019
Fonds d'investissement								
Valeur nette financière	-224	-264	-297	-337	-332	-339	-350	-432
Actifs financiers	15 252	17 683	18 888	18 662	19 812	23 179	22 152	26 866
Numéraire et dépôts	540	575	587	454	211	245	184	312
Titres de dette	6 147	5 995	6 144	6 189	6 659	7 217	7 526	8 750
Crédits	787	959	1 158	1 159	1 271	1 463	1 519	1 696
Actions et parts de fonds d'investissement	7 372	9 706	10 539	10 436	11 205	13 705	12 418	15 528
Actions	7 372	9 706	10 539	10 436	11 205	13 705	12 418	15 528
Parts de fonds d'investissement	..	..	..	..	..	..	..	..
Parts de fonds d'investissement monétaires	..	..	..	..	..	..	..	..
Parts de fonds d'investissement non monétaires	..	..	..	..	..	..	..	..
Systèmes d'assurance, de pensions et garanties standard	..	..	..	..	..	..	..	..
Produits financiers dérivés et options sur titres des salariés	..	..	..	..	..	..	..	..
Autres comptes à recevoir	407	447	460	424	465	549	504	579
Passifs financiers	15 475	17 947	19 185	18 999	20 144	23 519	22 502	27 298
Titres de dette	179	355	403	396	417	439	470	538
Titres de dette à court terme	0	0	0	0	0	0	0	0
Titres de dette à long terme	179	355	403	396	417	439	470	538
Crédits	542	497	536	520	494	552	583	643
Crédits à court terme	348	282	304	284	257	310	357	419
Crédits à long terme	194	214	231	235	236	242	226	225
Actions et parts de fonds d'investissement	14 657	17 021	18 164	18 003	19 136	22 426	21 331	25 969
Systèmes d'assurance, de pensions et garanties standard	..	..	..	..	..	..	..	..
Produits financiers dérivés et options sur titres des salariés	..	..	..	..	..	..	..	..
Autres comptes à payer	96	74	82	80	97	102	118	148
Actifs non financiers	224	264	297	337	332	339	350	432
Fonds d'investissement monéaires								
Valeur nette financière	..	..	..	..	..	..	..	..
Actifs financiers	2 693	2 733	2 749	2 742	2 731	2 848	3 038	3 634
Numéraire et dépôts	504	541	549	418	174	205	148	267
Titres de dette	1 605	1 649	1 531	1 582	1 749	1 681	1 862	2 181
Crédits	555	515	662	721	802	956	1 019	1 175
Actions et parts de fonds d'investissement	..	..	..	..	..	..	..	..
Actions	..	..	..	..	..	..	..	..
Parts de fonds d'investissement	..	..	..	..	..	..	..	..
Parts de fonds d'investissement monétaires	..	..	..	..	..	..	..	..
Parts de fonds d'investissement non monétaires	..	..	..	..	..	..	..	..
Systèmes d'assurance, de pensions et garanties standard	..	..	..	..	..	..	..	..
Produits financiers dérivés et options sur titres des salariés	..	..	..	..	..	..	..	..
Autres comptes à recevoir	29	28	8	21	7	7	8	10
Passifs financiers	2 693	2 733	2 749	2 742	2 731	2 848	3 038	3 634
Titres de dette	..	..	..	..	..	..	..	..
Titres de dette à court terme	..	..	..	..	..	..	..	..
Titres de dette à long terme	..	..	..	..	..	..	..	..
Crédits	..	..	..	..	..	..	..	..
Crédits à court terme	..	..	..	..	..	..	..	..
Crédits à long terme	..	..	..	..	..	..	..	..
Actions et parts de fonds d'investissement	2 693	2 733	2 749	2 742	2 731	2 848	3 038	3 634
Systèmes d'assurance, de pensions et garanties standard	..	..	..	..	..	..	..	..
Produits financiers dérivés et options sur titres des salariés	..	..	..	..	..	..	..	..
Autres comptes à payer	..	..	..	..	..	..	..	..
Actifs non financiers	..	..	..	..	..	..	..	..
Fonds d'investissement non monéaires								
Valeur nette financière	-224	-264	-297	-337	-332	-339	-350	-432
Actifs financiers	12 558	14 950	16 139	15 920	17 080	20 331	19 114	23 232
Numéraire et dépôts	35	34	39	36	38	41	36	45
Titres de dette	4 542	4 346	4 614	4 606	4 910	5 537	5 663	6 569
Crédits	232	444	496	438	469	507	500	521
Actions et parts de fonds d'investissement	7 372	9 706	10 539	10 436	11 205	13 705	12 418	15 528
Actions	7 372	9 706	10 539	10 436	11 205	13 705	12 418	15 528
Parts de fonds d'investissement	..	..	..	..	..	..	..	..
Parts de fonds d'investissement monétaires	..	..	..	..	..	..	..	..
Parts de fonds d'investissement non monétaires	..	..	..	..	..	..	..	..
Systèmes d'assurance, de pensions et garanties standard	..	..	..	..	..	..	..	..
Produits financiers dérivés et options sur titres des salariés	..	..	..	..	..	..	..	..
Autres comptes à recevoir	378	419	452	403	458	542	496	569
Passifs financiers	12 782	15 213	16 436	16 256	17 413	20 670	19 464	23 663
Titres de dette	179	355	403	396	417	439	470	538
Titres de dette à court terme	0	0	0	0	0	0	0	0
Titres de dette à long terme	179	355	403	396	417	439	470	538
Crédits	542	497	536	520	494	552	583	643
Crédits à court terme	348	282	304	284	257	310	357	419
Crédits à long terme	194	214	231	235	236	242	226	225
Actions et parts de fonds d'investissement	11 964	14 287	15 414	15 261	16 405	19 577	18 293	22 334
Systèmes d'assurance, de pensions et garanties standard	..	..	..	..	..	..	..	..
Produits financiers dérivés et options sur titres des salariés	..	..	..	..	..	..	..	..
Autres comptes à payer	96	74	82	80	97	102	118	148
Actifs non financiers	224	264	297	337	332	339	350	432
Fonds d'investissement non monéaires à capital variable								
Valeur nette financière	..	..	..	..	..	..	..	..
Actifs financiers	11 701	14 008	15 125	14 998	16 140	19 300	18 041	22 056
Numéraire et dépôts	..	..	..	..	..	..	..	..

Tableau 2. Actifs et passifs financiers des fonds d'investissement *(suite)*

Milliards USD

	2012	2013	2014	2015	2016	2017	2018	2019
Titres de dette	3 985	3 877	4 132	4 176	4 506	5 071	5 178	6 011
Crédits	168	229	249	221	242	272	245	247
Actions et parts de fonds d'investissement	7 271	9 592	10 419	10 335	11 103	13 595	12 327	15 421
Actions	7 271	9 592	10 419	10 335	11 103	13 595	12 327	15 421
Parts de fonds d'investissement	..	..	..	..	..	..	..	..
Parts de fonds d'investissement monétaires	..	..	..	..	..	..	..	..
Parts de fonds d'investissement non monétaires	..	..	..	..	..	..	..	..
Systèmes d'assurance, de pensions et garanties standard	..	..	..	..	..	..	..	..
Produits financiers dérivés et options sur titres des salariés	..	..	..	..	..	..	..	..
Autres comptes à recevoir	277	310	325	266	290	362	292	377
Passifs financiers	11 701	14 008	15 125	14 998	16 140	19 300	18 041	22 056
Titres de dette	..	..	..	..	..	..	..	..
Titres de dette à court terme	..	..	..	..	..	..	..	..
Titres de dette à long terme	..	..	..	..	..	..	..	..
Crédits	..	..	..	..	..	..	..	..
Crédits à court terme	..	..	..	..	..	..	..	..
Crédits à long terme	..	..	..	..	..	..	..	..
Actions et parts de fonds d'investissement	11 701	14 008	15 125	14 998	16 140	19 300	18 041	22 056
Systèmes d'assurance, de pensions et garanties standard	..	..	..	..	..	..	..	..
Produits financiers dérivés et options sur titres des salariés	..	..	..	..	..	..	..	..
Autres comptes à payer	..	..	..	..	..	..	..	..
Actifs non financiers	..	..	..	..	..	..	..	..
Fonds d'investissement à capital variable								
Valeur nette financière	..	..	..	..	..	..	..	..
Actifs financiers	14 394	16 741	17 874	17 740	18 871	22 148	21 079	25 690
Numéraire et dépôts	504	541	549	418	174	205	148	267
Titres de dette	5 590	5 526	5 662	5 758	6 255	6 752	7 040	8 193
Crédits	722	745	910	941	1 043	1 228	1 264	1 422
Actions et parts de fonds d'investissement	7 271	9 592	10 419	10 335	11 103	13 595	12 327	15 421
Actions	7 271	9 592	10 419	10 335	11 103	13 595	12 327	15 421
Parts de fonds d'investissement	..	..	..	..	..	..	..	..
Parts de fonds d'investissement monétaires	..	..	..	..	..	..	..	..
Parts de fonds d'investissement non monétaires	..	..	..	..	..	..	..	..
Systèmes d'assurance, de pensions et garanties standard	..	..	..	..	..	..	..	..
Produits financiers dérivés et options sur titres des salariés	..	..	..	..	..	..	..	..
Autres comptes à recevoir	306	338	333	288	297	369	300	387
Passifs financiers	14 394	16 741	17 874	17 740	18 871	22 148	21 079	25 690
Titres de dette	..	..	..	..	..	..	..	..
Titres de dette à court terme	..	..	..	..	..	..	..	..
Titres de dette à long terme	..	..	..	..	..	..	..	..
Crédits	..	..	..	..	..	..	..	..
Crédits à court terme	..	..	..	..	..	..	..	..
Crédits à long terme	..	..	..	..	..	..	..	..
Actions et parts de fonds d'investissement	14 394	16 741	17 874	17 740	18 871	22 148	21 079	25 690
Systèmes d'assurance, de pensions et garanties standard	..	..	..	..	..	..	..	..
Produits financiers dérivés et options sur titres des salariés	..	..	..	..	..	..	..	..
Autres comptes à payer	..	..	..	..	..	..	..	..
Actifs non financiers	..	..	..	..	..	..	..	..

Note : Voir les métadonnées détaillées sur : *http://metalinks.oecd.org/instinv/20200916/0196*

ÉTATS-UNIS

Tableau 3. Actifs et passifs financiers des sociétés d'assurance et fonds de pension

Milliards USD

	2012	2013	2014	2015	2016	2017	2018	2019
Sociétés d'assurance et fonds de pension								
Valeur nette financière	588	356	443	314	296	332	293	576
Actifs financiers	25 446	28 008	29 162	29 445	30 694	32 735	32 669	35 561
Numéraire et dépôts	179	174	192	199	194	213	213	240
Titres de dette	7 484	7 542	8 069	8 049	8 433	8 783	9 183	10 195
Crédits	554	569	605	646	693	890	811	884
Actions et parts de fonds d'investissement	9 221	10 913	11 300	11 037	11 527	13 263	12 117	14 482
Actions	4 902	5 777	5 913	5 780	6 014	7 010	6 309	7 684
Parts de fonds d'investissement	4 318	5 136	5 386	5 257	5 513	6 254	5 808	6 798
Parts de fonds d'investissement monétaires	280	284	285	288	284	289	300	314
Parts de fonds d'investissement non monétaires	4 039	4 852	5 101	4 968	5 229	5 965	5 507	6 484
Systèmes d'assurance, de pensions et garanties standard	6 502	7 289	7 368	7 865	8 061	7 692	8 312	7 639
Produits financiers dérivés et options sur titres des salariés	..	..	..	..	..	..	..	..
Autres comptes à recevoir	1 507	1 522	1 629	1 649	1 785	1 893	2 034	2 122
Passifs financiers	24 858	27 652	28 720	29 130	30 398	32 403	32 375	34 986
Titres de dette	..	..	..	..	..	..	..	..
Titres de dette à court terme	..	..	..	..	..	..	..	..
Titres de dette à long terme	..	..	..	..	..	..	..	..
Crédits	66	75	77	83	93	99	109	110
Crédits à court terme	66	75	77	83	93	99	109	110
Crédits à long terme	..	..	..	..	..	..	..	..
Actions et parts de fonds d'investissement	623	711	772	786	901	1 024	879	1 143
Systèmes d'assurance, de pensions et garanties standard	23 495	26 169	27 119	27 525	28 607	30 390	30 499	32 738
Produits financiers dérivés et options sur titres des salariés	..	..	..	..	..	..	..	..
Autres comptes à payer	612	645	691	672	726	808	803	904
Actifs non financiers	249	257	262	269	276	286	300	312
Sociétés d'assurance								
Valeur nette financière	749	538	635	492	444	453	400	692
Actifs financiers	8 307	8 615	9 063	9 037	9 471	10 135	9 979	11 158
Numéraire et dépôts	102	86	98	105	101	123	121	142
Titres de dette	4 137	4 062	4 305	4 257	4 472	4 683	4 621	5 212
Crédits	514	534	566	609	649	697	761	816
Actions et parts de fonds d'investissement	2 211	2 576	2 658	2 566	2 622	2 930	2 623	3 100
Actions	896	1 069	1 105	1 069	1 102	1 266	1 121	1 392
Parts de fonds d'investissement	1 315	1 507	1 552	1 497	1 520	1 665	1 501	1 708
Parts de fonds d'investissement monétaires	86	72	74	81	60	68	77	83
Parts de fonds d'investissement non monétaires	1 229	1 435	1 478	1 417	1 460	1 597	1 424	1 625
Systèmes d'assurance, de pensions et garanties standard	580	607	609	640	695	780	859	889
Produits financiers dérivés et options sur titres des salariés	..	..	..	..	..	..	..	..
Autres comptes à recevoir	764	749	827	859	932	922	994	998
Passifs financiers	7 558	8 076	8 428	8 545	9 028	9 682	9 579	10 465
Titres de dette	..	..	..	..	..	..	..	..
Titres de dette à court terme	..	..	..	..	..	..	..	..
Titres de dette à long terme	..	..	..	..	..	..	..	..
Crédits	66	75	77	83	93	99	109	110
Crédits à court terme	66	75	77	83	93	99	109	110
Crédits à long terme	..	..	..	..	..	..	..	..
Actions et parts de fonds d'investissement	623	711	772	786	901	1 024	879	1 143
Systèmes d'assurance, de pensions et garanties standard	6 195	6 594	6 827	6 940	7 237	7 669	7 702	8 217
Produits financiers dérivés et options sur titres des salariés	..	..	..	..	..	..	..	..
Autres comptes à payer	612	645	691	672	726	808	803	904
Actifs non financiers	242	249	254	261	268	278	292	303
Fonds de pension								
Valeur nette financière	-161	-182	-192	-177	-147	-122	-107	-117
Actifs financiers	17 138	19 393	20 100	20 408	21 223	22 600	22 690	24 404
Numéraire et dépôts	78	87	94	94	93	91	92	98
Titres de dette	3 347	3 479	3 764	3 792	3 961	4 100	4 562	4 983
Crédits	39	36	39	37	44	193	49	68
Actions et parts de fonds d'investissement	7 010	8 337	8 642	8 470	8 905	10 333	9 495	11 382
Actions	4 006	4 708	4 808	4 711	4 912	5 744	5 188	6 292
Parts de fonds d'investissement	3 003	3 629	3 834	3 760	3 993	4 589	4 307	5 090
Parts de fonds d'investissement monétaires	194	212	211	208	223	221	223	231
Parts de fonds d'investissement non monétaires	2 809	3 417	3 623	3 552	3 770	4 368	4 083	4 859
Systèmes d'assurance, de pensions et garanties standard	5 922	6 681	6 759	7 225	7 366	6 912	7 453	6 750
Produits financiers dérivés et options sur titres des salariés	..	..	..	..	..	..	..	..
Autres comptes à recevoir	743	773	801	789	853	971	1 040	1 123
Passifs financiers	17 300	19 575	20 292	20 585	21 370	22 721	22 797	24 520
Titres de dette	..	..	..	..	..	..	..	..
Titres de dette à court terme	..	..	..	..	..	..	..	..
Titres de dette à long terme	..	..	..	..	..	..	..	..
Crédits	..	..	..	..	..	..	..	..
Crédits à court terme	..	..	..	..	..	..	..	..
Crédits à long terme	..	..	..	..	..	..	..	..
Actions et parts de fonds d'investissement	..	..	..	..	..	..	..	..
Systèmes d'assurance, de pensions et garanties standard	17 300	19 575	20 292	20 585	21 370	22 721	22 797	24 520
Produits financiers dérivés et options sur titres des salariés	..	..	..	..	..	..	..	..
Autres comptes à payer	..	..	..	..	..	..	..	..
Actifs non financiers	8	8	8	8	8	8	8	9

Note : Voir les métadonnées détaillées sur : *http://metalinks.oecd.org/instinv/20200916/0196*

ÉTATS-UNIS

Tableau 4. Composition du portefeuille par type d'investisseur
En pourcentage des actifs financiers et des passifs financiers

Pour cent

	2012	2013	2014	2015	2016	2017	2018	2019
Fonds d'investissement								
Actifs financiers	100.0	100.0	100.0	100.0	100.0	100.0	100.0	100.0
Numéraire et dépôts	3.5	3.3	3.1	2.4	1.1	1.1	0.8	1.2
Titres de dettes	40.3	33.9	32.5	33.2	33.6	31.1	34.0	32.6
Crédits	5.2	5.4	6.1	6.2	6.4	6.3	6.9	6.3
Actions et parts de fonds d'investissement	48.3	54.9	55.8	55.9	56.6	59.1	56.1	57.8
Systèmes d'assurance de pensions et garanties standard	0.0	0.0	0.0	0.0	0.0	0.0	0.0	0.0
Produits financiers dérivés et options sur titres des salariés	0.0	0.0	0.0	0.0	0.0	0.0	0.0	0.0
Autres comptes à recevoir	2.7	2.5	2.4	2.3	2.3	2.4	2.3	2.2
Passifs financiers	100.0	100.0	100.0	100.0	100.0	100.0	100.0	100.0
Numéraire et dépôts	0.0	0.0	0.0	0.0	0.0	0.0	0.0	0.0
Titres de dettes	1.2	2.0	2.1	2.1	2.1	1.9	2.1	2.0
Crédits	3.5	2.8	2.8	2.7	2.5	2.3	2.6	2.4
Actions et parts de fonds d'investissement	94.7	94.8	94.7	94.8	95.0	95.4	94.8	95.1
Systèmes d'assurance de pensions et garanties standard	0.0	0.0	0.0	0.0	0.0	0.0	0.0	0.0
Produits financiers dérivés et options sur titres des salariés	0.0	0.0	0.0	0.0	0.0	0.0	0.0	0.0
Autres comptes à recevoir	0.6	0.4	0.4	0.4	0.5	0.4	0.5	0.5
Sociétés d'assurance								
Actifs financiers	100.0	100.0	100.0	100.0	100.0	100.0	100.0	100.0
Numéraire et dépôts	1.2	1.0	1.1	1.2	1.1	1.2	1.2	1.3
Titres de dettes	49.8	47.2	47.5	47.1	47.2	46.2	46.3	46.7
Crédits	6.2	6.2	6.2	6.7	6.9	6.9	7.6	7.3
Actions et parts de fonds d'investissement	26.6	29.9	29.3	28.4	27.7	28.9	26.3	27.8
Systèmes d'assurance de pensions et garanties standard	7.0	7.1	6.7	7.1	7.3	7.7	8.6	8.0
Produits financiers dérivés et options sur titres des salariés	0.0	0.0	0.0	0.0	0.0	0.0	0.0	0.0
Autres comptes à recevoir	9.2	8.7	9.1	9.5	9.8	9.1	10.0	8.9
Passifs financiers	100.0	100.0	100.0	100.0	100.0	100.0	100.0	100.0
Numéraire et dépôts	0.8	0.7	0.7	0.7	0.8	0.9	0.9	0.9
Titres de dettes	0.0	0.0	0.0	0.0	0.0	0.0	0.0	0.0
Crédits	0.9	0.9	0.9	1.0	1.0	1.0	1.1	1.1
Actions et parts de fonds d'investissement	8.2	8.8	9.2	9.2	10.0	10.6	9.2	10.9
Systèmes d'assurance de pensions et garanties standard	82.0	81.6	81.0	81.2	80.2	79.2	80.4	78.5
Produits financiers dérivés et options sur titres des salariés	0.0	0.0	0.0	0.0	0.0	0.0	0.0	0.0
Autres comptes à recevoir	8.1	8.0	8.2	7.9	8.0	8.3	8.4	8.6
Fonds de pension								
Actifs financiers	100.0	100.0	100.0	100.0	100.0	100.0	100.0	100.0
Numéraire et dépôts	0.5	0.5	0.5	0.5	0.4	0.4	0.4	0.4
Titres de dettes	19.5	17.9	18.7	18.6	18.7	18.1	20.1	20.4
Crédits	0.2	0.2	0.2	0.2	0.2	0.9	0.2	0.3
Actions et parts de fonds d'investissement	40.9	43.0	43.0	41.5	42.0	45.7	41.8	46.6
Systèmes d'assurance de pensions et garanties standard	34.6	34.5	33.6	35.4	34.7	30.6	32.8	27.7
Produits financiers dérivés et options sur titres des salariés	0.0	0.0	0.0	0.0	0.0	0.0	0.0	0.0
Autres comptes à recevoir	4.3	4.0	4.0	3.9	4.0	4.3	4.6	4.6
Passifs financiers	100.0	100.0	100.0	100.0	100.0	100.0	100.0	100.0
Numéraire et dépôts	0.0	0.0	0.0	0.0	0.0	0.0	0.0	0.0
Titres de dettes	0.0	0.0	0.0	0.0	0.0	0.0	0.0	0.0
Crédits	0.0	0.0	0.0	0.0	0.0	0.0	0.0	0.0
Actions et parts de fonds d'investissement	0.0	0.0	0.0	0.0	0.0	0.0	0.0	0.0
Systèmes d'assurance de pensions et garanties standard	100.0	100.0	100.0	100.0	100.0	100.0	100.0	100.0
Produits financiers dérivés et options sur titres des salariés	0.0	0.0	0.0	0.0	0.0	0.0	0.0	0.0
Autres comptes à recevoir	0.0	0.0	0.0	0.0	0.0	0.0	0.0	0.0

Note : Voir les métadonnées détaillées sur : *http://metalinks.oecd.org/instinv/20200916/649b*

FÉDÉRATION DE RUSSIE

Tableau 1. Actifs et passifs financiers des investisseurs institutionnels, 2018

Millions RUB

	Fonds d'investissement				
	Total	Fonds d'investissement non-monétaire			Fonds d'investissement monétaires
		Total	Fonds d'investissement à capital variable, non monétaire	Fonds d'investissement à capital fixe, non monétaire	Total
Actifs financiers	2 791 800	2 791 800	353 761	2 438 040	..
Numéraire et dépôts	310 688	310 688	9 831	300 857	..
Titres de dette	412 817	412 817	243 638	169 179	..
Titres de dette à court terme	..	..	..	..	..
Titres de dette à long terme	..	..	..	..	..
Titres de dette émis par les résidents	340 127	340 127	191 862	148 265	..
Titres de dette émis par les non-résidents	72 690	72 690	51 776	20 914	..
Crédits	312 074	312 074	0	312 074	..
Crédits à court terme	..	..	..	..	..
Crédits à long terme	..	..	..	..	..
Crédits accordés aux résidents	..	..	..	..	..
Crédits accordés aux non-résidents	..	..	..	..	..
Actions et parts de fonds d'investissement	1 616 483	1 616 483	92 143	1 524 341	..
Actions et parts de fonds d'investissements émises par les résidents	1 515 095	1 515 095	64 197	1 450 897	..
Actions et part de fonds d'investissements émises par les non-résidents	101 389	101 389	27 946	73 443	..
Autres comptes à recevoir	139 738	139 738	8 149	131 588	..

	Fonds d'investissement				
	Total	Fonds d'investissement non-monétaire			Fonds d'investissement monétaires
		Total	Fonds d'investissement à capital variable, non monétaire	Fonds d'investissement à capital fixe, non monétaire	Total
Pasifs financiers	3 666 947	3 666 947	353 761	3 313 186	..
Numéraire et dépôts	..	..	..	..	..
Titres de dette	..	..	..	..	..
Titres de dette à court terme	..	..	..	..	..
Titres de dette à long terme	..	..	..	..	..
Crédits	..	..	..	..	..
Crédits à court terme	..	..	..	..	..
Crédits à long terme	..	..	..	..	..
Actions et parts de fonds d'investissement	3 343 076	3 343 076	348 926	2 994 151	..
Systèmes d'assurance, de pensions et garanties standard	..	..	..	..	..
Produits financiers dérivés et options sur titres des salariés	..	..	..	..	..
Autres comptes à payer	323 870	323 870	4 835	319 035	..

	Sociétés d'assurance et fonds de pension autonomes				
	Total	Sociétés d'assurance			Fonds de pension autonomes
		Total	Sociétés d'assurance vie	Sociétés d'assurance non-vie	Total
Actifs financiers	6 712 576	2 647 330	..	..	4 065 247
Numéraire et dépôts	1 067 407	724 766	..	..	342 641
Titres de dette	3 933 119	1 180 238	..	..	2 752 881
Titres de dette à court terme	..	..	..	..	..
Titres de dette à long terme	..	..	..	..	..
Titres de dette émis par les résidents	3 673 330	976 539	..	..	2 696 791
Titres de dette émis par les non-résidents	259 789	203 699	..	..	56 090
Crédits	15 219	15 208	..	..	11
Crédits à court terme	..	..	..	..	..
Crédits à long terme	..	..	..	..	..
Crédits accordés aux résidents	13 160	13 149	..	..	11
Crédits accordés aux non-résidents	2 059	2 059	..	..	0
Actions et parts de fonds d'investissement	878 193	200 444	..	..	677 750
Actions et parts de fonds d'investissement émises par les résidents	869 226	191 567	..	..	677 659
Actions et parts de fonds d'investissement émises par les non-résidents	8 968	8 877	..	..	91
Autrescomptes à recevoir	673 805	381 842	..	..	291 963

	Sociétés d'assurance et fonds de pension autonomes				
	Total	Sociétés d'assurance			Fonds de pension autonomes
		Total	Sociétés d'assurance vie	Sociétés d'assurance non-vie	Total
Pasifs financiers	6 821 191	2 894 167	..	..	3 927 024
Numéraire et dépôts	..	..	..	..	..
Titres de dette	6 402	6 402	..	..	0
Titres de dette à court terme	..	..	..	..	..
Titres de dette à long terme	..	..	..	..	..
Crédits	16 659	16 659	..	..	0
Crédits à court terme	..	..	..	..	..
Crédits à long terme	..	..	..	..	..
Actions et parts de fonds d'investissement	1 042 623	851 268	..	..	191 355
Systèmes d'assurance, de pensions et garanties standard	5 569 035	1 851 966	..	..	3 717 069
Produits financiers dérivés et options sur titres des salariés	0	0	..	..	0
Autres comptes à payer	186 472	167 871	..	..	18 600

Note : Voir les métadonnées détaillées sur : *http://metalinks.oecd.org/instinv/20200916/0196*

FÉDÉRATION DE RUSSIE

Tableau 2. Actifs et passifs financiers des fonds d'investissement

Millions RUB

	2012	2013	2014	2015	2016	2017	2018	2019
Fonds d'investissement								
Valeur nette financière	-599 116	-927 518	-1 067 975	-1 133 161	-1 072 824	-943 955	-875 147	-934 473
Actifs financiers	1 011 243	1 187 664	1 359 209	1 547 779	1 766 933	2 370 888	2 791 800	4 209 749
Numéraire et dépôts	153 160	233 794	194 966	234 969	194 437	259 725	310 688	364 363
Titres de dette	84 965	106 406	144 442	163 010	200 520	291 900	412 817	697 749
Crédits	4 485	5 573	5 048	6 302	215 754	277 758	312 074	347 026
Actions et parts de fonds d'investissement	582 323	568 263	676 092	743 265	999 279	1 339 063	1 616 483	2 126 179
Actions	571 058	553 341	651 281	709 459	981 172	1 307 736	1 507 372	1 653 852
Parts de fonds d'investissement	11 265	14 922	24 810	33 806	18 107	31 327	109 112	472 327
Parts de fonds d'investissement monétaires	..	..	..	..	..	..	..	..
Parts de fonds d'investissement non monétaires	11 265	14 922	24 810	33 806	18 107	31 327	109 112	472 327
Systèmes d'assurance, de pensions et garanties standard	..	..	..	..	..	..	..	..
Produits financiers dérivés et options sur titres des salariés	..	..	..	..	..	..	..	..
Autres comptes à recevoir	186 310	273 629	338 662	400 234	156 943	202 443	139 738	674 432
Passifs financiers	1 610 359	2 115 182	2 427 184	2 680 939	2 839 758	3 314 843	3 666 947	5 144 222
Titres de dette	..	..	..	..	..	..	..	..
Titres de dette à court terme	..	..	..	..	..	..	..	..
Titres de dette à long terme	..	..	..	..	..	..	..	..
Crédits	..	..	..	..	..	..	..	..
Crédits à court terme	..	..	..	..	..	..	..	..
Crédits à long terme	..	..	..	..	..	..	..	..
Actions et parts de fonds d'investissement	1 456 131	1 870 555	2 141 000	2 387 732	2 584 387	2 942 186	3 343 076	4 471 039
Systèmes d'assurance, de pensions et garanties standard	..	..	..	..	..	..	..	..
Produits financiers dérivés et options sur titres des salariés	..	..	..	..	..	..	..	..
Autres comptes à payer	154 229	244 627	286 184	293 207	255 371	372 658	323 870	673 182
Actifs non financiers	747 099	928 734	1 057 455	1 133 161	1 072 825	943 955	875 147	934 473
Fonds d'investissement monéaires								
Valeur nette financière	..	..	..	..	..	..	..	..
Actifs financiers	..	..	..	..	..	..	..	..
Numéraire et dépôts	..	..	..	..	..	..	..	..
Titres de dette	..	..	..	..	..	..	..	..
Crédits	..	..	..	..	..	..	..	..
Actions et parts de fonds d'investissement	..	..	..	..	..	..	..	..
Actions	..	..	..	..	..	..	..	..
Parts de fonds d'investissement	..	..	..	..	..	..	..	..
Parts de fonds d'investissement monétaires	..	..	..	..	..	..	..	..
Parts de fonds d'investissement non monétaires	..	..	..	..	..	..	..	..
Systèmes d'assurance, de pensions et garanties standard	..	..	..	..	..	..	..	..
Produits financiers dérivés et options sur titres des salariés	..	..	..	..	..	..	..	..
Autres comptes à recevoir	..	..	..	..	..	..	..	..
Passifs financiers	..	..	..	..	..	..	..	..
Titres de dette	..	..	..	..	..	..	..	..
Titres de dette à court terme	..	..	..	..	..	..	..	..
Titres de dette à long terme	..	..	..	..	..	..	..	..
Crédits	..	..	..	..	..	..	..	..
Crédits à court terme	..	..	..	..	..	..	..	..
Crédits à long terme	..	..	..	..	..	..	..	..
Actions et parts de fonds d'investissement	..	..	..	..	..	..	..	..
Systèmes d'assurance, de pensions et garanties standard	..	..	..	..	..	..	..	..
Produits financiers dérivés et options sur titres des salariés	..	..	..	..	..	..	..	..
Autres comptes à payer	..	..	..	..	..	..	..	..
Actifs non financiers	..	..	..	..	..	..	..	..
Fonds d'investissement non monéaires								
Valeur nette financière	-599 116	-927 518	-1 067 975	-1 133 161	-1 072 824	-943 955	-875 147	-934 473
Actifs financiers	1 011 243	1 187 664	1 359 209	1 547 779	1 766 933	2 370 888	2 791 800	4 209 749
Numéraire et dépôts	153 160	233 794	194 966	234 969	194 437	259 725	310 688	364 363
Titres de dette	84 965	106 406	144 442	163 010	200 520	291 900	412 817	697 749
Crédits	4 485	5 573	5 048	6 302	215 754	277 758	312 074	347 026
Actions et parts de fonds d'investissement	582 323	568 263	676 092	743 265	999 279	1 339 063	1 616 483	2 126 179
Actions	571 058	553 341	651 281	709 459	981 172	1 307 736	1 507 372	1 653 852
Parts de fonds d'investissement	11 265	14 922	24 810	33 806	18 107	31 327	109 112	472 327
Parts de fonds d'investissement monétaires	..	..	..	..	..	..	..	..
Parts de fonds d'investissement non monétaires	11 265	14 922	24 810	33 806	18 107	31 327	109 112	472 327
Systèmes d'assurance, de pensions et garanties standard	..	..	..	..	..	..	..	..
Produits financiers dérivés et options sur titres des salariés	..	..	..	..	..	..	..	..
Autres comptes à recevoir	186 310	273 629	338 662	400 234	156 943	202 443	139 738	674 432
Passifs financiers	1 610 359	2 115 182	2 427 184	2 680 939	2 839 758	3 314 843	3 666 947	5 144 222
Titres de dette	..	..	..	..	..	..	..	..
Titres de dette à court terme	..	..	..	..	..	..	..	..
Titres de dette à long terme	..	..	..	..	..	..	..	..
Crédits	..	..	..	..	..	..	..	..
Crédits à court terme	..	..	..	..	..	..	..	..
Crédits à long terme	..	..	..	..	..	..	..	..
Actions et parts de fonds d'investissement	1 456 131	1 870 555	2 141 000	2 387 732	2 584 387	2 942 186	3 343 076	4 471 039
Systèmes d'assurance, de pensions et garanties standard	..	..	..	..	..	..	..	..
Produits financiers dérivés et options sur titres des salariés	..	..	..	..	..	..	..	..
Autres comptes à payer	154 229	244 627	286 184	293 207	255 371	372 658	323 870	673 182
Actifs non financiers	747 099	928 734	1 057 455	1 133 161	1 072 825	943 955	875 147	934 473
Fonds d'investissement non monéaires à capital variable								
Valeur nette financière	-2 528	-2 526	-2 400	-2 920	0	0	0	0
Actifs financiers	112 154	137 703	111 968	137 979	155 323	242 565	353 761	534 769
Numéraire et dépôts	7 149	15 862	10 863	9 497	5 969	4 890	9 831	19 835

FÉDÉRATION DE RUSSIE

Tableau 2. Actifs et passifs financiers des fonds d'investissement *(suite)*

Millions RUB

	2012	2013	2014	2015	2016	2017	2018	2019
Titres de dette	40 247	64 521	38 613	57 923	83 508	166 549	243 638	333 654
Crédits	0	0	0	0	14	7	0	0
Actions et parts de fonds d'investissement	57 055	47 940	55 217	65 307	60 331	64 783	92 143	169 570
Actions	49 831	38 593	36 877	39 934	47 567	50 586	75 862	145 092
Parts de fonds d'investissement	7 224	9 347	18 340	25 373	12 764	14 197	16 281	24 477
Parts de fonds d'investissement monétaires	..	..	..	..	..	..	..	..
Parts de fonds d'investissement non monétaires	7 224	9 347	18 340	25 373	12 764	14 197	16 281	24 477
Systèmes d'assurance, de pensions et garanties standard	..	..	..	..	..	..	..	..
Produits financiers dérivés et options sur titres des salariés	..	..	..	..	..	..	..	..
Autres comptes à recevoir	7 703	9 381	7 275	5 252	5 501	6 336	8 149	11 710
Passifs financiers	114 682	140 229	114 368	140 898	155 323	242 565	353 761	534 769
Titres de dette	..	..	..	..	..	..	..	..
Titres de dette à court terme	..	..	..	..	..	..	..	..
Titres de dette à long terme	..	..	..	..	..	..	..	..
Crédits	..	..	..	..	..	..	..	..
Crédits à court terme	..	..	..	..	..	..	..	..
Crédits à long terme	..	..	..	..	..	..	..	..
Actions et parts de fonds d'investissement	113 360	138 551	111 901	139 000	153 431	239 569	348 926	525 007
Systèmes d'assurance, de pensions et garanties standard	..	..	..	..	..	..	..	..
Produits financiers dérivés et options sur titres des salariés	..	..	..	..	..	..	..	..
Autres comptes à payer	1 323	1 678	2 466	1 899	1 892	2 996	4 835	9 762
Actifs non financiers	2 528	2 526	2 400	2 920	0	0	0	0
Fonds d'investissement à capital variable								
Valeur nette financière	-2 528	-2 526	-2 400	-2 920	0	0	0	0
Actifs financiers	112 154	137 703	111 968	137 979	155 323	242 565	353 761	534 769
Numéraire et dépôts	7 149	15 862	10 863	9 497	5 969	4 890	9 831	19 835
Titres de dette	40 247	64 521	38 613	57 923	83 508	166 549	243 638	333 654
Crédits	0	0	0	0	14	7	0	0
Actions et parts de fonds d'investissement	57 055	47 940	55 217	65 307	60 331	64 783	92 143	169 570
Actions	49 831	38 593	36 877	39 934	47 567	50 586	75 862	145 092
Parts de fonds d'investissement	7 224	9 347	18 340	25 373	12 764	14 197	16 281	24 477
Parts de fonds d'investissement monétaires	..	..	..	..	..	..	..	..
Parts de fonds d'investissement non monétaires	7 224	9 347	18 340	25 373	12 764	14 197	16 281	24 477
Systèmes d'assurance, de pensions et garanties standard	..	..	..	..	..	..	..	..
Produits financiers dérivés et options sur titres des salariés	..	..	..	..	..	..	..	..
Autres comptes à recevoir	7 703	9 381	7 275	5 252	5 501	6 336	8 149	11 710
Passifs financiers	114 682	140 229	114 368	140 898	155 323	242 565	353 761	534 769
Titres de dette	..	..	..	..	..	..	..	..
Titres de dette à court terme	..	..	..	..	..	..	..	..
Titres de dette à long terme	..	..	..	..	..	..	..	..
Crédits	..	..	..	..	..	..	..	..
Crédits à court terme	..	..	..	..	..	..	..	..
Crédits à long terme	..	..	..	..	..	..	..	..
Actions et parts de fonds d'investissement	113 360	138 551	111 901	139 000	153 431	239 569	348 926	525 007
Systèmes d'assurance, de pensions et garanties standard	..	..	..	..	..	..	..	..
Produits financiers dérivés et options sur titres des salariés	..	..	..	..	..	..	..	..
Autres comptes à payer	1 323	1 678	2 466	1 899	1 892	2 996	4 835	9 762
Actifs non financiers	2 528	2 526	2 400	2 920	0	0	0	0

Note : Voir les métadonnées détaillées sur : *http://metalinks.oecd.org/instinv/20200916/0196*

FÉDÉRATION DE RUSSIE

Tableau 3. Actifs et passifs financiers des sociétés d'assurance et fonds de pension

Millions RUB

	2012	2013	2014	2015	2016	2017	2018	2019
Sociétés d'assurance et fonds de pension								
Valeur nette financière	37 978	-99 885	-114 842	-93 230	-39 268	-202 112	-108 614	-137 028
Actifs financiers	2 623 622	3 285 681	3 621 747	4 383 131	5 186 580	6 065 656	6 712 576	7 368 525
Numéraire et dépôts	782 878	884 194	1 009 962	1 124 722	1 177 055	1 212 617	1 067 407	1 015 912
Titres de dette	766 267	1 118 204	1 246 384	1 815 796	2 396 130	3 151 890	3 933 119	4 751 038
Crédits	10 643	14 830	21 854	12 441	15 166	14 624	15 219	23 372
Actions et parts de fonds d'investissement	637 540	707 154	740 973	909 213	1 077 174	1 006 944	878 193	853 172
Actions	409 928	471 794	512 666	638 755	850 250	738 275	623 003	622 100
Parts de fonds d'investissement	227 612	235 360	228 308	270 458	226 924	268 669	255 190	231 072
Parts de fonds d'investissement monétaires	..	..	..	..	..	..	..	..
Parts de fonds d'investissement non monétaires	227 612	235 360	228 308	270 458	226 924	268 669	255 190	231 072
Systèmes d'assurance, de pensions et garanties standard	90 002	108 240	158 480	130 129	150 781	136 745	137 318	112 450
Produits financiers dérivés et options sur titres des salariés	..	..	..	31	65	8 353	7 515	23 076
Autres comptes à recevoir	336 293	453 059	444 094	390 799	370 208	534 482	673 805	589 505
Passifs financiers	2 585 644	3 385 566	3 736 589	4 476 361	5 225 847	6 267 768	6 821 191	7 505 554
Titres de dette	13 764	16 456	11 227	10 662	12 999	7 067	6 402	6 446
Titres de dette à court terme	..	..	..	..	..	..	..	..
Titres de dette à long terme	..	..	..	..	..	..	..	..
Crédits	22 965	22 629	18 545	11 657	10 622	12 575	16 659	26 026
Crédits à court terme	..	..	..	..	..	..	..	..
Crédits à long terme	..	..	..	..	..	..	..	..
Actions et parts de fonds d'investissement	470 831	642 559	710 356	765 520	872 819	1 107 491	1 042 623	1 167 734
Systèmes d'assurance, de pensions et garanties standard	1 931 595	2 527 450	2 793 482	3 526 193	4 161 056	4 942 529	5 569 035	6 103 077
Produits financiers dérivés et options sur titres des salariés	..	..	..	0	0	5	0	242
Autres comptes à payer	146 489	176 472	202 979	162 329	168 352	198 100	186 472	202 029
Actifs non financiers	95 194	91 047	97 464	95 451	95 342	266 361	335 120	435 018
Sociétés d'assurance								
Valeur nette financière	-34 178	-164 872	-188 535	-182 588	-163 839	-321 481	-246 837	-273 622
Actifs financiers	1 076 346	1 233 629	1 443 045	1 507 129	1 772 300	2 203 039	2 647 330	2 961 738
Numéraire et dépôts	353 259	375 724	439 713	521 204	603 586	717 992	724 766	724 035
Titres de dette	255 781	307 279	330 003	368 514	497 670	840 804	1 180 238	1 461 070
Crédits	9 163	14 648	21 710	12 334	15 154	14 610	15 208	23 372
Actions et parts de fonds d'investissement	126 166	138 441	157 677	147 278	149 964	138 240	200 444	214 456
Actions	117 211	129 721	149 018	133 406	141 960	125 269	188 887	204 123
Parts de fonds d'investissement	8 955	8 720	8 660	13 872	8 005	12 972	11 557	10 333
Parts de fonds d'investissement monétaires	..	..	..	..	..	..	..	..
Parts de fonds d'investissement non monétaires	8 955	8 720	8 660	13 872	8 005	12 972	11 557	10 333
Systèmes d'assurance, de pensions et garanties standard	90 002	108 240	158 480	130 129	150 781	136 745	137 318	112 450
Produits financiers dérivés et options sur titres des salariés	..	..	..	31	65	8 353	7 515	23 076
Autres comptes à recevoir	241 975	289 297	335 462	327 638	355 080	346 294	381 842	403 280
Passifs financiers	1 110 524	1 398 501	1 631 580	1 689 717	1 936 139	2 524 519	2 894 167	3 235 360
Titres de dette	13 764	16 456	11 227	10 662	12 999	7 067	6 402	6 446
Titres de dette à court terme	..	..	..	..	..	..	..	..
Titres de dette à long terme	..	..	..	..	..	..	..	..
Crédits	20 669	21 452	17 086	11 488	10 587	12 575	16 659	25 926
Crédits à court terme	..	..	..	..	..	..	..	..
Crédits à long terme	..	..	..	..	..	..	..	..
Actions et parts de fonds d'investissement	362 679	517 612	567 245	600 911	688 635	869 781	851 268	919 754
Systèmes d'assurance, de pensions et garanties standard	579 072	684 034	845 958	928 531	1 082 139	1 458 916	1 851 966	2 101 457
Produits financiers dérivés et options sur titres des salariés	..	..	..	0	0	5	0	242
Autres comptes à payer	134 340	158 947	190 064	138 125	141 780	176 175	167 871	181 536
Actifs non financiers	89 494	85 687	92 936	91 487	91 044	261 703	332 447	430 363
Fonds de pension								
Valeur nette financière	72 156	64 988	73 693	89 358	124 572	119 368	138 222	136 593
Actifs financiers	1 547 276	2 052 053	2 178 702	2 876 002	3 414 280	3 862 617	4 065 247	4 406 787
Numéraire et dépôts	429 619	508 470	570 249	603 518	573 469	494 625	342 641	291 877
Titres de dette	510 486	810 925	916 381	1 447 282	1 898 460	2 311 086	2 752 881	3 289 969
Crédits	1 480	182	144	107	12	14	11	0
Actions et parts de fonds d'investissement	511 374	568 714	583 296	761 935	927 210	868 704	677 750	638 716
Actions	292 717	342 074	363 648	505 349	708 290	613 006	434 116	417 977
Parts de fonds d'investissement	218 657	226 640	219 648	256 586	218 920	255 698	243 633	220 739
Parts de fonds d'investissement monétaires	..	..	..	..	..	..	..	..
Parts de fonds d'investissement non monétaires	218 657	226 640	219 648	256 586	218 920	255 698	243 633	220 739
Systèmes d'assurance, de pensions et garanties standard	..	..	..	..	..	..	..	..
Produits financiers dérivés et options sur titres des salariés	..	..	..	0	0	0	0	0
Autres comptes à recevoir	94 318	163 762	108 632	63 161	15 128	188 188	291 963	186 225
Passifs financiers	1 475 120	1 987 065	2 105 009	2 786 644	3 289 708	3 743 248	3 927 024	4 270 194
Titres de dette	0	0	0	0	0	0	0	0
Titres de dette à court terme	..	..	..	..	..	..	..	..
Titres de dette à long terme	..	..	..	..	..	..	..	..
Crédits	2 296	1 177	1 459	169	35	1	0	101
Crédits à court terme	..	..	..	..	..	..	..	..
Crédits à long terme	..	..	..	..	..	..	..	..
Actions et parts de fonds d'investissement	108 152	124 947	143 111	164 609	184 184	237 709	191 355	247 980
Systèmes d'assurance, de pensions et garanties standard	1 352 523	1 843 416	1 947 524	2 597 662	3 078 917	3 483 613	3 717 069	4 001 621
Produits financiers dérivés et options sur titres des salariés	..	..	..	0	0	0	0	0
Autres comptes à payer	12 149	17 525	12 915	24 204	26 572	21 925	18 600	20 493
Actifs non financiers	5 700	5 360	4 528	3 963	4 298	4 659	2 673	4 655

Note : Voir les métadonnées détaillées sur : *http://metalinks.oecd.org/instinv/20200916/0196*

FÉDÉRATION DE RUSSIE

Tableau 4. Composition du portefeuille par type d'investisseur

En pourcentage des actifs financiers et des passifs financiers

Pour cent

	2012	2013	2014	2015	2016	2017	2018	2019
Fonds d'investissement								
Actifs financiers	100.0	100.0	100.0	100.0	100.0	100.0	100.0	100.0
Numéraire et dépôts	15.1	19.7	14.3	15.2	11.0	11.0	11.1	8.7
Titres de dettes	8.4	9.0	10.6	10.5	11.3	12.3	14.8	16.6
Crédits	0.4	0.5	0.4	0.4	12.2	11.7	11.2	8.2
Actions et parts de fonds d'investissement	57.6	47.8	49.7	48.0	56.6	56.5	57.9	50.5
Systèmes d'assurance de pensions et garanties standard	0.0	0.0	0.0	0.0	0.0	0.0	0.0	0.0
Produits financiers dérivés et options sur titres des salariés	0.0	0.0	0.0	0.0	0.0	0.0	0.0	0.0
Autres comptes à recevoir	18.4	23.0	24.9	25.9	8.9	8.5	5.0	16.0
Passifs financiers	100.0	100.0	100.0	100.0	100.0	100.0	100.0	100.0
Numéraire et dépôts	0.0	0.0	0.0	0.0	0.0	0.0	0.0	0.0
Titres de dettes	0.0	0.0	0.0	0.0	0.0	0.0	0.0	0.0
Crédits	0.0	0.0	0.0	0.0	0.0	0.0	0.0	0.0
Actions et parts de fonds d'investissement	90.4	88.4	88.2	89.1	91.0	88.8	91.2	86.9
Systèmes d'assurance de pensions et garanties standard	0.0	0.0	0.0	0.0	0.0	0.0	0.0	0.0
Produits financiers dérivés et options sur titres des salariés	0.0	0.0	0.0	0.0	0.0	0.0	0.0	0.0
Autres comptes à recevoir	9.6	11.6	11.8	10.9	9.0	11.2	8.8	13.1
Sociétés d'assurance								
Actifs financiers	100.0	100.0	100.0	100.0	100.0	100.0	100.0	100.0
Numéraire et dépôts	32.8	30.5	30.5	34.6	34.1	32.6	27.4	24.4
Titres de dettes	23.8	24.9	22.9	24.5	28.1	38.2	44.6	49.3
Crédits	0.9	1.2	1.5	0.8	0.9	0.7	0.6	0.8
Actions et parts de fonds d'investissement	11.7	11.2	10.9	9.8	8.5	6.3	7.6	7.2
Systèmes d'assurance de pensions et garanties standard	8.4	8.8	11.0	8.6	8.5	6.2	5.2	3.8
Produits financiers dérivés et options sur titres des salariés	0.0	0.0	0.0	0.0	0.0	0.4	0.3	0.8
Autres comptes à recevoir	22.5	23.5	23.2	21.7	20.0	15.7	14.4	13.6
Passifs financiers	100.0	100.0	100.0	100.0	100.0	100.0	100.0	100.0
Numéraire et dépôts	0.0	0.0	0.0	0.0	0.0	0.0	0.0	0.0
Titres de dettes	1.2	1.2	0.7	0.6	0.7	0.3	0.2	0.2
Crédits	1.9	1.5	1.0	0.7	0.5	0.5	0.6	0.8
Actions et parts de fonds d'investissement	32.7	37.0	34.8	35.6	35.6	34.5	29.4	28.4
Systèmes d'assurance de pensions et garanties standard	52.1	48.9	51.8	55.0	55.9	57.8	64.0	65.0
Produits financiers dérivés et options sur titres des salariés	0.0	0.0	0.0	0.0	0.0	0.0	0.0	0.0
Autres comptes à recevoir	12.1	11.4	11.6	8.2	7.3	7.0	5.8	5.6
Fonds de pension								
Actifs financiers	100.0	100.0	100.0	100.0	100.0	100.0	100.0	100.0
Numéraire et dépôts	27.8	24.8	26.2	21.0	16.8	12.8	8.4	6.6
Titres de dettes	33.0	39.5	42.1	50.3	55.6	59.8	67.7	74.7
Crédits	0.1	0.0	0.0	0.0	0.0	0.0	0.0	0.0
Actions et parts de fonds d'investissement	33.0	27.7	26.8	26.5	27.2	22.5	16.7	14.5
Systèmes d'assurance de pensions et garanties standard	0.0	0.0	0.0	0.0	0.0	0.0	0.0	0.0
Produits financiers dérivés et options sur titres des salariés	0.0	0.0	0.0	0.0	0.0	0.0	0.0	0.0
Autres comptes à recevoir	6.1	8.0	5.0	2.2	0.4	4.9	7.2	4.2
Passifs financiers	100.0	100.0	100.0	100.0	100.0	100.0	100.0	100.0
Numéraire et dépôts	0.0	0.0	0.0	0.0	0.0	0.0	0.0	0.0
Titres de dettes	0.0	0.0	0.0	0.0	0.0	0.0	0.0	0.0
Crédits	0.2	0.1	0.1	0.0	0.0	0.0	0.0	0.0
Actions et parts de fonds d'investissement	7.3	6.3	6.8	5.9	5.6	6.4	4.9	5.8
Systèmes d'assurance de pensions et garanties standard	91.7	92.8	92.5	93.2	93.6	93.1	94.7	93.7
Produits financiers dérivés et options sur titres des salariés	0.0	0.0	0.0	0.0	0.0	0.0	0.0	0.0
Autres comptes à recevoir	0.8	0.9	0.6	0.9	0.8	0.6	0.5	0.5

Note : Voir les métadonnées détaillées sur : *http://metalinks.oecd.org/instinv/20200916/649b*

www.ingramcontent.com/pod-product-compliance
Lightning Source LLC
LaVergne TN
LVHW080654011026
849160LV00014B/1423
* 9 7 8 9 2 6 4 4 5 7 4 0 9 *